철학, 혁명을 말하다

68혁명 50주년

철학,
혁명을
말하다

엮은이 / 한국프랑스철학회
펴낸이 / 강동권
펴낸곳 / (주)이학사

1판 1쇄 발행 / 2018년 10월 20일

등록 / 1996년 2월 2일 (신고번호 제1996-000015호)
주소 / 서울시 종로구 율곡로13가길 19-5(연건동 304) 우 03081
전화 / 02-720-4572 · 팩스 / 02-720-4573
홈페이지 / ehaksa.kr
이메일 / ehaksa1996@gmail.com
페이스북 / facebook.com/ehaksa · 트위터 / twitter.com/ehaksa

© 한국프랑스철학회, 2018, Printed in Seoul, Korea.
ISBN 978-89-6147-327-9 93100

이 책의 저작권은 저자가 가지고 있습니다.
저작권법에 의해 보호를 받는 저작물이므로 이 책 내용의 일부 또는 전부를 재사용하려면
저작권자와 (주)이학사 양측의 동의를 얻어야 합니다.

* 책값은 뒤표지에 표시되어 있습니다.

이 도서의 국립중앙도서관 출판예정도서목록(CIP)은 서지정보유통지원시스템 홈페이지
(http://seoji.nl.go.kr)와 국가자료공동목록시스템(http://www.nl.go.kr/kolisnet)에서 이용
하실 수 있습니다.(CIP제어번호: CIP2018031478)

**68혁명
50주년**

한국프랑스철학회
엮음

철학,
혁명을
말하다

이학사

일러두기

1. 이 책은 한국프랑스철학회 2018년 봄 학술대회 '1968년 50주년_철학, 혁명을 말하다'에서 발표된 글들을 수정·보완한 것이다.
2. 인용문의 강조(고딕체)가 원문에 있는 것일 경우 별도 표기를 하지 않았고, 인용자(이 책의 글쓴이)가 한 것일 경우 인용문 말미에 '고딕체는 인용자'라고 표기하였다.
3. 부호의 쓰임은 다음과 같다.
   『 』: 책, 신문, 잡지 제목
   「 」: 글, 논문 제목
   〈 〉: 예술 작품, TV 프로그램, 노래 제목
   [ ]: 인용문에서 인용자의 부연 설명
   …: 인용문에서 인용자의 중략

차례

7   책머리에
      현대 프랑스 철학자들에게 68혁명은 무엇인가

21   프랑스와 독일 68혁명의 결정적 사건과 5월의 폭발
      정대성

59   사르트르와 68혁명
      사르트르의 반격
      변광배

133   구조는 거리로 나와 어떻게 되었나?
      68혁명과 라캉
      최원

159   프랑스 "여성해방운동"의 발전과 왜곡 과정
      1970년대와 1980년대 초 사이의 상황을 중심으로
      강초롱

205   루이 알튀세르와 68
      혁명의 과소결정?
      진태원

255 **데리다**
혁명의 탈-구축
주재형

313 **푸코와 68혁명**
사건이 아닌 경험, 신화가 아닌 비판으로서의 혁명
도승연

351 **무의식을 생산하라**
들뢰즈의 정치철학
김재인

393 **바디우와 '붉은 시대'**
'비제도적 정치'와 '파괴' 개념을 중심으로
장태순

415 **지은이 소개**

책머리에

현대 프랑스 철학자들에게 68혁명은 무엇인가

68혁명은 프랑스에서 시작하여 전 세계로 그 여파가 미친 사회적 격변으로서 오늘날까지 우리는 그것이 우리의 일상과 사회 문화적 영역에 직간접적으로 미친 깊고 강렬한 여파와 더불어 살고 있다고 해도 과언이 아니다. 실패한 혁명 혹은 무책임한 젊은 세대의 광기였다는 일부의 평가를 뒤로하고 그것은 한 시대를 새롭게 구성한 예외적 사건으로서 현재도 여전히 진행 중인 미완의 혁명이었음이 드러나고 있다.

68혁명을 특징짓고 규정하는 수많은 해석이 있지만 현대 프랑스 철학에서 그 사건이 가지는 독특한 중요성은 아무리 강조해도 지나치지 않으리라. 그렇다면 이 격변의 시기에 철학자들은 무엇을 하였는가? 지난 5월 한국프랑스철학회에서는 68혁명 50주년을 기념하여 이틀간 학술대회를 열었다. 발표자들뿐만 아니라 다수의 청중의 참여 속에서 열정적인 토론과 논쟁이 이어졌고 결과물로 이 책을 내어놓는다. 이제는 더 많은 독자의 참여와 평가를 기다리게 되었다.

68혁명에는 늘 따라붙는 평가가 있다. 실패한 혁명이라는 것이다. 정치적으로 볼 때는 맞는 말이다. 하지만 성공한 인생이라는 말이 무엇을 의미하는지 애매하듯이 성공한 혁명이란 것도 마찬가지다. 헤아릴 수 없는 욕망들의 중첩과 정확히 무엇으로부터인지도 모를 해방에 대한 기대, 여기에 뒤틀린 발산에 대한 욕구가 가세한다. 권력의 쟁취나 제도의 변혁만으로도 불가능한 지점들이 있는 것이다. 미성숙해 보이는 반항들과 무질서해 보이는 저항들은 때로는 광기로, 때로는 축제로 나타나고 우발성과 예측 불가능성이 극대화되며 불가능한 것을 상상하기에 이른다. 이리하여 "상상력에 권력을!"이라고 부르짖었던 68혁명의 구호가 의미 있는 것이 된다. 이 상상력의 힘을 표상화하고 언어로 드러내는 일은 분명 철학자들의 몫이다. 하지만 그뿐인가?

철학자는 무엇을 하는 사람인가? 철학자의 전통적 임무인 사유가 아니라 그가 사회 속에서 마땅히 행해야 하는 임무에 대한 질문은 프랑스 계몽주의자들의 시대로 우리를 소환한다. 철학자들은 세상을 해석만 해왔으며 세상을 변혁시키는 데는 관심이 없었다는 맑스의 지적은 여기서 타당하지 않다. 볼테르, 디드로를 비롯한 백과전서파 철학자들의 행보는 세상의 분명한 변화를 목표로 행해진 것으로, 프랑스 지식인들의 앙가주망 전통의 시작이라 할 수 있다. 하지만 그것이 이후 프랑스 역사의 굴곡 속에서 단절 없이 지속된 것은 아니다. 68혁명은 현대 프랑스 철학자들로 하여금 현상에 무관심하거나 현상을 해석하는 데만 머물지 않고 어떤 방식으로든 현실에 참여하도록 이끈 예외적 사건임에 분명하다. 사르트르는 세대를 가로질러 전방에 서서 노년의 정열을 불태웠고 프랑스 페미니즘 운동은 전례 없는 힘을 보여주었으며 푸코와 들뢰즈, 바디우는 자신들의 세대를 대표하여 새로운 사유로 새 시대를 직조하기 시작했다. 알튀세르, 라캉, 데리다는 각각 자신의 자리에서 소임을 다했다. 구조는 출렁이기 시작하고 침묵조차 다가올 행동을 예고하며 역할을 해냈다. 시대는 혼돈을 창조하고 혼돈은 새로운 사유의 길을 창조해냈다.

  이러한 사유와 행동의 교차, 그 빅뱅은 정확히 무엇으로부터 유래하였을까? 이를 이해하기 위해서는 20세기의 가공할 만한 두 차례의 전쟁 그리고 그로 인해 황폐화된 프랑스 지성계의 상황을 기억하지 않으면 안 된다. 무엇보다 아우슈비츠와 히로시마가 있었다. 트라우마는 빠져나오기 힘든 비관론의 거대한 늪을 만들었고 그 안에서 지식인들의 행태는 두 가지로 나타났다. 한편으로 연극이나 영화와 같은 예술에서 부조리와 소통 불가능성이 일상적 주제가 되었다. 이는 직접적으로 서구 문명에 대한 좌절과 절망, 거부의 몸짓을 표현하는 것이었다. 다른 한편으로 이론가들은 좀 더 세련된 형태의 비관, 즉 냉소로 대응했다. 그러한 냉소에는 지식인들 특유의 감수성으로는 감당하기 벅찬 죄의식이 있었다. 그들은 세계를 변혁하기를 포기했다. 더 나아가 무언가 하고자 하는 시도 자체가 조소의 대상이 되었다. 행동가의 운명을 타고난 사르트르만이 예외적으로 세계를 변화시킬 수 있는 인간의 자유를 역설했으니 그가 누린 영광 못지않게 평생을 따라다닌 비난과 조소는 시대적 운명이기도 했던 것이다.

물론 비관적 풍토가 프랑스 지식인들의 생산성을 저해한 것은 아니다. 혼란의 시기에 만개한 레비스트로스의 구조주의 인류학은 인간과 사회현상을 상징체계들로 규정하면서 인간 과학에 새로운 패러다임을 제공한다. 이 흐름은 주관성과 변증법을 거부하고 엄격한 실증주의와도 구분되는 새로운 과학주의의 이념을 선보였다. 인간 과학은 철학과 일정한 거리를 두면서 그 자신이 이루어낸 풍요로운 성과로부터 마치 조각상처럼 당당하고도 차가운 아름다움을 뽐냈다. 데카르트의 방법론을 연상시키는 상징들의 대수학적 규칙 속에서 물론 주체는 와해되어버렸다. 하지만 이 새로운 과학주의에는 인간과 사회에 대한 또 다른 철학적 함축이 내재한다. 레비스트로스는 역사의 흐름을 일관되게 지배하는 보편적 이념도, 세계사의 흐름을 바꿀 수 있다고 주장하는 인간의 자유의지도 서구인의 나르시스적 환상임을 조용히, 그러나 힘 있게 보여준 것이다. 사실 구조주의자로 불리는 많은 학자가 자신이 철학자임을 부정한 데는 이유가 없지 않다. 여기에서는 서구 철학, 나아가 서구 문명에 대한 분명한 비관주의의 일면이 나타난다. 결국 구조주의자들에게 결핍된 것은 행위의 유효성에 대한 믿음이었던 것이다. 68혁명은 이러한 지적 분위기를 단번에 쇄신한 사건이었다.

이 책은 주로 현대 프랑스 철학을 연구하는 학자들이 각자의 분야에서 68혁명과 관련된 철학자들의 사유와 행적을 서술한 글들을 싣고 있으며 철학 외에도 역사학과 여성주의의 관점에서 쓴 두 편의 글을 더 실어 68혁명의 전체 모습을 조망하고 있다. 독자는 이 책에서 혁명의 전개와 철학자들의 사상에 대한 추상적이고 평면적인 분석을 접하기보다는 사건의 흐름과 관련된 역동적인 변화의 과정을 따라갈 수 있다. 각 글의 게재 순서는 시간적 흐름 및 사상가들의 관련성을 고려하여 구성하였다.

우선 첫 번째로 소개하는 「프랑스와 독일 68혁명의 결정적 사건과 5월의 폭발」(정대성)은 역사학자의 관점에서 본 68혁명의 전개의 상세한 맥락을 이해하는 데 중요한 도움을 줄 수 있으리라 생각된다. 이 글은 68혁명이 단지 프랑스에 국한된 사건이 아니라 국제적 현상이라는 데 주목하여 저항의 시작이자 중심부였던 독일과 프랑스에서 사건의 전개 과정을 좇으면서 이를 마치 현장에 있는 것처럼 생생하게 전달해줄 뿐 아니라 사건이 일어난 당시부터 오늘날까지 68혁명을 대하는 지식인들과 언론의 태도를 낱낱이 보여주고 있다. 그리하여 독자는 '학생 반란', '세대 반란', '문화혁명', '집단적 나르시시즘', '낭만적 역행' 등 68혁명이 가진 천의 얼굴을 볼 수 있으며 특히 부르디외가 말한 '결정적 사건' 개념에 기초하여 잠재적 위기들이 중첩되는 결정적 순간을 발견할 수 있을 것이다. 이 글에 따르면 "믿을 수 없는 일들이 벌어지고 모든 것이 가능해 보이는" 순간 말이다.

다음으로 우리는 68혁명이 제일 먼저 소환한 철학자 사르트르를 살펴보아야 한다. 68혁명은 사르트르의 명성이 퇴조해가던 시기에 일어나 그의 철학을 극적으로 회생시켰다. 「사르트르와 68혁명: 사르트르의 반격」(변광배)은 사르트르와 68혁명의 관계를 탄탄한 학문적 기초를 토대로 역동적으로 서술함으로써 흥미로운 관점을 제공한다. 사르트르는 1943년에 출간한 『존재와 무』의 성공을 뒤로하고 제2차 세계대전 후에는 역사적, 사회적 지평 위에 선 인간으로 관심을 돌린다. 그 결과물인 『변증법적 이성 비판』(1960)은 68혁명의 '예언서'라 불리게 되지만 이는 복잡한 우회를 거친 사후적 평가이다. 1962년에 출간되어 구조주의의 대유행을 촉발한 레비스트로스의 『야생의 사고』는 사르트르의 후기 철학을 구성하는 변증법적 사유를 비판하고 역사와 인간을 구조, 랑그, 기호들의 조합으로 환원시킨다. 이 실존주의-구조주의 논쟁을 계기로 "사르트르의 영광에 누수 현상이 발생"했으며 자유의 철학은 되돌리기 힘든 역사의 뒤안길로 접어들 운명이었다. 하지만 라탱 지구에서 일어난 학생들의 저항은 에피쿠로스의 클리나멘처럼 우발성과 자유가 필연성을 지배한 사건이었다. 사르트르는 누구보다 적극적으로 학생들을 지지했고 그들 사이에 오간 교감은 사르트르를 혁명의 철학적 아이콘으로 부상하게 만들었다. 사르트르가 68혁명을 예언했는지 아니면 68혁명이 사르트르를 재평가하게 만들었는지는 분명히 단언할 수 없으나 아무튼 이 정치적이고 문화적인 사건을 철학적 사건으로 만든 첫 번째 사상가가 사르트르임은 부정할 수 없다.

한편 라캉이 68혁명과 가진 관계도 간단하지가 않다. 우선 구조주의가 레비스트로스의 인류학에 머물지 않고 다른 학문으로 확장될 수 있었던 데는 라캉의 역할이 핵심적이었다는 것을 기억하자. 『에크리』가 출간되어 라캉의 구조주의자로서의 명성이 정점에 달한 해는 1966년이다. 우리는 그후에 일어난 68혁명이 라캉의 사유에 어떤 영향을 주었을지 짐작하기 어렵다. 「구조는 거리로 나와 어떻게 되었나?: 68혁명과 라캉」(최원)은 68을 계기로 나타난 라캉의 태도 변화를 살피기 위해 객관적 문제 설정과 관찰에서 출발한다. 학생들의 봉기에 대해 지지와 비판의 입장을 오간 라캉은 결국 혁명은 언제나 주인에 대한 열망일 뿐이라고 결론 내린다. 그럼에도 불구하고 68혁명은 그를 내버려두지 않았다. 이론적 틀의 급선회는 68 이후 전개된 두 번째 물결의 페미니즘 운동의 도전을 계기로 일어난다. 특히 그의 이론의 가부장적 성격, 팔루스 중심주의적 성격에 대한 여성 분석가들의 비판에 답하기 위해 라캉은 팔루스를 넘어서는, 즉 담론을 넘어서는 여성의 주이상스를 인정한다. 이는 상징 질서 자체의 무능력을 보여주는 자아비판인 동시에 여성이라는 정체성을 의문에 부치는 양가적 태도로 귀결된다. 이 글에 의하면 라캉의 보수적 태도에도 불구하고 그의 이론적 변화는 모든 형태의 혁명에서 정체성의 정치가 배제의 정치로 변질될 위험을 경고했다는 점에서 의미 있는 참조점을 제공해준다.

이어지는 주제는 이미 라캉과의 관계에서 면모가 드러난 프랑스 페미니즘의 부상이다. 프랑스에서 여성해방운동이 구체화한 일상의 변화는 회의적인 논자도 부정할 수 없는 68혁명의 명백한 결실이자 성과로 현대인의 삶의 일부가 되었다. 초기부터 학생들의 봉기를 이끌었던 다니엘 콘벤디트가 대학의 권위적이며 위선적인 성의식에 맞선 것은 68의 본령에 해당하는 정신의 발로라고 해도 무방할 것이다. 여성과 청년의 성을 대하는 당시 사회의 태도는 68의 주역들이 분쇄하고자 했던 권위주의적 위계질서의 상징이었던 셈이다. 이런 점에서 「프랑스 "여성해방운동"의 발전과 왜곡 과정: 1970년대와 1980년대 초 사이의 상황을 중심으로」(강초롱)는 많은 사람이 68을 이야기할 때 놓치는 핵심적인 지점을 정확히 짚어주고 있다. 68혁명으로 인해 촉발된 프랑스여성해방운동(MLF)은 가부장제의 해체라는 동일한 목표 아래 정당이나 단체의 조직적 운동 형태가 아니라 "다양한 모임이 공존과 연대를 통해 만들어내는 거대한 투쟁의 흐름"의 형태를 띠고 성 역할로부터 남녀 모두를 해방시키기 위한 노력을 기울였다. 이 글은 이 운동이 비록 신세대의 새로운 경험을 토대로 하고 있으나, 멀리는 대혁명 시기의 여성들의 집단적 투쟁과, 가까이는 보부아르가 『제2의 성』(1949)에서 시도한 도전을 연장한다는 점에서 역사적 맥락의 중요성을 강조한다. 이 지적은 68혁명의 독특성과 역사성을 함께 사유할 필요성을 알려주는데, 안타깝게도 프랑스여성운동이 담론화되는 이후의 과정에서 혁명의 역사성은 제거되고 그 독특성은 '성차적 페미니즘'이라는 틀로 축소된다. 이 글에서는 이것이 프랑스 여성운동 내부의 권력투쟁에서 승리한 정신분석적 페미니즘 학파의 엘리트주의적 태도와 미국 문학계의 제국주의적 태도가 만나서 이루어진 불행한 결과라는 것을 꼼꼼히 분석한다. 현장을 떠난 이론이 어떻게 왜곡될 수 있는지를 잘 보여준다는 점에서 이 글은 68혁명 이후 학문의 전개 과정에 대한 한 모범적 사례 연구로도 읽힐 수 있다.

다시 구조주의로 돌아오자. 알튀세르는 일찍부터 라캉 정신분석학의 중요성을 이해하였고 이를 자신의 생애를 건 작업, 즉 맑스주의의 근본적 쇄신에 활용한다. 무의식을 구조로 이해하는 방식이 맑스주의에 도입되면서 정치적인 것을 이데올로기로부터 보호하고 이를 과학으로 개조할 가능성이 열린다. 이에 따라 철학은 반인본주의가 되고 사르트르의 주체철학은 상상이나 이데올로기의 관점으로 단죄된다. 철학은 주체로서의 인간이 아니라 무의식적 구조, 사회경제적 구조와 같이 보이지 않는 곳에서 인간의 행동을 결정하는 객관적인 힘들로부터 출발해야 한다. 알튀세르가 68혁명을 보는 시선도 이와 다르지 않다. 「루이 알튀세르와 68: 혁명의 과소결정?」(진태원)에 의하면 전쟁이나 혁명과 같은 예외적인 역사적 사건이 일어나는 과정은 구조의 모순들이 그 전형성을 드러내면서 "모순의 과잉 결정이 이루어지는 시기"인 동시에 우연성이나 예외성이 필연성을 압도하는 순간이다. 알튀세르는 68혁명을 제2차 세계대전의 종전과 동유럽 사회주의국가들의 형성, 중국의 문화혁명, 스탈린의 사망 등 일련의 사건들 속에서 사회주의혁명의 도래라는 맥락에 위치시킨다. 따라서 그는 68혁명을 단순한 학생운동으로 보기를 거부하고 노동자들의 총파업을 더욱 결정적 사건으로 간주하여 둘 간의 융합이 일어나지 못한 것을 비판적으로 평가하게 된다. 하지만 고교생들까지 합류했던 학생운동으로서의 68혁명은 이데올로기 국가 장치로서의 학교의 본성을 여실히 드러낸 동시에 이데올로기적 반역을 통해 자본주의사회에 균열을 냈다는 점에서 의미 있는 사건이었다. 마지막으로 이 글은 68혁명에 대한 알튀세르의 분석과 평가를 넘어서서 그 분석이 갖는 문제점과 모순에 대한 지적도 빠뜨리지 않는다.

68혁명은 사르트르를 재소환했지만 다른 철학자들은 그렇게 하지 않았다. 68을 겪은 젊은 세대의 철학자 데리다가 68에 대해 주저하고 침묵했다는 것이 이를 역설적으로 보여준다. 데리다는 1967년도에 세 권의 놀라운 저서를 출판하고도 68의 시기를 자신의 목소리를 낼 수 없는 철학적 환경으로 판단한다. 「데리다: 혁명의 탈-구축」(주재형)에 의하면 데리다가 알튀세르의 과학주의에서 실증주의의 다른 형태를 목격하면서도 이에 의문을 제기할 수 없었던 이유는 그 행위 자체로 보수적 반맑스주의 진영이나 사르트르의 인간주의적 맑스주의 진영에 가담하는 것으로 비칠 수 있었던 당시의 지적 환경 때문이었다. 요컨대 데리다는 구조주의의 영감을 받은 급진적 이론 혁명과 전통적인 이론 사이의 양자택일을 거부한다. 이 글에 따르면 데리다의 침묵은 그의 철학이 "당대의 철학적, 정치적 혁명의 코드와 공리계로는 포착될 수 없는 다른 철학, 다른 정치적 실천"으로 이해되어야 한다는 것을 의미한다. 이는 탈-구축 곧 구조주의를 넘어서는 차이(différance)의 사유이다. 차이의 사유는 순수한 차이들의 놀이가 아니라 타자의 부재에 대한 사유, 흔적의 사유이다. 더 나아가 탈구축은 부재하는 타자들 사이에서 선택을 하는 문제이며, 어떤 타자들의 현전 가능성을 받아들일 것인가 하는 결단의 문제이기도 하다. 1970년대에 이르러 데리다는 이러한 이론적 측면을 넘어서서 프랑스의 교육제도와 관련된 정치적, 실천적 노력을 기울인다. 그가 시도한 철학학교 등의 실험은 제도를 고수하면서도 그 안에서 최대한의 비제도적 교육을 감행한 것이며 이처럼 데리다는 그 자신의 독창적 방식으로 68혁명의 유산을 전유하고자 했다.

  68혁명의 영향을 몸소 전유하고 가시적인 성과를 낸 사상가가 있다면 우선 푸코를 말하지 않을 수 없다. 「푸코와 68혁명: 사건이 아닌 경험, 신화가 아닌 비판으로서의 혁명」(도승연)은 프랑스에서 68혁명이 일어난 사회 정치적 배경과 함께 단계별로 그 전개 과정을 분석하면서 이로부터 푸코가 자신의 철학적 의제를 설정하는 과정을 상세히 보여주고 있다. 푸코는 단지 일어난 사건과 거리를 두고 객관적인 분석을 행하는 전통적 방식에서 벗어나 실존적이고 학문적인 두 차원에서 급진적 변화를 겪는다. 실존적 차원에서는 68혁명에 대한 자신의 경험을 토대로 하여 정치적 투사로 변화하고 학문적으로는 구조주의적 개념들을 통해 이해되는 고고학에서 담론 형성의 과정과 효과를 드러내는 계보학으로 이동하게 된다. 이는 『담론의 질서』(1971), 『감시와 처벌』(1975), 『성의 역사』(1976-1984)에 이르는 사유의 행적으로 드러난다. 이 글에 의하면 68혁명이 호명한 대상들과 개념들은 해방을 목표로 하는 계급투쟁이나 권력의 획득을 넘어서 이민자, 여성, 성 소수자 등 다양한 주체의 차이와 소외의 문제와 관련되었기 때문에 '비정상인들'의 주체화 과정에 대한 푸코의 주장과 직접적으로 맥을 같이했고 따라서 그의 작업은 당대인들에게 실질적인 울림을 줄 수 있었다. 68혁명은 무엇보다도 기존의 주체를 만들어낸 권위주의적 교육체계에 대한 반란이었고 푸코는 이를 "정복당한 지식의 반란"으로 문제화하여 현상학과 맑시즘, 정신분석학을 동시에 비판하고 권력/지식의 연계 속에서 주체의 형성을 탐구하는 계보학적 방법론을 제시한다. 푸코는 자신의 실존과 학문의 양면에서 "현재에 대한 비판화"를 수행하는 구체적 지식인의 길을 걸었다는 점에서 이 글의 표현대로 68혁명의 가장 큰 수혜자라고 할 수 있겠다.

68혁명이 탄생시킨 새로운 사유는 이에 그치지 않는다. 푸코와는 다른 방향에서 혁명의 와중에 탄생하여 소비된 책, 들뢰즈와 과타리가 1972년에 함께 쓴 『안티오이디푸스』는 68혁명이 드러낸 현상들을 철학적으로 해석하는 데 온전히 바쳐진 작품이라는 점에서 68의 직접적 결과물이라 할 수 있으며 그 유례없는 성공은 이 책의 현실적 영향력을 증명하고 있다. 「무의식을 생산하라: 들뢰즈의 정치철학」(김재인)은 바로 이 책이 나타난 배경과 의미를 들뢰즈의 관점에서 서술하고 있다. 이 글에 따르면 이 책은 단지 정치철학으로만 이해될 수 없으며 무엇보다 존재론과 실천철학을 결합하려는 시도이다. 혁명의 시대에 인식의 문제는 존재의 문제로 탈바꿈한다. 실천의 문제는 인간과 세계의 존재에 대한 정확한 이해를 요청하기 때문이다. 이 책은 사르트르의 자유의 철학과 구조주의라는 양자택일에서 벗어나 비인간주의 존재론에서 출발하여 실천철학에 이르는 지난한 과정을 보여준다. 68혁명의 분출과 좌절이 보여준 의문은 스피노자와 라이히가 제기한 "인간들의 자기 예속의 욕망"을 해명하는 것과 관련된다. 들뢰즈와 과타리는 맑스를 재소환하여 자본주의의 본성을 해명하는 동시에 정신분석학에 여전히 내재하는 인간주의를 제거하여 욕망의 작동 방식을 밝히고 무의식에 관한 새로운 철학을 구성하고자 한다. 해결책은 거시적 차원의 변화와 해방에 있지 않다. 예속으로부터의 도주는 자본주의와 정신분석이 코드화한 홈 패인 공간을 넘어서는 것이다. 결국 혁명은 거대한 투쟁이 아니라 미시적 차원의 행동에서 출발해야 하고 무엇보다 생각의 상을 바꾸는 것으로 이루어지기 때문이다.

마지막으로 68혁명을 단지 경험하고 사유하는 데 그치지 않고 그와 더불어 탄생하고 성장한 철학자 바디우의 경우는 어떠한가? 「바디우와 '붉은 시대': '비제도적 정치'와 '파괴' 개념을 중심으로」(장태순)는 바디우의 철학적 여정을 68혁명과의 관계 속에서 두 가지로 고찰하고 있다. 하나는 '비제도적 정치'에 대한 정치적 사유이며, 다른 하나는 '파괴'라는 개념을 둘러싼 존재론적 사유이다. 68년에 31세였던 바디우는 이 시기에 산발적인 기고문 외에는 아직 자신의 저서를 출간하지 않은 신참내기 철학자이자 통일사회당의 창립 멤버였지만 혁명을 계기로 이전의 정치적 입장으로부터 급선회하여 마오주의자로 전향한다. "붉은 시대(les années rouges)"라 불리는 이후의 10여 년은 철학자 알랭 바디우의 사유에서 결정적인 위치를 차지하게 된다. 이 글에 의하면 "바디우에게 진리란 주어진 상황을 변화시키는 유일한 길이며, 모든 진리는 어떤 사건을 통해서만 시작될 수 있지만, 모든 사건이 진리를 낳는 것은 아니다". 그런 의미에서 68혁명은 명백히 바디우의 철학적 사건 개념의 한 예이고 그것이 생성한 정치적 진리는 '비제도적 정치'이다. 이 주제는 정당을 대체하는 새로운 정치조직의 형태는 무엇인가라는 질문으로 이어지는, 아직도 해결되지 않은 문제라 할 수 있다. 다른 한편 정치적 혁명과 관련한 존재론적 개념은 파괴의 개념이다. 붉은 시대에 바디우는 변화의 주체가 기존 질서를 파괴하는 것을 라캉의 결여 개념과 결합하여 정당화하지만 나중에 수학적 존재론에 기초한 『존재와 사건』(1988)에서는 이를 부정한다. 그러나 이로부터 18년 후 존재론이 아니라 현상학을 다루는 『세계의 논리』(2006)에서는 파괴의 개념을 재소환함으로써 마지막 마오주의자라는 호칭에 걸맞게 초기의 신념에 충실함을 보여준다. "변화된 세계에 맞추어 68혁명의 정신을 개조하는 작업에 성공한 철학자이며, 변절하지 않은 몇 안 되는 늙은 투사", 이것이 이 글이 그리는 바디우의 초상이다.

이 책은 학술대회에서 각 분야의 연구자들이 발표한 글로 구성되어 있어서 대회를 마친 후에 비교적 수월하게 완성된 원고를 수

합할 수 있었다. 그러나 그렇게 된 것은 모든 연구자가 발표 시에 매우 완성도 높은 글을 준비해주었기 때문이고 또 한국프랑스철학회 임원들, 특히 김은주 총무와 주재형 섭외이사, 장태순 연구이사의 오랜 노력이 있었기 때문이다. 한 권의 공저를 내기까지는 매우 길고 어려운 과정이 뒤따르기 마련이다. 그러한 어려움을 비교적 잘 이겨내고 68혁명 50주년에 맞춰 이 책을 출판할 수 있게 된 데 대해 참여하신 모든 분에게 한국프랑스철학회를 대표하여 감사드린다. 특히 프랑스 철학 전공자가 아닌데도 이번 학회와 출판에 참여하여 작품의 완성도를 높여주신 정대성 박사와 강초롱 박사에게 다시 한번 감사드린다. 이 책을 기초로 우리 학회가 감히 기획 출판의 역량을 갖추었다고 자평하면서 앞으로도 더욱 유익한 책들이 계속 나올 수 있기를 희망한다.

2018년 7월
황수영

프랑스와 독일 68혁명의
결정적 사건과 5월의 폭발

정대성

> "당신은 파리에 있습니다.
> 당신은 불의 발견 이후로 역사상
> 가장 중요한 전환점이 될 수도 있는 것을
> 열어가고 있습니다."
> ― 크리스 마르케(Chris Marker),
> 〈아름다운 5월(Le Joli Mai)〉(Posner, 1970: 5에서 인용)

1. 머리말

우리가 '68혁명'이나 '68운동'이라 부르는 역사적 사건이 50주년을 맞았다.[1] 지난 40주년을 수놓은 열기도 이미 '세계혁명'(월러스틴Wallerstein)의 면모에 걸맞은 국제적 현상이었다. 1968년에 절정에 오른 그 저항의 중심부에 자리 잡은 독일이나 프랑스 같은 나라에서 특히 전시회와 학술대회, 특집 방송이나 출판물 등이 숨 가쁘게 쏟아져 나왔다. 물론 이런 기념 열기의 한복판에서 축하 일변도의 합창 소리만 울리지는 않았다. '68의 사상'에 반기를 든 사르코지 대통령의 '68을 청산해야 한다'는 발언과 맞물리며 프랑스에서

---

1 '68혁명'이라는 호칭은 사실 한국적 현상에 가깝다. 프랑스의 경우 '파리 5월' 혹은 '68년대'라는 표현이 널리 쓰이고, 독일에서는 '68운동'이라는 명칭이 일반적이다.

찬반 논쟁이 불붙은 일은 익히 알려져 있다(Voigt, 2015: 16; Kastner and Mayer, 2008: 8f). 한쪽에서는 68이 낡고 억압적인 사회에 반기를 든 운동이자 잊지 말고 '지켜야 할 유산'이었던 반면, 다른 쪽에서는 폭력을 조장하고 무질서가 판을 친 사건으로 '청산의 대상'이었다. 이웃 독일도 사정은 마찬가지였다. 진정한 민주주의의 출발점이라는 뜻에서 68을 '제2의 건국'이라고 말하는 동안, 적군파 테러를 비롯한 '무수한 악의 근원'이라는 주장도 목소리를 냈다. 다시 말해 68은 한편에서 '민주주의를 확장하고 공고화한 운동'으로 평가된 반면, 다른 한편에서는 '나치 전체주의 운동의 후신'(Aly, 2008: 95)이나 '적군파의 산파 역할'로 격하되곤 했다. 이렇게 논쟁은 식지 않았고 '68의 역사'는 박물관으로 직행하기에 아직 너무 뜨겁다(길혀홀타이, 2009: 282; 정대성, 2016b: 109f).

흥미로운 대목은 이런 논쟁의 최전선이 바로 68의 핵심에 속하는 프랑스와 독일이라는 점이고,[2] 사건 50주년에도 상황은 별반 다르지 않은 듯하다. 논쟁의 불길이 얼마나 거대하게 지펴지는가의 문제일 뿐이다. 가령 올해 독일에서 나온 관련 책에서는 68이 망쳐 놓은 수많은 일의 리스트가 한 페이지 반에 걸쳐 펼쳐진다. 즉 하버마스(Habermas)가 현재 아주 중요한 철학자가 된 것도, 엔첸스베르거(Enzensberger)가 유명한 시인이 된 것도 68 탓이고, 심지어 기독교가 공산주의자나 녹색당 및 사민주의자와 어깨를 걸고 지난해 연방의회 선거에서 돌풍을 일으키며 일약 제3당으로 올라선 유사 극우 정당 '독일을 위한 대안(AfD)'의 당대회에 반대하는 것도,

---

[2] 68의 빅4에는 물론 미국과 이탈리아도 포함된다.

우파가 언제나 나치로 취급되는 것도 모두 다름 아닌 68 탓이라고 주장한다(Weissmann, 2018: 7f). 학문적으로 대응할 가치가 별로 없는 내용이지만 이런 자극적인 주장의 대중적 선전 효과가 적지 않다는 점에서 무시하기도 쉽지 않다. 여하튼 50주년을 맞아 독일과 프랑스에서는 이미 다종다양한 서적이 쏟아지고 있다(Hodenberg, 2018; Vinen, 2018; Sontheimer and Wensierski, 2018; Koch, 2018; Loth, 2018; Bantigny, 2018; Gobille, 2018). 각종 학술 행사나 전시회도 줄을 이었고[3] 언론과 방송은 벌써 68 특집을 편성하거나 관련 특집 기사를 실어 나르기 시작했다. 올 50주년은 지난 40주년을 훌쩍 뛰어넘는 열기로 달아오르는 중이다.

역사적 평가를 위해 먼저 과거의 그 현장으로 돌아가 당대를 수놓은 대사건의 지형도부터 간략히 그려보자. 세계를 뒤흔든 그 저항의 지도는 실로 국제적이었다. 유럽과 미국, 동구와 아시아 및 중남미를 망라해 수많은 나라에서 격동이 파노라마처럼 펼쳐진다. 지구촌은 파리와 베를린, 뉴욕과 런던을 넘어 로마와 프라하, 샌프란시스코와 도쿄를 지나 멕시코시티까지 시위와 집회, 바리케이드와 가두 투쟁이 뒤섞인 저항과 반란이 소용돌이친다. 베트남전에 맞서는 반전시위의 물결이 유럽 대도시에 출렁이고 프랑스에서는 학생과 노동자의 빛나는 연대가 천만에 가까운 노동자의 역사상 유례없는 대파업으로 번져간다. 서독이 바이마르공화국 이후 처음

---

[3] 독일 정부 단체가 4월부터 12월까지 주최하는 대표적인 행사의 제목은 "두 개의 1968: 희망, 궐기, 저항(Das doppelte 1968: Hoffnung, Aufbruch, Protest)". https://www.bundesstiftung-aufarbeitung.de/1968-hoffnung-aufbruch-protest-6667.html

으로 바리케이드 투쟁에 휘말리는가 하면, 미국에서는 머리에 꽃을 인 히피가 코앞 군인의 총신에 평화의 꽃을 심는다. 체코 시민들이 '프라하의 봄'을 지키려 소련 탱크에 용감히 맞서는 동안, 전투적 학생 시위가 일본열도를 휩감고 중국 대륙은 서구의 학생 및 청년에게 지대한 영향을 미친 문화대혁명의 광풍에 휩싸인다. 멕시코시티 올림픽 시상대 위에서는 흑인 육상 선수가 검은 장갑을 낀 주먹을 치켜드는 블랙파워식 인사로 미국의 흑인 차별을 만방에 고발한다. 이렇게 시위와 저항과 반란의 대장정은 지구촌 곳곳을 휩쓸고 휘돌았다(정대성, 2015: 87).

나아가 '68의 얼굴'은 기존 혁명이나 격변과는 양상이나 성격이 사뭇 달랐다. 베트남전과 인종차별이 횡행하는 기성 정치, 권위주의와 구태에 물든 기성 제도에 맞서는 거리의 저항과 시위가 하나의 얼굴이었다면, 새로운 삶과 정치를 일상생활 속에서 실험하는 다채로운 문화적 기획과 행사는 68의 또 다른 얼굴이었다. 반전시위가 록 콘서트와 어우러지고 거리 연극이 거리 시위와 뒤섞인다. 수많은 토론과 논쟁이 대학 안팎에서 벌어지며 이른바 '목소리의 전장'이 펼쳐진다. 전쟁 대신 사랑을 외치며 새롭고 수평적인 주거를 꿈꾸던 젊은이들은 다른 삶을 추구하는 공동체를 피워내며 낡은 생활 방식에 강력한 도전장을 내민다(정대성, 2015: 87f).

즉 68의 반란은 정당과 의회를 넘어 학교와 법정, 관청과 감옥을 망라하는 질풍노도의 돌격으로, 교육과 정치뿐 아니라 남녀의 교제 방식과 주거 및 삶의 양식까지 가로지르며 기존의 모든 것을 뒤흔들었기에 변화의 장이 따로 없었다. 거리가 때론 극장이 되고 법정이 순식간에 선동과 토론의 장으로 뒤바뀌었다. 연극과 영화와 음악도 변화의 바람에 내던져지는가 하면, 운동 내부 남성의 권위주의와 독단에 환멸을 느낀 새로운 여성운동의 깃발도 우뚝 솟아났다. 이렇게 만화경처럼 다면적인 68의 해방적 기획은 정치와 삶이 서로 어깨를 짓고 문화와 정치가 하나로 만나는 일이었다. 그것은 다름 아닌 일상적 삶의 영역에서 정치의 의미를 새로이 일깨우는 '일상의 혁명'일뿐더러 개인적 해방과 집단적 해방을 동시에 겨냥한 '새로운 변혁'이었다. 그것은 정치와 경제, 사회와 문화, 일상과 삶의 전 영역을 아우르는 '혁명적 기획'이었다(정대성, 2015: 91, 96; Frei, 2017: 131).

삶의 지평을 전방위적으로 가로지르는 이러한 68이 내뿜는 영향력은 다양한 방식으로 인정된다. 역사가 길혀홀타이(2009: 7)는 68이 "기존 사회와 경제 및 지배 질서에 맞서는 대항 구상을 품은 최후의 저항운동"이라고 평가하고, 프라이(Frei, 2017: 228)도 68이 풀어놓은 상상력과 그 여파를 놓고 "68 이후에는 이전과 같은 것이 거의 없었"고 그런 의미에서 "무엇이건 '68'을 비켜 가지 못했다"고 진단한다. 물론 68의 아우라는 철학자들에게도 예외가 아니었다. 가령 세계적인 저항의 소용돌이에 깊은 인상을 받은 한나 아렌트(Hannah Arendt)는 자기 세대가 1848년 혁명에서 배웠듯 "다음 세기의 아이들은 1968년에서 배울 것"으로 보인다고 갈파했다(Köhler and Saner, 1985: 715f).[4] 또한 아렌트의 '권력과 폭력' 연구가 68의 폭

---

4 68을 1848년 혁명과 어깨를 견주는 거대한 '세계혁명'으로 보는 관점의 대표자는 월러스틴이다. "단지 두 번의 세계혁명이 있었다. 한 번은 1848년에 일어났다. 다른 한 번은 1968년에 일어났다. 둘 다 실패했다. 둘 다 세상을 바꾸어놓았다."(Arrighi, Hopkins and Wallerstein, 1989: 97)

력 논쟁에서 촉발되었음은 주지의 사실이고, 미셸 푸코가 '미시 권력'을 통해 권력 개념을 재규정한 것 역시 68의 영향력 속에서 이루어진 작업임이 누차 공언되었다(Gilcher-Holtey, 2004: 10; 2008a: 66).

여하튼 발발 50년의 타임라인을 따라 68이 무엇인가를 놓고 벌어지는 해석과 논쟁의 바다 속에서 숱한 명칭이 솟아났다. 그 '천의 얼굴'에 걸맞은 다양한 이름표는 '학생 반란', '청년 반란', '세대 반란'이라 불리거나 '학생운동', '사회운동', '생활 방식의 개혁', '문화혁명'으로 칭해졌다(Gilcher-Holtey, 2003: 58-73; Frei, 2017: 209f). 나아가 68은 '무해한 반항'(Dahrendorf, 1984)이나 '집단적인 나르시시즘'(Fest, 1981)으로, 단순한 '카니발'(Aron, 1968)과 '낭만적인 역행'(Löwenthal, 1970)을 넘어 '반민주적인 사고의 새로운 형태'(Sontheimer, 1976)로 낮춰지는가 하면, '후기 자본주의사회의 새로운 갈등의 선구'(Touraine, 1968) 혹은 '자본주의 체제를 뒤흔든 세계혁명'(Wallerstein, 2004)으로 한껏 추켜지기도 했다. 게다가 68은 "세계적으로 뻗어나간 민주적 영향력"에 힘입어 동구권이 붕괴하는 "1989년의 초석"을 놓는 긴 호흡 속에 위치 지어지고 평가되었다(Lucke, 2008: 81). 68이 대체 무엇인지, 그리고 무엇을 남겼는지를 놓고 아직 논란이 분분하고 68은 여전히 뜨거운 토론과 논쟁의 대상이다(Gilcher-Holtey, 2003: 58-73; Wolfrum, 2001: 28-36; Weber, 1998: 207-228). 68이 펼쳐낸 해석의 바다는 지금도 거센 회오리 폭풍에 휩싸여 있는 것이다.

68의 정체와 성격을 둘러싼 논쟁의 중심 무대인 독일과 프랑스에서도 여러 구체적 연구 성과가 나왔지만, 이 글의 주제인 양국의 68에 대한 비교 연구는 드물다.[5] 특정 주제를 다룬 비교는 있지만,6 양국 68의 전반적인 차이점과 공통점을 아우르기가 쉽지 않기 때문으로 보인다.7 양국은 역사적 배경과 사건 등장 및 진행 과정이나 동원력에서 현저한 차이점을 보이나, 이를 넘어서는 효과 및 의미의 유사성이 분명 존재한다. 두 핵심 국가를 가로지르는 68의 국제성과 의의도 그 속에서 적잖이 드러남은 물론이다. 따라서 이 작업은 전체 68의 국제적이고 거시적인 상을 구성하는 연구의 출발점으로 기능할 수도 있다. 여하튼 이런 비교 연구를 위해서는 각각으로도 방대한 주제인 독일과 프랑스의 68에서 어떤 측면을 다룰 것인지를 선별하는 일이 선행되어야 한다.

이 글은 우선 양국의 68에서 '결정적 사건'으로 일컫는 독일의 '6월 2일 사건'과 '부활절 봉기' 그리고 프랑스의 '바리케이드의 밤'에 천착한다. 독일과 프랑스의 이들 '결정적 사건'은 양국 68에서 공히 동원 인원의 폭발적 증가에 핵심 역할을 했기에 이는 필요하고도 유의미한 작업이다. 또한 내가 주목하는 대목은 독일과 프랑스의 68에서 드러나는 관계와 상호 영향의 측면이다. 갈수록 68의 국제성이 강조되는 연구 흐름과 맥을 같이하는 이런 방향은

---

5 독일에서 68은 1998년 발발 30주년을 기점으로 본격적인 역사학의 연구 대상으로 떠올랐다. 이후 다양한 연구가 진행되어 정치와 사회, 문화 등 갖가지 영역을 아우르는 연구 성과가 속속 나오고 있는 중이다(정대성, 2014: 181ff; Siegfried, 2018: 251-255 참조). 국내에서도 독일과 프랑스 68의 비교 연구는 없지만 프랑스 68을 다룬 서양사학계의 연구는 다방면으로 결실을 거두고 있다(민유기, 2013; 2016; 2011; 이재원, 2009; 신동규, 2014; 2013 등 참조).
6 독일과 프랑스에서 벌어지는 68의 기억 투쟁을 다룬 연구는 베레(Behre, 2016) 참조.
7 그런 점에서 길혀홀타이(Gilcher-Holtey, 1998: 533-539)의 비교 연구가 주목할 만하다.

독일과 프랑스의 활동가들이 서로 영향을 주고받았을뿐더러, 양국의 동원 역동성에 일정한 계기로 작용했음을 입증할 것이다. 독일 68의 아이콘 루디 두치케(Rudi Dutschke)가 저격된 후 파리에서 벌어진 '저항의 연대'를 재구성하는 과정에서 그 역할과 의미가 검토되는 방식이다. 이런 지점은 두 나라의 비교 연구에서 시도되지 않은 작업으로, 독일의 사건이 이웃 프랑스의 5월의 폭발에 일정한 작용을 했음을 보여준다. 이를 통해 기존 연구의 공백이 보완되기를 기대한다.

뒤이어 국제적으로도, 독일과 프랑스 자체에서도 핵심적인 시기인 1968년 5월의 양국을 비교할 것이다. 그해 5월, 프랑스는 프랑스대로 거의 천만에 가까운 노동자 파업으로 물결쳤고,[8] 독일에서도 '비상사태법(Notstandsgesetze)' 반대 시위의 거대한 함성이 울려 퍼졌다. 물론 두 나라는 동원 규모와 방식 및 그 역동성에서 상당한 차이를 보인다. 하지만 이러한 양국의 비교는 유럽 68의 핵심 지점인 독일과 프랑스의 차이점을 넘어 유의미한 공통점을 식별하고, 그 의미를 이해하는 기회가 될 것이다.

2. 결정적 사건과 저항의 연대

부르디외(Pierre Bourdieu)는 저서 『호모 아카데미쿠스』에서 다양

---

[8] 프랑스의 사건 진행에 대한 간략한 설명은 올 4월에 나온 아비도르(Abidor, 2018: 1-5) 참조.

하게 잠재된 위기의 동시화(synchronisation)를 거치며 혁신적인 역할과 기능을 수행하는 '결정적 사건(événement critique)'을 말한다. 그에 따르면 모든 역사적인 사건이 '결정적 사건'으로 전환되지는 않는다. 이질적인 사회 주체들의 경험과 인식을 동시화함으로써 다양한 사회적 장에 포진된 잠재적 위기를 서로 중첩시키는 그런 사건들만 '결정적 사건'으로 자리매김한다. 나아가 결정적 사건은 일상이나 관습 및 통상적인 시대 인식과의 단절을 야기해 개인이나 집단의 입장 표명을 이끌어내고 종국적으로 기대와 요구를 불어넣는다(Bourdieu, 1988: 255-258; Gilcher-Holtey, 2001: 121f).**9** 독일과 프랑스는 공히 68의 결정적 전환점이 되는 사건을 경험한다. 그리고 프랑스 대학생이 독일 연대를 조직하여 양국의 사건들 사이에서 일정한 매개 역할을 수행한다. 그럼 먼저 불붙은 독일 68의 '결정적 사건'을 열어보자.

1) 독일: 6월 2일 사건과 부활절 봉기

1967년 6월 2일, 베를린에서 독재자 이란 국왕의 국빈 방문에 항의하는 시위가 벌어지고, 경찰이 폭력적으로 시위를 진압하는 와중에 대학생 오네조르크(Benno Ohnesorg)가 경찰의 총에 맞아 사망한다. 이른바 '6월 2일 사건'이다. 특히 학생층의 분노가 폭발하면서 서베를린에 집중된 학생운동이 베를린장벽을 넘어 서독 전 도

---

9 베트남전과 관련해 전 세계적인 차원의 '결정적 사건'은 1968년 1월의 '구정공세'일 것이다. 이 사건을 통해 세계적으로 미국의 베트남전에 대한 비판이 고조되고, 미국 내 여론도 급변한다.

시로 가파르게 확산된다. 이 사건은 1960년대 중반 이후 서베를린을 중심으로 피어나던 독일 68의 폭발적인 전환점으로 기록된다. 1968년 5월 11일에 일어난 파리 '바리케이드의 밤'과 비견할 만한 '결정적 사건'이었다.

한 대학생의 죽음을 동반한 '6월 2일 사건'의 특이성이나 유일성은 어디에 있는 것일까. 그것은 의심할 나위 없이 부르디외적 의미에서 예외적이고 비일상적인 사건이었다. 단순히 "베를린장벽 건설 이후 서베를린 분위기를 그렇게 끓어오르게 한 사건은 없었던"("Knüppel frei", 41) 것만이 아니라, 서독과 서베를린에서 학생운동과 독일 68의 주체인 '의회외부저항운동(Außerparlamentarische Opposition, 이하 APO)'[10] 전체의 전환점이었던 것이다. 우선 항의 도중에 처음으로 시위자가 경찰의 총에 목숨을 잃었다는 사실만으로도 중대한 사건이 된다는 점은 의심할 나위가 없다. 대학생 오네조르크의 죽음은 "이질적인 행위 주체들의 인식"을 동시화하고 "관습 및 '보통의' 시대 인식과의 단절"을 불러일으킴으로써 개인이나 집단의 기대를 야기하고 요구를 일깨우는 '결정적 사건'으로 작용한다(길혀홀타이, 2006: 115). 나아가 결정적 사건은 "일상과 사물의 통상적 질서를 뒤흔들고 사람들의 입장 표명을 요구하며, 모두가 그 사

---

10 "APO는 1966년 키징거(Kurt G. Kiesinger) 총리하에 기민/기사 연합과 사민당의 대연정이 출범하자 의회 내 야당의 견제력 상실을 비판하며 의회 밖에서의 비판과 항의를 목적으로 호소(號召)된 상징적 연합 조직이자 사회운동으로, 독일 68운동의 구심점이자 그 운동을 대변하는 이름이기도 했다. 대연정이 민주적 의회정치의 불구화를 낳는다고 비판한 다양한 정치 세력과 노조 및 학생 단체가 포함된 APO의 대표 세력은 학생 조직 독일사회주의학생연합(SDS)와 군축 캠페인(KfA), 공화주의 클럽(RC) 등이었다."(정대성, 2014: 185)

건에 몰두하게 만들고, 나아가 새로운 사회정치적 구도와 선택 및 행동 방식이 등장하는 상황을 창출한다."(길혀홀타이, 2009: 95)

'6월 2일 사건'은 그런 사건에 걸맞았다. 우선 경찰의 폭력 진압으로 인한 대학생의 사망은 '민주주의' 서독이 위치한 지점에 대한 의구심에 근거해 '새로운 시대 인식'을 창출하고, 권위주의와 국가폭력에 물들지 않은 '진정한' 민주주의에 대한 기대와 요구를 일깨웠다. 운동의 주체와 참가자들은 6월 2일 사건의 의미를 분석하고 진단해 서독이 파시즘으로 후퇴할 가능성을 우려하고, 대연정이 준비 중인 비상사태법이 불러올 민주주의의 후퇴에 대한 '입장 표명'을 쏟아낸다. 운동의 폭발과 동원은 '새로운 사회정치적 구도'를 만들고, '새로운 행동 방식'을 앞세운 시위와 저항이 만발한다. 대학 개혁의 목소리가 높아지고 베트남전에 대한 비판과 반전시위가 거리를 누빈다. 비상시 국민의 기본권을 제한하는 비상사태법 반대 운동의 힘이 배가되고, 운동 비방에 매진해온 보수 언론 슈프링어사 반대 캠페인이 닻을 올린다.

이듬해 1968년 4월에 두 번째 '결정적인 사건'이 터진다. 4월 11일 부활절 목요일에 68의 아이콘인 루디 두치케가 운동의 아성인 서베를린에서 극우 성향의 청년이 쏜 총에 맞아 쓰러졌다. 이는 "모든 좌파 그룹을 활성화하고 단결시킨 총성"이었다(Nevermann, 1989: 72). 운동 진영은 즉각 슈프링어사에 책임을 돌렸다. 슈프링어 신문이 수년간 학생운동과 두치케에 대한 비방 기사를 쏟아내며 증오를 부추긴 결과라는 것이었다. 전국적으로 슈프링어 콘체른에 대한 분노와 시위의 물결이 분출했다. 매일 수백만 부를 찍는 슈프링어의 간판 신문 『빌트』가 주요 목표물이었다. 시위대는 합창으로 외쳤다. "『빌트』가 함께 쏘았다!" 슈프링어사의 주인인 악셀 슈프링어(Axel Springer)도 비켜 가지 않았다. "슈프링어가 함께 쏘았다!" 두치케 암살 기도에 대한 "수천 APO 대학생의 하나 된 대답"이었다(Pätzold, 2013: 16). 부활절 기간 동안 서베를린과 서독 전역에서 슈프링어 인쇄소 봉쇄가 시도되었고, 바리케이드가 세워지고 경찰과의 가두 투쟁이 불붙었다. 이른바 '부활절 봉기'였다.

이를 통해 6월 2일 사건으로 1967년 여름에 닻을 올린 '반슈프링어 캠페인'(Jung, 2016; 정대성, 2014: 181-217)은 가장 스펙터클한 단계에 이르렀다. 여러 도시에서 시위대는 슈프링어 콘체른 건물로 행진했고, 『빌트』의 배포를 저지하려 시도했다. 1968년 2월 두치케가 서베를린 국제베트남회의에서 말했듯이 "조작의 중심"인 슈프링어사와 그 "비인간적인 기제에 맞선 전투적인 행동"(Dutschke, 1968: 122f)이 실행되었다. 이제 반슈프링어 캠페인은 계몽 캠페인에서 직접행동으로 탈바꿈했다. 그 암살 기도는 오네조르크의 죽음 이후 일어난 두 번째 '결정적 사건'으로, 반슈프링어 캠페인의 절정으로 이어졌다.[11]

부활절이 경과하며 시위대와 경찰의 폭력 대결도 고조되었다. 바이마르공화국 이후 발생한 적이 없던 시가전이 빈발했다. 제2차 세계대전 후 독일에서 가장 심각했던 이 격정의 날들은 '부활절 소요'나 '부활절 봉기'로 역사에 이름을 올렸다. 동시에 이루어

---

[11] 슈프링어 콘체른은 같은 해 6월 23일에 결국 총 450만 부수를 찍는 잡지 5개를 매각한다고 밝히며 백기를 들었다. 그것은 슈프링어가 소유한 신문과 잡지의 약 1/3이고, 출판사 총 발행 부수의 1/4에 해당하는 엄청난 규모였다. 슈프링어사의 그 매각과 의미에 대해서는 정대성(2014: 205-208) 참조.

진 30만 명의 부활절 행진 참가자를 제외하더라도 부활절 봉기 동안 총 27개 도시에서 매번 5,000명에서 1만 8,000명이 참가하는 시위가 벌어졌고, 대략 총 10만 명이 거리로, 저항으로 나섰다(정대성, 2014: 201f). 이 두 번째 '결정적 사건'을 통해 독일 68은 동원의 절정으로 치달았던 것이다.

이 '결정적 사건'의 여파는 독일 내에서만 한정되지 않았다. 국경을 넘어, 특히나 프랑스에서 학생들을 움직인다. 4월에 베를린에서 두치케 암살 기도 사건이 발발하자마자 파리의 대학생들은 항의 연대 시위를 조직하고, 평소 왕래가 없던 학생 조직까지 공조 활동을 벌인다.

2) 프랑스 대학생의 독일 연대

1968년 4월 11일 서베를린에서 발생한 두치케 암살 기도는 독일뿐 아니라 수많은 다른 유럽 및 비유럽 대도시에서도 격한 분노를 야기했다. 영국의 역사가 프레이저(Ronald Fraser)는 이런 상황을 놓고 "일국의 학생운동에 영향을 미친 사건이 국제적인 학생 저항으로 이어진 최초의 경우"(Fraser, 1988: 194)라고 썼다. 그에 걸맞게 분노의 공감은 실로 국제적이었다. 사건 다음 날인 4월 12일부터 약 일주일간 뉴욕과 워싱턴, 스톡홀름, 토론토, 암스테르담, 브뤼셀, 베른, 취리히, 로마, 베오그라드, 파리, 런던, 밀라노, 텔아비브, 오슬로, 코펜하겐, 프라하, 빈 등에서 두치케를 겨냥한 암살 기도를 규탄하고 독일 대학생과의 연대를 천명하는 시위가 펼쳐졌다. 독일 내에서 분노의 표적으로 떠오른 슈프링어사의 현지 사무소 내지 다른 서독 기관들이 시위 대상이자 목표였다(Siemens, 2006: 142; Juchler, 1996: 270). 암스테르담과 뉴욕, 파리, 밀라노, 로마에서는 서독 총영사관 앞에서 항의 시위가 벌어졌고, 오슬로에서는 격앙된 학생들이 항의의 표시로 대사관 건물에 나치 당기인 '하켄크로이츠(갈고리 십자가)'를 그려 놓았다(Schmidtke, 2002: 289).

파리에서의 반슈프링어 캠페인이 무엇보다 스펙터클했다. 약 천여 명의 청년들이 4월 13일에 경찰로 둘러싸인 독일 대사관 앞에서 시위를 벌였다. 하지만 앞서 두치케가 총에 맞은 당일인 4월 11일에 이미 프랑스와 독일 학생들이 두치케 암살 기도에 대한 정보를 얻기 위해 모였다(Grossmann and Negt, 1968: 130). 그날 밤에 「누가 루디 두치케를 쏘았는가?」("Wer schoss auf Rudi Dutschke?")와 「루디 두치케에 대한 암살 기도」("Attentat Contre Rudi Dutschke")라는 독일어와 프랑스어 제목으로 작성된 전단에서 슈프링어사가 암살 기도에 대한 공범으로 지목되어 신랄하게 비판되었다. 슈프링어사가 "수개월간 서독 전역에서 혁명적인 대학생들에 대한 중상 비방과 사냥몰이 캠페인을 벌였다"는 것이다("Wer schoss auf Rudi Dutschke?"). 다양한 학생 조직이 서명한 전단의 내용은 13일로 계획된 시위에 대한 호소로 마무리되었다("Wer schoss auf Rudi Dutschke?").[12]

파리 주재 독일 대사관 앞에서 13일에 벌어진 연대 시위는 준비 부족과 즉흥성에도 불구하고 상당히 성공적이었다. 독일 학생들을 포함한 천여 명의 시위대가 강력한 경찰 부대에 용감히 맞섰다. 대

---

[12] 전단에 서명한 학생 조직은 Comité Vietnam National, Etudiants Socialistes Unifiés, Jeunesse Communiste Révolutionnaire, Union Nationale des Etudiants de France(UNEF, Nanterre)와 SDS Paris 등이었다.

사관 앞에서 시위대는 인터내셔널가를 부르고 다음과 같이 합창으로 외쳤다. "루디 두치케", "SDS와 연대를", "슈프링어는 살인자, 키징거는 공모자", "SDS는 승리하리라". 또한 "로자 룩셈부르크 1919, 루디 두치케 1968", "제국주의-테러-베트남-멤피스-베를린"이라고 적힌 플래카드가 동원되고 적기도 휘날렸다. 파리의 독일 학생이 SDS에 보낸 편지에 따르면 이 연대 시위는 "아주 성공적으로" 진행되었다("Liebe Genossen"). 뒤이어 처음으로 CRS 경찰기동대와의 소규모 가두 투쟁이 일어났다. 이는 "상당히 격렬한 충돌"이었기에 몇몇 시위자가 체포되고 경찰도 몇 명이나 다치고 경찰차도 파손되었다("Liebe Genossen"). 나아가 19일에 파리에서 두 번째 연대 시위를 열기로 계획되었다. 이를 위해 이데올로기적인 이유로 접촉이 전혀 없던 여러 정치적인 좌파 학생 조직이 처음으로 만났다. 또한 거의 모든 좌파 학생 조직이 공동의 저항 행위에 처음으로 합의했다(Grossmann and Negt, 1968: 132).[13]

19일의 두 번째 연대 시위는 첫 번째보다 규모가 컸다. 참가자가 몇 배로 불어 수천 명이 거리로 나섰다.

'붉은 루디[두치케]'와 SDS에 대한 연대 차원에서 4,000명의 학생이 라탱 지구로 행진한다. 그들은 플래카드에서 암살 기도

---

[13] 공조 시위에 참가한 조직들은 다음과 같다. Jeunesse Communiste Révolutionnaire, Jeunesse Communiste-Marxiste Léniniste(maoistisch), Fédération des Etudiants Révolutionnaire, 3월 22일 운동, Studenten des Parti Socialiste Unifié, Union Nationale des Etudiants de France(UNEF), Comité Vietnam National. 그 밖에도 다양한 친중국 조직과 트로츠키주의 그룹, 사회주의 좌파 및 생디칼리스트 조직이 함께했다.

를 단죄하고 악셀 슈프링어 출판사의 신문들과 준비 중인 비상사태법 및 독일 연방 총리 키징거를 비판한다. 독일문화원을 지나며 시위대는 유리창을 하나 깬다. 경찰은 지켜만 보았고 시위대가 경찰 차량의 유리창 하나를 박살 내는 상황에서도 마찬가지였다(Kraushaar, 1998: 112).

파리 시위대는 독일의 '비상사태법'을 비판하고 항의했다. 나아가 보수 일간지 『르 피가로』 및 국영방송 ORTF(Office de Radiodiffusion Télévision Française)를 슈프링어와 결부시켰다. 4월 15일자 『르 몽드』는 슈프링어사의 '신문 독재'가 강력한 저항에 직면했고, 서베를린에서 '점거 분위기'가 급속하게 고조된 상황에 슈프링어사의 책임이 있다고 썼다(Grossmann and Negt, 1968: 132f).[14]

이렇듯 독일의 '결정적 사건'인 두치케 암살 기도는 파리 학생운동의 흐름에 일정한 영향을 미쳤다고 평가할 수 있다. 그간 별다른 소통이 없던 좌파 학생운동의 여러 정파가 이를 계기로 처음 만나 공조 활동을 벌이고 격한 항의 시위를 결행한 탓이다. 학생 조직들의 만남과 공조 및 경찰력과의 충돌은 프랑스의 '결정적 사건'인 '바리케이드의 밤'과 5월의 폭발을 위한 워밍업이나 예행연습 역할을 했던 것으로 보인다. 이렇게 두 이웃 학생들의 연대는 프랑스 68을 분출하기 위한 에너지 비축에 일조한 측면이 있다. 이제 '바

---

14 나아가 『르 몽드』는 다음과 같이 강조했다. "슈프링어사의 영향력을 통해, 특히 그 정치적 테제와 사상의 위험스런 획일화를 통해 창출된 불만은 두치케 암살 기도와 더불어 돌아올 수 없는 지점에 이르렀다."(Grossmann and Negt, 1968: 133)

리케이드의 밤'이 열린다.

3) 프랑스: 바리케이드의 밤

길혀홀타이(Gilcher-Holtey, 1997: 165-184; 길혀홀타이, 2009: 85-103)는 부르디외의 '결정적 사건' 개념을 통해 다양한 위기 요소가 68의 특정 시점과 지점에서 일거에 분출하는 동시성을 분석하여 '위기 확산'의 논리를 읽어냈다. 프랑스의 '바리케이드의 밤'[15]도 그런 경우다.

사실 프랑스에서 불어닥친 68년 5월의 폭풍우는 누구도 내다보지 못한 반란이었다. 불과 얼마 전까지만 해도 '파리는 지루하다'는 소리가 공공연하게 들려왔다. 소요로 들끓어 오르던 미국이나 유럽의 다른 나라에 비해 프랑스 대학은 오래도록 조용했다. 물론 반란의 기미가 없지는 않았다. 1968년이 아니라 이미 60년대 들어 징조가 보였다. 무엇보다 이전까지 엘리트 계층으로의 직행 코스로 간주된 대학에서 상황이 변하며 균열의 조짐이 있었다. 1960-1967년 사이에 프랑스에서 대학생 수가 130% 증가하는 동안 이를 뒷받침할 만한 대학의 제반 여건은 전혀 나아지지 않았다. 부르디외의 연구가 보여주듯 대학은 사회계층의 이동 가능성을 별로 높이지 못했고, 성공에 결정적인 것은 원래 가지고 있던 '문화자본'이었다(Jurt, 2012: 216f). 불만이 쌓여갔다.

---

[15] 바리케이드의 밤의 세세한 진행 상황에 대한 묘사는 로트(Loth, 2018: 79-96) 참조.

고조되던 불만은 68년에 거세게 폭발한다. 5월, 상대적으로 조용하던 프랑스 대학생의 반란은 다른 어느 곳에서보다 재빨리, 그리고 멀리 나아갔다. 파리 근교 낭테르대학의 다니엘 콘벤디트(Daniel Cohn-Bendit)가 포함된 아나키스트 그룹과 트로츠키주의 그룹, 마오주의 그룹이 연대한 '3월 22일 운동'에서 시작된 저항의 불꽃은 5월 3일에 파리 소르본대학으로 번져간다. 소르본에서의 시위가 폭력적으로 강제 해산되고 대학이 폐쇄되자 저항은 라탱 지구로 재차 확산된다. 즉 시위가 5월 3일부터 일주일간 확산되면서 프랑스 학생운동은 미국과 서독, 이탈리아를 순식간에 따라잡는다. 뒤이어 하루가 채 지나기도 전에 프랑스 학생운동은 다른 나라의 발전을 멀리 앞질러버린다. 학생들은 시민들을 움직였고 정부를 바짝 압박해 들어갔다. 그 모든 소용돌이의 결정적 발화점은 5월 10일에 일어난 '바리케이드의 밤'이었다(Marx and Hattstein, 2018: 164; 길혀홀타이, 2006: 127-130).

라탱 지구에 바리케이드를 세우는 일은 원래 계획에 없었다. 5월 10일에 청년 및 학생들은 평화 시위를 이어가다가 라탱 지구의 한 구역을 즉흥적으로, 놀이하듯 점거해 60개의 바리케이드를 쌓았다(Gilcher-Holtey, 1998: 534). 약 1만 명의 참가자들은 3가지 요구를 내건다. 시위 도중에 체포된 학생들의 석방과 폐쇄된 소르본대학의 재개방, 경찰의 라탱 지구 철수라는 요구를 정부에서 받아들일 경우에만 바리케이드로 차단된 그곳을 떠나겠다고 결의한다(Gilcher-Holtey, 1994: 378). 바리케이드 치기는 역사의 모범을 따른 행위였다. 학생들은 파리코뮌(1871)과 해방된 파리(1944)의 바리케이드를 기억했다. 학생들의 바리케이드는 도구적인 성격이 아니라 상징적이고 표현적인 성격을 띠었다. 바리케이드 설치는 물론 전투적인 행위였지만 혁명적인 의식에 기반한 행동이라기보다 즉흥적으로, 도발적으로 이루어진 행동이었다(Gilcher-Holtey, 2008b: 26).

10일 밤을 지나 11일 새벽 2시 12분에 진압 명령이 떨어지고 CRS 경찰기동대가 바리케이드를 넘어 공격의 포문을 열었다. 오전 5시 30분까지 이어진 진압 작전은 과도한 폭력과 파괴로 점철되었다. 곤봉과 물대포, 최루가스가 난무하는 가운데 현장은 전장을 방불케 했다. 경찰의 과도한 진압과 폭력 행사에 놀란 교수들과 파리 대주교가 라디오에 출연해 정부가 나서서 경찰의 폭력을 즉각 중지하도록 호소했지만 허사였다. 경찰은 인근 집으로 도망치는 학생들을 끝까지 추격해서 구타, 체포하고 경찰서에서도 곤봉 세례를 퍼부었다. 367명이 부상을 입고 460명이 체포되었으며 188대의 자동차가 전복되고 파손되었다. 거대한 전쟁터로 돌변한 진압 작전의 결과였다(Gilcher-Holtey, 1994: 375f).

야만적인 경찰력 투입은 미디어를 통해 시민들에게 큰 분노의 반향을 일으킨다. 바리케이드의 밤이 '결정적 사건'으로 기능한 데는 대중매체의 역할이 특히 컸다. 첫 번째 바리케이드 설치 직후에 현장으로 달려온 두 대의 라디오 방송 차량이 사건을 생생하게 중계했고, 사건의 파장은 처음부터 외부로 증폭된다. 학생들의 대응과 목소리가 포함된 현장의 긴박한 상황은 라디오를 타고 시시각각 전국으로 퍼져나갔다. 미디어에 귀를 기울이는 사람의 숫자가 늘어나며 영향력도 함께 커졌다. 라디오로 전국에 생중계된 경찰의 강경 진압은 여론의 분노를 등에 업고 노동조합이 학생운동과 연대하는 결정적 계기로 작용한다. 노동조합이 경찰의 폭력적인 진압에 항의하며 학생들의 요구 사항에 힘을 실어주었고 전국적인 24시간 총파업을 호소한다(길혀홀타이, 2006: 133f). 그렇게 일은 시작되었다.

프랑스의 학생운동은 '바리케이드의 밤'이라는 사건을 통해 프랑스의 '불타는 5월'을 견인하고 촉발하는 역할을 했던 것이다. 그리고 이 '결정적 사건'은 이내 '결정적 순간'으로 비약해 프랑스 전체를 뒤흔들고 마비시킨다.

3. 두 개의 5월

1) 프랑스: 결정적 사건에서 결정적 순간으로

프랑스의 '5월 사건'이 파리코뮌 이후로 서유럽에서 펼쳐진 가장 중요한 격변에 속함은 의심할 나위가 없다. 수십만의 학생이 경찰과 주기적으로 가두 투쟁을 하고, 900만 명의 노동자가 파업에 돌입했다. 반란의 상징인 적기와 흑기가 점거된 공장, 대학, 기차역, 극장, 백화점, 호텔에서 휘날렸다(Brinton, 2014: 83). 믿을 수 없는 일들이 벌어지고 있었고 모든 것이 가능해 보였다.

앞서 보았듯 조용하고 '지루하던' 프랑스는 소르본대학이 폐쇄된 5월 3일부터 이루어진 학생운동의 급속한 팽창 속에서 파리 라탱 지구에 바리케이드가 세워지며 일거에 새로운 국면으로 접어든다. 5월 11일 새벽 경찰의 야만적인 진압과 바리케이드 일소의 결과, 대규모 노조들이 학생운동과 연대를 선언하고 총파업을 호소하며 상황은 급격히 첨예화된다. 바로 전해의 산발적이고 즉흥적인 파업과는 차원이 달랐다. 총리 퐁피두가 이끄는 정부는 학생들의 요구를 들어주면 상황이 잦아들리라 기대했지만 시위자들은 정반대로 오히려 요구 수준의 확대와 강화로 대응했다. 노동자들은 학생들의 요구에 대한 지지를 넘어 교육의 민주적 개혁과 완전고용, 민중에 의한, 민중을 위한 경제 제도로의 전환을 요구하고 촉구한다. 전 프랑스가 들끓기 시작한다. 단결과 연대의 힘을 자각한 운동 세력은 대학 사회를 훌쩍 뛰어넘어 사회 전 부문과 영역으로 민주화를 확대할 것을 강력히 요구한다(Marx and Hattstein, 2018: 164; 길혀홀타이, 2009: 104-105). 라텡 지구에서의 '결정적 사건'에 뒤이은 최초의 폭발 시점은 5월 13일의 총파업이었다. 파리에서만 20-30만 명이 파업을 외치고 거리에 나선 이날 프랑스의 거의 모든 대도시에서 시위 물결이 동시다발로 일어난다. 경찰 추산에 따르면 마르세유에서 5만 명, 툴루즈에서 4만 명, 리옹과 낭트에서 각각 3만 5,000명과 2만 명, 스트라스부르에서 1만 2,000명 등이 참여했고, 수십만 명이 가담한 총 120회의 시위가 프랑스 전역을 뒤흔들었다(Loth, 2018: 109).[16]

5월 14일에 동원 성공과 연쇄 폭발은 더더욱 명백해진다. 낭트 인근에 있는 '쉬드아비아시옹(Sud-Aviation)' 국립 항공기 공장의 젊은 노동자들이 24시간 파업 후 작업을 재개하지 않은 채 작업장을 점거하고 공장 부지를 차단하는 한편, 공장 관리자들을 구금한 사

---

[16] 문헌에 따라 5월 13일 시위에 파리에서만 50만 명 혹은 80만 명이 참가했다고 기록하기도 한다(Marx and Hattstein, 2018: 164; Williams, 2017: 76).

건이 화약고에 불을 댕겼다. 노동자들의 행동은 전날 재개방된 소르본대학을 곧바로 점거한 파리 학생들을 본받은 것이었다. 처음에 파리에서 제대로 주목도 받지 못한 항공기 공장의 점거 사례는 곧이어 놀라운 연쇄반응을 일으킨다. 그렇게 즉흥적으로 일어난 노동자 파업은 르노자동차 공장으로 번지고 다른 작업장으로도 순식간에 퍼져나간다. 불꽃들은 순식간에 거대한 불길로 타오른다. 노동조합 중앙 지부의 호소가 없었는데도 얼마 지나지 않자 수백만 명의 노동자가 자발적으로 참가한 거대한 파업과 공장 점거의 물결이 프랑스를 휩쓴다. 물경 900만 노동자가 파업에 돌입하는 믿기 힘든 순간이 프랑스 역사상 처음으로 기록된다(Gilcher-Holtey, 2018: 6; 길혀홀타이, 2009: 105-106). 세계사에서도 유례가 없는 파업이었다. 이제 상황은 '결정적 사건'을 지나 '결정적 순간'으로 진입한다. 부르디외는 이렇게 쓴다.

> 결정적 순간이란 단순한 과거 내지 과거에 기댄 미래의 단순한 지속이라는 통상적 시간 경험과 단절되어 모든 것이 가능한 (혹은 그렇게 보이는) 시점이자, 미래가 정말로 우연성의 지배를 받아 앞으로의 일이 진정으로 결정되어 있지 않으며, 예상되거나 예상할 수 있는 결과 없이 순간이 정말 순간 그 자체로 일시 정지 상태에 있는 그런 시점이다(Bourdieu, 1988: 287).

프랑스를 뒤흔든 '결정적 순간'의 정점에서 '자주 관리(autogestion)'라는 구호가 솟아오른다. 신좌파 성향이 강한 '프랑스민주노동동맹(CFDT)'이 5월 중순에 처음 내건 이 슬로건은 다소 모호하고 열려 있는 표현이지만, 반위계적이고 반권위주의적인 내용을 담고 있기에 학생운동과 노동운동을 단결시킬 수 있었다. '자주 관리'의 요구는 구좌파의 고전적인 변혁 전략과는 구분되었다. 즉 소유관계나 재산 관계가 아니라 권력 구조와 결정 구조가 중심에 놓였던 것이다. '자주 관리'는 공장의 관리와 결정에 있어서의 민주화 및 각 기관의 독점적 권한의 해체를 지향했다. 또한 지배와 위계의 해체를 추구하며, 자결과 자치를 통한 노동자의 자기해방을 추구했다. 다시 말해 '자주 관리'는 타율성에서 자율성으로 전환하고, 민주적 자기 결정에 기반한 새로운 사회를 건설하기 위한 기획이 그 핵심이었다. 이런 '자주 관리'의 실험은 5월의 정점에서 수많은 기업과 공장에서 실제로 진행되었다(길혀홀타이, 2009: 107-108; Gilcher-Holtey, 2018: 9).

'자주 관리'의 구상과 해방의 기획은 공장에 한정되지 않고 대학과 문화 기관에서도 실험되었다. 점거된 소르본대학 학생들과 파리 오데옹극장에 함께한 예술가 및 학생들은 점거 현장을 실험적인 거대한 토론장으로 만들었다. 점거된 오데옹극장의 벽에는 "창조는 미래의 권력을 움켜쥐는 것이다"라는 구호가 휘갈겨졌다. 매일 수천 명이 새로운 미래의 창출을 함께하거나 지켜보기 위해 오데옹극장으로 향했다. 오데옹극장은 관객과 참가자의 거대한 토론의 장이자 자기 연출의 광장으로 변모했다. 오데옹극장의 점거 주체들은 정치적 항의를 넘어 문화적 항의가 사람들을 움직인다고 생각했기에 새로운 형태의 의사소통과 삶을 영위하는 것이 중요하다고 본다. 쉬드아비아시옹 항공기 공장 점거와 소르본대학의 점거에 자극받은 오데옹극장의 점거 주체들은 5월 15일 밤, 순식간에 다음 결의안을 작성한다(길혀홀타이, 2009: 109-110; Gilcher-Holtey, 2018: 9f).

> 상상력이 권력을 인수한다!
> 거리에서 분출한 노동자와 학생의 혁명적 투쟁은 이제 작업장과 소비사회의 사이비 가치에 대한 투쟁으로 번지고 있다. 어제는 낭트의 '쉬드아비아시옹' 항공기 공장에서, 오늘은 이른바 오데옹의 '프랑스극장'에서.
> 연극, 영화, 미술, 문학 등등은 … '엘리트'가 소외와 중상주의 그 자체의 목표로 타락시켜버린 산업이 되었다.
> 문화 산업을 사보타주하라!
> 문화 산업 기관을 점거하고 파괴하라!
> 삶을 새로이 창조하라!
> 예술, 너희들이 그것이다! 혁명, 너희들이 그것이다(Gilcher-Holtey, 2018: 9)!

한마디로 '상상력에 대한 호소'였다. 점거된 소르본과 오데옹극장을 수놓은 상상력 넘치는 숱한 슬로건과 그라피티는 반란의 정신을 거듭 고무시켰다. '문화 산업을 사보타주 하라!' '금지를 금지한다!' '현실주의자가 되라. 하지만 불가능을 상상하라!'(Marx and Hattstein, 2018: 164) 그리고 그 모든 반란의 정신은 이 슬로건으로 모아진다. '상상력에 권력을(L'imagination au pouvoir/Phantasie an die Macht/Power to the Imagination)!'

모든 것이 가능해 보이는 '결정적 순간'의 만개 속에서 진정한

'위기의 순간'이 도래했다. 5월 29일 대통령 드골이 갑자기 사라졌다. 장군들과의 의논을 위해 헬기로 저공비행하며 비밀리에 독일 국경 지역 바덴바덴의 군사기지로 숨 가쁘게 날아갔다. 최고 통수권자 드골은 이미 퇴진과 은퇴를 고민하고 있었다. 부르디외가 말한 '결정적 사건'이 '결정적 순간'으로 한껏 비상했음을 상징하는 일이었다. 하지만 돌아온 드골은 달라져 있었다. 5월 30일, 장군들의 굳건한 지지를 확인하고 돌아온 드골이 국회해산과 재선거라는 승부수를 던지며 상황도 급속히 달라진다. 선거라는 의제가 돌출하자 정당을 중심에 놓는 제도화된 정치가 무대의 복판으로 이동하는 반면, 애초에 제도권 밖에서 분출된 운동의 동력은 차츰 힘을 잃어간다. 몇몇 공장과 대학에서 격렬한 저항과 투쟁이 마지막 빛을 발하지만, 기성 정치의 귀환을 막아내기는 역부족이었다. 상황은 불타오를 때만큼이나 신속하게 잦아든다. 한때 노조 지도부를 무시하고 공장 점거와 파업을 수행하며 '그르넬 협상'까지 거부했던 노동자들도 결국 공장으로 돌아가고, 대학도 점차 정상화의 길을 걷는다. 사분오열하던 좌파는 분파로 되돌아간다. 68년 6월의 선거는 드골주의자들의 승리로 종결된다(Marx and Hattstein, 2018: 164; 길혀홀타이, 2009: 119-127). 불같던 5월은 차갑게 식어간다.

2) 독일: 동원 정점에서 쇠퇴로

프랑스의 5월이 폭발하는 동안, 이웃 독일도 저항의 물결로 뒤덮인다. 독일의 5월은 부활절 봉기를 뒤로하고 새로운 동원의 정점을 기록한다. 대연정이 도입하려는 '비상사태법' 반대 운동 때문이었다.[17] 이 법은 전쟁이나 여타 비상사태의 경우 전화 도청과 편지 검열 등을 통해 국민의 기본권을 제한하고 행정부에 예외적인 권한을 부여하는 내용을 포함하는 것으로, 비판자들에게 나치와 히틀러 독재로의 길을 열어준 바이마르 시기의 유사한 법 조항을 떠올리게 했다. 이런 역사적 배경 때문에 '나치법(NS-Gesetze)'이나 '독재법'이라 비판받으며, 의회주의가 위기에 처하고 파시즘이 다시 살아날지 모른다는 우려가 대두되었다(정대성, 2017: 123-125).[18] 독일 68의 구심체인 APO는 4월의 부활절 봉기가 잦아들자 다름 아닌 비상사태법 반대 투쟁에 주력했다.

5월 말로 예정된 비상사태법의 국회 통과를 막기 위해 대규모 시위가 준비되었다. 5월 11일, 비상사태법의 제2독회를 저지하기 위해 전국에서 수도로 결집하는 '본(Bonn) 집결 행진'이 결행된다. 전국에서 6만 명이 버스와 기차 및 자가용을 타고 본으로 향했고, "본을 비상사태에서 구해내자!"라고 외쳤다. 본의 세 군데 집결지에서 출발해 시내로 행진한 후 본대학에서 대규모 집회가 열렸다. '본 집결 행진'은 완전한 성공이자 비상사태법 반대파의 평화적인 절정으로 비쳤다. 하지만 비상사태법을 비판해온 노조의 최상위 단체 독일노조총연맹(DGB)은 본 집결 행진을 공식적으로 지원하지 않고 다른 길을 걸었다. DGB는 같은 날 도르트문트에서 "비상사태법은 없다"는 구호 아래 1만 5,000명의 노조원이 참가한 별도의 집회를 열었다. 따라서 '본 집결 행진'에는 소수의 노동조합

---

[17] '비상사태법' 반대 운동에 대해서는 정대성(2017: 123-129) 참조.
[18] 바이마르공화국의 제국헌법 48조에 따르면 비상시 대통령은 국민의 기본권을 무효화하고 긴급명령으로 통치하는 것이 가능했다.

만 함께할 수 있었다. 일부 노조원들이 도르트문트 집회 후에 본으로 향했지만, 비상사태법 반대 운동의 분열은 분명했다(Jung, 2016: 293f). 이런 분열상을 놓고 역사가 미하엘 슈나이더(Michael Schneider)는 "노조의 'APO'로부터의 퇴각이 명약관화하게 실행되었다"고 평가했다(Schneider, 1986: 245).

하지만 비상사태법의 제2독회 기간인 5월 15일과 16일에 서독 도처에서 파업과 봉쇄, 집회와 시위가 꼬리를 물었다. 가령 프랑크푸르트에서는 경고 파업이 단행되어 30개 공장의 수천 명의 노동자가 일손을 놓고 비상사태법에 항의하며 거리로 나갔다. 16일 당일에만 25개의 대학에서 학생들이 파업의 깃발을 들었다. 제2독회에서도 비상사태법이 압도적 다수로 통과되자 SDS는 5월 17일 '민주주의 비상사태 감시국(Kuratorium Notstnad der Demokratie, 이하 KND)' 및 '민주주의와 군축을 위한 캠페인(Kampagne für Demokratie und Abrüstung, 이하 KfDA)'과 함께 노조에 "파업 서신"을 보내 비상사태법 최종 입법에 맞서 5월 29일 하루간의 총파업을 호소했다(Fichter und Lönnendonker, 2008: 192; Schneider, 1986: 255; Kraushaar, 1998: 154ff). 하지만 5월 19일에 DGB는 총파업을 명시적으로 거부했다. DGB는 "절대다수로 통과된 의회 결의안에 맞서 파업을 호소하는 것은 의회 민주주의 원칙에 대한 위반"이라고 보았다(Borowsky, 1998: 19).

그러나 저항의 물결은 잦아들지 않았다. 법안 가결을 앞둔 일주일 동안 전국적으로 약 15만 명의 비상사태법 반대자들이 다시금 거리로 나섰다. 프랑크푸르트에서 KND가 SDS, KfDA, DGB의 헤센주 수뇌부와 함께 조직한 집회 한 곳에만 1만 2,000명의 시위대가 동원되었다. 5월 27일 프랑크푸르트대학은 점거되고 베를린, 보훔, 함부르크, 하노버, 쾰른, 뮌헨에서도 학생들은 비상사태법에 저항하며 노동자들의 총파업을 호소했다. 이웃 프랑스의 상황에 고무받아 독일에서도 노학 연대를 이루고 총파업의 물결을 일으키자는 외침이 반복되었다. 프랑스의 5월 총파업과 전국적 궐기가 거꾸로 독일에 영향력을 행사하는 국면이었다. 이제 독일에서도 총파업에 찬성하는 목소리가 산발적으로 표명되고, 프랑크푸르트에서는 인쇄 및 제지 노조가 실제로 파업을 결의한다. 독일의 여러 극장에서 공연 도중에 비상사태법 반대 선언서를 낭독하거나 항의 토론을 벌이고, 그 법을 비판하는 '거리 연극'을 펼치면서 시위와 저항의 무대가 다변화되고 확장되었다. 비록 총파업의 꿈은 실현되지 않았지만 독일 전역이 비상사태법을 저지하려는 분노와 열기로 들끓었다. 그럼에도 불구하고 5월 30일에 연방의회는 제3독회에서 비상사태법을 최종적으로 통과시킨다(Jung, 2016: 295; 정대성, 2017: 127; Koch, 2018: 117).

독일에서는 결국 5월 동안 비상사태법 반대 투쟁을 거치며 학생운동과 노동조합의 관계가 깨졌고, 노조는 독일 68의 상징적 연합체인 APO와도 결별한다. 게다가 4월 부활절 동안 고양된 폭력은 여론의 변화를 낳고 이는 운동 세력에 불리하게 작용한다. 이런 상황은 동원의 절정인 68년 4월과 5월이 결국은 저항운동 종언의 시작이자, 68의 동원 해제의 출발점임을 말해준다. 비상사태법 통과 이후 6월부터 동원 해제에는 가속도가 붙고, 같은 해 11월 학생들이 경찰과 폭력적인 가두 투쟁을 벌인 '테겔 전투'로 인해 여론에서 십자포화를 맞고 나자 학생운동은 결정적으로 파편화와 해산의 길에 들어선다. 영향력을 완전히 상실한 학생운동은 이제 대학으로 돌아가고 거기서 고립된다. 독일 68의 주도적 학생 조직 SDS는 이듬해 70년에 공식 해산한다.

독일과 프랑스의 '결정적 사건'들은 두 나라 모두에서 공히 운동의 직접적인 폭발력과 동원력을 배가한다. 하지만 프랑스에서만 '결정적 사건'이 '결정적 순간'으로 전환해 모든 것이 가능해 보이는 공간이 열린다. 독일의 5월에서도 노동자층의 동원이 이루어지지만, 상대적으로 소규모이고 조직적인 파업의 물결을 낳지는 못한다. 학생과 노동자 대표의 산발적인 연결이 전국적인 규모의 공조와 연대로 이어지지 못해 프랑스의 총파업이나 빛나는 노학 연대로 발전하지 못한 탓이다. 또한 프랑스의 5월은 절정에서 '자주관리'의 마법적 공식이 솟아났던 반면 독일에서는 '공동 결정'의 전통을 더 신뢰했다. 물론 프랑스를 집어삼킨 '결정적 순간'도 6월 이후 '체제의 귀환'과 더불어 마지막 숨을 내뿜고 말았다.

그럼 프랑스의 '68년 5월'은 과연 무엇이었을까. 그것은 '반란'을 넘어서는 사건이었고 "거의 혁명"이었다고 빌프리트 로트(Wilfried Loth)는 최근의 책에서 말한다(Loth, 2018: 292). 하지만 혁명이라는 개념을 정치적 전복이나 체제의 전환과 긴밀히 연결하려는 발상법에서 한발 물러서면, 68년 5월의 격변은 '거의'를 넘어 일종의 '진정한' 혁명이었다. 일상을 포함하는 사회 전 영역에서 위계와 권위에 도전해 새로운 삶의 편재를 꿈꾼 혁명이되, 결코 끝나지 않은 '미완의 혁명'(Doyle, 2018)이었던 것이다. 독일의 68은 무엇이었을까. 동원력이나 강렬함에서 프랑스와 상당한 차이를 보였음은 분명하다. 하지만 독일에서도 '68 이후' 많은 것이 변화했다. 제도와 일상을 뒤흔드는 그 궐기와 열기 속에서 독일은 이전과 달라졌다. 하지만 그 역시 '미완'이었다. 결국 프랑스와 독일의 68은 공히 완성되지는 못했지만, 둘 다 모순과 불의 및 불평등에 맞서는 궐기 속에서 삶의 조건과 지형을 뒤흔들어 새로운 사회의 지평으로 한 걸음 훌쩍 나아간 격변이었다. 그것은 지금도 여전히 지속해야 하는 '끝나지 않은 혁명'이다.

4. 나가며

프랑스 철학자 알랭 바디우(Alain Badiou)는 68의 의미를 묻는 일을 현실 사회주의가 몰락한 이후 우리 시대의 상황에서 '해방의 테제'를 재구성하는 작업과 연결한다(Badiou, 2011: 50). 물론 바디우가 지향하는 정치적, 사상적 방향과 기획에 동조하거나 동참할 필요는 없다. 하지만 나날이 깊어가는 억압과 차별과 무한 경쟁, 양극화와 이윤 및 자본 지상주의 흐름에 맞서는 '해방의 테제'는 결코 소멸하지 않을 것이고, 이는 68의 사상과 정신 속에서 피어난 '해방의 기획'이 꿈꾸며 그려나간 투쟁의 궤적과 근본적으로 다르지 않을 것이다.

68이란 "정치·사회적 권력의 통상적인 진입로를 벗겨내면 자갈 아래에 해변이 있다고 수많은 사람이 확신한 동시대사의 어떤 시기"(Horn, 2008: 4)로 비쳤다. 이 말은 프랑스 68의 유명한 슬로건인 '보도블록 아래에는 해변이 있다'는 말로 이어진다. 보도블록이 다름 아닌 '정치·사회적 권력의 통상적인 진입로'를 의미하고, 그 밑의 모래가 바로 '해변'이라는 것이다. 이는 '상상력에 권력을!'이라는 68의 가장 유명한 슬로건이 구체화되고 생동화한 설명으로도 볼 수 있다. 여기서 물론 보도블록이 이른바 해변이라는 '자유'를 누르고 있는 상징인 동시에 체제를 향해 던지는 '투석의 무기고'라는 이중적인 의미도 중요하다. 하지만 그 보도블록 아래의 모래를 푸른 자유와 생명의 상징인 해변으로 연결하는 발상은 다름 아닌 '상상력의 해방'에 걸맞은 일이다. '권력의 진입로'인 보도블록을 벗겨내면 바로 거기 '자유로의 입구'인 해변이 있다고 생각하자는 외침이다. 즉 '권력과 권위와 억압'은 '자유의 해변'과 등을 맞대고 바로 그 너머에 있는 셈이므로 '새로운 세상'을 상상하는 일은 어렵지 않다는 말과도 상통하는 것이다(정대성, 2016b: 105).

우리는 이런 '68의 상상력'이 월가 점령 시위 같은 다양한 사회운동에서 외치는 '다른 세상'과 '더 나은 세상'을 갈구하는 목소리로 맥을 이어가며 여전히 영향력을 내뿜고 있음을 지금도 생생히 목도하고 있다. 그래서 68의 매력과 마력은 이른바 "삶과 문화, 정치와 사회 전역에서 작동한 숱한 '상상력의 보고'"(정대성, 2016a: 206)라고 이해할 수 있다.

이는 다른 세상의 가능성에 대한 희망과 기대가 거리의 함성과 확신으로 번져간 빛나는 순간을 의미하는 것으로, 오늘날 우리의 정치 상황에도 일정한 유비가 가능한 지점이다. 주지하듯 '국정 농단'이라는 이름의 헌정 사상 유례없는 독단과 독선을 아우른 '권력과 정치의 사유화'가 결국 '평화 촛불혁명'이라는 광장과 거리의 함성을 앞세운 '의회 외부적인 정치'를 통해 비판되고 심판받았다. 그 과정 자체가 바로 다른 세상을 상상하는 희망이 거리의 함성으로 피어나는 시간이었다. 한반도를 '촛불의 횃불'로 종횡무진 수놓은 눈부신 '시민적 궐기'가 없었다면 탄핵의 깃발은 고사하고 살아 있는 권력에 대한 과감한 비판의 목소리도 높이기 어려웠을 것임을 부정하기 어렵다.

실제로 촛불은 1968년 미국의 민권운동에서 처음 시위 수단으로 사용되었다. 어둠을 밝히는 촛불이 저항을 발하고 정의를 밝히는 상징으로 주먹과 나란히 솟아오른 것이다. '68'의 핵심이 '의회 외부'에서의 저항과 분노였고, 실제 독일 68의 핵심 조직은 스스로 '의회외부저항운동'이라 지칭했다. 그러한 68의 궐기와 비판 정신은 오늘날의 우리에게도 이어지고 있다. 우리 촛불혁명의 바람과 정신은 50년 전 68에서부터 불어온 것인지도 모른다.

68은 혁명인가, 운동인가, 청년 반란인가, 아니면 더 거대한 세계혁명인가에 대한 논란은 계속되고, 계속될 것이다. 하지만 이런 논란에 앞서 과연 '혁명'이, 그것도 20세기 후반 서유럽에서 프랑스혁명이나 러시아혁명 같은 '고전적인 혁명'이 가능했는지를 되물어야 한다.[19] 나아가 작금의 21세기 사회에서 과연 우리가 숱하게 목도한 역사 속 '혁명'이 가능한가도 물어야 한다. 그렇다면 사회와 개인의 해방을 위한 '변혁'의 가능성을 정치와 경제, 사회와 문화 및 일상의 삶을 둘러싼 전 영역에서 제기하고 추구한 68은 역사 속 고전적인 혁명의 종언의 결과이면서 '새로운 혁명'의 시작인지도 모른다. 서구에 한정한다면 68은 고전적인 의미에서의 혁명은 아니지만 '혁명'이었다고 볼 수 있다. 게다가 그 여파가 지속되

---

[19] 나와 유사한 문제의식을 공유하는 것으로는 아비도르(Abidor, 2018: 5) 참조.

고, 장기적으로 강력한 힘을 발휘하는 점에서도 '혁명'이라 칭할 수 있을 법하다. 68은 혁명이다. 하지만 68은 '끝나지 않은 혁명'이다. 그것은 5월의 상상력이 그려낸 '미래형의 역사'다!

참고 문헌

길혀홀타이, 잉그리트, 2006, 『68운동: 독일, 서유럽, 미국』, 정대성 옮김, 서울: 들녘.

길혀홀타이, 잉그리트, 2009, 『68혁명, 세계를 뒤흔든 상상력』, 정대성 옮김, 서울: 창비.

민유기, 2011, 「68혁명 전후 프랑스 좌파연합과 공동정부프로그램」, 『서양사론』 109: 172-203.

민유기, 2013, 「68년 5월 운동과 프랑스의 대학개혁」, 『프랑스사 연구』 29: 189-216.

민유기, 2016, 「프랑스 68운동의 전주곡 — 상황주의자 인터내셔널의 대학생활 비판과 스트라스부르 스캔들」, 『서양사론』 129: 141-175.

신동규, 2013, 「사회보장제도, 그르넬 협상, 그리고 1968년 5월-6월 총파업: 노동총연맹의 총파업 전략」, 『역사와 담론』 68: 333-368.

신동규, 2014, 「"1968년대(les années 1968)" 소비사회의 폭력성과 노동자」, 『역사와 세계』 46: 59-82.

이재원, 2009, 「프랑스의 '68년 5월' — 40주년 기념과 평가 —」, 『서양사론』 100: 287-309.

정대성, 2014, 「독일 68운동과 반(反)슈프링어 캠페인」, 『독일연구』 28: 181-217.

정대성, 2015, 「'68'-문화혁명-국가권력」, 『역사와 문화』 29: 87-114.

정대성, 2016a, 「독일 68운동의 '공공역사' I: 대학생 베노 오네조르크 추모 조형물」, 『독일 연구』 32: 205-233.

정대성, 2016b, 「독일 68운동의 역사는 다시 써야 하는가 — 서독 경찰 쿠라스의 정체와 동독의 영향력 문제를 중심으로」, 『역사와 세계』 50: 103-133.

정대성, 2017, 「민주주의 위기와 독일 68운동 — APO(의회외부저항운동)의 '위대한 거부'」, 『서양사론』 134: 116-149.

Abidor, Mitchell, 2018, *May Made Me: An Oral History of the 1968 Uprising in France*, Edinburgh and Baltimore: A K Pr Inc.

Aly, Götz, 2008, *Unser Kampf: 1968 - ein irritierter Blick zurück,* Frankfurt a. M.: Fischer Verlag.

Aron, Raymond, 1968, *La révolution introuvable: Réflexions sur les événements de Mai*, Paris: Fayard.

Arrighi, Giovanni, Terence K. Hopkins and Immanuel, Wallerstein, 1989, *Anti-Systemic Movements*, London: Verso.

Badiou, Alain, 2011, *Die kommunistische Hypohteses*, Berlin: Merve.

Bantigny, Ludivine, 2018, *1968: De grands soirs en petits matins*, Paris: Le Seuil.

Behre, Silja, 2016, *Bewegte Erinnerung: Deutungskämpfe um "1968" in deutsch-französischer Perspektive*, Tübingen: Mohr Siebeck Verlag.

Borowsky, Peter, 1998, "Große Koalition und Außerparlamentarische Opposition" (Zetiten des Wandels: Deutschland 1961-1974), *Informationen zur politischen Bildung* 258(1): 11-22.

Bourdieu, Pierre, 1988, *Homo academicus*, Frankfurt a. M.: Suhrkamp Verlag.

Brinton, Maurice, 2014, *Mai 68: Die Subversion der Beleidigten*, Wien: bahoe books.

Dahrendorf, Ralf, 1984, *Reisen nach innen und außen. Aspekte der Zeit*, Stuttgart: DVA.

Doyle, Clare, 2018, *Frankreich '68: Die unvollendete Revolution*, Berlin: Manifest Verlag.

Dutschke, Rudi, 1968, "Die geschichtlichen Bedingungen für den internationalen Emanzipationskampf", pp. 107-124 in *Internationaler Vietnam-Kongress Februar 1968 Westberlin. Der Kampf des vietnamesischen Volkes und die Globalstrategie des Imperialismus*, edited by SDS Westberlin und Internationales Nachrichten und Forschungs-Institut(INFI) Redaktion, Westberlin: INFI.

Fest, Joachim C., 1981, *Aufgehobene Vergangenheit. Portraits und Betrachtungen*, Stuttgart: DVA.

Fichter, Tilman und Siegward Lönnendonker, 2008, *Kleine Geschichte des SDS*, Bonn.

Frei, Norbert, 2017, *1968: Jugendrevolte und globaler Protest*, München: dtv Verlagsgesellschaft.

Gilcher-Holtey, Ingrid, 1994, "Die Nacht der Barrikaden: Eine Fallstudie zur Dynamik sozialen Protests", Friedhelm Neidhardt, ed., *Öffentlichkeit, öffentliche Meinung, soziale Bewegungen. Kölner Zeitschrift für Soziologie und Sozialpsychologie* Sonderheft 34: 375-392.

Gilcher-Holtey, Ingrid, 1997, "La nuit des barricades", *Société & Représentation* 4: 165-184.

Gilcher-Holtey, Ingrid, 1998, "'1968' in Frankreich und Deutschland", *Leviathan: Zeitschrift für Sozialwissenschaft* 4: 533-539.

Gilcher-Holtey, Ingrid, 2001, "'Kritische Ereignisse' und 'kritischer Moment': Pierre Bourdieu Modell der Vermittlung von Ereignis und Struktur", pp. 120-137 in *Struktur und Ereignis*(Geschichte und Gesellschaft: Zeitschrift für Historische Sozialwissenschaft: Sonderheft 19), edited by Andreas Suter and Manfred Hettling, Göttingen: Vandenhoeck & Ruprecht.

Gilcher-Holtey, Ingrid, 2003, "'1968' - Eine versäumte Kontroverse?", pp. 58-73 in *Zeitgeschichte als Streitgeschichte: Große Kontroversen seit 1945*, edited by Martin Sabrow, Ralph Jessen and Klaus Gorße Kracht, München: C. H. Beck.

Gilcher-Holtey, Ingrid, 2004, "Vis ludens? Studentenbewegung und Gewalt" (unpublished paper).

Gilcher-Holtey, Ingrid, 2008a, "Vis Ludens", pp. 57-66 in *Der "Deutsche Herbst" und die RAF in Politik, Medien und Kunst: Nationale und internationale Perspektiven*, edited by Nicole Colin, Beatrice de Graaf, Jacco Pekelder and Joachim Umlauf, Bielefeld: transcript Verlag.

Gilcher-Holtey, Ingrid, 2008b, "'Stéréophonie Totale' - Die Nacht der Barrikaden", pp. 25-29 in *Staatsmacht und Öffentlichkeit - Wie frei war das Fernsehen 1968?*, edited by Peter Schwirkmann and Peter Paul Kubitz, Berlin: Stiftung Deutsche Kinemathek.

Gilcher-Holtey, Ingrid, 2018, "1968 - Eine Wahrnehmungsrevolution? Ein deutsch-französischer Vergleich"(unpublished).

Gobille, Boris, 2018, *Le Mai 68 des écrivains - Crise politique et avant-gardes littéraires*, Paris: Cnrs.

Grossmann, Heinz and Oskar Negt, eds., 1968, *Die Auferstehung der Gewalt. Springerblockade und politische Reaktion in der Bundesrepublik*, Frankfurt a. M.: Europäische Verlagsanst.

Hodenberg, Christina von, 2018, *Das andere Achtundsechzig: Gesellschaftsgeschichte einer Revolte*, München: C. H. Beck.

Horn, Gerd-Rainer, 2008, *The Spirit of '68: Rebellion in Western Europe and North America, 1956-1976*, Oxford: Oxford University Press.

Juchler, Ingo, 1996, *Die Studentenbewegungen in den Vereinigten Staaten und der Bundesrepublik Deutschland der sechziger Jahre: Eine Untersuchung hinsichtlich ihrer Beeinflussung durch Befreiungsbewegungen und theorien aus der Dritten Welt*, Berlin: Duncker & Humblot.

Jung, Dae Sung, 2016, *Der Kampf gegen das Presse-Imperium: Die Anti-Springer-Kampagne der 68er-Bewegung*, Bielefeld: transcript Verlag.

Jurt, Joseph, 2012, *Frankreichs Engagierte Intellektuelle*, Göttingen: Wallstein.

Kastner, Jens and David Mayer, eds., 2008, *Weltwende 1968? Ein Jahr aus globalgeschichtlicher Perspektive*, Wien: Mandelbaum.

Koch, Claus, 2018, *1968: Drei Generationen - eine Geschichte*, Gütersloh: Gütersloher Verlagshaus.

Köhler, Lotte and Hans Saner, eds., 1985, *Hannah Arendt and Karl Jaspers: Briefwechsel 1926-1969*, München: Piper Verlag GmbH.

Kraushaar, Wolfgang, 1998, *1968: Das Jahr, das alles verändert hat*, München: Piper Verlag GmbH.

Loth, Wilfred, 2018, *Der Mai 68 in Frankreich: Fast eine Revolution*, Frankfurt a. M.: Campus Verlag.

Löwenthal, Richard, 1970, *Der romantische Rückfall*, Stuttgart: W. Kohlhammer.

Lucke, Albrecht von, 2008, *68 oder neues Biedermeier: Der Kampf um die Deutungsmacht*, Berlin: Wagenbach.

Marx, Christoph and Markus Hattstein, 2018, *Imagine: Die 68er und die Weltrevolution*, Stuttgart: Konrad Theiss Verlag.

Nevermann, Knut, 1989, "Revolte. Der Muff von tausend Jahren. 1968", pp. 70-82 in *Die Freie Universität Berlin 1948-1968-1988: Ansichten und Einsichten,* edited by Uwe Prell and Lothar Wilker, Berlin: Berliner Wissenschafts-Verlag.

Pätzold, Ulrich, 2013, *Achtundsechzig: Notizen im Alter*, Berlin: epubli.

Posner, Charles, ed., 1970, *Reflections on the Revolution in France: 1968*, Harmondsworth: Penguin Books.

Schmidtke, Michael A., 2002, "'1968' und die Massenmedien - Momente europäischer Öffentlichkeit", pp. 273-294 in *Europäische Öffentlichkeit. Transnationale Kommunikation seit dem 18. Jahrhundert*, edited by Jörg Requate and Martin Schulze Wessel, Frankfurt a. M.: Campus.

Schneider, Michael, 1986, *Demokratie in Gefahr? Der Konflikt um die Notstandsgesetze: Sozialdemokratie, Gewerkschaften und intellektueller Protest 1958-1968*, Bonn: Neue Gesellschaft.

Siegfried, Detlef, 2018, *1968: Protest, Revolte, Gegenkultur*, Stuttgart: Reclam-Verlag.

Siemens, Anne Maria, 2006, *Durch die Institutionen oder in den Terrorismus: Die Wege von Joschka Fischer, Daniel Cohn-Bendit, Hans-Joachim Klein und Johannes Weinrich*, Frankfurt a. M.: Friedrich Bischoff Druckerei.

Sontheimer, Kurt, 1976, *Das Elend unserer Intellektuellen*, Hamburg: Hoffmann und Campe.

Sontheimer, Michael and Peter Wensierski, 2018, *Berlin - Stadt der Revolte*, Berlin:

Ch. Links Verlag.

Touraine, Alain, 1968, *Le communisme utopique: Le mouvement de mai 68*, Paris: Seuil.

Vinen, Richard, 2018, *1968 - Der lange Protest: Biografie eines Jahrzehnts*, München: Piper.

Voigt, Sebastian, 2015, *Der jüdische Mai '68: Pierre Goldman, Daniel Cohn-Bendit und André Glucksmann im Nachkriegsfrankreich*, Göttingen: Vandenhoeck & Ruprecht.

Wallerstein, Immanuel, 2004, *World-Systems Analysis: An Introduction*, Durham: Duke University Press.

Weber, Wolfgang, 1998, "Die 'Kulturrevolution' 1968", pp. 207-228 in *Kontroversen der Zeitgeschichte: Historisch-politische Themen im Meinungsstreit*, edited by Volker Dotterweich, München: Druckerei und Verlag Ernst Vögel.

Weissmann, Karlheinz, 2018, *Kultur Bruch '68: Die linke Revolte und ihre Folgen*, Berlin: Junge Freiheit.

Williams, Brian, 2017, *1968: Those Were the Days*, Stroud: The History Press.

"Attentat Contre Rudi Dutschke", in APO-Archiv, SDS-BV, Post 1968.

"Knüppel frei.", pp. 41-46 in *Der Spiegel* 25(1967. 6. 12.).

"Liebe Genossen", ein Brief 14(April 1968), aus Paris, APO-Archiv, SDS-BV, Post 1968.

"Wer schoss auf Rudi Dutschke?", in APO-Archiv, SDS-BV, Post 1968.

사르트르와 68혁명

사르트르의 반격

변광배

1. 시작하며

사르트르 연구자로 널리 알려진 콩타와 리발카는 1970년에 『사르트르의 저작들(Les Ecrits de Sartre)』을 출간한 바 있다. 이 저서에는 그때까지 사르트르의 손을 거친 수많은 저작의 목록, 그에 대한 정보와 해설 등이 연대기적으로 기술되고 있다. 그런데 프랑스 68혁명(이하 68혁명)과 관련된 다음의 지적은 단번에 관심을 끈다. "1968년 5, 6월 사태가 사르트르의 역사 개념에 새로운 현실성을 부여하고 또 『변증법적 이성비판(Critique de la raison dialectique)』(이하 『변증법』)에서 행해진 여러 설명이 이 사태를 이해하기 위한 가장 훌륭한 도구를 제공해준다는 것은 사실이다. 그럼에도 우리가 아는 한 프랑스에서 이 사태에 할애된 수많은 저작 중 그 어떤 것도 이 역사적 사건을 연구하면서 그의 방법과 용어를 적용한 것이 없다는 사실을 지적해야 할 것이다."(Contat and Rybalka, 1970: 462) 이 글은 정확히 이 지적으로부터 시작된다.

68혁명은 "'사르트르의' 혁명(révolution 'sartrienne')"(Epistémon, 1968: 76; Contat and Rybalka, 1970: 461)[1]으로 불린다. 이 지칭은 이 혁명에 드리워진 그의 그림자가 길고도 짙다는 것을 말해준다. 혁명 직전에 그는 화려한 명성 속에서 지내고 있었다. 특히 그는 1964년에 노벨 문학상 작가로 선정되어(수상을 거절했다!) 영광의 정점에 있었다. 하지만 그 이후 그의 이름은 구조주의의 격랑 속에서 점차 잊혀져가고 있었다. 그는 63세로 "구세대(ancienne génération)"(Berthlot, 2000: 499)에 속했으며, 1963년경부터 "'한물간' 사람(un has-been)"(Cohen-Solal, 1985: 745)으로 여겨졌다.

하지만 68혁명과 더불어 사르트르는 소생한다. 그는 1960년에 출간된 『변증법』을 통해 이 혁명을 미리 "예언했다(prophétiser)"(Epistémon, 1968: 76; Contat and Rybalka, 1970: 462)는 평가를 받는다. 구조주의가 서둘러 매장시키고자 했던 그 장본인이 말이다. 주체의 죽음과 반(反)역사주의를 선언했던 구조주의와는 달리 그는 자신의 후기 사상을 집대성하고 있는 『변증법』에서 역사 형성의 주체로서의 인간의 중요성을 강조하고, 나아가 역사 형성의 과정을 기술하고 있는데, 이런 내용이 현실에서 68혁명으로 구체화되어 나타난 것이다. 이런 의미에서 68혁명은 구조조의에 대한 "사르트르의 반격(revanche de Sartre)"(Dosse, 2008)으로 간주된다.

이렇듯 사르트르가 68혁명에서 차지하고 있는 비중은 크다. 혁

---

1 영어권에서는 "Sartrian rebellion"(Hayman, 1987: 415)이라고 표현한다.

명 40주년을 맞이하여 프랑스의 한 잡지가 혁명 주역들의 서열을 매긴 적이 있다. 찬동자들은 물론 반대자들의 서열도 매겼다. 찬동자들 중 사르트르는 네 번째 자리를 차지했다("Les acteurs de Mai 1968"). 그의 앞에는 다니엘 콘벤디트(Daniel Cohn-Bendit),[2] 알랭 제스마르(Alain Geismar),[3] 자크 소바조(Jacques Sauvageot)[4]가 있을 뿐이다. 반대자들 중에서는 그 당시 파리 경찰서장 모리스 그리모(Maurice Grimaud), 대통령 드골(Charles de Gaulle), 총리 조르주 퐁피두(Georges Pompidou), 국가보안대(CRS) 순으로 서열이 매겨졌다는 점을 지적하자.

68혁명 주도 세력들이 받은 영향 면에서 보면 사르트르보다 다른 인물들의 비중이 더 클 수도 있다. 맑스, 트로츠키, 카스트로, 게바라, 마르쿠제 등이 그들이다. 하지만 콘벤디트의 다음과 같은

[2] 1968년 5월에 23세였고, "붉은 다니(Dany le rouge)"라는 별명으로 불렸던 그는 파리10대학 학생으로 68학생운동의 리더였다. 5월 22일에 독일로 추방당했으며, 1978년에서야 프랑스 체류가 허가되었다. 1984년에 독일과 프랑스에서 녹색당에 가입했으며, 유럽의회 의원을 역임했다.
[3] 1968년 5월에 28세였고, 고등사범학교 물리실험실 조교로 전국고등교육조합(Syndicat national de l'enseignement supérieur, SNE Sup)의 총무직을 맡고 있었다. 5월 3일에 그는 고등교육기관의 총파업을 이끌어냈다. 1968년 이후에는 마오주의 조직인 프롤레타리아 좌파(Gauche prolétarienne, GP)에 가입했다. 후일 그는 사회당 정부에서 총리를 지낸 미셸 로카르와 에디트 크레송을 도우며 교육부에서 근무했다.
[4] 1968년 5월에 25세였으며, 소르본대학(이하 소르본) 학생으로, 프랑스전국학생연합(Union nationale des étudiants de France, UNEF)의 부회장이었다. 5월 3일에 그는 학생들에 의해 점령당한 소르본으로 몰려오는 CRS(Compagnies républicaines de sécurité, 국가보안대)를 막기 위한 협상 대표 중 한 명이었다. 그날 571명이 체포되었는데, 그도 그중 한 명이었다. 렌(Rennes)예술학교 미술사 교수를 역임했다.

주장은 의미심장하다. "사람들은 우리의 사상의 스승이 마르쿠제였다고 '주장하고' 싶어 했다. 웃기는 소리다. 우리 중 누구도 그를 읽지 않았다. 물론 어떤 이들은 맑스도 읽고 아마 바쿠닌도 읽었을 것이다. 현대 저자로는 알튀세르, 마오, 게바라, 르페브르를 읽었을 것이다. 3월 22일 모임5의 정치 투사들은 거의 모두가 사르트르를 읽었다."(Sauvageot et al., 1968: 70)

콘벤디트의 증언 역시 사르트르가 68혁명에서 차지하고 있는 비중이 작지 않다는 것을 말해준다. 게다가 혁명이 정점에 달했던 5월 20일에 소르본을 점령하고 있던 학생들은 그들의 "지지자(supporter)"(Berthlot, 2000: 500)인 사르트르에게 발언할 수 있는 영광을 안겨주었다. 실제로 그는 거기에서 발언 기회를 부여받은 "단 한 명의 위대한 지식인(un seul grand intellectuel)"(Dosse, 1995b: 136)이었다. 그는 학생들의 "영웅(héros)"(Winock, 1999: 704)이었다. 그 기회에 그는 그들과 격렬한 토론을 했는데, 이때 강당에는 발 디딜 틈이 없을 정도로 많은 사람이 참석했다고 한다.

이렇듯 68혁명과 사르트르 사이에는 보통 이상의 관계가 있는 것으로 보인다. 특히 그가 『변증법』에서 이미 이 혁명을 예언했다는 점에 대해서는 아무런 이의가 없는 듯하다. 또한 그 역시 이 혁명으로부터 적지 않은 영향을 받았다는 사실을 인정한다. 예컨대 1966년 일본을 방문해 세 차례에 걸쳐 했던 강연 내용을 모아놓은 『지식인을 위한 변명(Plaidoyer pour les intellectuels)』(이하 『지식인』)에

---

5 베트남전쟁에 반대하여 1968년 3월 22일에 개최된 대규모 모임에서 태동한 조직이다.

서 제시된 지식인에 대한 그의 생각에 큰 변화가 생긴다. 이런 사실들에도 불구하고 사르트르와 68혁명과의 관계에 대한 연구, 특히 이 혁명과 『변증법』과의 관계에 대한 연구는 프랑스와 전 세계는 물론, 우리나라에서도 아직까지 본격적으로 행해지지 않은 것으로 보인다.[6] 사르트르 연구자인 콩타와 리발카가 1970년, 즉 지금으로부터 48년 전에 했던 지적이 아직까지도 그 유효성을 잃지 않고 있는 셈이다.[7]

이 글에서는 이런 사실을 염두에 두고 올해로 발발 50주년을 맞는 68혁명과 이 혁명에 깊이 관여한 사르트르 사이에 어떤 관계가 있는지를 살펴보고자 한다. 보다 구체적으로 지난 세기 후반에 발생했던 그 어떤 사건보다 전 세계적인 파장을 몰고 왔던[8] 68혁명

6 벨킨드(Belkind, 1970), 라푸앵트(Lapointe, 1980), 콩타와 리발카(Contat and Rybalka, 1993), 『사르트르 연보(L'Année sartrienne)』(2017년 6월호까지) 등의 항목을 검토하고 또 Google, Yahoo 등의 사이트를 검색해도 68혁명과 사르트르를 직접 연결시켜 다루고 있는 경우는 없는 것으로 보인다.
7 68혁명과 사르트르 사이의 관계에 대한 연구가 미진한 것은 다음과 같은 이유 때문일 수도 있다. 첫째, 68혁명 자체의 복잡성이다. 이 혁명을 다양한 측면에서 고찰하는 것은 결코 쉬운 작업이 아니다. 게다가 68혁명을 제대로 연구하기 위해서는 이 혁명을 세계 다른 곳에서 발생한 68혁명들과 비교해야 할 것이다. 둘째, 68혁명의 예언서로 여겨지는 『변증법』의 난해함이다. 유고집을 포함해 2권으로 구성된 이 저서는 1,300쪽이 넘는 대작이자 미완성이며, 난해함과 난삽한 문체 등으로 인해 세계의 기서(奇書) 중 한 권으로 꼽힌다. 셋째, 68혁명 이후의 사르트르의 행적이다. 특히 마오주의자들과의 현실 참여, 그리고 그 와중에 몰두한 2,500쪽에 달하는, 그러면서도 미완성인 채 남아 있는 『집안의 천치(L'Idiot de la famille)』의 집필 등의 문제이다. 아마 이런 이유들로 '프랑스 68혁명과 사르트르'라는 주제가 매력적이긴 하지만 지금까지 연구자들의 관심 밖에 있었던 것이 아닌가 한다.
8 전 세계적 현상으로서의 68혁명을 다루고 있는 저서들 중 국내에서 출간된 것들을 나열하면 다음과 같다. 오제명 외, 2006; 알리, 2008; 알리·왓킨스,

에서 그가 참여 지식인으로 어떤 역할을 했는지, 『변증법』은 어떤 면에서 이 혁명의 예언서로 여겨지는지, 또 그가 이 혁명으로부터 받은 영향은 어떤 것인지를 살펴보고자 한다. 이를 위해 1960년에 출간되었으며, 그의 후기 사상이 집대성된 『변증법』과 그의 지식인론이 펼쳐지고 있는 『지식인』, 1968년에 그 자신의 생각을 펼쳐 보였던 인터뷰 등과 같은 자료들을 참조하는 한편, 1968년 5, 6, 7월 동안 그가 보여준 참여 행적에 주목할 것이다.

2. 사르트르의 68혁명에의 참여

1) 5월의 행적

사르트르는 『지식인』에서 지식인을 "자기에게 상관없는 일에 참견하는 자(quelqu'un qui se mêle de ce qui ne le regarde pas)"(Sartre, 1972: 377)로 규정한다. 부르주아와 프롤레타리아 사이에 끼인 중간계급(프티부르주아)의 일원으로 두 계급으로부터 아무런 권한도 위임받지 못한 채 두 계급의 일에 관여하는 자가 곧 지식인이라는 것이다. 물론 '지식인은 누구인가'를 자세히 알아보기 위해서는 '보편성(universalité)'과 '특수성(particularité)' 사이의 모순, 이 모순에 대한 자각, 곧 그가 느끼는 '불편한 의식' 등에 대해 검토해야 할 것이다. 이 점에 대해서는 사르트르가 68혁명으로부터 받은 영향을

2001; 카치아피카스, 2009; 길혁홀타이, 2006; 2009; 파버·슈첼팅, 2008 등.

살펴볼 때 다시 거론하기로 한다. 어쨌든 68혁명이 발발하자 그는 지식인 — 뒤에서 보겠지만 "고전적 지식인(l'intellectuel classique)"이다 — 의 역할에 충실하며 이 혁명에 직접 참여했다. 여기서는 먼저 5월[9]의 행적을 추적하고자 한다.

사르트르가 68혁명에 본격적으로 참여한 것은 5월 6일[10]의 일이다. 소르본이 있는 라탱 지구(Quartier latin)에서 학생들과 경찰의 충돌이 있은 후, 그는 "모든 노동자와 지식인에게 학생들과 교수들이 참여한 투쟁 운동을 물심양면으로 지지해줄 것"을 호소하는 선언문을 발표했다(*Le Monde*, 8 mai 1968; Contat and Rybalka, 1970: 463). 또한 5월 10일 전야에 그는 블랑쇼, 클로소프스키, 라캉, 르페브르 등과 함께한 선언문에 서명했다. 1968년 5월 10일자『르 몽드』지에 따르면 그 주된 내용 중 일부는 다음과 같다.

> 이 운동에서 무엇이 추구되는지, 무엇이 관건인지를 인정하지 않는다는 것은 수치스러운 일이다. … 또한 비난의 대상이 되고 있는 이 운동의 몇몇 조직에서 행해지는 폭력이 대부분의 현대사회를 비호하고, 또 경찰이 저지르는 야만적 행위에 의해 드러나는 거대한 폭력에 대한 응수라는 사실을 이해하지 못한다는 것 역시 수치스러운 일이다.
> 우리가 지체 없이 고발하고자 하는 것이 바로 이와 같은 수치이다. 동시에 우리는 다음과 같은 사실을 단언하고자 한다. 즉

---

[9] 68년 5월 한 달 동안의 연대기에 대해서는 조프랭(Joffrin, 1988) 참조.
[10] 68혁명의 진원지인 파리10대학은 5월 2일에 폐쇄되었고, 5월 3일에는 소르본이 폐쇄되었다.

기성 제도 앞에서 학생운동이 기약 없이, 또 반대로 무르익지 않은 모든 의견을 배제하면서, 우리의 생각에 의하면, 미래를 열어젖힐 수 있는 거부의 힘을 대립시키고 유지시키는 것이 대단히 중요하고, 어쩌면 결정적인 중요성을 가지고 있다는 사실이 그것이다(*Le Monde*, 10 mai 1968; Contat and Rybalka, 1970: 463).

사르트르(물론 다른 서명자들과 함께)는 이 선언문을 통해 두 가지를 제시하고 있다. 하나는 그가 "광견병에 걸린 자들(les enragés)"(Cohen-Solal, 1984: 763)이라는 비난을 받던 학생들을 지지했다는 점이다. 다른 하나는 그가 이 운동에서 이들이 동원한 '폭력'을 용인하는 태도를 취했다는 점이다. 두 번째 사실은 특히 중요하다. 『변증법』이 68혁명의 예언서로 여겨질 수 있는 요인 중 하나가 바로 이 폭력 사용의 정당화와 관련되어 있기 때문이다.

아무튼 학생들에 대한 사르트르의 지지는 계속되고, 그의 참여는 5월 12일에 라디오 방송을 통해 이루어진다. 학생들은 그들의 모임을 강제로 진압하고자 경찰을 동원한 당국의 조치에 맞서 바리케이드를 쌓고 가두 투쟁에 돌입한다. 이 투쟁의 정점이 바로 5월 10-11일의 그 유명한 '게뤼삭가(街) 바리케이드의 밤(nuit des barricades de la rue Gay-Lussac)'이다. 5월 12일, 사르트르는 라디오 뤽상부르(Radio-Luxembourg)와 가진 한 인터뷰에서 다시 한번 학생들의 폭력 사용을 옹호한다.[11]

---

11 이 인터뷰 내용은 UNEF가 편집한 전단(傳單) 형태로 5월 사태가 진행되는

젊은이들은 부모들, 즉 우리의 미래를 원하지 않습니다. 잘 알고 있다시피 우리가 폐쇄된 체제에 완전히 희생되고 무조건적인 복종에 일그러지고 비겁해지고 지치고 피로해진 사람들이었음이 입증된 미래를 그들은 원하지 않는 것입니다. 어떤 체제가 되었든, 부모들이 만들어놓은 것이지만, 그 안으로 아직 편입되지 않은 학생들에게 남은 유일한 것은 폭력입니다. … 이들이 대학과 맺을 수 있는 유일한 관계는, 그것을 부수는 것이고, 그것을 부수기 위해서는 단 하나의 해결책밖에 없습니다. 그것은 길거리로 나서는 것입니다. … 우리의 일그러진 서구 여러 나라에서 유일한 좌파 저항 세력은 학생들에 의해 구성되었습니다. 나는 모든 젊은이가 거기에 동참하기를 바랍니다. 이 저항의 힘은 폭력적입니다. 그도 그럴 것이 결국 좌파는 폭력적이고, 달리 길이 없기 때문입니다. 사람들이 좌파에게 폭력을 퍼부었던 것입니다. … 현재 그들의 투쟁 형태가 어떤 것이 될지 결정하는 것은 전적으로 학생들의 소관입니다. 더욱이 그들은 그것을 철저히 의식하고 있기도 합니다. 우리는 그들에게 충고를 할 수 없습니다. 우리가 비록 일생 동안 항거를 해왔다 해도, 우리는 많든 적든 여전히 이 사회와 공모하고 있기 때문입니다(Contat and Rybalka, 1970: 463).

이 인터뷰가 방송된 지 일주일 후인 5월 20일은 사르트르에게

여러 날 동안 파리 시내에서 돌아다녔다. 유튜브에서도 이 인터뷰 중 일부를 들을 수 있다(*Mai 68* 참조).

두 가지 면에서 중요한 날이었다. 이날 그가 68혁명의 리더였던 콘벤디트와 한 잡지의 주선으로 가졌던 대담[12]이 공표되었기 때문이고, 또 그가 소르본에서 학생들과 토론회를 가졌기 때문이다. 먼저 콘벤디트와의 대담을 보자. 두 사람의 대담을 주선한 것은 좌파 성향의 『르 누벨 옵세르바퇴르(Le Nouvel Observateur)』였다. 이 잡지는 68혁명이 진행되는 동안 이 혁명의 리더들과 좌파 유력 인사들을 초청해 대담을 함으로써 중요한 역할을 하게 된다(Joffrin, 1988: 337).

"상상력에 권력을(L'imagination au pouvoir)"[13]이라는 제목하에 공표된 대담에서[14] 다음과 같은 두 가지 의의가 드러난다고 할 수 있다. 하나는 이 대담을 통해 사르트르가 학생들과 노동자들의 연대 필요성을 역설함과 동시에 급진주의자로 각인되었던 콘벤디트의 이미지를 냉철함과 명석함을 갖춘 리더로서의 이미지로 탈바꿈시키는 데 결정적으로 공헌했다는 것이다. 실제로 사르트르는 대담을 하면서 "겸손한 대담자(un modeste intervieweur)"(Labro, 1968: 30; Contat et Rybalka, 1970: 465)로서 콘벤디트로 하여금 사태를 명확

---

12 이 대담이 정확히 언제 이루어졌는지는 불분명하다. 사르트르의 평전을 쓴 코엔솔랄도 단순히 라디오 뤽상부르와의 인터뷰가 있은 지 "며칠 후에(quelques jours après ces déclarations)"(Cohen-Solal, 1985: 764)라고만 기술하고 있을 뿐이다.

13 정확한 제목은 "L'imagination au pouvoir. Entretien de Jean-Paul Sartre avec Daniel Cohn-Bendit"이다.

14 이 대담이 조작되었다는 루머가 파리에서 나돌기도 했다. 대담 당사자인 사르트르와 콘벤디트가 서로 만나는 것을 거절했다는 것이다. 하지만 이것은 학생운동을 방해하고자 하는 측에서 지어낸 낭설에 불과하다(Contat and Rybalka, 1970: 465).

히 보도록 돕는 기자로서의 역할을 충실히 수행했다.

다른 하나는 68혁명을 규정할 때 항상 수반되는 '상상력에 권력을'이라는 표현이 사르트르의 대담을 통해 이 혁명을 대표하는 슬로건(비공식적이지만) 중 하나가 되지 않았을까 하는 점이다. 전 세계의 68혁명을 다룬 저서들 중 '상상력'이라는 단어를 제목에 포함시키고 있는 것들이 제법 있다. 그만큼 이 혁명에서 젊은이들의 상상력이 중요했다는 의미일 것이다. 물론 이 단어가 일상생활에서도 빈번하게 사용되고 있어 사르트르가 콘벤디트와 가진 대담의 제목인 '상상력에 권력을'이라는 표현이 가진 의미가 크게 부각되지 않을 수도 있다. 또한 이 대담의 제목은 대담을 주선한 잡지사에서 고안한 것일 수도 있고, 또 사르트르가 상상력이라는 단어를 소르본의 벽을 위시해 길거리에서 볼 수 있었던 슬로건, 가령 "상상은 현실이 되고 있다", "공동체의 상상력을 방어하라" 등에서 차용했을 수도 있다. 하지만 다음의 대담 내용을 보면 '상상력과 권력'을 결부시킨 것은 사르트르라는 점, 그리고 그가 이 표현을 통해 68혁명의 본질을 꿰뚫어보고 있다는 점을 알 수 있다.

당신들의 활동에서 흥미로운 것은 상상력에 권력을 부여한다는 점입니다. 모두들 그렇듯이 당신들도 제한된 상상력을 가지고 있습니다. 하지만 당신들은 나이 든 사람들보다 훨씬 더 많은 아이디어를 가지고 있습니다. … 노동자계급은 종종 새로운 투쟁 수단을 상상해왔지만, 언제나 이 계급이 처해 있던 상황에 따라서 그랬습니다. … 그런데 당신들은 훨씬 더 풍부한 상상력을 가지고 있습니다. 소르본의 벽에 적혀 있는 말들이 그것을 증명해줍니다. 당신들에게서 무엇인가가 나와서 사람들을 놀라게 하고 뒤집어엎고 우리 사회를 오늘날 이렇게 만든 것을 부정하고 있습니다. 나는 그것을 가능성의 영역의 확대라고 부르겠습니다(Contat and Rybalka, 1970: 464).

이런 내용을 담고 있는 대담이 공표된 사실 말고도 5월 20일은 68혁명과의 관계라는 면에서 볼 때 사르트르에게는 아주 중요한 날이었다. 실제로 그는 이날 학생들이 일주일 전부터 점거하고 있었던 지성의 성소(sanctuaire)인 소르본 강당에서 강연을 하는 영광을 누리게 된다. 앞서 언급한 것처럼 학생들은 그들의 열렬한 지지자이자 영웅에게 발언 기회를 준 것이다. 그는 그 기회에 교수의 강의와 같이 혼자 일방적으로 하는 강연을 한 것이 아니라 학생들의 질문에 답을 하는 형식을 취했다(Joffrin, 1988: 203). 소르본 강당 토론에 대해서는 다음과 같은 사실을 지적할 수 있다. 그가 68혁명의 주도 세력인 학생들에게 여전히 이의 제기, 저항, 변화를 주도하고 또 이런 행위를 '가장 확고한 권위로(le plus autorisé)' 보증해주는 인물로 인정받았다는 점이다. 이와 관련하여 코엔솔랄의 다음과 같은 전언은 의미심장하다.

사르트르가 온다는 소식에 수천 명의 학생들이 황금빛 목재 건물로 된 웅장하고 화려한 강당을 문자 그대로 공략했다. 학생들이 정원을 초과하여 마구 몰려오는 것을 아무도, 아무것도 막을 수가 없었으므로 그들은 모든 안전상의 금지 사항 따위는 깡그리 무시하게 되었다(Cohen-Solal, 1985: 767).

미어터질 듯한 강당의 바깥에서, 도처의 복도에서, 소르본 운동장에서 무리 지은 다른 집단들도 사르트르가 말하는 것을 들을 수가 있었다. 모든 출입문 뒤의 각 기둥 윗부분마다 확성기가 설치되어 있었던 것이다. 라파엘 소랭은 파리에서 잠시 머물고 있던 삼촌 엘리아스 카네티와 함께 그곳에 왔었다. 소랭의 말을 들어보자. "카테티는 소르본 운동장에서 귀를 기울였다. 그러나 우리는 거의 아무 말도 알아들을 수가 없었다. 우리가 들었던 모든 것, 우리가 식별할 수 있었던 모든 것은 그것이 상징적이고 간결한 사르트르의 목소리라는 것이었다. 카네티는 학생들 사이에서 이런 집단화 현상을 일으킬 수 있는 작가는 전 세계를 통틀어 없을 거라는 말이 회자되었다고 말했다."(Cohen-Solal, 1985: 769)[15]

물론 그날 사르트르를 동반했던 그의 양녀 아를레트(Arlette)가 묘사하고 있는 것처럼 소르본 강당은 그야말로 "무질서와 혼란이 판을 치고, 방자한 말이 난무하는"(Cohen-Solal, 1985: 767) 분위기였다. 하지만 이런 분위기는 역으로 68혁명의 슬로건 중 하나인 "금지하는 것을 금지한다(Il est interdit d'interdire)"에서 볼 수 있는 것처럼 모든 것이 허용되는 완벽한 자유가 숨 쉬는 분위기였다고 할 수 있다. 이런 분위기에서 사르트르는 마지막에 피곤함을 토로하긴 했으나, 거기에 있었던 학생들과 "완벽한 정신적 교감(en totale communion d'esprit)"(Cohen-Solal, 1985: 768) 속에서 토론했다고 말하

---

[15] 저자인 코엔솔랄이 현장에 있었던 라파엘 소랭으로부터 직접 들은 증언.

고 있다. 이와 같은 단언은 뒤에서 살펴보게 될 68혁명의 예언서로서의 『변증법』에서 기술되고 있는 이른바 "융화 집단(groupe en fusion)"의 형성과 무관하지 않다. 그러니까 그는 소르본에서 학생들과 하나 됨을 경험했다고 할 수 있다.

5월 20일, 소르본 강당에서 사르트르가 그저 상징적인 역할만을 한 것은 아니었다. 그는 토론을 통해 그때까지의 학생운동의 정세를 분석했고, 사태를 잘 이끌고 있는 콘벤디트를 격려했고, 프랑스 공산당(Parti communiste français, PCF)의 명령을 받고 있는 노동총연맹(Confédération générale du travail, CGT)의 적극적인 지원과 가세를 요청했으며, 결국 이 혁명의 관건은 '사회주의와 자유'의 관계라는 사실을 강조하기도 했다.

> 콘벤디트는 그가 있어야 할 곳에서 이의 제기를 하고 있습니다. 현재 파업 사태가 학생들의 봉기로부터 시작되었다는 것은 명백합니다. 노동총연맹은 현재 맹종의 길을 가고 있습니다. 노동총연맹은 이 운동을 지도하기 위해서 이 운동을 추종해야 했습니다. 노동총연맹은 여러분들이 만들어낸, 온갖 기존 제도를 교란시키는, 야생적인 민주의의를 회피하고자 했습니다. 지금 형성되고 있는 것은 온전한 민주주의에 기반을 둔 사회에 대한 새로운 개념이며, 사회주의와 자유와의 관계입니다(Contat and Rybalka, 1970: 465-466).

2) 6, 7월의 행적

사르트르를 위시해 수많은 학생과 노동자, 시민, 지식인의 참여에도 불구하고 68년 5월 학생운동은 실패로 끝나고 만다. 드골이 사퇴하긴 했지만, 그 대신 퐁피두가 대통령으로 선출되면서 여전히 우파가 정권을 장악했기 때문이다. 아무튼 사르트르는 68년 6, 7월로 접어들면서 5월 사태를 되돌아보는 기회를 갖게 된다. 어쩌면 사르트르가 68혁명에 대해 부여하고 있는 의의를 파악하기 위해서는 6, 7월의 행적을 추적하는 것이 더 도움이 된다고 할 수 있을 정도이다. 여기서는 그가 아롱을 통렬하게 비판했던 6월의 대담과 7월에 독일『슈피겔(Der Spiegel)』지와 가졌던 대담에만 주목하고자 한다.

아롱에 대한 비판을 보자. 사르트르와 아롱은 절친(petit camarade)이었다가 이념적으로 결별한 사이다(정명환 외, 2004: 155-218). 1940-1960년대 프랑스 인텔리겐치아의 좌우 진영을 대표하는 인물이었던 두 사람은 68혁명에 대해 대립된 태도를 보인다. 1958년에 소르본 교수로 임용되어 1967년까지 재직했던 아롱은 이 대학 안에서는 개혁 성향의 교수였지만, 광견병에 걸린 자들로 여겨졌던 68혁명을 일으킨 학생들의 눈에는 그가 그 당시 '특권적 지식인들(mandarins)'의 상징으로 보였고, 그런 만큼 그는 학생들의 주요 공격 대상이 되었다. 실제로 아롱은 68혁명을 "사이코드라마(psychodrame)"(Baverez, 1998; Winock, 1999: 705)라고 규정하기도 했다.

이런 아롱에 대해 사르트르는 분개했다. 6월 19일에 간행된『르누벨 옵세르바퇴르』지에 "레이몽 아롱의 바스티유 감옥(Les Bastilles de Raymond Aron)"이라는 제목으로 실린 대담을 통해 사르트르는 아롱을 통렬하게 비판했다. 사르트르가 아롱만을 비판한 것은 아니다. 이 대담은 1968년 6월 11-12일 파리에서 일어난 대규모 학생 시위의 과격한 폭력으로 인해 여론이 악화되는 상황에서 이루어졌기 때문에 사르트르는 학생들이 사용한 폭력이 "대항 폭력(contre-violence)"이라는 점을 강조한다.

> 6월 11일, 파리에서 학생들이 자유롭게 그들의 분노를 표현하는 것을 방해하면서 그들에게 전체적으로 암을 퍼뜨린 것은 바로 당국입니다. 시위대는 그들에게 행해진 기존 폭력에 대해 대항 폭력으로만 응수했던 것입니다(Sartre, 1972: 178).

또한 학생들이 사용한 폭력은 경찰이 학생들을 무력으로 진압하면서 행한 폭력에 맞서기 위해서만 동원된 것이기 때문에 그 기능은 "방어적(défensive)"(Sartre, 1972: 179)일 뿐이고 또 그런 만큼 이 폭력은 정당화될 수 있다는 것이 사르트르의 주장이다. 이 주장은 의미심장하다. 그가 실제로 68혁명이 시작될 때부터 학생들의 폭력을 용인하는 일관된 입장을 취하고 있기 때문이다.

이처럼 폭력 문제를 다룬 후에 사르트르는 프랑스 대학의 교육 문제를 다룬다. 자신이 받았던 교육을 돌아보는 한편, 1968년 5월 당시 학생들이 직면해 있던 교육 문제를 다루면서 그는 옛 친구였던 아롱에게로 비난의 화살을 돌린다. 그 주된 이유는 아롱이 소르본에서 교수로 재직하고 있었기 때문일 수도 있고, 또한 그가 68혁명에 대해 반대하는 목소리를 높였기 때문일 수도 있다. 어쨌든 사르트르는 그에게 거의 인격 살인 수준의 공격을 가하고 있다.16 몇 대목만 보자.

> 배움의 유일한 방법은 이의 제기하는 것(contester)을 배우는 것입니다. 이것은 또한 인간이 되는 유일한 방법이기도 하죠. 인간은, 그가 이의 제기를 하지 않는다면, 아무것도 아닙니다. 하지만 이 인간도 뭔가에는 충실해야 합니다. 내가 보기에 지식인이란 하나의 정치, 사회적인 공동체에 충실한 자, 하지만 이 공동체에 대해 끊임없이 이의 제기를 하는 자입니다. 그의 충실과 이의 제기 사이에는 물론 모순이 있을 수 있습니다. 하지만 그것은 좋은 것입니다. 그것은 풍성한 결실을 맺는 모순입니다. 이의 제기 없는 충실성이 있다면, 그것은 잘 작동하지 않습니다. 이런 경우 인간은 자유로운 인간이 못 됩니다(Sartre, 1972: 187-188).

> 레이몽 아롱이 결코 이의 제기를 하지 않았다는 데에 내 손모가지 자르는 것을 걸겠습니다. 내 생각으론 바로 이런 이유로 그는 교수 자격이 없는 것입니다(Sartre, 1972: 188).

드골이 완전히 발가벗은 모습을 본 지금, 학생들은 아롱이 완

---

16 한 연구자는 (아메리카 인디언들이 전쟁에서 적을 물리쳤을 때 전리품으로 적의) "머리 가죽 벗기기(une véritable danse du scalp)"(Sirinelli, 1995: 339)라는 표현을 사용하고 있기도 하다. 후일 사르트르는 아롱에게 "의도적으로(volontairement)" "욕을 했다(insulter)"(Sartre, 1976: 189)라고 회상하고 있다.

전히 발가벗은 모습을 보아야 할 필요가 있습니다. 아롱이 이의 제기를 용인하는 경우에만 그에게 옷을 돌려줄 것입니다 (Sartre, 1972: 192).

이렇듯 옛 친구 아롱에게 극렬한 비난을 퍼부었던 사르트르는 7월에 독일 『슈피겔』지와 가졌던 한 인터뷰[17]에서 학생운동이 진행되는 동안 PCF가 보였던 우유부단한 태도, 기회주의적 태도 또한 통렬하게 비난한다. 5월 사태 이후 치러졌던 총선에서 드골을 중심으로 한 우파가 다수당을 차지한 상황에서 사르트르는 그 책임이 전적으로 5월 학생운동을 돕는 데 망설였던, 아니 심지어 방해했던 PCF와 당의 명령에 맹종했던 노동조합 등이 중심이 된 이른바 "'정치적' 좌파(gauche 'politique')" — 사르트르는 학생들이 중심이 되어 조직된 좌파 세력을 "'사회적' 좌파(gauche 'sociale')"(Sartre, 1972: 208)라고 부른다 — 에게 있다는 사실을 강조한다. 그에 따르면 PCF는 5월 사태 동안 결코 "혁명적인(révolutionnaire)"적이 없었고, 심지어는 "개혁적인(réformiste)"적도 없었다는 것이다(Sartre, 1972: 210). 학생들의 타도 대상이었던 드골로 대표되는 기존 체제의 전복을 노리기는커녕 오히려 이들 반혁명 세력과의 타협에서 변변치 못한 이익만을 — 1968년 5월 25-26일에 타결을 본 '그

---

[17] 이 인터뷰는 『르 몽드』지 68년 7월 16일자에 "J.-P. Sartre: le parti communiste a trahi la révolution de mai"라는 제목으로 발췌, 번역되어 실렸다. 후일 전문(全文)이 『공산주의자들은 혁명을 두려워한다(Les communistes ont peur de la révolution)』라는 제목의 단행본으로 출간되기도 했으며, 『상황(Situations)』 제8권에도 실려 있다.

르넬 협정(les accords de Grenelle)'이 그 좋은 예이다. 이 협정에서 좌파 세력은 최저임금 상승, 노동조건 개선 등과 같은 미미한 성과만을 얻었을 뿐이다 ― 챙기려 했다는 것이다. 요컨대 사르트르는 이 대담에서 정치적 좌파의 배신으로 인해 결국 68년 5월 사태 때 학생들과 노동자들 사이에서 자발적으로 형성되었던 '유대(union)'가 그 이후에 깨져버렸고, 그 결과 정치적 모험이 실패로 끝나버렸다고 개탄하고 있다.

사르트르의 이 인터뷰는 특히 다음과 같은 면에서 그 의의를 찾아볼 수 있을 것 같다. 방금 지적한 68혁명에서 나타났던 학생들과 노동자들의 자발적인 유대가 68혁명의 예언서로 여겨지는 『변증법』에서 볼 수 있는 융화 집단의 형성과 무관하지 않다는 점이 그것이다. 이 집단과 관련하여 중요한 것은 존속의 문제이다. 사르트르는 『변증법』에서 이 집단은 실천(praxis)이 진행되는 동안에만 존재 권리를 가질 수 있을 뿐이라고 주장한다. 따라서 이 집단을 존속시키기 위해서는 특별한 조치 ― 뒤에서 다시 보겠지만 이 조치가 '서약(serment)'이다 ― 가 필요한데, 과연 이런 조치가 68혁명 당시에도 취해졌는지의 여부를 알아보는 것이 이 혁명의 진행 과정과 실패의 이유를 알아보는 데 유익할 것으로 판단된다. 또한 이 인터뷰를 통해 볼 수 있는 학생들과 노동자들 사이의 유대 파괴에 대한 경험이 후일 사르트르가 68혁명의 영향을 받아 그 자신의 지식인 개념을 변화시키는 중요한 계기로 작용하는 것으로 보인다.

이렇게 해서 68혁명이 불타올랐던 5, 6, 7월에 사르트르가 보여주었던 참여의 행적을 살펴보았다. 그렇다면 이런 참여 행적에서 어떤 점을 눈여겨보아야 할까? 제일 먼저 그가 참여 지식인으로 68혁명에 적절한 때, 적극적으로 참여했음에도 불구하고 결코 실질적인 리더의 역할은 하지 않았고 또 못했다는 점이다. 63세라는 나이 탓도 있었겠지만, 그는 그저 자신의 "명성의 무게(le poids de sa notoriété)"(Contat and Rybalka, 1970: 465)만을 학생들에게 실어주었다고 할 수 있으며, 결코 그들에게 운동의 이념이라든가 방향 등에 대해 아무런 충고도 하지 못했다. 그런 만큼 그는 68혁명에서 주도세력인 학생들과 "함께(avec)", 따라서 이 혁명과 "함께"하기는 했으나, 그들의 운동 "속에(dans)", 따라서 이 혁명 "속에" 있지는 못했다고 할 수 있을 것이다(Winock, 1999: 702-703).

그다음으로 사르트르가 혁명에 수반되기 마련인 폭력 사용을 용인함과 동시에 그것을 정당화시키고 있다는 점이다. 폭력에 호소하는 것이 학생들에게 남은 유일한 수단이라는 점, 경찰이 폭력을 사용할 경우에만 이들이 폭력에 호소했다는 점, 따라서 이들이 사용한 폭력은 대항 폭력의 성격을 띠고 있으며, 그런 만큼 이들의 폭력 사용은 정당하다는 논리이다. 마지막으로 사르트르가 68혁명을 통해 겨냥한 것은 프랑스라는 부르주아사회의 완전한 전복, 곧 '총체적 혁명(révolution totale)'이 아니었다는 점이다. 그가 이런 혁명을 꿈꿨을 수는 있다. 하지만 그가 학생들과 노동자들의 유대가 끝까지 지속되지 않는 것을 목격하면서 이 가능성을 폐기했을 수도 있다. 요컨대 그는 68년 6월에 자신의 목표가 '혁명'보다는 오히려 "개혁(réformisme)"(Sartre, 1972: 196)에 가까웠다는 점을 분명하게 지적하고 있다.

3. 『변증법』과 68혁명

1) 68혁명의 예언서

앞서 언급한 것처럼 68혁명은 구조주의가 크게 유행하던 시기에 발발한 예측불허[18]의 사태였다. 실제로 혁명 발발 2년 전인 1966년은 구조주의가 "정점(apogée)"(Dosse, 1995a: 368)에 달한 해이다. 이 해에 푸코의 『말과 사물(Les Mots et les choses)』과 라캉의 『에크리(Ecrits)』가 출간되었으며, 바르트와 피카르는 '신비평(nouvelle critique)'을 둘러싸고 격렬한 논쟁을 벌이기도 했다. 이런 분위기에서 사르트르는 점차 파리의 지적 분위기로부터 멀어지고 있었다. 다음의 에피소드는 이런 정황을 잘 보여준다.

1964년 12월 9일 뮈튀알리테(Mutualité)에서 열렸던 토론회에서였다. 『클라르테(Clarté)』 신문사가 주최한 그 모임의 주제는 "문학은 무엇을 할 수 있나?"였다. 그 모임에는 사르트르와 카스토르[19] 이외에도 장 리카르두, 장 피에르 파예와 같은 "텔켈

---

[18] 후일 사르트르도 68혁명을 전혀 예상하지 못했다고 밝히고 있다. "68년 5월은 내 소관 밖에서 일어났어요. 나는 68년 5월이 오는 것조차도 보지 못했어요."(Sartre, 1976: 154) 들뢰즈와 과타리 역시 이 혁명의 우발성에 대해 이렇게 말하고 있다. "오히려 68년 5월은 정상적이거나 규범적인 모든 인과성에서 벗어난 하나의 순수한 사건이다. … 중요한 것은 68년 5월이 예견적 현상이라는 것이다. 마치 한 사회가 갑자기 그 안에 참을 수 없는 것을 품고 있었던 것을 본 것처럼, 또 다른 가능성을 본 것처럼 말이다."(Deleuze and Guattari, 1984; Winock, 1999: 701)

[19] '카스토르(Castor)'는 보부아르의 별명이다.

(Tel Quel)"그룹의 작가들과 이브 베르제, 조르주 샹프뢩과 같은 사람들이 모였다. 그해에 루이르그랑고등학교에서 고등사범학교 문과시험 준비생으로 있던 루이 오디베르의 이야기를 들어보자. "그때 사람들은 사르트르가 영광의 절정에 올라 있다는 느낌을 받았다. 그가 단상에 오르자, 사람들은 그를 그야말로 개선장군처럼 갈채로써 맞이했다. 그러나 동시에 사람들은 그가 가령 미셸 푸코와 같은 다른 사람들에게 밀려나고 있음을 느꼈다."(Cohen-Solal, 1985: 745)

1964년경에 사르트르는 영광의 정점에 있었다. 그는 그해에 노벨상 수상 작가로 선정되기도 했다. 한 평전 작가의 표현대로 그는 그 당시 "건드릴 수 없는 사람(L'intouchable)"[20]이었다. 하지만 그는 그 무렵에 이미 퇴물로 여겨졌다. 그 주된 이유는 구조주의의 대유행이다. 이와 같은 현상은 언제부터 발생했을까? 아마 그 기점을 레비스트로스의 『야생의 사고(La Pensée sauvage)』가 출간된 1962년으로 잡을 수 있을 것 같다. 레비스트로스는 이 저서에서 2년 전에 출간된 사르트르의 『변증법』을 비판하면서 그 유명한 '실존주의-구조주의' 논쟁을 유발시켰다. 이 논쟁에 대해서는 또 다른 연구가 필요할 것이다. 여기서는 다만 이 논쟁을 계기로 사르트르의 영광에 누수 현상이 발생했으며, 이 현상은 구조주의 패러다임이 절정에 달한 해라고 할 수 있는 1966년을 계기로 점차

---

[20] 코엔솔랄이 사용한 표현이다. 이 표현은 그녀가 쓴 *Sartre, 1905-1980*이라는 제목이 붙은 평전의 한 장(章)의 제목이기도 하다.

두드러졌다는 사실만을 지적하자.

이처럼 68혁명은 파리의 지적 분위기가 사르트르에게 불리하게 돌아가던 무렵에 발발했다. 앞서 이 혁명이 사르트르의 혁명, 사르트르의 반격 등으로 불린다는 사실을 지적한 바 있다. 그런데 이와 같은 지칭 밑에는 "구조주의의 사망진단서(l'acte de décès du structuralisme)"(Epistémon, 1968: 76; Contat and Rybalka, 1970: 461)가 놓여 있다. 어떤 이는 이런 점을 고려해 68혁명을 규정하면서『야생의 사고』의 제목을 패러디해 역사에서의 "'야생적' 부정의 출현(le surgisssement d'une négation 'sauvage')"(Le Monde, 1968년 11월 30일; Contat and Rybalka, 1970: 462)이라는 표현을 사용하기도 한다. 하지만 68혁명과 관련하여 흥미로운 것은 레비스트로스 자신의 말이다. 그도 68혁명을 "구조주의에 대한 맑스주의적 실존주의의 승리(a triumph of Marxian existentialism over structuralism)"(Hayman, 1987: 415)로 규정한 바 있다. 또한 그는 1969년에 혁명을 돌아보며 이렇게 말한 적도 있다. "주지의 사실이지만 프랑스에서 구조주의는 더 이상 유행이 아니다. 1968년 5월 이후 모든 객관성은 부정되어버렸다. 젊은이들의 입장은 사르트르의 그것과 일치한다."(The New York Times, 1969년 12월; Hayman, 1987: 415)

어쨌든 68혁명이 사르트르의 퇴색해가는 영광을 일시적으로나마 되살린 일종의 '산소호흡기' 같은 역할을 했다는 것은 분명해 보인다. 그런데 이처럼 그에게 짧지만 강렬하게 옛 영광을 되살려준 것이 바로 1960년에 출간된『변증법』이다. 앞서 지적한 대로 이 저서는 68혁명의 예언서로 여겨진다. 또한 이 저서의 내용이 이 혁명을 통해 '실험되었다(expérimenter)'고 여겨지기도 한다. "5월의 학생 소요는 '집단은 휴머니티의 시작이다'라는 사르트르의 주장에 담긴 진리를 실험한 것이었다."(Epistémon, 1968: 83; Dosse, 1995b: 136) 그렇다면 중요한 것은 68혁명과 이 저서의 어떤 내용이 서로 호응하는 것일까를 알아보는 일일 것이다.

2) 집렬체와 융화 집단, 또는 그 변모[21]

(1) 실천적 타성태

사르트르는 "미래의 모든 인간학[22]에 대한 프롤레고메나(Pro-

---

21 이 부분은 변광배(2009)를 참고, 수정, 보완했음.
22 사르트르 전체 철학의 궁극적 목적이 '인간학(Anthrpologie)'의 정립, 곧 '인간에 대한 이해'에 있다는 것은 잘 알려진 사실이다. 사르트르는 이렇게 말하고 있다. "나는 인간을 이해하려는 열정을 가졌다(J'ai passion de comprendre les hommes)."(Sartre, 1952: 158) 이를 위한 노력은 다방면으로 이루어지나 크게 『존재와 무』와 『변증법』의 차원에서 행해진다. 실제로 이 두 저서가 그의 전, 후기 사상을 대표하는 저서이기도 하다. 이 두 저서 사이에 '인식론적 단절(rupture épistémologique)'이 있는지의 여부도 사르트르 연구에서 중요한 주제이다. 하지만 대부분의 연구자들은 이와 같은 단절을 부정하고 있는 실정이다. 그렇다고 이 두 저서 사이에 연속성만이 있는 것일까? 그렇지는 않아 보인다. 무엇보다도 이 두 저서 사이에는 인간을 이해하는 영역, 방법 자체의 변화가 있다. 『존재와 무』에서는 주로 3H(헤겔, 후설, 하이데거)의 영향하에서 '현상학적 존재론(ontologie phénoménologique)' — 『존재와 무』의 부제가 '현상학적 존재론 시론(essai d'ontologie phénoménologique)'이다 — 의 시각에서의 인간에 대한 이해가 시도된다. 하지만 이때 인간은 사회와 역사를 알지 못하는 존재이다. 사르트르는 제2차 세계대전을 겪으면서 인간이 역사적, 사회적 지평 위에 서 있는 존재라는 것을 깨닫게 된다. 이런 의미에서 이 전쟁은 그의 삶을 두 부분으로 가르는 결정적인 계기였다. 이른바 "급격한 개종(conversion radicale)"(Beauvoir, 1963: 15)의 계기인 것이다. 사르트르는 이런 개종의 구체적인 징표로 '역사적, 사회적 존재(un être historico-social)'로서의 인간, 이런 인간들이 형성하는 '집단-공동체'의 삶, 그리고 그것의 변화 과정에 주목한다. 요컨대 사르트르는 "구조적, 역사적 인간학(anthropologie structurelle et historique)"

légomènes à toute anthropologie future)"(Sartre, 1960: 180)를 작성한다는 원대한 포부를 갖고, 또 그 기획의 일환으로 역사의 '가지성(Intelligibilité)'을 파악하고자 하는, 곧 '역사는 하나의 진리를 가지고 있는가?'라는 질문에 답을 하고자 하는『변증법』에서 '역사'를 궁극적으로 '융화 집단'과 '집렬체(série)' 사이의 "재집단화와 화석화의 끊임없는 이중 운동(double mouvement perpétuel de regroupement et de pétrification)"(Sartre, 1960: 760)으로 규정하기에 이른다. 이 규정을 잘 이해하기 위해서는 무엇보다도 융화 집단과 집렬체가 무엇인지를 알아야 할 필요가 있다. 또한『변증법』이 어떤 면에서 68혁명의 예언서로 읽힐 수 있는가의 문제에 대한 대답 역시 이 두 역사 형성의 주체 사이에서 벌어지는 이중 운동에 달려 있다고 할 수 있다. 그렇다면 융화 집단과 집렬체는 무엇이고, 또 이것들 사이에는 어떤 관계가 정립되는가?

사르트르는『변증법』에서 현실적으로 융화 집단과 집렬체 중 어떤 것이 더 먼저 출현하는가의 여부는 결정할 수 없다고 본다(Sartre, 1960: 452). 여기서는 논의의 편의상 먼저 집렬체에 주목한다. 사르트르에 의하면 집렬체는 '이타성(異他性, altérité)'에 의해 지배되는 인간들의 군집으로 여겨진다. 이타성은 또한 "실천적 타성태(實踐的 惰性態, le pratico-inerte)" 개념과 밀접한 관련이 있다. 여기

(Sartre, 1960: 14)을 정립하고자 한다. 이를 위해 그는 맑스와 프로이트를 동원하면서 "전진-후진적 방법(méthode progressive-régressive)"(Sartre, 1960: 135)을 정립한다. 이와 같은 방법과 목표 위에 기획된 것이 바로『변증법』이다. 그리고 이 저서가 출간된 것이 1960년이다. 물론 1권이 출간되었고, 2권은 그로부터 25년이 지난 1985년에 유고집으로, 그것도 미완성으로 출간되었다.

서는 실천적 타성태와 이타성을 먼저 살펴보고, 그다음에 집렬체를 살펴보기로 하자.

먼저 실천적 타성태를 보자. 이 개념에는 '실천(praxis)'이 들어 있다. 사르트르의 인간학에서 실천의 주체는 '인간'이다. 그런데 이 인간은 『존재와 무』에서 탐구되는 '신(神)'이 되고자 하는 욕망으로 정의되는(Sartre, 1943: 653-654) 인간이 아니라 자신의 생물학적 '욕구(besoin)'를 충족시켜야 하는 '실천적 유기체(organisme pratique)'(Sartre, 1960: 194)로서의 인간이다. '실천의 장(champ)'에서 자신의 욕구를 충족시키지 못한다면 인간은 "죽음의 위험(danger de mort)"에 직면하거나 "비존재(le non-être)"(Sartre, 1960: 194)로 추락하게 될 것이다. 따라서 인간은 그를 에워싸고 있는 물질 환경과 늘 긴장 관계에 있게 된다.

물론 인간은 자신의 욕구를 충족시키는 과정에서 '물질'에 자신의 표지(marque)를 기입하면서, 즉 '가공된 물질(matière œuvrée)'을 이 세계에 오게끔 하면서 자신을 창조해나가고 또 역사 형성에 기여한다. 이 과정이 '실천'이다. 그런데 이 실천이 이루어지는 물질 환경은 "희소성(rareté)"과 "다수의 인간들(pluralité des hommes)"(Sartre, 1960: 236)이라는 우연적이고 필연적인 요소의 지배하에 있다. 또한 희소성에 의해 매개되는 인간관계는 갈등과 투쟁으로 귀착될 수밖에 없다. 이것은 당연해 보인다. 희소성이 근본적으로 극복되지 않는 한, 인간은 다른 인간과의 관계에서 항상 "낯선 종(espèce étrangère)"(Sartre, 1960: 241)이나 "반인간(contre-homme)"(Sartre, 1960: 243)으로 변모할 수 있기 때문이다.

그런데 인간은, 아니 인간들은 희소성에 의해 야기되는 이런 갈등과 투쟁을 극복하고자 한다. 인류의 역사는 희소성 극복의 역사였다. 인류는 아직까지 그 싸움에서 완전한 승리를 거두지 못하고 있다. 하지만 희소성을 극복하는 과정에서 인간들은 '군집(rassemblement)'을 형성한다는 것이 사르트르의 주장이다. 인간들이 이처럼 희소성에 대항하면서 군집을 형성한다는 것은 다음과 같은 사실을 내다보게 한다. 이들이 희소성에 대항한다는 '하나의 공동 목표(un but commun)'를 세워 '하나의 공동 실천(une praxis commune)'을 통해 군집을 형성하기 때문에 이때 이 군집 내부에서 맺어지는 이들의 관계는 '완벽한 상호성(réciprocité parfaite)'에 의해 규제되는 것이 당연해 보인다는 사실이 그것이다. 그러니까 이때 이 군집은 융화 집단의 형태를 띨 수도 있다(융화 집단에 대해서는 곧 살펴볼 것이다). 이 군집 내에서는 하나의 공동 목표를 실현하는 과정에서 그 구성원들 사이에 '너'와 '나'의 구분이 없고, 따라서 각자가 각자에게서 '자기(soi)'와 동일한 자기를 발견하는 것이 가능하고도 당연하다(Sartre, 1960: 224-225). 하지만 문제는 희소성 극복을 위한 인간들의 노력 — 이것은 그들의 실천 이외의 다른 것이 아니다 — 이 반드시 이와 같은 긍정적 결과만을 낳지 않는다는 점에 있다. 왜 그럴까? 사르트르는 그 답을 실천적 타성태에서 찾고 있다.

인간의 실천이 가공된 물질을 이 세계에 오게 하는 것과 동의어라는 사실을 방금 지적했다. 그런데 이 가공된 물질은 희소성에 대항하는 과정에서 이 세계에 나타난 것이기 때문에 당연히 인간들 사이의 투쟁과 갈등을 완화해주어야 할 것이다. 가공된 물질은 "긍정적 획득물(acquis positif)"(Sartre, 1960: 262)이어야 한다. 하지만 당위성은 당위성에 그치고 만다. 가공된 물질은 오히려 인간들의 새로운 실천을 제약하는 "적대적(hostile)"(Sartre, 1960: 236) 기능을 수행하게 된다는 것이 사르트르의 주장이다. 다시 말해 가공된 물질은 그것을 이 세계에 오게끔 한 장본인들인 인간들에게 예기치 못한 "반목적성(contre finalité)"(Sartre, 1960: 236)을 드러내 보인다. 사르트르는 인간의 실천과 그 결과물 사이에 나타나는 이런 관계를 실천적 타성태로 규정한다.

(2) 이타성과 집렬체

이렇게 규정되는 실천적 타성태와 관련하여 한 가지 흥미로운 점은 이 개념으로 인해 인간들의 관계가 집렬체화(sérialisation)된다는 것이다. 또한 그 결과 이 인간들은 집렬체로 명명되는 군집에 속하게 된다. 사르트르는 집렬체의 한 예로 정류소에서 버스를 기다리는 자들을 제시한다. 이들의 관계는 무엇보다도 "상호 교환적(interchangeable)"(Sartre, 1960: 367)이라는 특징을 갖는다. 이들 사이에는 같은 장소에서, 같은 시각에, 같은 버스를 기다린다는 것 말고는 아무런 공통점이 없다. 하지만 이들은 이 이유만으로 이미 상호 교환적이다. 어떤 사람이 조금 일찍 왔더라면 앞자리에 있는 사람의 자리를 차지할 수 있었을 것이다. 이처럼 이들이 상호 교환적이라는 사실은 이들 각자가 상대방에게서 자기와 동일한 자기, 곧 버스를 타고자 하는 목적을 가지고 거기에 있는 또 한 명의 나를 발견한다는 것을 의미한다.

하지만 문제는 이런 발견이 부정적이라는 점이다. 왜냐하면 버스를 기다리는 자들은 각자 버스에 의해 매개된 관계라는 시각에서 보면 서로 "잉여적(excédentaire)"(Sartre, 1960: 368) 존재일 수밖에 없기 때문이다. 이것은 달리 진행될 수 없다. 왜냐하면 이들은 서로에게서 자기를 발견하지만, 이 자기는 이미 이타성에 물든 자기이기 때문이다(Sartre, 1960: 367-368). 그런데 이 모든 사태의 주된 원인은 버스이다. 버스의 정원은 한정되어 있다. 그렇기 때문에 이 버스를 기다리는 자들 사이의 관계는 이타성에 의해 지배될 수밖에 없다.

다음과 같은 사실을 상기하자. 버스는 정확히 인간들이 시간과 공간의 희소성을 극복하는 과정에서 만들어낸 가공된 물질의 하나라는 사실이 그것이다. 사르트르는 이처럼 버스라고 하는 가공된 물질에 의해 매개된 인간들의 관계 역시 갈등과 투쟁으로 귀착된다고 본다.[23] 다시 말해 버스에 의해 촉발된 실천적 타성태로 인해 인간들 사이의 관계는 폭력적일 수 있다. 이런 의미에서 실천적 타성태에 의해 지배되는 세계는 '지옥'으로 규정된다. 어쨌든 사르트르는 이처럼 가공된 물질에 의해 나타나는 실천적 타성태의 작용으로 인해 인간들이 서로가 서로에게 이타성을 가진 자기가 되어가는 과정을 집렬체화로 규정한다. 그리고 이와 같은 집렬체화의 결과 나타나는 그들의 군집의 존재태가 바로 집렬체이다(Sartre, 1960: 364).

---

[23] 버스를 기다리는 자들 사이에서 갈등과 투쟁이 쉽게 발생하지는 않는다는 것은 분명하다. 기다렸다가 다른 버스를 타거나 다른 교통수단을 이용할 수 있기 때문이다. 하지만 전쟁 중에 피난 열차를 타려 하는 피난민들이나 과거 베트남을 떠나기 위해 배를 탔던 '보트피플(Boat People)', 최근 유럽으로 이주하기 위해 목숨을 걸고 있는 '난민' 등을 생각해보면, 가공된 물질로 인해 극심한 갈등이나 투쟁이 발생할 수 있다는 것은 분명해 보인다.

(3) 집렬체에서 융화 집단으로

방금 실천적 타성태가 인간들 사이의 관계를 집렬체화시킨다는 사실을 보았다. 그런데 이번에는 이 실천적 타성태가 이른바 인간적 삶을 누리는 부류(부르주아/유산계급)와 그렇지 못하는 부류(프롤레타리아/무산계급)로 구분되는 계기가 되며, 또 나아가서는 이 두 부류 사이의 투쟁으로 발전할 수도 있다는 것이 사르트르의 견해이다. 사르트르는 이 과정을 설명하면서 "요구(exigence)", "이해관계(intérêt)", "운명(destin)" 등의 개념을 동원한다.

먼저 사르트르는 요구를 가공된 물질(가령 '기계machine')이 발하는 "정언명령(impératif catégorique)"(Sartre, 1960: 300)으로 규정한다. 기계는 어떤 형태로든 이 기계 자체와 관계를 맺는 자(가령 소유자)를 그로부터 "어떤 행동이 기대되는 자(comme celui dont une certaine conduite est attendue)"(Sartre, 1960: 296)로 변화시켜버린다. 기계는 그 소유자에게 모종의 행동을 요구한다. 그 내용은 기계 자체의 증식이다. 소유자는 이를 거절할 수가 없다. 그는 이 기계에서 그 자신의 이해관계를 보는데, 그 이유는 사르트르에게서 "소유(Avoir)"와 "존재(Etre)"는 같은 것으로 이해되기 때문이다(Sartre, 1943: 678). 따라서 한 인간에 의해 제조된 기계는 그의 "내면성(intériorité)"(Sartre, 1960: 307)을 부여받게 되고, 그 결과 그와 이 기계 사이에는 동일화(identification) 현상이 있게 된다. 그렇기 때문에 이 기계의 증식은 이 인간의 존재론적 힘의 강화와 동의어로 간주된다. 또한 사르트르는 이 기계에 종사하는 자(가령 노동자) 역시 이 기계에서 자신의 이해관계를 본다고 주장한다. 다만 이 노동자의 이해관계는 기계 소유자의 그것과 정반대이다. 사르트르는 노동자의 "반이해관계(contre-intérêt)"(Sartre, 1960: 318)를 이 노동자의 '운명'으로 규정한다.

그런데 이와 같은 요구, 이해관계, 운명은 개인에게만 해당되는 것이 아니라 "일반성(généralité)"(Sartre, 1960: 319)을 갖는다. 이 개념들은 "비슷한 부류의 불특정 다수(nombre indéterminé des exemplaires semblables)"(Sartre, 1960: 319)에게도 적용된다. 이런 견해에 의하면 한 사회, 한 나라가 생산하고 공급하는 가공된 물질(곧 부富)의 대부분을 소유하고 있는 부류의 사람들과 그렇지 못한 부류의 사람들 사이의 집단적 투쟁은 필연적일 수밖에 없다. 사르트르는 실제로 거기에서 계급투쟁의 기원을 본다. 또한 사르트르는 실천적 타성태의 작용으로 특히 두 번째 부류에 속한 자들의 "삶과 죽음"이 문제시되는 상황, 또는 이들이 "불가능한 삶을 사는 것이 더 이상 불가능한 상황"에 이르게 되면(Sartre, 1960: 436, 454), 그들을 이런 상태에 빠뜨린 자들과 대대적인 투쟁에 돌입하게 된다고 본다. 바로 그 순간에 "혁명(révolution)"(Sartre, 1960: 422-423)이 발발한다. 사르트르는 정확히 이 순간에 집렬체가 융화 집단으로 바뀐다고 주장한다.

(4) 융화 집단, 서약 집단, 조직화된 집단 및 제도화된 집단

사르트르는 융화 집단을 설명하기 위해 프랑스대혁명 당시 바스티유 감옥을 공격하는 파리 시민들의 모습을 제시한다. 이 시민들 역시 앞서 살펴본 버스 승객들과 마찬가지로 서로가 서로에게서 자기를 발견하긴 한다. 즉 서로 상호 교환적이기는 하다. 하지만 차이가 있다. 바스티유 감옥을 공격하는 시민들은 서로에게 잉여적이지 않다. 서로가 서로를 이타성을 가진 자기로 파악하지 않는다. 그보다는 오히려 그들은 나, 너의 구별이 없는 "우리(Nous)"(Sartre, 1960: 495)를 형성한다고 할 수 있다. 이와 같은 우리가 바로 융화 집단이다. 그리고 이처럼 우리의 형태를 띠는 융화 집단에서 나와 너 사이에는 완벽한 상호성이 정립된다. 또한 융화 집단은 "편재성(ubiquité)"(Sartre, 1960: 502)의 세계이다. 왜냐하면 나, 너의 구별이 없으므로 네가 지금, 거기에 있는 것은 내가 지금, 거기에 있는 것과 같기 때문이다. 그 결과 융화 집단에서는 이 집단에 한 명의 구성원이 늘어나는 것은 그대로 이 집단의 힘의 강화로 이어지게 된다.

하지만 융화 집단의 형성에는 다음과 같은 두 가지 문제가 제기된다. 하나는 이 집단은 구성원 전체가 하나의 공동 목표를 위해 행동하는 순간에만 존재할 뿐이라는 것이다. 융화 집단의 형성 순간은 "묵시록(Apocalypse)"(Sartre, 1960: 461)의 순간으로 명명된다. 하지만 이 순간은 전적으로 이 집단의 실천에 좌우된다. 이것은 곧 이 집단의 존속 문제가 이 집단에 관련된 가장 긴급한 문제라는 것을 내다보게 한다. 다른 하나는 융화 집단의 형성에는 두 형태의 폭력이 전제된다는 것이다. '기존 폭력(violence déjà existante)'과 이 폭력을 근절시키기 위해 동원되는 폭력, 곧 '대항 폭력'이 그것이다. 앞서 실천적 타성태로 인해 한 사회의 구성원들이 인간적인 삶을 누리는 부류와 그렇지 못하는 부류로 나뉘고, 이 두 부류 사이의 대립이 극한으로 치닫는 경우, 즉 첫 번째 부류에 속하는 자들의 폭력에 의해 두 번째 부류에 속하는 자들이 삶을 영위하는 것이 불가능하게 될 경우, 융화 집단이 형성될 수 있다는 사실을 지적했다. 여기서 두 번째 부류에 속하는 자들의 삶을 불가능하게 하는 폭력이 바로 기존 폭력이다. 거기에서 벗어나기 위해 두 번째 부류에 속하는 자들이 어쩔 수 없이 동원하게 되는 극단적인 수단이 바로 대항 폭력이다.

방금 융화 집단의 형성 이후에 동반되는 문제 중 존속의 문제가 가장 긴급하고도 중요한 문제라는 점을 지적했다. 융화 집단이 형성된 이후 이른바 "반성(réflexion)"(Sartre, 1960: 513)의 시간이 도래한다. 적은 퇴각했고, 우리는 힘들게 승리했다. 하지만 적은 전열을 재정비해 언제 다시 반격해 올지 모른다. 이런 상황에서 하나로 뭉쳤던 융화 집단의 구성원들 사이의 결속도가 떨어져 그들 사이에 이타성이 다시 나타날 수 있다(Sartre, 1960: 516). 이 융화 집단은 다시 이 집단 이전의 상태, 곧 집렬체의 상태로 회귀할 수 있다. 따라서 그 구성원들은 집렬체로의 회귀를 막기 위해 필요한 조치를 취하게 된다. 이 조치가 바로 서약이고, 서약과 더불어 이 집단은 "서약 집단(groupe assermenté)"(Sartre, 1960: 521)으로 변모하게 된다.

서약은 융화 집단 구성원들이 자신들의 결속을 위해 생각해낸 "실천적 고안(invention pratique)"(Sartre, 1960: 519)으로 여겨진다. 실천적 고안으로서의 서약은 단지 언어적 다짐 이상의 의미를 가진다. 서약은 그 당사자들의 '자유'를 자진해서 집단에게 '저당 잡히는(hypothéquer)' 의미를 가지고 있는 것으로 이해된다. 이 행위는 그대로 이 집단이 '강제력(force coercitive)'을 가져야 하는 필요성에 대한 구성원들 전체의 자발적 인정으로 이어진다(Sartre, 1960: 529). 그 과정은 이렇다. 서약 집단 구성원들 각자는 다른 구성원들에게 이렇게 맹세한다. "내가 집단에 해가 되는 행위를 하면 나를 '집단의 이름으로' 처형해라." 하지만 서약은 '상호적(réciproque)'이다(Sartre, 1960: 532). 구성원들 모두 서로가 서로에게 맹세를 한다. 이렇게 해서 나의 배신에 대한 처벌권을 다른 구성원들에게 일임하는 것과 마찬가지로 그들이 배신하는 경우 나 역시 그들을 집단의 이름으로 처벌할 권리를 갖게 된다.

하지만 서약 집단에서도 문제는 폭력의 사용이다. 방금 서약은 이 집단 구성원들 사이의 배신에 대한 처벌권의 상호 인정이라는 의미를 포함하고 있다는 사실을 지적했다. 그런데 이 처벌이 무엇인가? 그것은 결국 폭력의 사용과 같은 것이다. 바로 거기에 사르트르의 "동지애 공포(Fraternité-Terreur)"(Sartre, 1960: 537-538) 개념이 자리한다. 실제로 융화 집단은 우리의 세계이고, 따라서 우리를 구성하는 이 집단의 구성원들 모두는 완벽한 상호성이라는 이상적인 인간관계를 맺고 있는 동지이자 형제이다(Sartre, 1960: 535). 그런데 이들 사이에 동지애가 계속 유지될 수 있으려면 이 집단을 배신하는 자를 처벌해야 한다. 처벌이라는 또 하나의 폭력에 의존해야 하는 것이다. 이것이 공포이다. 이 공포는 방어적 기능을 수행한다고 할 수 있다. 배신자의 처벌이라는 '작은 폭력'으로 융화 집단의 모든 구성원이 그 이전에 겪었던 폭력, 곧 자신들의 삶을 위협하고 불가능하게 만들었던 폭력과 같은 '더 큰 폭력'을 미연에 방지하고자 하는 것이다(Girard, 1972: 25). 어쨌든 융화 집단에서 서약 집단으로의 이행 역시 폭력과 긴밀하게 연결되어 있다는 점은 분명해 보인다.

서약 집단은 다시 "조직화된 집단(groupe organisé)"(Sartre, 1960:

542-670)으로 변모하게 된다. 사르트르는 이 변모의 원인을 집단 유지라는 현실적 필요성에서 찾는다. 구성원들은 점차 각자의 역할에서 전문적인 식견을 쌓게 된다. 그렇게 해서 이들은 점차 자신들이 이전에 그토록 배척했던 이타성을 재도입하게 된다. 그 까닭은 전적으로 이 집단을 효율적으로 유지해야 된다는 필요성이다. 사르트르는 조직화된 집단을 설명하기 위해 "축구팀"(Sartre, 1960: 553)을 예로 든다. 이 팀에서 각자 자기 포지션에서 전문적인 훈련을 받은 선수는 점차 다른 선수의 포지션에서 역량을 충분히 발휘하지 못할 것이다. 다른 팀과의 경기에서 승리를 거둔다는 공동 목표를 달성하기 위해 이 팀에 가장 필요한 것은 선수 각자가 자기 포지션에서 최대의 능력을 발휘하는 것이다. 이처럼 융화 집단으로의 이행 과정에서 그토록 벗어나려 했던 집렬체에 고유한 이타성을 다시 수용하면서 서약 집단은 조직화된 집단으로 이행하게 된다는 것이 사르트르의 주장이다.

이 조직화된 집단은 재차 "제도화된 집단(groupe institutionnalisé)"(Sartre, 1960: 670-738)으로 이행한다. 조직화된 집단의 구성원들 각자가 맡은 직능과 역할에서 전문화되어 자신의 능력을 최고도로 발휘하게 되는 경우를 상정해보자. 그렇게 되면 그들 각자는 이제 다른 사람에 의해 대치 불가능하게 될 것이다. 사르트르는 이런 상황에서 조직화된 집단은 제도화된 집단으로 변모하게 된다고 본다. 제도화된 집단의 전형적인 예는 '국가(Etat)'이다. 국가의 권력은 국가 제도를 떠맡은 자들에 의해 독점되고, 대부분의 국민들은 일상생활에서 그렇게 피하고자 했던 집렬체적 삶, 곧 실천적 타성태의 작용으로 인한 다른 자들과의 갈등과 투쟁이 불가피한 지옥과도 같은 삶을 다시 영위해야 하는 상황으로 떨어지게 된다. 이런 상황에서 그들이 다시 하나로 뭉쳐 융화 집단을 형성하고 또 다시 이 융화 집단은 서약 집단, 조직화된 집단, 제도화된 집단의 수순을 밟아나간다는 것이 사르트르의 주장이다.

사르트르는 이처럼 개인의 실천에서 출발해서 여러 형태의 군집 형성과 그 이후의 유위변전(有爲變轉)의 과정을 기술하고 있다. 이 과정을 종합해보면 역사는 결국 집렬체와 융화 집단 사이에 발생하는 재집단화와 화석화의 끊임없는 이중 운동이라는 사실을 알 수 있다. 그리고 이 운동에 대한 파악이 바로 역사를 관통하는 법칙, 곧 역사의 가지성의 파악에 해당한다고 할 수 있다. 그런데 여기서 다음 두 가지 사실에 주목하자. 하나는 사르트르에게서 결국 역사의 형성 주체는 '인간'이며, 이는 『변증법』이 반(反)구조주의적 사유를 그 출발점으로 삼고 있다는 것이다. 다른 하나는 집렬체와 융화 집단 사이의 이중 운동의 매 계기에 폭력이 어김없이 자리 잡고 있다는 것이다. 집렬체에서 발생하는 폭력, 곧 이 집렬체의 일부 구성원들로 하여금 인간다운 삶을 영위하지 못하게 하는 기존 폭력, 이를 분쇄하려는 과정에서 그들이 동원하는 대항 폭력, 그리고 이 대항 폭력을 통해 형성된 융화 집단을 유지하기 위해 동원되는 동지애 공포 등이 그것이다.

정확히 이런 이유로 68혁명 직후 사르트르로부터 격렬한 비난을 받았던 아롱은 후일 이런 내용을 담고 있는 『변증법』을 쓴 옛 친구를 "폭력의 사도(apôtre de la violence)"(Aron, 1973: 218)로 규정하고, 이처럼 폭력의 사용을 정당화시킨 그에게 증오의 감정을 드러내기까지 한다. 또한 사르트르 연구자 중 한 명인 베르네르는 사르트르의 이런 논의가 궁극적으로는 "인간은 인간에 대해 늑대 (Homo Homini Lupus)"(Werner, 1972: 242)라는 입장을 견지한 홉스의 전통을 잇는 것으로 본다. 아무튼 사르트르는 『변증법』에서 맑스와 마찬가지로 폭력을 역사의 산파로 보고 있다는 점은 분명해 보인다.

3) 68혁명과 『변증법』

(1) 68혁명과 융화 집단

1960년에 출간된 사르트르의 『변증법』의 내용을 다소 길게 살펴본 것은 과연 이 저서가 68혁명의 예언서로 여겨질 수 있는가를 알아보기 위함이었다. 이를 위해서는 이 저서에서 제시된 집렬체와 융화 집단 사이에 나타나는 재집단화와 화석화의 이중 운동의 모든 단계와 68혁명의 모든 순간을 비교해보아야 할 것이다. 하지만 이 작업은 불필요할 뿐만 아니라 우리의 능력을 벗어나기도 한다. 여기서는 68혁명과 관련된 중핵으로 이 혁명에서 과연 융화 집단이 형성된 순간이 있는가의 문제만 살펴보고자 한다.[24]

『변증법』에서 볼 수 있는 사르트르의 주장에 따르면 68혁명의 주체 세력은 이타성에 의해 지배되는 집렬체[25]를 극복하고 완벽

---

[24] 68혁명에서 폭력 사용이 정당화될 수 있는가의 문제도 이 혁명과 『변증법』을 연결시킬 수 있는 중요한 고리라고 생각된다. 여기에 대해서는 앞서 사르트르가 인터뷰를 통해 이 혁명에서 폭력 사용을 정당화시키고 있다는 점을 환기시키는 것으로 그치고자 한다.

[25] 곧 살펴보겠지만 68혁명의 주체 세력은 학생들, 노동자들, 일반 시민들의 세 부류로 구성되어 있다. 그런데 이들은 모두 자기 부류에서는 물론, 다른 부

한 상호성에 의해 지배되는 융화 집단을 형성해야 할 것이다. 그렇다면 68혁명 동안 과연 융화 집단이 형성된 순간이 있었는가? 이 물음에 미리 답을 하면 '그렇다'이다. 그리고 이런 긍정적인 답은 『변증법』에서 이 혁명이 예언되었다는 것을 보여주는 결정적인 증거가 될 수도 있을 것이다. 68혁명의 주요 순간에 크고 작은 여러 형태의 융화 집단이 형성되었던 것으로 보인다. 그 가운데 68혁

류에 속하는 자들과도 어느 정도는 이타성의 지배하에 있는 관계를 맺고 있었다고 할 수 있다. 우선, 68년 무렵에 학생들 사이의 경쟁 관계가 점차 심화되고 있었다는 점을 지적하자. 프랑스의 대학생 수는 1960년대 20만 명에서 68년경에는 거의 65만에 육박했다. 곧이어 보겠지만 이것은 고등교육 인력 양성의 필요성에 따른 현상이다. 하지만 학생 수의 증가가 경쟁의 심화로 이어지는 것은 당연하다. 그다음으로 학생들과 노동자들의 관계를 보자. 학생들은 대부분의 경우 프티부르주아 출신인 반면, 노동자들의 경우는 대부분 프롤레타리아 출신들이었다. 그로 인해 비슷한 연령대에 있는 학생들과 노동자들 사이에는 묘한 감정의 기류가 흘렀다. 노동자들은 학생들에 대해 열등감, 부러움, 시기심, 소외 감정 등을 갖게 된 반면, 학생들은 노동자들에 대한 우월감, 자신감 등을 갖게 되었다. 또한 노동자들 사이에서도 이타성이 나타났다고 할 수 있다. 68혁명의 특징 중 하나는 노동조합에 속하는 대부분의 노동자들과 그렇지 않은 노동자들 사이에 이해관계의 차이가 발생한 것이다. 물론 노동자들은 예외 없이 노동조건과 처우의 개선을 바랐다. 하지만 PCF의 지시를 받았던 노동조합 소속 노동자들은 그들의 행동에서 조합의 지시와 행동 강령을 충실히 따랐던 반면, 그렇지 않은 노동자들은 조합과는 별도로 자발적으로 행동하는 경향이 강했다. 이것은 결국 조합 소속 노동자들과 그렇지 않은 노동자들 사이의 관계가 이타성에 의해 지배된다는 것을 의미한다고 하겠다. 마지막으로 일반 시민들 역시 이타성에서 자유롭지 못했다는 것은 말할 나위가 없다. 68년 혁명이 발발했을 때 이들이 경제적인 어려움으로 인해 삶과 죽음이 문제시되는 생활을 영위한 것은 아니었다. 하지만 그들이 정치, 사회, 문화적인 면에서의 권리를 향유할 수 있는 기회를 박탈당했던 것은 부인할 수 없는 사실이다. 실제로 68혁명이 맑스가 주창한 경제적 동기에 의해 발발한 혁명보다는 오히려 문화혁명으로 여겨지는 이유가 바로 거기에 있다. 아무튼 한 가지 분명한 것은 68혁명의 주체 세력에 속하는 자들은 혁명 전에는 어떤 식으로든 집렬체의 상태에 있었다는 점이다.

명의 이해에 중요하다고 생각되는 몇 개에만 주목해보자.

68혁명의 주체 세력은 학생들, 노동자들, 일반 시민들의 세 부류로 구분될 수 있다. 물론 이 세 부류에 속하는 자들이 같은 비중으로 활약했던 것은 아니다. 주도 세력은 단연 학생들이었다. 혁명 진행 과정에서 노동자들과 노동조합들이 가세한 것은 사실이다. 하지만 PCF의 지시하에 움직였던 노동조합들은 학생들을 돕는 데 점차 미온적이 되었고, 심지어는 그들을 방해하기까지 했다. 이들의 불편한 관계에 대해서는 뒤에서 다시 거론하자. 어쨌든 학생들이 68혁명의 주도 세력이었다는 것은 분명하다. 그리고 이 혁명의 주체 세력을 규정할 때, 학생들에다 일부 노동자들과 일반 시민들을 더해야 할 것이다. 이제 이 세 부류의 주체 세력에 의해 형성된 융화 집단을 보도록 하자.

먼저 학생들에 의해 형성된 융화 집단을 보자. 68혁명은 파리 10대학에서 시작되었다. 이 대학에서는 개교 초기부터 교육 문제로 학내 분규가 그치지 않았다. 이 대학은 1964년에 문을 열었다. 그 무렵 프랑스는 제2차 세계대전의 참화에서 벗어나 어느 정도 국력을 회복한 상태였다. 1958년에 정권을 장악한 드골 대통령의 강력한 통치하에서 프랑스는 옛 영광을 되찾기 위해 국력을 집중하고 있었다. 교육 분야도 예외가 아니다. 경제 회복과 더불어 고등교육에 대한 수요가 늘어났고, 또 당국은 고급 인력 양성의 필요성에 부응하고자 대학 정원을 늘려야 했다. 파리 서북부에 위치한 낭테르 지역은 그 당시 빈민가와 산업 지대의 경계에 위치해 있어 인구 유입이 많았고, 그 결과 학생들의 수도 빠르게 늘어나는 지역이었다. 이런 지역에 시멘트 건물을 지어 급증하는 교육

수요에 급히 대비코자 했던 조치의 결과물 중 하나가 바로 파리 10대학이었다.

하지만 조급하게 세워진 만큼 이 대학은 문제투성이였다. 학생들은 부족한 강의실,[26] 부족한 교육 인력, 부실한 강의, 교수의 일방적인 강의 방식 등의 개선을 요구했다. 교육 환경도 문제가 되었다. 학교 주위에 숙박 시설이 별로 없어 많은 학생이 기숙사에 거주했다. 하지만 저녁에 일정 시간 이후 남녀 학생의 방문이 허용되지 않는 엄격한 규율이 적용되었다. 이 문제가 68혁명의 직접적인 도화선이 되었다는 견해도 없지 않다. 하지만 이 문제는 그 당시 학생들이 직면했던 수많은 문제 중 상징적인 의미를 가진 소소한 문제에 불과했다. 아무튼 파리10대학 학생들은 '집회'를 자주 열었고, 또 이들의 집회는 점차 격렬해졌으며, 이에 맞서 학교 당국은 경찰을 캠퍼스에 진입시키는 결정을 내리게 되고(그 당시 이 대학 총장이었던 리코르는 이 결정을 내렸다는 명목으로 총장직에서 사퇴한 것으로 알려져 있다), 학교가 전면 폐쇄된다. 68년 5월 2일의 일이다. 68혁명에 불이 붙은 것이다.

그런데 68혁명이 진행되는 동안 바로 이 파리10대학 학생들의 집회에서 최초의 융화 집단이 형성된 것으로 보인다. 물론 완전한 융화 집단은 아니었고, 또 몇십 명에서 몇백 명의 집회로 규모도 그다지 크지 않았다. 하지만 사르트르가 『변증법』에서 제시하고 있는 융화 집단의 특징, 즉 우리, 편재성, 하나의 공동 목표를 위한

---

[26] 언어학과 학생의 80%가 언어 실습실을 이용할 수 없었다고 한다(허먼, 2004: 123).

실천이 행해지는 순간에의 존재 권리의 확보 등과 같은 특징들이 이들의 집회에서도 고스란히 드러나는 것으로 보인다.

그다음으로 융화 집단이 형성된 것은 5월 3일에 소르본대학과 생미셸 대로(Boulevard St. Michel)에서 열린 학생들의 집회에서다. 실제로 이날 파리10대학 사태가 소르본으로 확산된다. 파리10대학 학생회장 콘벤디트를 위시해 몇백 명의 학생들이 소르본 중앙 광장에서 집회를 열어 자신들의 입장을 표명했고, 많은 학생이 거기에 동조했다. 소르본 총장 역시 사태의 확산을 우려해 경찰의 캠퍼스 진입을 요청한다. 하지만 프랑스 교육의 상징이자 그때까지 공권력에 의해 한 번도 짓밟힌 적이 없었던 소르본에 경찰이 진입했다는 사실 자체가 많은 학생을 격분케 했으며, 그로 인해 그들은 자발적으로 '집회'에 가담하게 된다. 급기야 소르본에도 폐쇄 조치가 내려진다.

하지만 학생들의 집회는 생미셸 대로까지 확산되고, 이들을 해산시키고자 하는 경찰과 충돌하게 된다. 그 과정에서 많은 학생이 체포되었다. 특히 5월 3일의 가두 투쟁과 관련하여 TV가 위력을 톡톡히 발휘했다는 점을 지적하자. 당국의 통제에도 불구하고 학생들과 경찰의 대치 장면, 충돌 장면, 학생들이 경찰에 의해 무방비로 구타당하는 장면 등이 공중파를 타면서 프랑스 국민들은 충격에 휩싸이게 되고, 여론이 학생들을 지지하는 쪽으로 기울게 된다. 그 당시의 여론조사에 의하면 파리 시민의 80% 이상이 학생들을 지지했다고 한다. 이렇듯 5월 3일에 68혁명이 본격적으로 시작되었다. 그런데 68혁명이 본격적으로 점화된 이날에 소르본 중앙 광장과 생미셸 대로에서 있었던 학생들의 집회는 하루 전의 파리

10대학 집회에 비해 그 규모라든가 결속도 면에서 훨씬 더 커지고 강한, 따라서 더 완성된 융화 집단에 해당한다고 하겠다.

하지만 68혁명이 진행되는 동안 형성된 참다운 의미에서의 융화 집단은 그 유명한 게뤼삭가 바리케이드의 밤이었던 5월 10-11일 사이에 가두 투쟁을 벌였던 학생들(노동자들과 일반 시민들)의 군집, 그리고 이틀 후인 13일 소르본에서 조직된 '점거위원회(Occupation Committee)'와 학생들과 노동자들, 일반 시민들이 함께했던 100만 명 규모의 가두시위대가 아닌가 한다.

5월 10-11일은 68혁명의 분수령이었다. 1848년 2월혁명과 1871년 파리코뮌(Paris Commune) 때 등장해 프랑스의 민중 저항의 상징물이 된 바리케이드가 학생들에 의해(물론 노동자들, 일반 시민들도 도왔다) 소르본이 있는 라탱 지구에 설치된다. 곳곳에 설치된 바리케이드를 중심으로 경찰과 대치하고 또 격렬하게 충돌했던 학생들은 그야말로 하나로 뭉쳤다는 느낌을 갖게 된다. 다음 증언을 보자.

새벽 1시. 우리 그룹은 게뤼삭가와 생 자크가의 모퉁이에서 바리케이드를 지키고 있었다. 우리 그룹은 여섯 명의 학생과 열 명의 노동자, 몇 명의 이탈리아인과 그 밖의 구경꾼들, 그리고 나중에 합류한 네 명의 예술가로 이루어져 있었다. 대부분 전에는 본 적도 없는 사람들이었다. 우리는 서로의 이름도 몰랐다. 많은 사람이 서로 도와서 물건들을 옮겨 거리에 쌓았다. 그런 뒤에 나는 우리의 바리케이드에서 조정 작업을 하기에 바빴다. 그래서 다른 곳에서 무슨 일이 일어나고 있는지 알 수 없었다. 목격자에 따르면 모든 일이 같은 시각에 거의 같은 방식으로 라탱 지구의 모든 곳에서 일어났다.

우리의 바리케이드는 두 겹으로 되어 있었다. 하나는 3피트 정도의 높이로 보도블록을 쌓아 올린 것이었다. 그 뒤에 20야드 정도의 빈 공간이 있었는데 나무와 차량과 쇠기둥, 쓰레기통을 9피트 높이로 두 번째 바리케이드를 설치했다. 우리의 무기는 거리에서 흔히 볼 수 있는 돌맹이와 쇠붙이 따위였다. 주변 지역의 주민들이 자발적으로 많은 도움을 주었다. 그들은 최루탄 가스를 피할 때 쓰도록 물과 설탕, 의복을 우리에게 주었으며 경찰의 움직임을 알려주기도 했다. 그들의 후원으로 우리는 언제 경찰이 공격해 올지 몰라서 초조하게 기다리던 시간, 끝나지 않을 것만 같던 그 시간을 지치지 않고 버틸 수 있었다(알리·왓킨스, 2001: 160-161).

조금 길게 인용된 이 부분에 바리케이드를 중심으로 형성된 융화 집단, 그것도 거의 완벽한 융화 집단의 모습이 드러나 있다. 학생들, 일반 시민들, 노동자들, 외국인들은 생면부지의 사람들이었지만, 서로 힘을 합해 바리케이드를 설치해 방어하고, 또 경찰과 맞서 싸우는 일에 있어서는 나, 너의 구별 없이 우리를 형성하고 있다. 또한 라탱 지구의 여러 곳에 설치된 바리케이드에서는 내가 이곳 바리케이드에 있으면 곧 네가 저곳 바리케이드에 있는 것과 동일한 효과, 곧 편재성이 실현되고 있었다. 그리고 바리케이드를 지키는 사람들이 경찰과 대치하고 싸우는 순간, 곧 실천의 순간에만 우리가 형성된다는 면에서도 이들에 의해 형성된 이 군집에는 융화 집단의 주요 특징이 들어 있다고 하겠다.

하지만 경찰의 공격으로 바리케이드 투쟁은 결국 실패로 돌아가고 만다. 그렇다고 한번 불이 붙은 68혁명의 불길은 수그러들지 않았다. 프랑스 국민들의 전폭적인 옹호와 지지가 가장 큰 힘이었다. 특히 몇몇 라디오 방송(Europe I, RTL 등)에서는 학생들과 경찰들이 바리케이드를 사이에 두고 격렬하게 충돌하는 장면을 생중계하기도 했다. 그 과정에서 바리케이드를 지키고자 했던 자들이 거의 무방비 상태에서 경찰에게 구타당하고 체포되는 광경이 여과 없이 전달되게 된다. 국가의 야만성과 폭력성이 백일하에 드러난 것이다. 그다음 날 아침, 즉 5월 11일 아침에 간밤에 있었던 사태의 처참한 흔적, 가령 무너지고 파괴된 바리케이드, 불에 탄 자동차들의 잔해, 짱돌을 만들기 위해 파헤쳐진 보도블록, 깨진 유리 파편이 가득한 처참한 파리 시내의 모습이 TV를 통해 전국에 전해지게 된다. 이렇게 해서 게뤼삭가의 바리케이드의 밤이 지나고 나자 학생들을 지지하고 옹호하는 프랑스 국민들의 입장은 더욱 강화된다.

68혁명의 열기가 고조되는 분위기에서 드디어 PCF의 지시를 받고 움직이던 양대 노동조합인 CGT와 프랑스민주노동연맹(Confédération française et démocratique du travail, CFDT)이 5월 13일 월요일에 대규모의 파업과 시위를 열기로 결정했다. 사태가 심상치 않게 돌아간다는 것을 알게 된 프랑스 정부는 체포된 학생들의 석방, 소르본에서의 경찰 철수 및 폐쇄 조치 해제 등으로 사태 해결의 돌파구를 찾으려 했다. 하지만 너무 늦었다. 게다가 5월 13일은 드골이 정권을 잡은 지 10주년이 되는 날이기도 했다. 그 결과 시위가 점차 드골 정권에 반대하는 반정부적 성격을 표방하게 된다. 어쨌든 학생들에 의해 주도되었던 68혁명은 5월 13일을 기점으로 노동자들과 시민들에게로까지 확산되어 학생운동과 노동(대중)운동의 양상을 띠게 된다.

5월 13일에 학생들은 되찾은 소르본에서 축제의 장을 이어갔다. 대강당에서는 정치적 논쟁이 계속되었고, 벽에는 유쾌한 낙서와 혁명적인 포스터가 붙기도 했다.[27] 매일 밤 대강당에서는 그날의 이슈에 대한 결정을 내리는 총회가 열렸다. 이 총회에서는 15명으로 이루어진 점거위원회가 선출되었는데, 이 위원회의 권력은 단

---

[27] 68혁명 동안 형성된 융화 집단의 한 예로 파리의 에콜 데 보자르(Ecole des Beaux-Arts)에 설치된 '민중의 작업장(Atelier populaire)'을 들 수도 있을 것이다. 물론 라탱 지구나 소르본의 벽 등에 붙은 모든 낙서와 포스터가 이곳 작업장에서 고안되고 만들어진 것은 아니겠으나, 그곳에서 활동한 다양한 층위의 사람들에 의해 형성된 군집은 충분히 융화 집단의 특징을 갖추었다고 하겠다. 이와 관련하여 다음 대목은 의미심장하다. "폭발할 것만 같은 5월의 창조적인 분위기 속에서 성장했던, 논평과 개입의 새로운 예술 형태인 포스터가 라탱 지구의 벽면에 잔뜩 붙었다. 오래된 바로크양식의 에콜 데 보자르의 대형 건물은 학생과 노동자, 건축가, 미술가, 디자이너, 분노한 청년들에게 점거되었다. 그들은 매일 밤 총회에서 만나 진척된 정치적 상황과 그날 밤 만들 포스터에 어울리는 주제, 아이디어, 디자인, 슬로건 등에 대해 토론했다. 한 번 투표가 실시되고 나면 바로 작업이 시작되었다. 크고 하얀 스튜디오의 작업 테이블에 설치된 나무틀에 실크스크린을 놓고 그 위에 디자인을 그려 넣은 뒤, 고무 덩어리로 윤곽을 그리고 니스를 칠했다. 인쇄용 잉크와 도색용 백유, 아마씨 기름과 밤새 피워댄 궐련 냄새 속에서 모든 것이 이루어졌다. 한 사람이 실크스크린을 가로질러 인쇄용 잉크를 칠하고 다른 한 사람이 나무틀을 들어 올려 새롭게 인쇄된 종이를 끄집어냈다. 두 사람 이상이 달려들어 젖어 있는 포스터를 말렸다. 얼마 지나지 않아 집회와 토론, 행사를 진행하던 동지들이 밤새도록 몰래 포스터를 붙이기 위해 한 아름의 포스터를 안고 나갈 것이다. 망루에는 경찰에 항의하는 포스터가 붙었다. 아교풀이 가득 찬 페인트 통과 커다란 도배용 솔로 어둠 속에서 수많은 벽에 새로운 이미지들을 잔뜩 발라 붙였다. 어둠이 걷히면 그것들은 신선한 느낌으로 빛이 났다"(알리·왓킨스, 2001: 172).

하룻밤과 하룻낮으로 제한되어 있었다고 한다. 소르본 대강당에서 매일 열렸던 이런 형식의 총회 역시 『변증법』에서 기술되고 있는 융화 집단의 전형적인 예에 해당되는 것으로 보인다.

　5월 13일에는 68혁명의 또 다른 분수령이 되는 일이 발생했다. CGT와 CFDT가 예고했던 대로 노동자들이 파업과 시위에 참여함으로써 파리 시내에서만 100만 이상의 시위대가 가두 행진을 벌이게 된 것이다. 실제로 이날 이후 68혁명은 학생들이 주도하던 흐름에서 노동자들이 주도하는 흐름으로 바뀌게 된다. 이와 관련하여 이 혁명의 주역 중 한 명인 제스마르가 제시하는 다음과 같은 견해는 경청할 만하다. 68혁명에서 세 국면을 찾아볼 수 있다는 견해가 그것이다. 학생들이 주도권을 쥐었던 국면, 노동자들이 주도권을 쥐었던 국면, 그리고 정치권이 주도권을 쥐었던 국면이 그것이다(Geismar, 2008: 82). 두 번째 국면은 13일 이후에 시작된 것으로 보인다.

　그런데 5월 13일에 가두 행진을 했던 100만 명으로 이루어진 시위대는 그 자체로 『변증법』에서 기술되고 있는 융화 집단의 가장 모범적인 사례라는 것이 우리의 판단이다. 가령 거리에서 시위를 하는 중에 한 명이라도 더 시위대에 가담하게 되면 이 시위대에 참가한 자들 사이의 이타성이 증가하는 것이 아니라 오히려 이 시위대의 힘이 증가한다는 면에서 그러하다. 또한 이 시위대에는 우리, 편재성, 하나의 공동 목표, 실천의 순간 등과 같은 융화 집단의 모든 특징이 들어 있는 것으로 보인다. 이날 가두 행진을 했던 시위대를 68혁명 중 형성되었던 가장 모범적인 융화 집단의 사례로 여길 수 있는 가장 중요한 요소는 다음과 같은 사실이다. 이날의 시위에서는 학생들과 노동자들 사이에 이견의 노출이 거의 없었다는 사실, 그리고 특히 노동조합 소속 노동자들과 그렇지 않은 노동자들 사이의 입장 차이 등이 거의 노정되지 않았다는 사실이 그것이다. 이처럼 13일에 가두 행진을 했던 100만 명의 시위대야말로 학생들, 노동자들, 일반 시민들로 이루어진, 참다운 의미에서 68혁명을 대표하는 융화 집단이라고 할 수 있을 것이다.

5월 13일 이후 약 10일 동안 프랑스는 68혁명의 거대한 파도에 휩쓸리게 된다. 또한 그 과정에서도 여러 형태의 융화 집단이 형성된 것으로 보인다. 하지만 그 결속도와 완성도 면에서는 100만 명으로 구성된 13일의 시위대에 비해서는 현저하게 떨어진 것으로 판단된다. 그중 하나가 5월 23일에 전국적인 파업과 시위에 나섰던 사람들에 의해 형성된 군집이다. 앞서 언급한 것처럼 13일부터는 68혁명의 주도권이 학생들의 손에서 노동자들의 손으로 옮겨 가게 되고, 그 결과 노동자들이 대거 이 혁명에 참여하게 된다. 그 시발점은 5월 14일이었다. 이날 프랑스 서부 낭트(Nantes) 소재 남부항공사(Sud-Aviation) 공장에서 노동자들이 파업에 들어갔다. 또 5월 15일에는 파리 교외 르노(Renault)자동차 공장 노동자들이 파업을 선언하였다. 이렇게 해서 시작된 노동자들의 파업은 5월 21일에는 전국적으로 확산하게 된다.

급기야 5월 23일에는 전국에서 천만 명 이상이 파업과 시위에 가담하게 된다. 그로 인해 공장, 병원, 은행, 관공서 등이 완전히 멈춰 섰고, 그 결과 프랑스 전체가 마비되었다. 하지만 전국에서 천만 명 이상이 파업과 시위에 동참함으로써 68혁명의 횃불을 이어갔지만, 이들의 군집은 엄밀한 의미에서는 이미 융화 집단에서 상당히 멀리 떨어져 있는 것으로 보인다. 물론 이들에 의해 형성된 군집 역시 융화 집단의 특징을 가지고 있긴 하다. 우리, 편재성, 실천의 순간에만 존재하는 특징 등이 그것이다. 또한 이들의 군집은 그 규모 면에서 68혁명 동안에 형성된 다른 융화 집단보다 훨씬 더 컸다. 하지만 하나의 공동 목표의 추구라는 면에서 이 융화 집단은 그 내부에 이미 이타성을 다시 수용하고 있는 것이 아닌가 한다. 말하자면 이 융화 집단은『변증법』에서 서약 집단 다음에 오는 것으로 기술된 조직화된 집단에 해당한다고 할 수 있을 것 같다.

그 근거는 무엇인가? 이 물음에 대한 답이 바로 23일에 전국적인 파업과 시위에 참가한 천만 명 사이에 존재하는 목표와 관심사에서의 차이이다. 우선 68혁명 동안 학생들과 노동자들이 추구하는 목표와 관심사가 완전히 일치하지 않았다는 점을 지적하자. 학생들의 관심사는 주로 교육에 관련된 것, 관료 사회에 대한 거부, 전통과 권위에 대한 거부로 수렴된다고 할 수 있다. 이와는 달리 노동자들의 관심사는 임금 인상, 노동조건의 개선 등과 같은 경제적인 것들이었다. 따라서 68혁명이 학생들과 노동자들의 연대에 기반을 두고 진행되었다고는 하나, 그 과정에서 학생운동과 노동(대중)운동으로 크게 방향이 갈라진 것은 어쩌면 당연한 수순이었다고 할 수 있다. 또한 그로 인해 68혁명의 주도 세력 사이의 결속도가 그만큼 약화될 수밖에 없었으며, 그 결과 23일에 파업과 시위에 참여한 천만 명 이상의 사람들에 의해 형성된 융화 집단도 그만큼 느슨한 형태를 보일 수밖에 없었던 것으로 보인다.

하지만 23일의 융화 집단의 완성도와 결속도를 떨어뜨린 요인은 학생들과 노동자들 사이의 목표와 관심사의 차이만이 전부가 아니다. 오히려 같은 노동자들 사이에서 발생한 목표와 관심사의 차이가 더 중요한 요인이 아닌가 한다. 5월 23일에 천만 명 이상의 노동자들(학생들과 일반 시민들도 포함되어 있다)이 전국에서 파업에 돌입하자 정부 당국은 위기의식을 느끼며 협상을 서두르기 시작한다. 나라의 절반 이상이 마비된 상태를 더 이상 방치할 수 없었던 것이다. 하지만 협상에 임한 노동조합 지도부들은 정부로부터 임금 인상 등과 같은 몇 가지 노동조건의 개선을 보장받은 대가로 파업 중지를 고려하게 된다. 하지만 일부 노동자들(여기에는 노동조합에 가입한 노동자들도 있고 그렇지 않은 노동자들도 있었다)이 협상 결과의 수용을 거절했다. 여기에서 한 가지 중요한 물음이 제기된다. 일부 노동자들은 왜 노동조건의 개선이라는 눈앞의 이익을 거절했을까라는 물음이 그것이다.

또한 이와 같은 물음은 5월이 지나 68혁명이 소강상태로 접어들며 협상 국면이 되어 그르넬 협정이 맺어졌을 때도 마찬가지로 제기될 수 있다. 그 당시 상황에서 PCF가 조금만 더 노력했더라면 정권을 장악할 수 있는 가능성도 있었음에도 왜 정부가 제시하는 몇몇 노동조건의 개선만으로 물러났을까라는 물음이 그것이다. 물론 그르넬 협정 당시에도 노동조합에 속하는 일부 노동자들과 그렇지 않은 다수의 노동자들이 이 협정에 반대했다. 따라서 문제는 결국 68혁명에서 한때 학생들을 지지함과 동시에 자기들끼리 하나로 뭉쳐 힘을 과시했던 노동자들 사이에 어떤 이유로 반복과 균열이 나타나게 되었는가, 곧 이타성의 씨가 뿌려지게 되었는가로 귀착된다.

위의 물음에 답을 하기 위해서는 1968년 이전의 프랑스를 위시해 서구 유럽의 여러 나라에서 발생한 산업구조의 변화, 노동 구조의 변화, 그로 인해 노동자들에게서 나타난 삶의 방식과 의식의 변화 등을 고려해야 할 것이다. 여기서는 다만 다음과 같은 두 가지 사실만을 살펴보는 것으로 그치고자 한다. 하나는 PCF가 정권을 잡는 대신 자신들의 세력을 만회하고 확장하기 위해 68혁명을 전략적인 기회로 삼고자 했다는 것이다. 다른 하나는 68혁명 이전의 프랑스 노동자들의 투쟁 방식에 모종의 변화가 있었다는 것이다.

먼저 PCF의 전략을 보자. PCF는 한때 잘나가는 당이었다. 실제로 제2차 세계대전이 한창일 당시 PCF는 제1의 정치 세력이었다. 레지스탕스 운동을 펼치는 과정에서 살해된 당원들이 많아(약 7만 5,000명이 살해되었다) "총살당한 자들의 당(Parti des fusillés)"(Caute, 1967: 190)으로 불렸던 PCF는 종전과 함께 힘을 잃게 되고, 특히 드골의 집권 이후 세력이 약화된다. 따라서 68혁명이 발발했을 때, PCF는 세력을 확장할 수 있는 기회를 절치부심 기다리고 있었다고 할 수 있다. 이런 상황에서 PCF와 그 지시를 받는 노동조합들이 학생들의 주도로 시작된 운동에 들러리를 서고 있을 수는 없는 노릇이었다. 물론 학생들을 지지한다는 입장을 표명하지 않을 수 없었다. 그렇다고 해서 PCF가 학생들과 연합하고 또 주도권을 잡아 그들을 대신해서 혁명을 무한정 끌고 갈 수도 없는 입장이었다.

이런 진퇴양난의 상황에서 PCF는 학생들의 운동에 편승해 차라리 정부와의 협상에서 주도권을 잡는 편이 더 유리하다고 판단하게 된 것이다. 이런 이유로 PCF와 그 지시를 받는 노동조합들은

5월 23일 이후의 협상에서 약간의 노동조건의 개선책을 얻어내는 것으로 만족하고 서둘러 68혁명의 전선에서 철수하게 된다. 이런 이유로 사르트르가 『슈피겔』지와의 인터뷰에서 PCF의 비겁함을 통렬하게 비판했다는 점을 지적한 바 있다. 아무튼 PCF와 그 지시를 받아 움직였던 노동조합들은 68혁명에서 학생들을 아나키스트들, 아마추어들로 폄하하기에 여념이 없었고, 그들의 운동을 낭만주의적 정치 모험 정도로 규정해버렸으며, 따라서 그들에 대한 동조를 중도에서 멈춰버렸다. 요컨대 학생들과 PCF와 노동조합들이 68혁명에 임하는 태도 자체가 이미 달랐으며, 그로부터 두 세력 주체 사이의 불편한 관계가 유래한 것이다.

그다음으로 노동자들 사이의 반목과 균열을 보자. 방금 지적한 바와 같이 68혁명에서 PCF와 그 지시에 따라 움직였던 노동조합에 소속되었던 대다수 노동자들의 행동 노선은 이미 정해졌다고 할 수 있다. 하지만 노동조합에 소속된 노동자들과 노동조합에 소속되지 않은 노동자들은 자발적으로 행동했다. 학생들을 옹호하기도 하고 또 노동조합 지도부가 정부와의 협상에서 얻은 성과를 거절하기도 했다. 대체 이런 예기치 않은 현상은 어디에서 기인한 것일까?

이 물음에 대한 답은 어쩌면 1950-1960년대에 나타난 노동자집단의 성격 변화와 산업구조의 변화 등에서 찾아볼 수 있을 것이다. 68혁명이 발발했던 무렵에 프랑스에서는 순수 육체노동자들의 비율이 과거와 달리 전체 활동 인구에 비해 현저하게 낮아진 반면, 관리직이나 화이트칼라 계층의 노동자 수가 증가하기 시작하였다. 그 결과 새로운 형태의 노동운동이 태동되었다. 과거 1920-

1930년대에는 주로 자본의 착취, 그로 인한 무산계급에 속하는 자들의 피폐한 생활, 계급투쟁과 같은 형태로 노동운동이 펼쳐졌다. 반면 68혁명이 발발했던 당시에는 노동자의 경영 참여 배제, 관리적이고 반복적인 노동 활동, 그로 인한 노동의 소외, 여가의 부족 등이 노동운동의 주요 쟁점이 되었다. 물론 임금 인상, 노동시간의 단축 등과 같은 경제적인 쟁점도 중요하지만, 방금 지적한 것들과 같은 사회적, 문화적 쟁점들이 새로이 부상했던 것이다. 그 결과 과거 방식을 계승하고 고집하는 PCF와 그 지시를 따르는 노동조합 소속 노동자들과 그렇지 않은 노동자들 사이에는 노동운동 방식에서 차이가 있었고, 이런 차이가 결국 68혁명에 대한 입장의 차이로까지 이어졌던 것으로 보인다.

  이와 같은 차이가 한편으로는 학생들과 노동자들, 다른 한편으로는 노동자들 사이에 엄연히 존재했다는 사실은 그대로 68혁명 당시 형성되었던 대규모 융화 집단의 결속력이 약화되는 주요 요인으로 작용한 것으로 보인다. 또한 이와 같은 요인은 결국 '학생들-노동자들-일반 시민들'로 형성된 융화 집단이 이 집단의 효율적인 유지를 위하여 척결하고자 했던 이타성을 재차 그 내부에서 용인하는 결과로 이어진다. 우리는 앞서 5월 23일에 전국에서 파업과 시위에 참여했던 천만 명이 이루는 군집을 일종의 조직화된 집단으로 간주한 바 있다. 천만 명으로 이루어진 이 군집은 방금 살펴본 학생들과 노동자들, 그리고 노동자들 사이에서 발생하는 반목과 대립 ― 물론 여기에 일반 시민들 사이의 반목과 대립, 가령 학생운동 지지자들과 드골 지지자들과의 그것도 포함시켜야 할 것이다 ― 을 끌어안을 수밖에 없는, 그들 사이에 나타나는 이

타성을 인정하지 않을 수 없는 상태에 있었다고 할 수 있다. 요컨대 5월 23일에 전국적인 파업과 시위에 참가했던 천만 명 이상이 형성한 군집은 융화 집단 단계를 지나 이미 조직화된 집단으로 이행했음을 보여준다고 하겠다.

지금까지 살펴본 것처럼 68혁명의 세 부류의 주체 세력, 즉 학생들, 노동자들, 일반 시민들이 집렬체 상태에 있다가 융화 집단을 이루고 또 조직화된 집단으로까지 변화해가는 모습은 그대로 사르트르의 『변증법』이 이 혁명의 시나리오를 어느 정도까지 예견하고 있는지를 잘 보여준다고 하겠다. 물론 이 저서에서 제시된 집렬체와 융화 집단 사이의 재집단화와 화석화의 이중 운동의 세부 단계와 68혁명의 주요 계기들이 완전히 일치하지 않는 경우도 없지 않다. 하지만 거시적인 시각에서 보면 이와 같은 이중 운동의 주요 계기들이 68혁명에서 현실화되어 나타나고 있다는 사실은 분명해 보인다.

(2) 68혁명과 서약

68혁명과 『변증법』 사이의 친연성과 관련하여 다음과 같은 사실을 덧붙이자. 68혁명의 실패와 이 저서의 주요 개념 중 하나인 서약이 밀접하게 연결될 수 있다는 사실이 그것이다. 68혁명이 PCF와 그 지시를 받았던 노동조합 등의 정치 공작, 그리고 혁명 주체 세력에 대한 우파 정권의 끊임없는 위협과 설득 작업 등으로 인해 실패로 막을 내렸다는 것은 잘 알려져 있다. 그런데 이 혁명을 실패로 몰고 간 요인 중 하나를 강력한 서약의 부재에서 찾아볼 수 있지 않을까 한다. 만약 이런 가설에 일리가 있고, 따라서 혁명 실패 요인과 강력한 서약의 부재라는 두 항목 사이의 연결이 증명된다면, 이것 역시『변증법』이 68혁명의 여러 요소를 미리 그려 보이고 있다는 것을 다시 한번 증명해줄 수 있을 것이다.

앞서 융화 집단이 서약 집단으로 이행하는 과정을 설명하면서 그 이유와 방법을 살펴본 바 있다. 융화 집단은 그 구성원들이 하나의 공동 목표를 가지고 실천을 하는 순간에만 존재할 뿐이고, 따라서 이 집단을 존속시키는 것이 중요하기 때문에 이들은 자신들의 자유를 집단에 저당잡히고, 그 대가로 집단의 안전과 존속을 얻고자 했다. 이를 위해 이들 각자는 집단의 이름으로, 다른 모든 구성원에게 서약을 해야 했다. 하지만 서약은 단순한 언어상의 다짐이 아니었다. 오히려 집단의 안전과 존속을 해치는 행위를 하는 자가 있을 경우, 그를 집단의 이름으로 처벌할 수 있는 강제력이 수반되는 행위가 바로 서약이었다. 물론 서약은 상호적이었다. 이 집단의 구성원들 각자가 다른 구성원들 앞에서 같은 내용의 맹세를 했다. 이런 이유로 서약은 이 집단 내부에서 나타나는 동지애 공포와 같은 것으로 여겨졌고, 그런 만큼 서약을 한 자들은 모두 자신의 목숨을 담보로 동지 또는 형제가 되었다. 이런 동지애 공포는 결국 폭력의 일종이기는 하지만, 이 집단이 다시 집렬체로 떨어지는 것을 막기 위한, 즉 더 큰 폭력을 막기 위한 방어적 기능을 가진 작은 폭력으로 여겨졌고, 또 그 사용이 용인되었던 것이다.

그렇다면 과연 68혁명 진행 과정에서 이런 의미를 가진 서약이 행해졌는가? 이 물음에 대해 정확히 답을 하는 것은 어려워 보인다. 그도 그럴 것이 68혁명이 진행되던 현장, 그것도 여러 형태의 융화 집단이 형성된 현장과 선서가 행해진 현장을 보여주는 자료가 그다지 많지 않기 때문이다. 그럼에도 68혁명이 진행되는 과정에서 수많은 서약이 행해졌고 또 그것이 지켜지기도 했고 지켜지지 않기도 했다고 생각한다. 그도 그럴 것이 어떤 측면에서 보면 서약은 혁명의 방정식에 반드시 필요한 요소로 여겨지기 때문이다. 여기서는 약간의 상상력을 발휘하여 68혁명과 관련된 다음 두 가지 사실에 주목하고자 한다. 하나는 앞서 짧게 언급했던 5월 13일에 소르본에서 있었던 총회에서 구성된 점거위원회이고, 다른 하나는 PCF가 학생운동에 대해 아나키즘적이고 아마추어적이며 낭만적 모험주의라고 했던 비판이다.

먼저 점거위원회를 보자. 앞서 이 위원회에 대해 대략 다음과 같은 사실을 지적한 바 있다. 5월 13일에 학생들은 다시 개방된 소르본 강당에서 매일 밤 모여 정치적 논쟁을 이어갔고, 또 매일의 이슈에 대한 결정을 내리는 총회가 열렸으며, 이 총회에서는 15명으로 이루어진 점거위원회가 선출되었는데, 이 위원회의 권력은 단 하룻밤과 하룻낮으로 제한되어 있었다고 말이다. 그런데 이 점거위원회에서 특히 주목을 요하는 것은 그 구성과 권력 운용 방식을 포함해 모든 사항이 '학생들에 의해' 자율적으로 결정되었다는 점이다.

방금 '학생들에 의해'라는 표현을 사용했다. 앞서 이들이 하나의 전형적인 융화 집단을 이루었다는 사실을 지적한 바 있다. 이들은 융화 집단의 구성원의 자격으로 다시는 소르본이 경찰에 의해 짓밟히는 것을 바라지 않았을 것이다. 이와는 달리 이들이 바라는 것은 지금의 상태가 계속되는 것이었다. 다시 말해 되찾은 소르본에서 축제의 장을 열고, 68혁명을 계속해나가는 것이었다. 그러기 위해서는 이들 모두는 융화 집단 상태가 계속되기 위해 필요한 조치를 취해야 할 필요성을 느꼈다고 할 수 있다. 물론 이들은 자신들의 주도로, 자신들의 자유에 의해, 자신들의 동의에 의해 이 조치를 취했어야 할 것이다. 이와 같은 조치가 바로 융화 집단이 서약 집단으로 이행하는 데 필요한 조치, 즉 서약과 일치한다고 생각한다. 현재 상황에서는 68혁명에 대한 자료 부족으로 학생들의 입에서 "나는 맹세한다", "우리는 맹세한다" 등과 같은 표현이 나왔다는 것을 확인할 수 없다. 다만 위에서 언급한 점거위원회에 관련된 모든 사항이 결정되는 과정에는 이미 서약의 순간이 있었다고 상상하고 또 확신할 뿐이다. 그리고 이런 상상과 확신을 통해 우리는 『변증법』이 68혁명을 예언했다는 것을 보여주는 또 하나의 증거를 확보했다고 생각한다.

그다음으로 PCF가 학생운동에 가한 비판을 보자. 앞서 68혁명의 진행 과정에서 노동자들이 한때 학생들에게 동조했다는 사실, 하지만 곧 그들을 돕는 데 미온적인 태도로 일관했고, 나중에는 그들을 방해하기까지 했다는 사실을 지적한 바 있다. 또한 PCF와 그 지시를 받아 활동했던 노동조합들이 학생들의 운동을 아나키즘적, 아마추어적, 낭만적 정치 모험으로 규정하면서 비판했다는 사실도 지적한 바 있다. 학생들은 PCF와 노동조합들로부터 대체 왜 이런 비판을 받아야 했을까? 거기에는 여러 원인이 있을 것이다. 가령 조직의 부재, 재정의 미비, 정강의 부재, 정책의 부재, 이념의 부재 등을 꼽을 수 있을 것이다. 이중에서도 어쩌면 조직(organisation)의 부재가 가장 큰 비난의 원인이 아니었을까 한다.

사실 PCF의 자랑은 은밀하고 치밀한 조직에 있었다고 해도 과언이 아니다. 앞서 제2차 세계대전 당시 PCF가 레지스탕스 운동에서 혁혁한 공을 세웠다는 사실을 지적한 바 있다. 그런데 이것은 전적으로 PCF가 치밀한 비밀 조직을 운영했기 때문에 가능했던 것이다. 이런 전통을 물려받은 PCF이기 때문에 학생들의 이합집산을 비판했을 것이다. 조직 운영의 생명은 정보와 비밀 유지에 있다고 할 수 있다. 그런데 정보와 비밀 유지를 위해서는 이것을 적에게 넘겨준 배신자(들)를 당연히 처벌할 수 있어야 할 것이다. 그래야만 조직 내에 규율과 기강이 설 것이기 때문이다.

그런데 이 처벌이 무엇인가? 그것이 바로 서약을 위반한 자를 집단의 이름으로 처벌하는 동지애 공포가 아닌가? 앞서 학생들의 집회에서도 서약이 행해졌을 것이라고 가정했다. 하지만 PCF와 노동조합들이 보기에 학생들의 서약은 단지 언어적 차원에 머무는 아무런 효율성이 없는 것으로 보였던 것이다. 그렇지 않은가? 학생들에 의해 주도되는 집회의 가장 커다란 특징이 바로 말잔치가 아니었던가? 어쩌면 이와 같은 말잔치에 머물고 마는 학생들의 서약 때문에 PCF나 노동조합들은 그들을 아나키스트, 아마추어, 낭만적 정치 모험가라고 규정했을 것이다. 그리고 이와 같은 규정의 이면에는 바로 학생들의 조직, 그것도 강제력이 뒷받침되는 조직의 부재에 대한 강한 불안과 우려가 놓여 있었을 것이다. 그리고 이와 같은 요소들의 부재가 결국 68혁명을 실패로 몰고 간 근본적인 이유 중의 하나가 아닌가 한다. 어쨌든 이와 같은 논의에 일말의 타당성이 있다면, 이는 그대로 68혁명과 『변증법』의 친연성을 증명해주는 또 하나의 증거가 될 수 있을 것이다.

4. 68혁명의 영향: 사르트르의 지식인관의 변화

1) 고전적 지식인

지금까지 사르트르가 68혁명에서 어떤 활동을 했으며, 또한 그의 후기 사상이 집대성된 『변증법』이 어떤 면에서 이 혁명의 예언서로 읽힐 수 있는가를 살펴보았다. 이 작업은 68년 5월을 기준으로 그의 현재와 과거에 대한 탐사였다고 할 수 있다. 그렇다면 68년 5월을 기준으로 그의 미래는 어떠했을까라는 물음이 제기되는 것은 자연스러워 보인다. 이 물음은 그가 과연 예기치 못한 상태에서 맞이한 68혁명과 같은 큰 사건으로부터 어떤 영향을 받았을까라는 물음과 다름이 없다.

그런데 이 물음은 누구보다도 사르트르의 평생의 반려자였던 보부아르의 입을 통해 확인된다. 보부아르는 1970년의 일들을 기록한 한 저서에서 사르트르가 평생 "자기 자신을 의문에 부치는(se remettre en question)"(Beauvoir, 1981: 15) 일을 중단하지 않았으며, 따라서 68혁명을 겪고 난 뒤에도 그 일은 계속되었다고 말하고 있다. 사르트르가 이 혁명으로부터 큰 영향을 받았고, 또 그로 인해 그 자신의 사유와 행동에도 큰 변화가 발생했다는 것이다. "그 자신이 개입했고 또 깊은 영향을 받기도 했던 68사태는 그에게 또 다른 궤도 수정의 기회였다."(Beauvoir, 1981: 15)

그렇다면 사르트르는 68혁명으로부터 어떤 영향을 받았을까? 혁명 이후 그의 사유와 행동에는 어떤 변화가 있었을까? 이런 질문을 던지면서 68혁명과 사르트르 사이의 보통 이상의 관계에 대한 마지막 퍼즐을 맞춰보려 한다. 여기서는 다만 그가 68혁명으로부터 받은 영향에 초점을 맞추고, 그중에서도 그의 지식인관의 변모를 중점적으로 살펴보고자 한다. 하지만 70년대에 그가 보여주었던 마오주의자들과 함께한 정치 참여에 대해서는 여기서는 상세히 다루지 않을 것이다. 그 까닭은 그와 마오주의자들과의 관계 역시 하나의 독립된 연구 주제가 될 만큼의 커다란 의미와 중요성을 가지고 있기 때문이다.

주지의 사실이지만 사르트르의 화려한 이력서의 한 자리에는 항상 참여 지식인이라는 직함이 찍혀 있다. 시인 오디베르티의 표현대로 그는 "지성의 전방위에 있었던 밤의 감시자이자 거대한 일꾼(Tâcheron énorme, veilleur de nuit présent sur tous les fronts de l'intelligence)"(Contat and Rybalka, 1970: 11)으로 활동했다. 사르트르 자신이 이처럼 평생 참여 지식인으로 폭넓게 활동했음에도 불구하고 지식인에 대해 그 자신의 견해를 소상히 밝힌 것은 1966년의 일이다. 그 전에도 기회가 있을 때마다 지식인에 대해 간헐적으로 언급하긴 했다. 하지만 지식인에 대한 견해를 본격적으로 밝힌 것은 1966년 일본을 방문해 가진 세 차례의 강연을 통해서였다. 이 강연문 전체는 『상황』 제8권(1972)에 "지식인을 위한 변명"이라는 제목으로 재수록되어 있다. 첫 번째 강연 제목은 '지식인이란 무엇인가?'이고, 두 번째 강연 제목은 '지식인의 기능'이고, 세 번째 강연 제목은 '작가는 지식인인가?'이다. 세 번째 강연은 작가와 지식인 사이의 관계에 대한 중요한 논거를 담고 있기는 하지만, 여기서는 앞의 두 강연에 주목하고자 한다.

그에 앞서 다음과 같은 사실을 지적하자. 사르트르가 일본 방문에서 했던 강연 전체 내용을 『상황』 제8권에 재수록하면서 일종의 '서문'을 썼는데, 그가 이 서문에서 68혁명이 그 자신의 지식인관에 변화를 가져왔다는 점을 지적하고 있다(Sartre, 1972: 373-374)는 사실이 그것이다.[28] 그의 지적에 의하면 일본에서 했던 강연에서 피력된 지식인관은 이른바 '고전적 지식인'에게 적용되며, 68혁명 이후에는 이런 지식인관이 더 이상 유효하지 못하다. 따라서 여기서는 먼저 『상황』 제8권에 실린 일본에서의 강연 내용을 토대로 그의 고전적 지식인에 대한 견해를 살펴보고, 이어서 변화된 지식인에 대한 견해를 살펴보기로 한다.

사르트르는 1966년 일본 방문 중에 가졌던 첫 번째 강연을 '지식인이란 무엇인가'라는 물음에 대한 답을 구하는 작업, 곧 지식인에 대한 정의를 내리는 작업으로부터 시작한다. 그는 이 작업에서 다음과 같은 두 가지 점을 먼저 지적한다. 하나는 지식인이 부르주아와 프롤레타리아의 중간계급인 프티부르주아 출신이라는 점이다. 다른 하나는 이런 출신 계급의 문제로 인해 지식인은 두 계급으로부터 아무런 위임도 받지 못한 채 자기와 상관없는 일에 참견하는 자가 된다는 것이다.

실제로 사르트르는 이런 지적에서 출발해서 그 자신의 지식인관을 구체적으로 제시하기 위해 '지식인'과 '실천적 지식 기술자(technicien du savoir pratique, TSP)'를 구별한다. TSP는 자기 분야에서 상당한 정도의 전문 지식, 그것도 실용적인 지식을 쌓은 자이

---

[28] 일본에서 했던 강연 내용과 『상황』 제8권에 재수록된 내용 사이에도 약간의 차이가 있기는 하다. 하지만 그 차이는 미미한 것이어서 여기서는 이 점에 대해서는 다루지 않기로 한다.

다. 과학자, 의사, 교수, 언론인, 법조인 등이 그 예이다. 물론 모든 TSP가 지식인인 것은 아니다. 하지만 사르트르에 의하면 지식인은 이들 TSP에서 나온다. 대부분의 경우 프티부르주아 출신인 이 TSP들은 자신들의 전문적 지식을 습득하고 익히는 과정, 또 그것을 이용하고 응용하는 과정에서 그들이 속한 사회에 심각한 모순이 있다는 것을 자각하게 된다는 것이 사르트르의 주장이다. 대체 어떤 모순일까?

이 물음에 답을 미리 하자면 이 모순은 보편성과 특수성 사이의 모순이다. 사르트르의 설명을 들어보자. 우선 TSP들은 실천적 지식 전문가들로 성장하는 과정에서 그 자신들이 배우고 익힌 전문적 지식과 기술이 가지고 있는 보편성에 익숙해져 있다는 것이다. 그러니까 그들은 자신들의 전문적 지식과 기술이 인류 전체와 그들이 소속된 사회 전체를 위해 유용하다는 생각, 곧 휴머니즘적 사유에 익숙해져 있다는 것이다. 가령 의사가 전문적인 의료 지식과 기술을 습득하는 경우, 이 지식과 기술을 누구에게나 예외 없이 적용해야 하는 것이다. 전문적인 의료 지식과 기술이 사람의 귀천을 가리지는 않는다는 것은 분명하다. 또한 무기 전문 기술자가 위험한 무기를 개발해낸 경우에도, 이 무기가 인류 전체의 평화에 기여할 목적으로 개발된 것이라는 사실은 결코 부인할 수 없을 것이다.

하지만 문제는 방금 예로 든 의사나 무기 전문 기술자는 그들의 본래 의도와는 달리 각자 습득하고 개발해낸 의료 기술과 지식, 무기가 그들을 키워주고 교육시켜준 계급, 곧 그들이 속한 사회의 부르주아의 개별적 이익과 특권에 주로 봉사하는 결과를 낳는다는 점을 자각하게 된다는 것이다. 그리고 이런 자각으로 인해 이들은 다음과 같은 모순에 부딪치게 된다. 이들 각자는 보편성을 띤 지식과 기술을 가지고 있으면서도 실제로는 그들이 속해 있는 부르주아의 이익, 곧 특수성에 알게 모르게 봉사하고 이용당하고 있다는 모순이 그것이다. 또한 이런 모순은 그들 각자의 존재는 물론 부르주아와 프롤레타리아의 관계에서 파생되는 불편한 의식으로 이어지게 된다(Sartre et al., 1971: 10). 그러니까 인류 전체를 위한다는 보편적인 지식을 가졌음에도 불구하고 지배계급의 특수한 이익과 특권을 위해 일을 하게 된 TSP인 '나'는 누구인가, 나는 지배계급과 피지배계급과의 관계 설정을 어떻게 해야 하는가 등의 고민이 그것이다.

이와 같은 모순을 느끼고 불편한 의식을 갖게 된 TSP는 이른바 탈(脫)계급 조치를 취하게 된다는 것이 사르트르의 주장이다. 그리고 탈계급은 다음과 같은 두 가지 양상으로 이루어진다. '상향 탈계급(déclassement par en haut)'과 '하향 탈계급(déclassement par en bas)'이 그것이다. 상향 탈계급은 프티부르주아 출신 TSP가 위에서 말한 모순을 자각하고 불편한 의식을 가졌음에도 불구하고,[29] 그로 인해 괴로워하는 대신 부르주아의 이데올로기를 받아들이고 인정하며, 자신의 전문적인 지식과 기술을 계속 이 계급의 특수성을 위해 동원하고 봉사하기로 마음먹는 것이다. 사르트르의 절친 중 한 명이었던 니장의 표현대로 이런 TSP는 스스로 "집 지키는 개

---

[29] 모든 TSP가 이와 같은 모순과 불편한 의식을 느끼고 갖는 것은 결코 아니며, 이런 상태에서 이 TSP는 결코 지식인이 될 수 없다는 것은 말할 나위가 없을 것이다.

(chien de garde)"**30**가 되고자 결심하는 것이다. 물론 이런 TSP가 참다운 의미의 지식인이 될 수 없다는 것은 말할 나위가 없다.

하향 탈계급은 모든 면에서 상향 탈계급과 반대된다. 하향 탈계급을 시도하는 TSP는 위에서 말한 모순과 불편한 의식을 온몸으로 끌어안고서 자기를 키워주고 교육시켜준 부르주아계급이 자행하는 억압과 폭력을 드러내고, 고발하고, 또한 그 자신도 그 자신의 지식과 기술을 보편성에 맞게 사용하려고 노력하기로, 다시 말해 부르주아만이 아니라 프롤레타리아를 위해서도 그의 지식과 기술을 이용할 수 있도록 노력하기로 마음먹을 수 있다. 이와 같은 하향 탈계급의 경우에만 비로소 TSP는 참다운 의미에서 지식인으로 변모한다는 것이 사르트르의 주장이다.

그런데 한 가지 유념해야 할 것은 사르트르가 이렇게 해서 규정한 지식인이 고전적 지식인에 해당한다는 점이다. 1966년 일본에서 했던 강연을 통해 사르트르는 지식인을 이른바 하향 탈계급을 시도하는 TSP, 곧 자기 내부에 있는 부르주아 근성에 대해 비판적 태도를 취하고자 노력함과 동시에 계급 없는 사회를 위한 투쟁에 뛰어들 준비를 하고 있는 TSP 정도로 규정하고 있는 것이다. 이렇게 말할 수 있다면, 사르트르는 TSP가 지식인으로 변모할 수 있는 요건을 최소화시키고 있는 것으로 보인다. 그렇기 때문에 지식인, 아니 고전적 지식인은 그 자신이 속한 사회에 대한 전문적 견해를 가지고 동일한 사회에 속해 있으면서도 이 사회에서 나타나는 문

---

30 그람시에 따르면 이런 TSP는 '상부구조의 하급 기능인(fonctionnaires subalternes des suprastructures)' 또는 '헤게모니의 봉사자(serviteur de l'hégémonie)'로 여겨진다.

제들을 인식하지 못하거나 인식하는 데 어려움을 겪는 프롤레타리아계급에 속한 자들을 돕거나 또는 어느 정도 그들을 리드하는 것이 용인되는 것이다.**31** 다시 말해 피지배계급에 속하는 자들에 대한 고전적 지식인의 우월성이 어느 정도 인정되는 것이다. 하지만 68혁명을 거치면서 사르트르의 이와 같은 고전적 지식인관은 커다란 도전에 직면하게 된다.

2) '새로운 지식인'

68혁명이 진행되는 과정과 관련된 한 노동자의 다음과 같은 증언은 사르트르의 새로운 지식인상을 살펴보는 데 유익할 것으로 보인다. 그 증언을 인용해보자.

> 우리와 학생들의 관계는 매우 우호적이었지만 그들의 주장은 명료하지 않았다. 우리가 그런 사람들을 만난 것이 처음이었다는 사실을 고려해야 한다. 우리는 그들이 말하는 방식에 익숙하지 않았고 우리가 보기에 그들은 낯선 세계에서 온 이상한 동물 같았다(Rioux and Backmann, 1968: 281; 허먼, 2004: 155).

물론 위의 인용문을 통해 알 수 있는 것은 68혁명 당시 학생들

---

31 사르트르의 이런 생각에는 그람시에 의해 규정된 이른바 '유기적 지식인(l'intellectuel organique)' 양성의 어려움 내지 불가능성이 어느 정도 들어 있는 것으로 보인다. 그러니까 피지배계급은 자기 계급을 대변하는 지식인을 양성하고 배출하는 것이 어렵고 또 불가능하다는 것이다.

과 노동자들 사이의 목표, 관심사, 이해관계가 현저하게 달랐다는 사실이다. 하지만 위의 인용문에는 오히려 노동자들이 학생들, 그것도 자신들을 엘리트로 여기면서 스스로 지식인임을 자처하는 학생들이 시도한 이른바 하향 탈계급에 대해 드러내고 있는 불신이 잘 나타나 있는 것으로 보인다. 피지배계급에 속하는 노동자들은 프티부르주아 출신 '학생-지식인들'이 마치 신발끈을 매면서 허리를 굽혀 자신들을 내려다보는 듯한 행동을 결코 원치 않았던 것이다. 이것은 부르주아에 속하는 자들이 지식인들에 대해 자신들을 배반하지 않을까 하는 의심의 눈초리를 보내는 것과 정반대되는 것이다. 아무튼 한 가지 분명한 것은 '학생들', '학생-지식인들', '지식인들'이 노동자들과 연대를 도모하면서 68혁명을 주도했음에도 불구하고, 이들 사이에는 상대를 믿지 못하는 불신, 특히 노동자들 측에서 발견되는 불신이 늘 존재했다는 사실이다.

그렇다면 이와 같은 불신의 본질은 무엇인가? 그것은 '학생-지식인들'이 마음속에 품고 있는 일종의 '자기기만(mauvaise foi)'이라는 것이 사르트르의 주장이다. TSP에서 지식인으로 변모한 자는 대략 다음과 같은 생각을 하고 있다는 것이다. 1) TSP인 나는 지배계급과 피지배계급 사이에서 불편한 의식을 느낀다. 2) 이런 면에서 나는 불편한 의식을 느끼지 못한 다른 TSP들보다 도덕적으로 우월하다. 3) 또한 나는 불편한 의식을 느낀 후에 상향 탈계급을 한 것이 아니라 하향 탈계급을 한다. 4) 물론 피지배계급에 속한 자들로부터 나를 불신하는 시선은 있지만, 그래도 나는 집 지키는 개들에 비해 도덕적으로 우월하고, 따라서 떳떳하다. 5) 게다가 나는 전문 지식과 기술, 그리고 명철한 정신으로 사회의 여러 문제점을 꿰뚫어보지 못하는 피지배계급에 속하는 자들을 도울 수도 있고, 또 그들을 리드할 수도 있다.

지식인들의 머릿속에 똬리를 틀고 있는 이런 일련의 생각이 그들의 자기기만의 소산이라는 것, 사르트르는 68혁명을 거치는 과정에서 정확히 이 사실을 깨달았던 것으로 보인다. 그러니까 지식인, 더 정확히 말하자면 고전적 지식인은 그 자신의 지식과 기술이 갖는 보편성과 이 지식과 기술이 봉사하는 부르주아계급의 특수성 사이에서 모순과 불편한 의식을 느끼는 데 만족하는 반면, 68혁명을 거치면서 새로이 나타난 지식인(이제 이 지식인은 '새로운 지식인'이다)은 이와 같은 모순과 불편한 의식을 넘어서서 피지배계급에 속하는 자들(이들을 '민중peuple'이라고 하자) 속으로 직접 뛰어들어 그들의 동반자가 되어야 한다는 것이다.

그런데 한 가지 흥미로운 점은 사르트르가 이런 사실을 깨우치게 된 것은 68혁명을 거치면서 주로 만났던 마오주의자들의 영향 때문이라는 사실이다. 그러니까 이들 마오주의자들에 의하면 사르트르가 규정하고 있는 '고전적 지식인'은 참다운 의미에서 민중과 '함께'하기는커녕 오히려 민중 위에서 군림하고, 또 민중에게 지식과 기술을 주면서 리드하는 엘리트인 데 반해, '새로운 지식인'은 모든 전문 지식과 기술을 부르주아적 특수성으로 규정하고, 문자 그대로 민중 속에 들어가 그들과 '함께'하는 사람으로 규정된다. 가령 학생이 공장에 들어가 노동자들과 함께 몇 년씩 노동을 하면서 그들의 언어를 익히고, 그들의 언어로 말하고, 그렇게 함으로써 그들과 완전히 동등한 관계를 맺게 된다는 것이다. 앞서 68혁명에 참가했던 한 노동자의 말을 인용하면서 그의 눈에 학생들이 낯선

언어를 사용하는 낯선 세계에서 온 이상한 동물처럼 보였다는 사실을 지적한 바 있다. 사르트르는 정확히 이와 같은 고전적 지식인상을 완전히 일소하면서 새로운 지식인상을 정립하고 있는 것이다.

앞서 사르트르의 68년 5, 6, 7월 동안의 행적을 추적하면서 그의 68혁명에의 참여를 살펴본 바 있다. 그런데 그때 그는 주로 '말(mots)'을 통해서 참여했다. 그는 주로 신문, 방송, 잡지 등과의 인터뷰, 또 소르본 강당에서 학생들 앞에서 했던 강연 등을 통해 68혁명에 참여한 것이다. 물론 그가 이런 방식을 택한 것은 그 당시 그가 젊은이들과 같이 혁명에 직접 참여하기에는 너무 나이가 많았던 탓도 있었을 것이다. 하지만 68혁명의 영향으로 새로이 정립된 지식인상에 입각해서 보면, 그의 이런 참여는 전형적인 고전적 지식인의 참여 방법이었던 것이다. 요컨대 그는 68혁명 동안 오로지 "프롤레타리아에게 '말하는'('parler' au prolétariat)"(Sartre et al., 1971: 19) 사람일 뿐이었다.

하지만 68혁명 이후의 새로운 지식인관에서 보면 말, 즉 고전적 지식인의 전문적 지식과 기술의 표현을 가능케 해주는 수단으로서의 말을 부르주아계급에게서 배우고 익히는 방식 자체가 이미 특수적이다. 사르트르는 68혁명을 통해 다음과 같은 사실을 알게 된다. 말을 통해 불편한 의식을 표현함으로써 이 불편한 의식을 떨쳐내고 "편안한 의식(bonne conscience)"(Sartre et al., 1971: 15)을 갖게 된다는 사실이 그것이다. 사르트르는 이렇듯 68혁명을 거치면서 자기 스스로를 문제 삼는 평소의 습관대로 고전적 지식인이 가지고 있는 이와 같은 위선성, 곧 자기기만을 일소하고 새로운 지식인상을 정립하고 있는 것으로 보인다. 물론 그 과정에서 마오주의자들의 영향이 절대적이었다는 사실을 잊지 말도록 하자.[32]

> 1950년의 고전적 지식인은 수학이 완전히 보편적 지식이라고 믿었던 사람이다. 그는 수학을 배우고 그것을 적용하는 방법이 보편적일 수 있지만, 그것을 배우는 방식 자체가 이미 특수라는 것을 알지 못했다(Sartre et al., 1971: 15-16).

5. 마치며

지금까지 20세기 후반 프랑스에서 가장 중요한 사건이었다고 할 수 있는 68혁명과 그 당시 세계적인 명성을 누렸던 참여 지식인 사르트르 사이의 관계에 주목해보았다. 그 과정에서 우리는 다음과 같은 사실을 확인하고 알 수 있었다.

첫째, 68혁명이 진행되는 동안 사르트르는 적극적으로 참여 지식인으로서의 역할을 했다는 사실이다. 혁명이 발발했을 때부터 끝까지 학생들을 옹호하면서 그들의 지지자가 되었으며, 이런 그

---

[32] 실제로 사르트르는 68혁명 이후, 마오주의자들과 활발한 교류를 가지면서 현실 정치에 참여하게 된다. 『민중의 대의(La Cause du peuple)』 등과 같은 신문의 창간을 지원하기도 하고, 프랑스를 위시해 여러 나라에서 정치범으로 재판을 받는 수많은 사람을 돕기도 했다. 앞서 언급한 것처럼 사르트르와 마오주의자들과의 관계는 그 범위와 의의 면에서 독립된 주제로서 손색이 없는 것으로 보이며, 이에 대해서는 또 다른 연구가 필요하며, 이 연구에도 조속히 착수할 것이다.

의 역할에 힘입어 5월 20일 소르본 강당에 강연자로 유일하게 초청되기도 했다. 물론 고령으로 인해 그는 적극적으로 참여하지는 못했다. 그는 이 혁명과 '함께'하기는 했어도 진정한 의미에서 이 혁명 '안에' 있지는 못했다. 그럼에도 이의 제기 능력을 내세우면서 끝까지 학생들을 독려하고 지지한 참여적 태도에 힘입어 그는 68혁명의 주역 중 당당히 4인방에 들어가는 영광을 안기도 했다. 다만 그의 참여가 고전적 지식인, 즉 말로 참여하는 지식인의 참여에 그쳤다는 점을 지적하도록 하자.

둘째, 68혁명이 구조주의의 대유행과 더불어 시들어가던 사르트르의 명성을 다시 한번 되살려주는 사건이었다는 사실이다. 60년에 출간된 『변증법』에서 그가 다루고 있는 주요 내용 속에 8년 후에 발발한 68혁명의 시나리오가 이미 포함되어 있다는 의미에서 이 저서는 많은 연구가에 의해 이 혁명의 예언서라는 평가를 받기에 손색이 없었다. 또한 이 저서가 구조주의의 격랑 속에서 인문학에서 점차 그 자리를 상실해가던 인간, 주체, 역사 등의 개념에 대한 중요성이 재평가되는 계기가 되었다는 점도 살펴보았다. 정확히 이런 의미에서 68혁명을 '사르트르의, 사르트르에 의한, 사르트르를 위한' 혁명이었다고 한다면, 조금 지나친 과장일까?

셋째, 사르트르가 68혁명으로부터 받은 영향 중 그의 지식인관의 변모가 특히 눈에 띈다는 사실이다. 66년 일본에서의 강연을 통해 정립되었던 이른바 고전적 지식인관이 무너지고 마오주의자들의 영향으로 새로운 지식인관이 정립되었는데, 이 새로운 지식인관이 70년대 이후 사르트르의 새로운 참여 방식으로 자리를 잡았다고 할 수 있다.

이와 같은 사실에도 불구하고 이 글은 여러 면에서 한계를 가지고 있다. 이런 한계는 앞으로 보완, 극복될 것이다. 그중 몇몇 한계를 지적해보면 다음과 같다.

첫째, 68혁명과 『변증법』 사이의 친연성에 대해 보다 정치한 탐구가 필요하다고 생각된다. 가령 '집렬체-융화 집단-서약 집단-조직화된 집단-제도화된 집단' 등의 변화 단계가 과연 68혁명의 진행 과정에서 그대로 확인되는지의 여부, 만일 변형되어 나타난다면 그 변형된 형태는 어떤 것인가 등의 문제가 더 분명하게 다루어져야 할 것이다. 또한 이 혁명의 과정에서 폭력이 구체적으로 어떻게 사용되었으며, 과연 그 사용이 정당화될 수 있는지의 여부도 더 정치하게 검토되어야 할 것이다.

둘째, 사르트르가 68혁명으로부터 받은 영향에 대해서도 좀 더 자세한 검토가 이루어져야 할 것이다. 특히 70년대에 새로운 지식인관에 입각해 마오주의자들과 함께했던 사르트르의 참여에 대해서는 또 다른 연구가 필요하다는 생각이다.

셋째, 최근 68혁명의 연구에서는 1956년이 가지고 있는 중요성이 재평가되어야 한다는 목소리가 높은 실정이다. 1956년은 프랑스가 베트남에서 물러나고 그 대신 미국이 개입한 해이다. 사실 전 세계적 현상으로 번진 68혁명의 뿌리는 '베트남전쟁에 대한 반대'라고 해도 과언이 아닐 것이다. 1956년 이후 68혁명 전까지 이미 여러 나라에서 이 혁명의 전조 현상이 나타나고 있었다는 것이 연구자들의 중론이다. 사르트르 역시 베트남전쟁과 관련해서 '러셀 재판정(Le Tribunal Russel)'의 위원장을 맡아 활발하게 활동하기도 했다. 베트남전쟁까지를 포함해 연구를 진행한다면 68혁명은 물론이거니와 사르트르와 이 혁명의 관계에 대해서도 좀 더 명확한 결론을 도출할 수 있을 것이다.

넷째, 68혁명 이후 프랑스에서는 이른바 '68사상'이라고 할 수 있는 사유의 흐름이 지배를 하게 된다. 뱅상 데콩브의 『동일자와 타자(Le même et l'autre: Quarante-cinq ans de philosophie française(1933-1978))』, 뤽 페리와 알랭르노의 공저인 『68사상(La Pensée 68: Essai sur l'anti-humanisme contemporain)』 등을 참고하면서 68혁명 이후의 프랑스 사상사를 검토하는 한편, 이 사상사의 흐름에서 이 혁명의 예언서로 여겨졌던 『변증법』의 운명이 어떻게 결정되었는지를 살펴보는 것도 흥미로운 작업이라 하겠다. 그도 그럴 것이 68사상에서 특히 정신분석학과 정치의 결합, 즉 프로이트와 맑스(또 이들로부터 영향을 받은 많은 사상가)의 결합이 두드러지는데, 『변증법』을 가로지르는 핵심적인 사유 역시 프로이트와 맑스의 결합이기 때문이다. 이에 대해서도 앞으로의 연구를 기약한다.

참고 문헌

길혀홀타이, 잉그리트, 2006, 『68운동』, 정대성 옮김, 서울: 들녘.
길혀홀타이, 잉그리트, 2009, 『68혁명, 세계를 뒤흔든 상상력』, 정대성 옮김, 서울: 창비.
변광배, 2009, 「사르트르의 '정치철학': '폭력' 개념을 중심으로」, 『프랑스철학』 3: 3-28.
알리, 타리크, 2008, 『1960년대 자서전』, 안효상 옮김, 서울: 책과 함께.
알리, 타리크·수잔 왓킨스, 2001, 『1968』, 안찬수·강정석 옮김, 서울: 삼인.

오제명 외 7인, 2006, 『68·세계를 바꾼 문화혁명』, 서울: 길.

정명환·F. 시리넬리·변광배·유기환, 2004, 『프랑스 지식인들과 한국전쟁』, 서울: 민음사.

카치아피카스, 조지, 2009, 『신좌파의 상상력』, 이재원 옮김, 서울: 난장.

파버, 리하르트·에러하르트 슈첼팅 편, 2008, 『상상력에 권력을?』, 정병기 옮김, 서울: 열린책들.

프레이저, 로널드, 2002, 『1968년의 목소리』, 안효상 옮김, 서울: 박종철출판사.

Aron, Raymond, 1973, *Histoire et dialectique de la violence*, Paris: Gallimard, coll. Les Essais CLXXXI.

Baverez, Nicolas, 1998, "L'effort pour comprendre, la passion d'agir: Raymond Aron face à mai 1968", *Le Figaro*, 14 mai 1998.

Beauvoir, Simone de, 1963, *La Force des choses*, Paris: Gallimard.

Beauvoir, Simone de, 1981, *La Cérémonie des adieux* suivi de *Entretiens avec Jean-Paul Sartre, Août-Septembre 1974*, Paris: Gallimard.

Belkind, Allen, 1970, *Jean-Paul Sartre: Sartre and Exitentialism in English. A Bibliographical Guide*(compiled and annoted by Allen Belkind, with a foreword by Oreste F. Puciani), Ohio: The Kent State University Press.

Berthlot, Denis, 2000, *Sartre*, Paris: Perrin, coll. Tempus.

Caute, David, 1967, *Le Communisme et les intellectuels français, 1914-1966*, Paris: Gallimard.

Cohen-Solal, Annie, 1985, *Sartre 1905-1980*, Paris: Gallimard, coll. Folio/Essais.

Contat, Michel and Michel Rybalka, 1970, *Les Ecrits de Sartre*, Paris: Gallimard.

Contat, Michel and Michel Rybalka, 1993, *Sartre Bibliographie 1980-1992*, Paris: CNRS Editions; Ohio: Philosophy Documentation Center, Bowling Green State University.

Deleuze, Gilles and Félix Guattari, "Mai 68 n'a pas lieu", *Les Nouvelles*, 3-9 mai 1984.

Dosse, François, 1995a, *Histoire du structuralisme*, t. I: *Le champ du signe, 1945-1966*, Paris: Le Livre de poche, coll. Biblio/Essais.

Dosse, François, 1995b, *Histoire du structuralisme*, t. II: *Le chant du cygne, 1967 à nos jours,* Paris: Le Livre de poche, coll. Biblio/Essais.

Dosse, François, 2008, "Mai 1968 ou la revanche de Sartre", *Philosophie magazine,* mise en page le 27/03/2008.

Epistémon, 1968, *Ces idées qui ont ébranlé la France,* Paris: Fayard.

Geismar, Alain, 2008, *Mon Mai 1968,* Paris: Perrin.

Girard, René, 1972, *La Violence et le sacré,* Paris: Grasset.

Hayman, Ronald, 1987, *Sartre. A Life,* New York: Simon and Suster.

Joffrin, Laurent, 1988, *Mai 1968: Histoire des Evénements*, Paris: Seuil, coll. Points-Politique.

Kravetz, Marc, 1968, *L'Insurrection étudiante, 2-13 mai 1968*(ensemble critique et documentaire établi par Marc Kravetz avec la collaboration de Raymond Bellour, Annette Karsenty), Paris: Union d'Editions Générale.

Labro, Philippe, 1968, *Ce n'est qu'un début,* Paris: Editions et publications premières, coll. Edition spéciale, no 2.

Lapointe, François H, 1980, *Jean-Paul Sartre and His Critics. An International Bibliography 1938-1980*(annoted and revised Second Edition by François H. Lapointe), Ohio: Philosophy Documentation Center, Bowling Green State University.

Rioux, Lucien and René Backmann, 1968, *L'Explosion de Mai*, Paris: R. Laffont.

Sartre, Jean-Paul, 1943, *L'Etre et le néant: Essai d'ontologie phénoménologique*, Paris: Gallimard, coll. Bibliothèque de la philosophie.

Sartre, Jean-Paul, 1952, *Saint Genet: Comédien et martyr*(*Œuvres complètes* de Jean Genet, t. I), Paris: Gallimard.

Sartre, Jean-Paul, 1960, *Critique de la raison dialectique*(précédé de *Questions de méthode*), t. I: *Théorie des ensembles pratiques,* Paris: Gallimard, coll. Bibliothèque de philosophie.

Sartre, Jean-Paul, 1972, *Situations,* VIII, Paris: Gallimard.

Sartre, Jean-Paul, 1976, *Situations,* X, Paris: Gallimard.

Sartre, Jean-Paul, Bernard Pingaud and, Dionys Mascolo, 1971, *Du Rôle de l'intelllectuel dans le mouvement révolutionnaire,* Paris: Le Terrain vague.

Sauvageot, Jacques, Alain Geismar, Daniel Cohn-Bendit and Jean-Pierre Duteil, 1968, *La Révolte étudiante: Les animateurs parlent,* Paris: Seuil.

Sirinelli, Jean-François, 1995, *Deux intellectuels dans le siècle, Sartre et Aron*, Paris: Fayard, coll. Pour une histoire du XXe siècle.

Werner, Eric, 1972, *De la violence au totalitarisme: Essai sur la pensée de Camus et de Sartre*, Paris: Calmann-Lévy, coll. Liberté de l'esprit.

Winock, Michel, 1999, *Les siècles des intellectuels,* Paris: Seuil, coll. Points.

http://tempsreel.nouvelobs.com/societe/le-quotidien-de-1968/20080306. OBS3786/les-acteurs-de-mai-68.html

http://www.philomag,com/les-ides-grands-auteurs-mai-68-ou-la-revanche-de-sartre-4423

L'Année sartrienne, Bulletin du Groupe d'Etudes Sartriennes(2017년 6월호까지).

Le Monde, 8 mai 1968; 1er juin, 1973.

"Les acteurs de Mai 1968", *Le Nouvel Observateur*, publié le 27 mars 2008 à 13h 09m. http://tempsreel.nouvelobs.com/societe/le-quotidien-de-1968/20080306. OBS3786/les-acteurs-de-mai-68.html.

Mai 68, Archives sonores de RTL. https://www.youtube.com/watch?v=Sf9S7RE-glQ

The New York Times, Dec. 1969.

구조는 거리로 나와 어떻게 되었나?

68혁명과 라캉

최원

1. 들어가며

엘리자베트 루디네스코(Elisabeth Roudinesco)에 따르면, 좀처럼 직접적인 정치 참여를 하지 않던 자크 라캉(Jacques Lacan)은 루이 알튀세르(Louis Althusser)의 주선으로 1964년에 파리고등사범학교(ENS)로 세미나 장소를 옮긴 후 두 장의 정치적 성명서에 서명을 했다. 그중 하나가 볼리비아 정부 전복 시도라는 죄목으로 30년 형을 선고받은 레지 드브레(Régis Debray)의 석방 탄원서였다면, 다른 하나는 1968년 5월 9일에 봉기한 학생들을 지지하는 성명서였다. 라캉의 제자인 세르주 르클레르(Serge Leclaire)는 라캉 학파(파리 프로이트 학파, EFP) 내의 기성세대 임상 전문가들과 고등사범학교의 급진적인 젊은 활동가들 간의 갈등을 완화하기 위한 자신의 시도가 위기에 몰리자 대학으로 눈을 돌려 1969년에 뱅센 파리8대학에서 '실험 센터'를 시작하고 이것이 프랑스 최초의 '정신분석학과'가 된다(루디네스코, 2000: 153-154). 라캉은 1969년 12월에 뱅센대학을 방문하여 혁명의 기운이 충만하던 학생들의 격렬한 문제 제기에 답하며 토론을 벌였다. 그 토론 전체가 라캉의 열일곱 번째 세미나인 『정신분석의 반대편(L'envers de la psychanalyse)』에 부록으로 실려 있는데, 이 토론의 마지막에 가서 라캉은 이렇게 말한다. "여러분이 약간의 인내심을 가지고 있었다면, 그리고 여러분이 정말 우리의 즉흥적인 만남이 지속되길 원했다면, 나는 여러분에게 이렇게 말했을 것입니다. 혁명적 열망은 필연적으로 항상 주인 담론으로 귀결됩니다. 이것은 경험이 증명해온 것입니다. 혁명주의자로서 여러분이 열망하는 것은 주인입니다. 여러분은 주인을 갖게 될 것입니다."(Lacan, 1991: 239)[1]

68년 학생들의 봉기에 대한 최초의 지지로부터 69년 말 그 지지의 최종적인 철회로 이어지는 라캉의 외양상의 입장 변화를 설명하기 위해 우리는, 루디네스코가 그렇게 하듯이, 라캉이 마오주의와 가졌던 갈등에 주목해볼 수도 있을 것이다. 자크알랭 밀레(Jacques-Alain Miller)를 비롯한 라캉의 제자들이 문화대혁명의 마오주의를 추구하면서 '대학 파괴'를 목표로 삼고 있던 '프롤레타리아 좌파(GP)'에 참여함에 따라 라캉은 고등사범학교에 혼자 남겨지

---

[1] 68혁명에 대한 나 자신의 관점을 요약하자면, 68혁명은 포드주의에 대한 반역이었으며, 또한 프랑스대혁명에서 확립된 평등-자유의 근대적 정치로 해결될 수 없는 인간학적 차이들, 특히 지적 차이와 성적 차이를 주요 쟁점으로 삼았던 포스트-근대적 혁명이었다는 것이다. 이 때문에 그것은 정치권력의 장악을 도모하기보다는 비정치적인 것으로 치부되던 일상적 문제들을 정치화시키는 '일상의 혁명'으로 전개되었다. 더 자세한 설명은 최원(2018)을 참조.

게 되었으며 제자들을 빼앗겼다는 생각에 분노하고 있었다. 라캉은 비록 GP 내 조직원들의 상호 연락책 역할을 떠맡기는 했지만 GP를 지지하지는 않았으며, 알랭 제스마르(Alain Geismar)가 와서 GP 후원금을 요구했을 때 이렇게 답했다. "혁명이라고? 내가 바로 혁명이다. 내가 왜 당신에게 후원금을 주어야 하는지 모르겠네. 당신은 '내' 혁명을 불가능하게 만들고 있고, 내 제자들을 빼앗아 가고 있지 않은가?"(루디네스코, 2000: 159, 번역은 약간 수정)

그러나 더욱 주목해볼 만한 에피소드는 1969년 2월 22일에 콜레주드프랑스에서 행해진 미셸 푸코(Michel Foucault)의 강연 「저자란 무엇인가?(Que'st-ce qu'un auteur?)」에 이어진 플로어 토론에서 라캉이 뤼시앵 골드만(Lucien Goldman)과 벌였던 짧은 논쟁이다. 골드만은 역사를 만드는 것은 구조가 아니라 인간이라고 말하면서 68년 5월 소르본대학의 한 강의실 칠판에 적혀 있던 "구조는 거리로 나가지 않는다"는 유명한 문구를 인용했는데, 이에 대해 라캉은 다음과 같이 답했다. "구조는 거리로 나가지 않는다고 쓴 것은 전혀 타당한 것으로 여겨지지 않습니다. 왜냐하면 5월의 사건들이 증명하는 한 가지는 정확히 구조가 거리로 나간다는 것이기 때문입니다."(루디네스코, 2000: 164, 번역은 수정) 라캉의 이 말은 어떤 뜻이었을까? 그것은 구조와 혁명을 대비시키고 혁명이 아닌 구조의 편을 들기 위한 발언이었을까?[2] 또는 68년의 봉기가 구조를 넘어서

---

2 서동욱(2002: 460-461)은 이런 식으로 해석하면서, 들뢰즈와 과타리는 구조가 아닌 혁명의 편에 서 있었던 반면, 라캉은 혁명이 아닌 구조의 편에 서 있었다고 주장한다. 아마도 우리는 쟁점이 이보다는 복잡했다고 말해야 할 것 같다.

지 못한 실패한 실천에 머물고 말았다는 뜻이었을까? 아마 둘 다 아닌 것 같다. 루디네스코는 이 논쟁의 맥락을 설명하면서 실제로 소르본에서 67-68년 학기에 '구조'에 대한 대토론이 있었음을 상기시키고, 많은 이가 "자신들이 배워야 할 것은 낡아빠진 상아탑의 넌센스가 아니라 야콥슨, 바르트, 러시아형식주의자들의 저서라고 주장"하면서 구조에 반대해서가 아니라 "구조를 위해서" 거리로 나가 투쟁했다고 말한다(루디네스코, 2000: 164). 그러니까 "구조는 거리로 나가지 않는다"는 그 구절을 칠판에 적었던 사람은 구조주의에 반대하는 쪽 주장을 적어놓고 구조주의에 찬성하는 자신이 직접 거리로 나감으로써 상대편이 잘못 생각하고 있다는 것을 아이러니하게 보여주고자 했던 것이라고 볼 수 있다. 라캉이 칠판에 적혀 있던 문구의 이런 맥락을 충분히 알고 위와 같은 발언을 한 것인지는 확실치 않지만, 어쨌든 라캉은 자신의 발언을 통해 봉기나 혁명이 구조를 벗어나는 어떤 사태가 아니라 오히려 구조가 작동하는 한 양상 또는 계기라는 점을 강조했다고 보는 것이 더 타당할 것이다.

따라서 우리는 라캉이 정확히 어떤 관점에서 봉기나 혁명이 구조의 한 양상 또는 계기라고 말한 것인지에 관해 살펴볼 필요가 있는데, 이와 관련해서 우리가 먼저 주목해야 할 텍스트는 『정신분석의 반대편』(이하 『세미나 17』)이다. 1969-1970년에 진행된 이 세미나에서 라캉은 네 가지 종류의 담론을 구분하면서 그것들을 각각 주인 담론, 대학 담론, 히스테리 담론, 분석가 담론이라고 명명했다. 이 글에서 우리는 이 각각의 담론에 대한 분석을 상세히 쫓아가기보다는 그것들이 서로 맺고 있는 관계에 더 초점을 맞춤으로써 라캉의 "구조는 거리로 나간다"는 발언이 어떤 의미를 가지고 있었는지를 드러내고, 더 나아가 그가 왜 69년 12월 뱅센대학에서 모든 혁명적 열망은 주인 담론으로 귀결된다고 주장했는지를 검토해보고자 한다. 하지만 내가 보기에 68혁명과 라캉의 관계는 여기서 종결되지 않는다. 68혁명에 대해 라캉이 궁극적으로 부정적인 평가를 내렸던 것은 사실이지만, 역으로 68혁명이 라캉 자신을 또는 라캉이 말한 바의 그 "구조"를 그대로 놔두지는 않았던 것 같기 때문이다. 그리하여 하나의 질문이 제기된다. "구조는 거리로 나와 무사했는가? 구조는 거리로 나와 어떻게 되었나?" 이 질문에 답하기 위해 우리는 『세미나 17』뿐 아니라 스무 번째 세미나인 『앙코르(Encore)』(이하 『세미나 20』)를 살펴봐야 한다.

2. 거리로 나온 구조

라캉이 네 가지 종류의 담론을 도출해내는 방식은 먼저 그가 주인 담론이라고 부르는 것의 기본 구조를 구축하고 그것을 90도씩 회전시키는 방식이다.

$$\underset{U}{\frac{S_2}{S_1} \to \frac{a}{\$}} \quad \underset{M}{\frac{S_1}{\$} \to \frac{S_2}{a}} \quad \underset{H}{\frac{\$}{a} \to \frac{S_1}{S_2}} \quad \underset{A}{\frac{a}{S_2} \to \frac{\$}{S_1}}$$

주인 담론인 M을 시계 방향으로 90도 회전시키면 우리는 히스테리 담론(H)을 갖게 되고, 그것을 계속해서 같은 방향으로 한 번

더 회전시키면 우리는 분석가 담론(A)을 갖게 된다. 하지만 라캉이 그렇게 하듯이 주인 담론을 이번에는 시계 반대 방향으로 90도 회전시키면 우리는 대학 담론(U)을 갖게 되는데, 이런 용어는 라캉에게서 처음 등장하는 것이며, 이 용어가 대학에 맞선 학생들의 봉기로 시작된 68혁명과 밀접하게 연관되어 있다는 점은 의심의 여지가 없어 보인다. 또한 라캉이 이 도식들을 생산할 때 주인 담론의 왼편에 놓여 있는 대학 담론을 오른편에 놓여 있는 두 가지 담론(H, A)의 연속선상에서 같은 방향으로 한 번 더 회전시켜 (그러니까 총 270도 회전시켜) 생산하지 않고 오히려 주인 담론을 그 반대 방향으로 회전시켜 생산하면서 양편을 나누어놓고 있다는 점도 눈여겨볼 필요가 있다. M과 U가 지배자들의 담론이라고 한다면, H와 A는 그 지배를 전복시키려고 하는 담론이라고 할 수 있기 때문이다. 실제로 라캉은 이 네 가지 담론을 "분석적 전복(subversion)의 축들"이라고 부르고 있는데, 그가 여기서 "전복"이라고 부르는 것이 과거에 그가 욕망의 그래프를 설명한 논문에 붙인 제목인 "주체의 전복"의 바로 그 "전복"이라는 점도 염두에 두어야 한다(cf. Lacan, 1999).

보다시피 이 도식들 안에는 요소들(S_1, S_2, $\$$, a)과 함께 그 요소들이 차지하는 구조적 자리들이 있다. 우선 주인 담론만 놓고 살펴보자. S_1은 라캉이 주인 기표라고 부르는 것이고 S_2는 노예 기표라고 부르는 것으로, S_2는 S_1에 종속되어 있다. S_1이 자아(의식)의 위치에 놓여 있다면 S_2는 무의식의 위치에 놓여 있으며, 따라서 S_1은 알려진 지식, 그리고 S_2는 알려지지 않은 지식으로 정식화된다.

최소한의 정신분석의 경험 안에서 우리가 발견하는 것은 진정 지식(savoir)의 질서이며 정보(connaissance)나 표상(représentation)의 질서가 아니라는 것입니다. 이는 매우 정확하게 하나의 기표 S_1을 이성의 관계 안에서 또 다른 기표 S_2에 연결시키는 어떤 것의 문제입니다. … 그럼에도 불구하고 알려진 것을 담고 있는 접시(assiette)가 존재하는(réside) 것, 작은 주인으로서, 자아로서, 그것의 한 조각/끝(bout)을 알고 있는 것으로서 조용히 분절되는 것을 담고 있는 접시가 존재하는 것은 이 같은 관계 속에서이고 또한 그 관계가 알려지지 않는 한에서입니다(Lacan, 1991: 32).

이미 열한 번째 세미나에서 가공된 바 있듯이 이런 두 기표 간의 관계는 헤겔의 주인과 노예의 변증법에서 (그 결론에 동의하지는 않으면서) 라캉이 다시 취한 것으로, 그것은 지식이라는 문제를 중심으로 조직된다. 두 자기-의식이 만나 목숨을 건 인정투쟁이 벌어지고, 그 사투에서 죽음에 정면으로 맞선 자는 주인이 되지만 죽음 앞에서 물러선 자는 노예가 된다. 노예는 주인을 위해 노동하기 시작하며 그 과정에서 다양한 지식을 얻게 되는데, 라캉에 따르면 노예의 지식은 국가 내의 계급이기도 하지만 그보다는 오히려 가족의 일부로서의 노예가 생산하는 것으로, 에피스테메(épistémè)가 아니라 노-하우(savoir-faire)이다(Lacan, 1991: 21). 라캉은 분절되지 않은 노예의 노-하우는 동물의 지식에 가까운 것이지만 동물의 지식과 한 가지 면에서 완전히 구분되는데, 그것은 "언어의 가장 분절된 네트워크 가운데 하나로 그것을 만들 수 있는 장치가 노예에게 절대적으로 부재하지는 않는다"는 점에서 그렇다고 말한다(Lacan, 1991: 21). 즉 아리스토텔레스가 이미 『정치학』(1권 5장)에서 말한 바와 같이 노예는 언어를 사용한다. 또는 좀 더 정확히 말하면 노예는 언어를 "소유"하지는 못하지만 언어를 "감각(Aisthanesthai)"할 수 있으며, 따라서 주인의 명령을 알아들을 수는 있지만 말대답할 수는 없다(Aristotle, 1992: 69). 그리고 바로 이 때문에 노예가 생산한 지식은 노예의 호주머니에서 주인의 호주머니로 옮겨질 수 있다. 플라톤의 대화편 『메논』에서 소크라테스가 노예 소년을 데려다놓고 그가 지식을 갖고 있다는 것을 증명할 때 소크라테스가 보여주는 것이 바로 이것이다. 에피스테메란 노예가 가진 분절되지 못한 지식을 주인의 지식으로 만들기 위해 "이 지식의 본질을 추출하는 문제"라고 말하면서, 라캉은 "철학은 그 역사적 기능에 있어서 이런 추출이다"라고 말한다(Lacan, 1991: 21). 다시 말해서 철학은 노예의 지식을 훔치는 "도둑질"이라는 것이다. 다른 한편 주인 담론의 S_1의 아래쪽에는 $\$$가 위치해 있고, S_2의 아래쪽에는 a가 위치해 있다. $\$$는 S_1에 대한 S_2의 종속(또는 S_1에 의한 S_2의 억압)에 의해 발생하는 분열된 주체이고, 반면 대상 a는 노예 기표 S_2가 행하는 노동의 생산물로서, 주인 기표가 갈취해 가는 것이기도 하다.

 그러나 라캉은 요소들 자체와 요소들이 위치하는 자리들을 구분하면서, 그 구조적 자리들을 왼쪽 위로부터 시계 방향으로 차례차례 행위자(agent), 노동(travail), 생산(production), 진리(vérité)라고 규정한다. 이 가운데 행위자의 자리는 또한 지배자 또는 명령자의 자리이기도 하므로 어떤 요소가 그 자리를 차지하게 되면 그것은 그 도식 안에서 지배적인 것이 된다. 예컨대 주인 담론에서 지배적인 것으로 등장하는 것은 S_1, 주인 기표이지만, 주인 담론을 시계 반대 방향으로 90도 회전시켜 생성되는 대학 담론에서 지배적인 것은 오히려 S_2, 노예 기표이다. 라캉은 고전적인 지배 체제에서 근대적인 자본주의 지배 체제로의 변화를 주인 담론으로부터 대학 담론으로의 변화로 설명한다.

확실히 이 [근대의 주인] 담론은 옛 주인 담론의 구조를 가지고 있지 않은데, 옛 주인 담론은 이 대문자 M으로 지시된 자리에 위치해 있다는 의미에서 그렇습니다. [근대의] 이 주인 담론은 U라고 써놓은 [네 가지 담론 도식상의 주인 담론의] 왼편에 자리 잡고 있습니다. 왜 그런지 말씀드리겠습니다. 거기서 우리가 잠정적으로 지배적이라고 부르는 자리를 차지하고 있는 것은 이것, S_2인데, 그것은 전체에 대한 지식(savoir-de-tout)이 아니라 — 우리는 거기에 있지 않습니다 — 모두-앎(tout-savoir)으로 특정됩니다. [모두-앎을] 다름 아닌 지식이라고 긍정되는 것, 그리고 요즘 말로 관료제라고 부르는 것이라고 이해해주십시오. 3주 전 저의 [이번 세미나를] 여는 말에서 우리는 주인 담론의 최초 규정상 지식은 노예의 몫이었다는 데서 출발했습니다. 그리고 유감스러운 사소한 문제로 지난번에 그것을 발전시킬 수는 없었지만, 저는 옛 주인 담론과 자본주의적이라고 불리는 근대의 주인 담론 사이에서 일어난 일은 지식의 자리에 있어서의 변모라는 점을 [여러분에게] 알려줄 수 있었다고 믿습니다. 저는 심지어 철학적 전통이 이 변모에 책임이 있다고 말하는 것까지도 가능하다고 믿습니다(Lacan, 1991: 33-34).

따라서 근대적인 자본주의를 특징짓는 지배 체제는 전문 지식을 갖춘 기술 관료들(경영자들을 포함하여)이 명령하는 위치에 서 있으며 진짜 주인(S_1)인 자본가들은 오히려 그 아래(곧 왼쪽 아래의 '진리'의 자리에) 은폐되어 있는 체제라고 말할 수 있을 것이다. 옛 주인 담론에서 지식(노-하우)은 노예들의 것이었지만, 철학자들은 이 지식을 훔쳐 주인의 것(에피스테메)으로 만들어냈고, 그리하여 주인의 지식이 모든 것을 지배하는 '대학 담론'의 체제를 만들어 냈다는 것이다. 대학 담론의 명령은 "계속해서 알아가라(Continue à savoir)!"이다(Lacan, 1991: 121). 그 어떤 명분으로도 중단될 수 없는 (사이비) 과학 담론 구성의 운동을 이어가라. "계속해라. 계속 행진하라. 더욱더 많은 것을 알기를 지속하라." 특히 라캉은 인간 과학(sciences humaines) 영역에서 이런 명령의 영향을 분명히 볼 수 있다고 말하면서 대학 담론의 4원 구조(quadrupède)의 오른쪽 위 '노동'의 자리에 위치해 있는 a를 학생들과 등치시키고, 이들을 가리켜 신조어로 아스튀데(astudé)라고 부른다. 이 학생들은 침묵 속에서 교수의 말을 듣기만 하는 귀에 불과하다는 점에서 주인에게 말대답할 수 없었던 고대의 노예와 마찬가지이며, "계속해서 알아가라"는 대학 담론의 명령을 받아 학점을 따기 위해 끝없이 일하는 위치에 있는 자들이다. 이들이 하는 노동은 진리에 접근하는 진정한 과학[3]을 배우는 것과는 거리가 멀기에, 그 노동은 계속해서 이

---

3 라캉에 따르면 진정한 과학은 과학이 주체를 가지고 있다는 것의 근본적인

들을 분열된 주체($), 곧 신경증자들로 '생산'해낸다.

다른 한편 라캉에 따르면 이런 대학 담론에 대한 "전복"은 구조적으로 봤을 때 히스테리 담론과 분석가 담론이라는 두 가지 양상으로 전개될 수 있다. 이 가운데 분열된 주체 $가 '행위자'의 자리에 서서 주인 기표 S_1을 심문하고 지배하는 것으로 보이는 히스테리 담론은 68년의 그것을 포함한 모든 봉기 또는 혁명의 바로 그 담론이며, 이것이야말로 "구조가 거리로 나간" 경우라고 볼 수 있을 것이다. 그러나 라캉은 바로 다음과 같은 이유로 이런 히스테리 담론은 성공적인 전복에 이를 수 없으며, 단지 "정신분석의 반대편, 곧 주인 담론"(Lacan, 1991: 158)으로 귀결된다는 점을 분명히 한다.

> 히스테리 환자가 원하는 것 … 그것은 주인입니다. 이것은 전적으로 분명합니다. 심지어 주인의 발명이 시작되는 것이 이로부터가 아닌가 하는 질문이 제기될 필요가 있을 정도로까지 그렇습니다. 이것이 우리가 추적해온 것을 우아하게 매듭지을 것입니다.
>
> 그녀[히스테리 환자]는 주인을 원합니다. 주인은 [히스테리 담론 도식의] 오른쪽 위 구석에 거주하고 있습니다. 그것을 달리 부르지는 않더라도 말이지요. 그녀는 타자가 주인이길 원하고, 그가 많은 것을 알기를 원하지만, 동시에 그녀는 그가 아는 한 가장 소중한 것이 그녀임을 믿지 않을 정도로 그가 충분히

인정을 통해서만 확립될 수 있으며 데카르트는 바로 이런 과학 탄생의 근본적 계기를 이룬다(Lacan, 1991: 22-23).

알기를 원하지는 않습니다. 바꿔 말해서 그녀는 그녀가 지배하는(règne) 주인을 원합니다. 그녀는 지배하고, 그는 지도하지(gouverne) 않습니다(Lacan, 1991: 150).**4**

여기서 우리가 뱅센대학에서 라캉이 한 발언, 곧 "혁명주의자로서 여러분이 열망하는 것은 주인입니다. 여러분은 주인을 갖게 될 것입니다"라고 한 발언을 상기하지 않을 도리가 있을까? 만일 그리하여 모든 혁명적 열망은 근본적으로 히스테리 담론의 구조를 가지고 있다는 것이 라캉의 판단이라고 한다면, 이제 우리는 라캉이 68년 5월의 봉기를 최초에 지지한 것과 69년 12월에 그 지지를 철회한 것을 모두 하나의 일관된 이론적 태도라고 이해할 수 있을 것이다. 라캉이 "돌멩이와 최루탄이 욕망의 대상인 '대상 a'의 기

---

4   여기서 라캉이 염두에 두고 있는 것은 지그문트 프로이트(Sigmund Freud)의 히스테리 환자 도라(Dora)의 사례이다. 도라의 히스테리 증상은 두 가족(도라의 가족과 K의 가족) 사이의 관계 속에서 복잡하게 형성되는데, 도라의 아버지는 K 부인(Frau K)과 로맨스를 나누고 있었고, 도라는 K 씨(Herr K)가 자신에게 성적으로 접근해 왔다고 주장하며 전환신경증 증상(이유 없이 기침을 하는 증상)을 내보인다. 프로이트(Freud, 1964)는 도라가 의식의 수준에서는 K 씨를 거부하고 있지만 무의식의 수준에서는 K 씨를 사랑하고 있다고 분석하며 도라에게 이 점을 인정시키려고 들지만, 도라는 이에 분노하며 프로이트와의 치료를 중단하고 떠난다(프로이트는 이 치료가 실패했음을 뼈아프게 인정한다). 라캉은 프로이트의 분석을 대체로 받아들이면서도 한 가지 점에서 근본적인 수정을 가한다. 프로이트는 도라가 K 씨를 사랑했다고 생각했지만, 라캉에 따르면 사실 도라는 자신을 K 씨와 '동일시'했으며, K 씨를 매개로 K 부인에 대한 자신의 동성애적 관계를 유지하고자 했다. 다시 말해서 도라는 K 씨를 자신의 자아(ego)로서 활용했던 것이다(자아는 주지하다시피 상상적 동일시의 결과로 형성된다). 여기서 라캉이 히스테리 환자는 자신이 지배하는 주인을 원한다고 말한 것은 도라가 K 씨를 자신이 지배하고 조종할 수 있는 주인으로 삼으려고 했다는 자신의 과거 분석을 원용한 것이라고 볼 수 있다.

능을 수행한다"(루디네스코, 2000: 157)고 하면서 68년 5월의 봉기를 지지했던 것은 분명 그것이 대학 담론에 대한 전복을 목표로 삼았던 한에서였다고 볼 수 있다. 그러나 그는 이런 봉기가 히스테리 담론의 양상을 띠는 한 그것은 "또 다른 주인"을 갖는 결과로 이어질 뿐이라고 믿었으며, 따라서 그것을 분석가의 담론으로 한 번 더 회전시키려고 시도했다고 볼 수 있다. 뱅센대학에서의 라캉의 개입은 바로 이런 시도의 일환이었다고 볼 수 있을 것이다(효과적이었다고 볼 수는 없을지라도).

또한 맑스주의적 혁명과 관련해서도 라캉은 유사한 관점에서 비판한다. 라캉은 계급투쟁에 대한 맑스의 교리가 (혁명 이후) 주인 담론의 존속이라는 문제(대학 담론 또는 관료제의 문제)를 막아내지 못한 이유는, 본래 자본주의적 착취가 프롤레타리아트의 지식을 쓸모없는 것으로 만듦으로써(말하자면 새로운 기술 발전을 통해 노동자들이 습득한 기술들이 아무런 소용이 없게 만듦으로써) 프롤레타리아트를 효과적으로 좌절시키기 때문이라고 말한다. "[프롤레타리아 혁명에 의해] 프롤레타리아트에게 반환되는 것이 반드시 그의 몫이 아니라는 것은 말이 되지 않나요? 모종의 전복 속에서 프롤레타리아트가 돌려받는 것은 다른 것 — 주인의 지식입니다. 그리고 이것이야말로 그가 [혁명을 통해] 주인을 바꾼 것 외엔 한 일이 없는 이유입니다."(Lacan, 1991: 34)

라캉에 따르면 진정한 전복은 오직 분석가의 담론에 의해서만 달성될 수 있다. 뱅센대학에서 '모든 혁명적 열망은 주인에 대한 열망일 뿐'이라고 발언한 후 한 학생이 "퐁피두가 자유주의자인 것처럼 라캉도 자유주의자다"라고 비난하자 거기에 라캉은 이렇게 대답한다. "모두가 그렇듯이 나는 단지 내가 반진보주의적인 정도까지만 자유주의자입니다. 내가 진보주의적이라고 불릴 자격이 있는 운동에 연루되어 있다는 점만 제외한다면 말입니다. 왜냐하면 정신분석적 담론이 정초되는 것을 보는 것은 진보주의적이기 때문인데, 이는 정확히 여러분이 무엇에 맞서 반역하는 것인지를 여러분이 파악할 수 있게 해주는 원환[곧 담론들의 회전]을 정신분석적 담론이 완성하는 만큼 그렇습니다."(Lacan, 1991: 240) 분석가는 히스테리 환자가 욕망하는 주인처럼 상상적 동일시(따라서 정념적 동일시)의 대상으로 남거나 강화되어서는 안 되고, 오히려 분석의 끝에 반드시 "추락(chute)"해야만 한다는 사실에 의해 특징지어지는 존재이다. 라캉은 다른 종교들, 예컨대 불교가 주체에게 스스로 정화하길 요구하는 격렬한 정념들인 사랑, 증오, 무지 따위를 모세(그는 노예 해방자이다)의 신 야훼는 모두 가지고 있었다는 점을 상기시킨 후에, "[분석가 담론 도식의 왼쪽 위에 있는 a가 지시하는] 분석가의 위치를 구분해주는 것은 … 이런 정념들에 참여하지 않는 것"이라고 잘라 말한다(Lacan, 1991: 159). 분석가가 자신의 추락(또는 정념적 동일시로부터 빠져나오는 탈출)을 통해 달성해야 하는 것은 무엇일까? 그것은 "아버지의 죽음"이 아니라 — 라캉은 프로이트가 토템을 설명하기 위해 도입한 원아버지 살해라는 가설을 "신화"에 불과하다고 일관되게 비판한다 — 오히려 상상적 팔루스의 거세를 통한 부성적 상징법(또는 아버지의-이름)의 수립이다. "오이디푸스콤플렉스를 넘어서"라는 제목이 붙어 있는 『세미나 17』의 2부(6-9장) 전체가 집요하게 논증하는 것이 바로 이것이다.[5] 그러나 라캉이 가공한 담론적 구조 — 단지 주인 담론, 대학 담론, 히스테리 담론뿐 아니라 분석가 담론을 포함하는 담론 구조 전체 — 가 이렇게 "거리"로 나온 후에 자신을 온전히 유지할 수 있었을까? 우리는 이제 거리로 나온 구조가 어떻게 되었는지에 대해 살펴보고자 한다. 그리고 이 문제를 살펴봄에 있어 우리가 초점을 맞추어야 할 것은 여성의 문제이다.

3. 거리로 나온 구조는 어떻게 되었나?

라캉은 1973-1974년에 진행된 스무 번째 세미나에서 자신이 지난 20년간 유지해온 이론적 틀을 크게 변화시키면서 "후기 라캉"이라고 부를 만한 시기로 이행한다. 그는 아버지의-이름 또는 부성적 상징법의 절대적 필연성(단적으로 "편지는 반드시 자신의 목적지에 도착한다"라는 테제로 표현되는)을 주장했던 종전의 입장을 해체하면서 자신이 "필연적인 것"이라고 믿었던 것이 사실은 "우연적인 것"에 불과했다고 말하는데, 이런 인정의 근본적인 이유는 여성적 주이상스(jouissance)를 그가 인정했기 때문이다. 라캉은 그때까

---

5   "오이디푸스콤플렉스를 넘어서"라는 제목으로 라캉이 말하고자 하는 바는 "오이디푸스콤플렉스는 프로이트의 꿈"이었으며 모든 꿈이 그렇듯이 이런 프로이트의 꿈도 해석되어 그 비밀이 밝혀져야 한다는 것, 그렇게 해서 우리가 그것을 넘어설 수 있어야 한다는 것이다(Lacan, 1991: 159). 부친 살해를 실현하는 오이디푸스 신화는 언어의 구조적 효과로 생겨나는 환상인 상상적 아버지(원아버지)를 가지고 거세의 행위자(agent)로서의 실재 아버지를 은폐하지만, 거세는 환상이 아닌 "실재적 작동(opération réelle)"(Lacan, 1991: 149)이며, 이는 분석가 담론을 히스테리 담론과 절대적으로 구분해준다.

지 모든 주이상스는 오직 팔루스적 주이상스일 수 있을 뿐이라고 여겼지만, 팔루스의 함수를 벗어나는(다시 말해서 부성적 상징 법칙을 벗어나는) 여성적 주이상스가 실존함을 인정한 것이다.6 이러한 라캉의 입장 변화는 확실히 구조주의로부터 포스트-구조주의로의 이행이라고 볼 수 있다. 실제로 『세미나 16』(Lacan, 2006)과 『세미나 17』에서 구조와 구조주의를 옹호했던 라캉은 『세미나 20』에 이르게 되면 자신이 구조주의자가 아님을 명백하게 천명한다. "내가 하나의 단어로 라랑그(lalangue)라고 적음으로써 주장한 것은 나를 구조주의와 구분해주는 것이었습니다."(Lacan, 1975: 129)

그러나 라캉의 이러한 급격한 입장 변화는 라캉 학파 내의 여성 분석가들의 비판적 문제 제기가 없었다면 일어나지 않았을 것이다. 68혁명 이후 전개된 페미니즘 운동(두 번째 물결 페미니즘)은 라캉 학파 내에서도 커다란 반향을 불러일으켰으며 몇몇 여성 분석가가 라캉 이론의 가부장제적 성격 또는 팔루스 중심주의적 성격에 급진적인 비판을 가하도록 만들었던 것이다. 뤼스 이리가레(Luce Irigaray), 앙투아네트 푸크(Antoinette Fouque), 미셸 몽트를레(Michèle Montrelay)와 같은 이들이 바로 그들인데, 이 가운데 푸크나 몽트를레는 조금 생소할 수 있지만 이리가레는 국내에 비교적 많이 소개되어왔다.7 어쨌든 이들 여성 분석가들의 비판에 직면하여

---

6   나는 『라캉 또는 알튀세르』의 2장에서 이 점을 논증했다(최원, 2016).
7   푸크와 몽트를레는 1970년에 '여성해방운동(Mouvement de libération des femmes)'이라는 단체를 만들고, 1974년에는 '여성들의 출판사(Éditions Des femmes)'를 설립한다. 이리가레는 잘 알려져 있듯이 자신의 박사 학위논문(나중에 『여성이라는 타자의 검경Speculum de l'autre femme』이라는 제목으로 출판된다) 때문에 라캉 학파에서 제명당한다.

라캉은 어떤 식으로든 대답을 해야만 했으며, 그 결과 자신의 이론을 대폭 수정할 수밖에 없었다고 볼 수 있다. 그러니까 68년에 거리로 나온 구조는 자신을 그대로 유지할 수는 없었으며, 스스로의 한계를 드러냈다고 볼 수 있다.

사실『세미나 17』에는『세미나 20』에 등장하는 여성에 관한 테제들이 파편적인 방식으로 이미 출현하기 시작한다.[8] 이는 라캉이 이미 여성 분석가들과 어떤 긴장 관계를 형성하기 시작했음을 보여주지만,『세미나 17』에서 라캉은 여전히 기존의 이론적 틀에서 벗어나지 않으려고 애쓰고 있다. 예컨대 다음과 같은 발언을 보면 우리는 라캉과 여성 분석가들 사이의 긴장과 함께 자기 입장을 고수하려는 라캉의 태도를 동시에 감지할 수 있다.

> 그럼에도 불구하고 다른 모든 곳에서, 그리고 특히 분석가들에게서, — 저는 다음과 같이 말해야 하고 거기엔 이유가 있습니다 — 여성 분석가들에게서, 그것은 그들로 하여금 한동안 분석적 진리를 혁명과 혼동하게 만든 것과 같은, 호기심을 자극하는 떨림을 불러일으킵니다. … 여성들이 그들의 파트너들보다 담론들의 이런 순환 안에 덜 갇혀 있다는 것은 우연이 아닙니다. 우리가 아는 남자, 남성, 사내는 담론의 창조물입니다 — 적어도 그에게서 분석되는 것 가운데 어떤 것도 다르게 규정될 수 없습니다. 여성에 대해서는 동일한 방식으로 말할 수 없

---

[8] 예컨대『세미나 17』에는 "성적 관계는 없다"는 테제가 이미 등장하기 시작하는데(Lacan, 1991: 134), 그 실제적 이론화는『세미나 20』에 가서야 이루어진다.

습니다. 그럼에도 불구하고 담론의 수준에 자리 잡지 않는다면 어떤 대화도 가능하지 않습니다(Lacan, 1991: 62, 고딕체는 인용자).

라캉의 이런 태도는 『세미나 20』에 가서는 더 이상 유지할 수 없는 것이 되었으며, 라캉은 자신의 이론적 틀에 대한 근본적인 수정을 감행할 수밖에 없었다. 그러나 이것이 당시의 페미니스트 분석가들에게 라캉이 결국 전면적인 양보를 했다는 뜻일까? 그렇지는 않다. 그는 말하자면 '반 발자국'만 양보했을 따름인데, 이 양보는 그의 이론에 대대적인 수정을 가하는 일을 불가피하게 만들었지만, 동시에 페미니스트 분석가들의 입장에 대해 여전히 거리를 취하면서 일정한 반(反)비판을 행하는 방식으로 이루어졌다. 『세미나 20』에서의 다음과 같은 그의 발언이 이를 잘 보여준다.

우리가 여기서 주이상스에 대해서만 논하고 있기에 [말씀드리자면] 어떤 주이상스가 있습니다. 즉 이렇게 표현하는 것이 허락된다면, "팔루스를 넘어서는" 신체의 주이상스가 있습니다. "팔루스를 넘어서"를 책 제목으로 삼으면 어떨까요? 그것은 갈릴레(Galilée) 총서의 다음 책이 될 것입니다. 귀엽지요, 그렇지 않나요? 그 제목은 여성해방운동에 또 다른 일관성을 부여할 것입니다. 팔루스를 넘어선 주이상스… (Lacan, 1975: 95).

여기에서는 팔루스를 넘어선 여성적 주이상스가 있다는 것에 대한 인정과 함께 여성해방운동에 대한 어떤 냉소가 섞여 있는 것을 볼 수 있는데, 실제로 라캉은 이 발언을 하기 직전에 이미 이렇게 말한 바 있다.

> 여성은 사물들의 본성 — 이는 말들의 본성입니다 — 에 의해 배제된 채로만 있습니다. 그리고 이렇게 말해야만 하는데, 한동안 여성들이 불평한 어떤 것이 있다면 이 배제가 바로 그것입니다. 단 그녀들은 자신들이 무슨 말을 하는지 알지 못합니다. 그것이 그녀들과 저의 차이 전체이지요(Lacan, 1975: 94).

이 발언은 심지어 여성 혐오적 발언이 아닌가 하는 의문이 드는 발언이다. 그렇지만 여기서 라캉이 말하는 것은 불평하는 여성들, 다시 말해서 여성해방운동을 하는 여성들이 지적 능력이 떨어져서 자신들이 하는 말이 무슨 말인지 모른다는 것이 아니다. 그가 말하는 것은 여성이 배제되어 있다는 점에 대해서는 자신도 같은 생각이지만, 그 배제가 어떤 것인지에 대해서 자신은 전혀 다르게 생각한다는 것이다. 여성해방운동가는 모르고 있고 라캉 자신은 알고 있다고 주장하는 것이 정확히 무엇일까? 다시 말해서 라캉은 당시의 페미니스트들의 입장에 대해 정확히 어떤 반비판을 하고자 한 것일까? 이 반비판이 집약적으로 담겨 있는 테제가 바로 그 유명한 "[대문자] 여성은 실존하지 않는다(*La* Femme n'existe pas)"인데, 여기서 가장 중요한 것은 여성이 대문자로, 대문자 정관사와 함께 적혀 있다는 점이다. 라캉은 이렇게 말한다. "[대문자] 여성은 없습니다. 여기서 이 정관사는 보편적인 것을 지시하기 위해 규정된 것입니다. [대문자] 여성은 없는데, 왜냐하면 … 본질상 그녀는 비-전체(pas-tout)이기 때문입니다."(Lacan, 1975: 93) 다시 말해서 이런저런 여성들은 있지만 보편적인 것으로서의 여성 또는 여성 일반은 존재하지 않는다. 왜냐하면 여성은 전체가 될 수 없는 것, 그 어떤 전체에 대한 규정이나 상징적인 공식도 그녀를 완전히 규정할 수 없는 나머지가 있다는 사실에 의해 특징지어지는 존재이기 때문이다. 요컨대 라캉은 다음과 같은 주장을 펼치고 있는 것이다. 여성해방운동가들은 대문자 여성 또는 여성 일반을 가정하고 그러한 여성이 배제되어 있다고 보면서 그 여성을 상징 질서 내로 포함시키려고 시도하고 있지만, 여성은 본래 그 어떤 상징 질서에 의해서도 남김없이 포함될 수 있는 존재가 아니며, 상징 질서라는 것 자체가 여성을 완전히 포착할 수 없는 무능력에 의해 특징지어지는 것이고, 이것이 바로 "[대문자] 여성은 실존하지 않는" 이유라는 것이다.

라캉의 성적 차이의 공식은 "[대문자] 여성은 실존하지 않는다"는 테제의 결과들을 단순하게 전개한 것이라고 볼 수 있다(Lacan, 1975: 99).

$\exists X$	$\overline{\Phi X}$	$\overline{\exists X}$	$\overline{\Phi X}$
$\forall X$	ΦX	$\overline{\forall X}$	ΦX
$\$$ →		$S(\bcancel{A})$ ←	
	→ a		L̸a
Φ ←			

여기서 왼편이 남성을 도식화하고 있다면 오른편은 여성, 아니 좀 더 정확하게 말해서 '빗금 쳐진 여성'을 도식화하고 있다. ∃는 "어떤"이라는 의미를 가지고 있고, ∀는 "모든"이라는 의미를 가지고 있으며, Φ는 팔루스적 기능이라는 의미를 가지고 있다. 따라서 남성 공식에서 "$\overline{\exists X} \overline{\Phi X}$"의 의미는 "어떤 X는 팔루스의 기능에 종속되지 않는다"이고, "∀X ΦX의 의미는 "모든 X는 팔루스의 기능에 종속되어 있다"이다. 팔루스의 기능에 종속되어 있지 않은 자는 "원아버지"를 가리키지만, 라캉이 계속 강조하듯이 이런 "원아버지"는 상상적 또는 신화적인 것에 불과하다. 곧 사실상 모든 남성은 팔루스적 기능에 종속되어 있다. 반면 여성 공식에서 "$\overline{\exists X}$ $\overline{\Phi X}$"의 의미는 "어떤 X도 팔루스의 기능에 종속되지 않은 자는 없다"이고, "$\overline{\forall X}$ ΦX"의 의미는 "모든 X가 팔루스의 기능에 종속되어 있는 것은 아니다"이다. 바꿔 말해서 모든 여성은 팔루스의 기능에 종속되어 있지만, 그 여성들은 팔루스의 기능에 종속되지 않은 나머지를 가지고 있는 존재이다. 성차 공식의 아래쪽에 도식화되어 있는 것을 보면 남성은 $로 표기되어 있고 그는 여성을 대상 a로서만 성적으로 접근할 수 있을 뿐, 여성의 신체 자체에 접근할 수는 없다. 반면 여성을 뜻하는 L̷a는 화살표가 두 개로 나뉘어 있음을 볼 수 있다. 그 가운데 하나는 Φ, 팔루스를 욕망한다. 그러나 또 다른 하나는 S(A̷)를 욕망하는데, 이것은 빗금 쳐진 대타자의 기표라는 뜻으로 거세된 어머니, 팔루스를 결여하고 있는 모성적 대타자의 기표이다. 여기서 S(A̷)를 향하는 주이상스가 바로 여성적 주이상스인데, 라캉은 S(A̷)를 신(Dieu)에 연결시키면서 그것은 성적인 사랑이 아닌 종교적인 영혼 사랑("l'âme âme l'âme")이라고 말하면서, 그 사례로 천사의 화살을 맞으며 오르가즘을 느끼는 것과 같은 표정을 짓고 있는 성녀 테레사의 조각상을 든다.9

그러나 여기서 라캉의 성차 공식은 생물학적인 성차와 완전히 무관하다는 특징을 갖는다. 말하자면 모든 인간에게는 인간적인 것으로 진입하는 두 개의 문이 열려 있으며 그 가운데 어떤 문을 열고 들어가는가에 따라 그의 성별이 결정된다. 생물학적인 남성도 여성이 될 수 있으며 생물학적인 여성도 남성이 될 수 있다. 결국 라캉이 여성 일반은 존재하지 않는다고 말하고, 또한 성적 차이는 생물학적인 차이와 아무 상관이 없다고 말한 것은 여성에 대한 모든 종류의 본질주의적 접근을 피하기 위해서였다고 볼 수 있다.

여기서 앞서 언급한 이리가레와의 비교가 이해에 도움이 된다. 이리가레는 『검경』(Irigary, 1974)을 비롯한 다양한 저서에서 여성은 이제까지 남성의 정체성을 반사하는 하나의 거울의 역할만을 부여받아왔으며 따라서 여성의 정체성에 대한 기존의 모든 정의는 여성을 남성적 정체성의 반정립으로 환원시켜왔다고 주장한다. 이성은 남성적이고 감성은 여성적이라든지, 문화적인 것은 남성적이고 자연적인 것은 여성적이라든지 하는 것이 그것인데, 이는 이리가레에 따르면 진정한 여성성에 대한 억압 그 자체라는 것이다. 이로부터 이리가레는 억압된 여성성을 복원 또는 오히려 (재)구성하기 위해 남성적 상징과 차이가 나는 여성적 상징, 남성적 언어

---

9   로마의 산타 마리아 델라 빅토리아(Santa Maria della Victoria) 성당에 있는 장 로렌조 베르니니(Gian Lorenzo Bernini)의 조각상 〈성녀 테레사의 무아지경(L'Estasi di Santa Teresa)〉을 말한다.

와 구별되는 여성적 언어를 발명해야 한다고 말한다. 그런데 이런 이리가레의 입장은 궁극적으로 본질주의로 귀결되는 것이라고 볼 수 있으며, 심지어 생물학적 본질주의로까지 나아갈 수 있는 위험성을 내포하고 있다.

라캉의 "[대문자] 여성은 실존하지 않는다"는 테제는 무엇보다도 페미니즘 내의 이런 본질주의적 경향에 대한 비판이었다고 볼 수 있다. 본질주의는 결국 어떤 "정체성의 정치(identity politics)"로 귀결될 수밖에 없는 것이며, 그런 한에서 그것은 상상적 동일시 또는 정념적 동일시의 논리를 전혀 벗어날 수 없으며, 더 나아가 여성들 가운데 어떤 특정 그룹의 여성(예컨대 백인 중산층 여성)을 모든 여성의 대표자로 삼으면서 다른 여성들(유색인종 여성, 가난한 여성, 식민지 여성뿐 아니라 성적 소수자들 등)을 배제하는 결과로까지 이어질 수 있는 것이다. 라캉의 이런 입장은 이후 일군의 페미니스트들 또는 페미니즘을 지지하는 다수의 이론가에게서도 발견된다. 주디스 버틀러가 『젠더 트러블』의 서두에서 기존 여성운동의 실패에 대해 논하면서 들고 나오는 것도 바로 이 쟁점이다. 버틀러는 "페미니즘 내의 파편화와 페미니즘이 대표한다고 주장하는 '여성들'로부터 나오는 페미니즘에 대한 역설적 반대는 정체성 정치의 한계를 시사한다"고 말하면서 페미니즘의 주체로서의 "여성"(여성 일반)이라는 범주에 근본적인 의문을 제기한다(Butler, 1999: 7-8).[10] 또한 에티엔 발리바르는 부르주아지와 달리 프롤레타리아

---

[10] 버틀러의 입장에서 라캉의 성차 공식은 여전히 남성과 여성이라는 두 성을 가정하는 이성애 중심주의 아니냐고 비판하는 것은 라캉의 논점 전체를 놓치는 것이다. 라캉이 말하는 성차는 남성과 여성 사이의 성차가 아니라 남성과

트는 오직 "역설적 계급(paradoxical class)"일 수 있을 뿐이라고 말하면서, 프롤레타리아트들은 너무나 이질적인 집합이기 때문에 사실상 어떤 공통성에 의해 적극적으로 규정될 수 있는 집합이라기보다는 '-이 아님'에 의해, 부르주아지가 아님에 의해 규정될 수 있는 집합일 뿐이라고 주장한다. 그러면서 발리바르는 여성은 심지어 프롤레타리아트의 그런 이질성을 초과하는 이질성에 의해 특징지어지는 "초역설적 계급(ultra-paradoxical class)"이라고 말한다(Balibar, 1995). 물론 라캉은 여성운동 자체에 대해 회의적이었으며, 이 점에 있어서 라캉을 옹호할 수는 없다. 그러나 다양한 여성이 자신의 해방을 위한 운동을 조직할 때 그 속에서 자신의 정치가 또 다른 정체성의 정치, 또 다른 배제의 정치로 변질될 수 있는 위험과 대결함에 있어서 라캉의 "[대문자] 여성은 실존하지 않는다"는 테제는 하나의 절대적인 준거로 남아 있다.

4. 나오며

결론을 위하여 잠시 우리 자신의 문제를 돌아보자. 2016-2017년

'빗금 쳐진 여성' 사이의 성차이기 때문이다. 버틀러가 주장하는 무수히 다양한 섹슈얼리티라는 것은 남성 쪽에서는 대상 a가 무한히 많은 형태를 취할 수 있다는 점, 그리고 빗금 쳐진 여성 쪽에서 여성은 항상 나머지를 갖는 비-전체이자 어떤 본질로도 환원될 수 없는 존재라는 점에 의해 완전히 설명될 수 있다. 그럼에도 불구하고 왜 우리가 여하간 성차라는 관점을 유지해야 하는가라고 묻는다면, 그것은 성차의 제거는 성적 욕망 또는 섹슈얼리티 그 자체의 제거로 귀결되기 때문이라고 답할 수 있을 것이다.

의 촛불 봉기뿐만 아니라 2016년 강남역 살인 사건을 계기로 일어나 2년이 지난 지금까지 미투 운동으로 지속적으로 분출되어 나오고 있는 여성들의 봉기는 가히 한국판 68혁명을 보는 것과 같은 느낌을 우리에게 주고 있는 것이 사실이며, 이것은 매우 고무적인 일이 아닐 수 없다. 그러나 많은 역사적 사례가 보여주듯이 혁명적 정치는 자신이 맞서 싸우는 지배자들뿐만 아니라 자기 자신의 고유한 위험들, 즉 폭력/대항 폭력, 지도자 숭배, 정체성의 정치화의 문제 등과 대결해야만 한다. 오직 이와 같은 위험들과 대결하는 정치만이 자신의 혁명성을 지켜나갈 수 있다는 사실을 망각하고 자신의 혁명적 정당성에만 사로잡혀서 사유를 멈추고 심지어 쟁점과 논의를 억압하는 정치는 자신이 맞서 싸웠던 대상보다 더 끔찍한 반정치(antipolitics)로 전도될 수 있음을 명심해야 할 것이다. 그리하여 던져야 할 질문은 다음과 같다. 우리는 68혁명을 어떻게 다르게 반복할 것인가? 우리는 그 반복 속에서 어떤 차이를 실현할 것인가? 이 질문을 사유함에 있어 68혁명의 한복판에서 자신의 이론적 입장을 근본적으로 변화시키면서도 끝까지 비판적 사유를 멈추지 않았던 라캉은 여전히 우리에게 혁명 속의 이론이 어떤 것이어야 하는가를 보여주는 우회할 수 없는 하나의 사례로 남아 있다.

참고 문헌

루디네스코, 엘리자베트, 2000, 『자크 라캉 2』, 양녕자 옮김, 서울: 새물결.

서동욱, 2002, 「라깡과 들뢰즈: 들뢰즈의 욕망하는 기계와 라깡의 부분충동 — 스피노자적 욕망이론의 라깡 해석」, 김상환·홍준기 엮음, 『라깡의 재탄생』, 서울: 창비, 414-463쪽.

최원, 2016, 『라캉 또는 알튀세르』, 서울: 난장.

최원, 2018, 「'개인적인 것이 정치적인 것': '표면적 실패' 뒤에도 혁명은 계속 됐다」, 『신동아』(2018년 6월호): 428-437.

Aristotle, 1992, *The Politics*, London: Penguin Books.

Balibar, Etienne, 1995, "Culture and Identity", pp. 173-196 in *Identity in Question*, edited by J. Rajchman, New York: Routledge.

Butler, Judith, 1999, *Gender Trouble*, New York: Routledge.

Freud, Sigmund, 1964, *Dora: An Anaysis of a Case of Hysteria*, New York: Collier Books.

Irigary, Luce, 1974, *Speculum: De l'autre femme*, Paris: Éditions de Minuit.

Lacan, Jaceuqes, 2006, *D'un Autre à l'autre(Le Séminaire livre XVI)*, Paris: Seuil.

Lacan, Jacques, 1975, *Encore(Le Séminaire livre XX)*, Paris: Seuil.

Lacan, Jacques, 1981, *Les Psychoses(Le Séminaire livre III)*, Paris: Seuil.

Lacan, Jacques, 1999, "Subversion du sujet et dialectique du désir dans l'inconscient freudien", pp. 273-308 in *Écrits*, Paris: Seuil.

Lacan, Jacques, 1991, *L'envers de la psychanalyse(Le Séminaire livre XVII)*, Paris: Seuil.

프랑스 "여성해방운동"의 발전과 왜곡 과정

1970년대와 1980년대 초 사이의 상황을 중심으로

강초롱

1. 서론

68혁명을 계기로 1970년대에 들어서 본격적으로 시작된 프랑스의 "여성해방운동(Le Mouvement de Libération des Femmes, 이하 MLF)"은 모든 형태의 권위주의로부터 개인을 해방시키고 이를 통해 문화 전반을 변혁하는 것을 목표로 삼았던 문화혁명으로서의 68혁명이 만들어낸 가장 중요한 결실들 중 하나였다. MLF는 반권위주의의 기치 아래 68혁명이 제기했던 문제의식들을 자신들의 관점하에 새롭게 발전시켜 가부장적 위계질서를 근본적으로 해체하고 진정한 의미에서의 여성해방을 이루기 위한 투쟁을 다양한 방식으로 전개해나갔다. 여성들로 하여금 일상적인 억압을 경험하게 해온 임신이나 가사 노동, 혹은 직장 생활과 관련된 현실적인 문제들부터 사회제도상에 전제되어 있는 성차별주의적 관점, 나아가 개개인의 의식을 지배하고 있는 남성 중심적 사유에 이르기까지 MLF가 투쟁의 대상으로 설정한 분야는 실로 광범위했다. 그리고 MLF의 이러한 투쟁은 여성의 사회적 지위를 개선시키는 동시에 개인의 의식구조에도 실질적인 변화를 가져옴으로써 가부장제의 지배를 받던 프랑스 사회의 일상적 모습 자체를 변혁시키는 데 결정적인 기여를 했다. 현대 여성운동의 역사를 이야기함에 있어서 68혁명과 MLF가 중요한 역사적 사건으로 빠짐없이 등장하곤 하는 이유가 바로 여기에 있다고 하겠다.

따라서 68혁명이 프랑스 여성운동에 끼친 영향, 그리고 여성운동 진영의 투쟁 과정을 정리해보는 것이 너무나 중요한 작업임에는 틀림없다. 하지만 오늘날 이 주제를 다룬 수많은 연구서가 이미 존재하고 있다는 점을 고려할 때,[1] 이러한 작업이 기존의 연구들에 대한 반복에 그칠 확률은 상당히 높아 보인다. 따라서 68혁명 50주년을 맞이한 2018년 현시점에서는 오히려 MLF를 계기로 본격적으로 시작된 현대 프랑스 여성운동이 오늘날에 이르러 어떠한 현실에 직면하고 있는가를 이해해보는 작업이 더 필요하지 않을까 생각한다. 이 글은 바로 이러한 문제의식으로부터 시작된 연구의 첫 단계에 이루어진 결과물에 해당한다.

이 연구는 무엇보다도 프랑스 페미니즘 이론이 현대 페미니즘 비평계에서 중요한 위상을 차지하고 있는 오늘날의 현실을 프랑

---

[1] 그중에서도 이은미의 「68운동과 프랑스 여성 해방운동: 1970년대 전반기 프랑스 여성운동을 중심으로」는 68운동을 계기로 촉발된 1970년대 MLF의 투쟁 과정을 자세히 소개하고 있는, 주목할 만한 논문이라 할 수 있다(이은미, 2006).

스 여성운동계가 결코 긍정적인 시선으로 바라보고 있지 않은 이유에 대한 궁금함에서부터 시작되었다. 심지어 이들은 현대 페미니즘 담론 상에 등장하고 있는 프랑스 페미니즘은 진정한 프랑스 페미니즘이 아니라고 주장하기도 한다. 도대체 어떠한 이유에서 프랑스 여성운동계는 국제 여성학계가 중시하고 있는 프랑스 페미니즘과 자신들 사이에 선을 긋고자 하는 것일까? 1970년대 MLF 시절부터 오늘날에 이르기까지 유물론에 입각한 페미니즘 운동을 지속적으로 전개해나가고 있는 프랑스의 대표적인 여성운동가이자 사회학자인 크리스틴 델피의 다음과 같은 지적에서 우리는 이 질문에 대한 답을 발견할 수 있다.

> "프렌치 페미니즘"은 모두를 당황스럽게 하는 화제라 할 수 있으며, 이에 대해 더 큰 당혹감을 느끼는 것은 미국이나 영국 출신의 페미니스트들보다는 프랑스 출신의 페미니스트들이라 할 수 있다. … "프렌치 페미니즘"은 프랑스 페미니즘이 아니다. … 프랑스 페미니스트들이 이전에 생각해본 적 없던 프랑스 페미니즘과 프랑스에 대한 견해가 퍼지고 있는 이 시점에 대부분의 프랑스 페미니스트들은 프랑스 페미니즘이 그렇게 소개되고 있다는 점에 대해 놀라고 있다(Delphy, 1995: 190).

델피에 따르면 국제적으로 주목받고 있는 프랑스 페미니즘은 프랑스 내에서 발전해온 페미니즘의 본질과는 무관한, 미국을 중심으로 한 영미권 여성학 학자들에 의해 새롭게 '가공'된 인위적 결과물이라는 것이다. 그런 의미에서 델피는 프랑스 여성운동가들이 실제로 발전시켜온 '프랑스 페미니즘(le féminisme français)'과, 미국 여성학계의 손을 거쳐 새롭게 탄생한 '프렌치 페미니즘(french feminism)'을 구분해야 한다고 주장한다.

프랑스 여성운동가들 상당수 역시 델피와 같은 입장하에 프렌치 페미니즘을 미국 여성학계에 의해 왜곡된 상태로 전 세계에 유포되고 있는 프랑스 페미니즘을 지칭하는 용어로 사용하고 있다. 나아가 국제사회에서 프랑스 페미니즘이 프렌치 페미니즘의 모습으로 확산되고 있는 현실을 바로잡기 위해 이들은 프렌치 페미니즘의 허구성을 폭로하고, 프랑스 페미니즘의 진면모를 알리기 위한 노력을 기울여왔다. 이러한 차원에서 이들은 특히 프랑스 여성운동의 역사를 올바로 기술하는 작업을 중시했다. 이들이 보기에 이 작업은 오늘날 프랑스 여성운동계가 처한 내적 위기의 원인을 파악하고 이를 극복할 수 있는 방안을 찾기 위한 출발점에 해당한다는 점에서도 중요했지만, 동시에 프랑스 페미니즘이 미국 여성학계의 프리즘을 거치면서 왜곡된 상태로 유포되고 있는 문제적 현실에 대응하기 위한 방안이라는 점에서도 중요할 수밖에 없었다. 외부에 의해 왜곡되어버린 자신들의 정체성을 바로잡는 길은 자신들의 역사를 제대로 알리는 것에서부터 시작된다고 생각했기 때문이다.

프랑스 여성운동계의 역사를 올바르게 복원하는 작업에 뛰어든 이들이 가장 중요하게 다뤄온 시기는 바로 1970년대였다. 그 이유는 크게 두 가지로 요약될 수 있을 것이다. 그 첫 번째 이유로는 앞서 말했듯이 1970년대가 68혁명을 계기로 프랑스 여성운동이 현대적으로 새롭게 다시 태어난 시기라 할 수 있기 때문이다. 그런데 이 글과 관련하여 보다 중요한 이유는 두 번째 것이다. 현대 여성운동이 화려하게 꽃피었던 시기인 1970년대는 다른 한편으로 프랑스 여성운동의 역사상 여성주의 진영 내의 갈등이 가장 첨예했던 시기이기도 하다. 이러한 내분은 1980년대의 프랑스 여성운동이 70년대와는 다른 모습으로 전개되게 만든 요인이었다는 점에서도 중요하지만, 프랑스 페미니즘이 프렌치 페미니즘의 모습으로 외부에 확산되는 데 있어서 최초의 계기로 작용했다는 점에서도 중요하다. 프랑스 페미니즘의 국제적 왜곡을 바로잡는 차원에서 자신들의 역사를 제대로 복원하고자 했던 여성운동가들이 1970년대에 주목했던 이유가 바로 이 두 번째 측면 때문이라고 할 수 있다. 이들은 1970년대의 여성운동 진영이 경험했던 내적 위기가 외적 위기로 이어지게 된 과정을 정밀하게 추적하는 작업을 통해 프랑스 페미니즘이 왜곡된 버전으로 국제사회에 유포되게 만든 최초의 원인을 이해해보고자 했던 것이다.

 1970년대 MLF의 상황에 대해 프랑스 여성운동계가 관심을 기울이게 된 이유와 같은 맥락에서 시작된 이 연구에서 우리는 어떠한 과정을 거쳐 프랑스 페미니즘이 프렌치 페미니즘으로 왜곡되기에 이르렀는지, 그리고 그러한 왜곡이 이루어지게 된 원인에는 무엇이 있는지를 살펴봄으로써 프랑스 여성운동계가 처한 현실을 이해하기 위한 첫걸음을 내딛어보고자 한다. 이를 위해 우리는 1970년대에 MLF가 어떠한 방향 속에서 전개되었는지, 그리고 그 과정에서 이 운동에 참여했던 이들이 겪었던 갈등과 분열의 경험이 무엇이었는지를 살펴보는 것을 시작으로 해서, 이러한 갈등을 빚어낸 프랑스 페미니즘의 내적 상황이 1980년대 초반에 이르러 미국 여성학계의 필요와 어떻게 맞물려 프랑스 페미니즘의 왜곡으로 이어지게 되었는지를 살펴보고자 한다. 본격적으로 논의에 들어가기에 앞서 명확히 해야 할 점이 한 가지 있는데, 그것은 바로 우리의 논의가 프랑스 페미니즘에 대한 미국 여성학계의 '접근 및 재현 방식'상에서 드러난 문제를 중심으로 전개될 것이라는 점이다.[2] 왜냐하면 프랑스 페미니즘의 왜곡은 결국 MLF 내의 두 집단이 사상의 내용이 지닌 경중이 아니라 사상의 주도권을 놓고 벌인 싸움의 결과였다 할 수 있기 때문이다. 따라서 이들에 의해 국제적으로 확산된 프랑스 페미니즘의 내용 및 그 내용이 담고 있는 페미니즘적 가치를 둘러싸고 전개된 논쟁을 구체적으로 살펴보는 작업은 생략하기로 한다.

2. 본론

1) 68혁명 세대가 만들어낸 새로운 여성운동으로서의 MLF

프랑스 페미니즘의 역사에서 일반적으로 대혁명 시기는 여성운동이 최초로 집단적 움직임의 형태로 등장하게 된 의미 있는 순간으로 기록되고 있다. 하지만 그럼에도 불구하고 오늘날의 관점에

---

[2] 이는 이 연구를 진행함에 있어서 중요한 길잡이 역할을 해준 크리스틴 델피와 클레어 모지스가 이 문제를 다루면서 집중하고 있는 지점이기도 하다(Delphy, 1995: 190-221; Moses, 1996: 17-31).

서 보았을 때 19세기 말까지의 여성운동은 결정적인 한계를 지니고 있다는 평가를 받는다. 특히 당시의 여성운동이 남녀 간의 생물학적 차이를 그들 간의 불평등한 권력관계를 정당화하는 근거로 내세워온 가부장제의 '생물학 결정주의적(biologiste)' 주장의 허구성에 대해 의문을 제기하는 수준으로까지 나아가지 못한 채 여성이 전통적으로 수행해왔던 어머니 혹은 아내로서의 역할이 지닌 위상을 높여야 할 필요성을 주장하는 정도에 그쳤다는 점은 19세기까지의 여성운동이 지녔던 결정적인 한계로 언급되고 있다(Remy, 1990: 19-28).

이러한 맥락에서 볼 때 1949년에 출간된 시몬 드 보부아르(Simone de Beauvoir)의 『제2의 성(Le Deuxième Sexe)』은, 비록 그녀가 이 책을 여성주의적 관점에서 쓴 것은 아니었지만,[3] 현대 페미니즘 담론의 형성을 가능케 한 혁명적인 작품이라고 할 수밖에 없다.[4] 이 작품에서 보부아르는 "여자는 여자로 태어나는 것이 아니라 만들어지는 것이다"라는 명제를 전제로 하여, 여성을 타자의 상황에 가두어온 역사적, 경제적, 사회적 그리고 심리적 원인에 대한 전방위적 분석을 시도한다. 그리고 이를 기반으로 하여, 남녀의 육체가

---

[3] 세 번째 자전적 작품인 『상황의 힘』에서 보부아르는 자신이 『제2의 성』을 여성주의적 관점에서 집필한 것은 아니라고 밝힌 바 있다(Beauvoir, 1963: 210).

[4] 실제로 페미니즘 진영 내에는 보부아르의 『제2의 성』의 출간이 현대 여성운동을 태동케 한 가장 기본적인 이론적 토대로 작용했다는 점에 대한 전반적인 동의가 자리 잡고 있다. 이와 관련하여 카트린 로제(Rodgers, 1998)는 다양한 여성운동가 및 여성학 연구자들과의 인터뷰를 기반으로 하여 현대 프랑스 여성운동의 발전에 있어서 『제2의 성』이 끼친 영향력을 다각도에서 조명한 바 있다.

지닌 생물학적 조건을 근거로 해서는 그들이 불평등한 권력관계를 맺고 있는 현실을 정당화할 수 없다는 주장을 설득력 있게 펼쳐나감으로써 생물학 결정주의의 허구성을 성공적으로 폭로하기에 이른다. 더군다나 보부아르가 이 책을 집필할 무렵이었던 양차 세계대전 직후의 프랑스 사회에서는 "남성은 싸우고 정복하기 위해 만들어진 반면, 여성은 아이를 낳고 돌보기 위해 만들어졌다"라는 기치 아래 남녀를 전통적인 성 역할 속에 고정시키려는 가부장제의 억압적 흐름이 그 어느 때보다도 강한 힘을 발휘하고 있었다는 사실을 고려할 때(Thébaud, 1992: 105-106), 『제2의 성』에서 보부아르가 제기한 주장은 실로 파격적이었다고 평가할 수 있을 것이다. 하지만 이러한 혁명적 측면에도 불구하고 현대 여성운동의 관점에서 보자면 『제2의 성』에서 보부아르가 펼친 주장 역시 결정적인 한계를 갖는다고 할 수 있었다. 그 한계란 바로 집단 투쟁의 중요성에 대한 인식의 부족으로 요약할 수 있을 것이다(Picq, 1993: 24). 여성이 타자로서의 상황에서 벗어나기 위한 해결책을 제시하는 과정에서 보부아르는 여성들의 집단적 투쟁의 필요성보다는 실존에 대한 인식 전환을 이루기 위한 여성 개개인의 노력의 필요성에 보다 커다란 방점을 찍고 있기 때문이다.

이에 비추어볼 때 68혁명을 기점으로 1970년대를 수놓았던 MLF는 이전부터 계속되어온 프랑스 여성운동의 계보를 잇는 동시에, 68혁명을 경험한 이들이 주체와 투쟁 방식에 대한 새로운 인식 속에서 만들어낸 새로운 집단적 흐름이었다고 할 수 있다. 우선 MLF에 참여한 여성들은 남성과 동등하게 공적 영역에 참여할 수 있는 권리를 요구하는 차원에서 선배들이 전개해왔던 투쟁을 계속해서 이어나갔다. 하지만 동시에 이들은 주체 및 사회를 바라보는 선배들의 관점이 지닌 한계를 비판하면서 가부장제의 근본적인 해체로 요약될 수 있는, 보다 급진적인 투쟁을 전개해나가기도 했다. 이들의 투쟁이 지닌 급진성은 무엇보다도 남성으로부터의 '분리주의'를 선택했다는 사실을 통해 설명할 수 있다. 이들은 기존의 여성운동이 여성이 남성과 동등한 공적 참여권을 보장받아야 한다는 주장을 펼쳐나가는 데 집중한 결과 남녀 간의 불평등한 위계질서가 지닌 허구성 자체를 비판하는 데까지는 나아가지 못했다는 점을 문제로 지적했다. 이러한 문제의식 아래 이들은 가부장제 내에서의 남녀평등이 아니라, 가부장제 자체의 완전한 해체를 주장했다. 그리고 이를 이루기 위해서는 우선 가부장제의 가장 큰 피해자인 여성의 피억압자로서의 경험에 대한 정확한 분석 및 이해를 전제로 한 투쟁 방식이 선택되어야 한다고 보았다. 바로 이러한 차원에서 그녀들이 선택한 것이 바로 남성과의 분리주의였던 것이다. 즉 남성과의 분리주의에 대한 이들의 선택은 남성에 대한 근본적인 '배타주의'의 산물이라기보다는, 여성이 피지배자의 위치에서 겪은 억압의 경험들을 제대로 분석하고 그에 대한 이론을 만들어내는 동시에 이를 기반으로 적절한 투쟁 방식을 선택하기 위해 필요했던, 가부장제와의 '비판적 거리 두기'의 일환이라 할 수 있었던 것이다.[5]

---

[5] 68혁명 이전까지 크리스틴 델피와 에마뉘엘 드 레셉스(Emmanuelle de Lesseps) 등을 주축으로 한 "여성적인 것·맑스주의·행동(Féminin·Marxisme·Action, 일반적으로 이 단체가 만들어지기 이전에 이미 존재했던 '여성적인 것·남성적인 것·미래Féminin·Masculin·Avenir'라는 단체를 FMA1로, 그리고 이 단체를 FMA2로 줄여 말

또한 이들은 여성들의 피억압자로서의 경험을 심도 있게 이해하고 가부장제 타파를 위한 집단적 투쟁의 동력을 마련하는 차원에서 무엇보다도 수평적 관계를 기본으로 한 여성들 간의 연대를 중시하게 된다. 실제로 가부장제의 완전한 해체라는 혁명적 기치 아래 전개되었던 70년대의 MLF에 참여한 여성들 사이에는 '우리'로서의 강력한 연대 의식이 자리 잡고 있었으며, 이를 기반으로 프랑스 여성운동 역사상 가장 강력하고 역동적인 집단 투쟁을 벌여나갔다.

가부장제의 해체를 목표로 한 남성들과의 전략적 분리주의 노선 및 여성들 간의 강력한 연대의 추구와 더불어 MLF가 선택한 급진적인 투쟁 방식의 면모를 보여주는 또 다른 요소는 바로 집단 혹은 체제 중심이 아닌 개개인이 주도하는 정치를 추구했다는 점이다. 이러한 투쟁 방식은 MLF가 설정했던 운동의 궁극적인 목표, 즉 가부장제의 완전한 해체와 긴밀하게 연결되어 있는 것이었다. MLF는 가부장제의 해체를 통해 기존의 성 역할로부터 남녀 모두를 해방시킴으로써 누구나 성별에 관계없이 한 명의 독립적인 개인으로 살아갈 수 있는 사회를 구현해야 한다고 주장했다.[6] 그리

한다)"과 같은 일부 여성운동 단체의 입장으로만 국한되었던 남성으로부터의 분리주의는 68혁명을 거치고 나서는 70년대 MLF 진영의 가장 기본적인 입장으로 자리 잡게 된다. 특히 68혁명 기간 동안 인간의 해방을 외치면서도 끝내 가부장제하에서 자신들이 누려왔던 특권만큼은 포기하지 않으려 했던 남성들에 대한 비판 의식 속에서 70년대의 여성운동가들은 남성으로부터의 분리주의를 가장 기본적인 입장으로 표방하기에 이른다(Picq, 1993: 14).

6 물론 그러한 사회를 구현하기 위해 선택한 구체적인 방법은 각기 달랐다. 그 방법은 실천 투쟁을 통해 현실 세계의 실질적인 변혁을 추구하는 방법과 상징체계의 변혁을 통해 개개인의 내면에 뿌리내리고 있는 가부장적 의식구조

고 이러한 맥락에서 MLF는 개개인이 자신의 경험을 기반으로 각자가 주체가 되어 운동을 전개해나가는, "개인적인 것의 정치(la politique du personnel)"를 추구했다(Picq, 1993: 183-186).

바로 이러한 차원에서 MLF는 우선 여성의 존재를 바라보는 사회 전반의 부정적 시선은 물론이거니와, 여성이 스스로를 바라보는 부정적인 자기 인식을 변화시키는 데 총력을 기울였다. 여성이 한 명의 개인으로 살아가기 위해서는 가부장적 편견에서 벗어나 자신에 대한 인식을 근본적으로 쇄신하는 것이 반드시 선행되어야 한다고 보았던 것이다. 이에 따라 MLF는 여성의 피억압자로서의 위치를 정당화하기 위해 가부장적 사회가 정립시켜온, '여성적인 것 = 열등한 자질'이라는 등식을 해체하는 데 우선적으로 주력했다. 그런데 여기서 반드시 짚고 넘어가야 할 사실 한 가지가 있다면, 그것은 바로 MLF 내부에서 이러한 시도가 여성적인 것에 대한 절대적 긍정 및 남성적인 것에 대한 절대적 부정의 논리로 빠지는 것을 경계해야 한다는 인식이 강하게 자리 잡고 있었다는 점이다. 왜냐하면 MLF가 추구했던 것이 성의 해방이었던 만큼 여성적인 것과 남성적인 것에 전도된 가치를 매기려는 시도는 결국 남녀를 고정된 성 역할 속에 다시금 가둠으로써 성의 해방이 아니라 또 다른 방식의 성의 억압을 야기할 것이라고 보았기 때문이

를 변화시키고자 하는 방법, 이렇게 두 가지로 크게 구분될 수 있을 것이다. MLF에 참여한 여성들 상당수가 전자의 방식을 중시하기는 했지만, 적어도 1970년대 초반까지 이들은 가부장제의 근본적 철폐와 성 해방이라는 공동의 목표 아래 이 두 가지 방식을 대립적인 관계에 놓인 것으로 바라보지는 않았다(Picq, 1993: 129-130).

다. 같은 맥락에서 MLF에 참여한 여성 대부분은 여성에 대한 부정적인 인식을 제거하고자 하는 노력이 여성이 남성만큼의 능력을 지닌 존재라는 점을 증명하려는 시도로 이어지지 않도록 하기 위해 주의를 기울였다. 왜냐하면 이러한 논리야말로 남성성을 개인의 가치를 평가하는 보편적인 기준으로 설정해왔던 가부장제의 기존 논리를 그대로 답습하는 것과 다름없다고 보았기 때문이다. 즉 MLF는 남성들처럼 존재하거나 행동할 수 있는 차원에서의 "평등"이 아니라 개개인이 자기 자신으로 살아가는 해방된 주체로 새롭게 태어나도록 하는 차원에서 "여성적인 본보기를 받아들이거나 남성의 운명을 모방하는 것" 모두를 거부했던 것이다(Picq, 1993: 123-124).

개인적인 것의 정치를 실천하는 차원에서 MLF는 무엇보다도 여성 개개인의 경험을 중시하는 입장을 고수했다. 그에 따라 수많은 여성이 가부장적 억압과 관련된 개인적인 경험들을 직접 이야기할 수 있는 다양한 형태의 모임이 곳곳에서 열렸으며, 이 모임에 참여한 여성들은 각자의 경험을 서로 나누는 과정 속에서 스스로를 치유해나간 것은 물론이거니와, 여성 억압의 보편성에 대한 인식을 공유함으로써 여성 연대의 중요성을 직접 발견해나갔다(Picq, 1993: 122-123).

그리고 같은 맥락에서 이들은 MLF가 어떤 특정 단체가 주도하는 조직화된 운동의 형태를 띠게 되는 것을 극도로 경계했다. 그 결과 MLF는 기존의 정치 운동과는 상당히 다른 모습으로 전개되기에 이른다. 특정 정당이나 단체가 주도하는 조직적 운동의 형태가 아니라, 모든 억압으로부터 개인을 해방시키는 것을 목적으로 한 서로 다른 경향과 실천 방식을 추구하는 다양한 모임이 공존과 연대를 통해 함께 만들어낸 거대한 투쟁의 흐름, 그것이 바로 MLF의 진정한 모습이었다. 즉 MLF는 "하나의 조직", "하나의 단체", 또는 엘리트 여성들 중심의 "여성 전위부대"가 아닌, 각자가 자신의 경험을 기반으로 자신의 상황 속에서 자신만의 방식으로 해방을 향한 움직임에 동참한 "모든 여성"의 투쟁, 그 자체를 의미하는 것이었다(Picq, 1993: 99).

2) MLF 내의 세 가지 경향, 그리고 그들 사이의 논쟁

MLF가 각기 다른 성향과 목적을 지닌 다양한 개인과 단체의 자발적인 참여가 주를 이룬 운동이었던 만큼 MLF에 참여한 여성들을 몇 가지 경향을 기준으로 분류하는 것은 상당히 위험한 접근 방식이라 할 수 있다. 왜냐하면 이는 MLF가 마치 몇몇 집단에 의해 주도된 운동이었던 것처럼 보이게 만들 수 있기 때문이다. 나아가 피크가 지적하고 있듯이 몇 가지 경향만을 중심으로 MLF의 흐름 전체를 설명하려는 태도는 "이 운동이 탈피하고자 했던 도식 속에 이 운동을 다시금 가두는" 결과를 초래할 수 있기에 더더욱 위험하다(Picq, 1993: 190). 하지만 그럼에도 불구하고 이 운동에 참여한 이들이 추구했던 사상들 간의 공통점과 차이점에 근거하여 MLF 내의 운동 경향들을 몇 가지로 분류하는 것 자체가 아예 불가능한 것은 아니다. 실제로 MLF에 대한 연구를 진행해온 이들 가운데 상당수가 MLF에 참여한 여성들이 추구했던 사상과 투쟁 방식의 차이를 근거로 하여 이들의 경향을 대략 "계급투쟁(la Lutte de classe)", "혁명적 페미니스트(les Féministes Révolutionnaires)", 그리고 "정신분석과 정치(la Psych et Politique)", 이렇게 세 가지로 구분할 수 있다는 점에 의견을 같이하고 있다(Remy, 1990; Allwood: 1998; Guadilla, 1981).

우선 "계급투쟁"은 남성과 동등한 여성의 사회적·정치적 권리를 쟁취하기 위한 투쟁을 계급투쟁의 틀 안에서 전개해나갔던 이들이 주도한 계열이다. 이 계열에 속한 운동가들은 진정한 여성해방이 사회주의혁명을 통해서만 완수될 수 있다고 보는 관점에 입각하여 자본주의를 여성 억압의 주요 원인으로 규정하고 사회주의혁명 운동의 노선 안에서 여성해방운동을 전개해나가고자 했다. 그에 따라 특히 이 계열에 속한 단체들은 맑스주의에 입각한 전통적인 노동조합과의 연계를 통해 투쟁을 전개해나가는 경우가 많았으며, 그 결과 이 계열에 속한 단체들은 다른 계열을 표방한 단체들에 비해 긍정적으로 말하자면 좀 더 조직적으로, 부정적으로 말하자면 좀 더 경직된 체제하에 운영되는 경향을 보이곤 했다.

다음으로 "혁명적 페미니스트"는 가부장제 내에서는 모든 여성이 같은 사회적 계급에 속한다고 보는 관점에 입각하여 가부장제의 완전한 철폐를 위한 급진적인 투쟁 노선을 추구했던 여성들이 속한 계열이다. "계급투쟁" 계열에 속한 이들과 달리 이 계열로 분류되는 이들은 자본주의가 아닌 가부장제를 여성 억압의 주요 원인으로 규정하고, 남성들과의 분리주의를 가장 적극적으로 주장했다. 맑스주의에 입각한 명확한 운동 노선을 가지고 있었던 계급투쟁 계열과 다르게, 이 계열의 운동 노선을 한 가지로 명확히 규정하기는 힘들다. 하지만 그럼에도 불구하고 이 계열에 속한 이들이

다음과 같은 한 가지 원칙을 공유하고 있었던 것은 분명하다. "여성을 위해 싸우는 것이 먼저다"라는 원칙이 바로 그것이다.7 이 원칙에 대한 동의하에 혁명적 페미니스트 계열의 여성들은 각자의 방식으로 다양한 분야에서 이 원칙을 실천으로 옮기는 싸움을 벌여나갔다. 즉 이 계열은 "여성을 위해 싸우는 것이 먼저다"라는 원칙에만 합의를 했을 뿐 투쟁 방식의 선택은 개인의 자유로운 결정에 맡기는 유연성을 보였던 것이다. 그리고 이러한 유연성은 MLF에 참여한 이들의 절대다수가 이 계열에 대한 지지를 보내게 만드는 원동력으로 작용하기도 했다.

마지막으로 "정신분석과 정치"는 여성에게 가해지는 모든 억압의 근본적인 원인이 개개인의 의식 속에 뿌리내리고 있는 남성 중심적 사유 구조에 있다고 보고 사회체제가 아닌 상징체계의 변혁을 위한 투쟁 노선을 우선시했던 이들이 속한 계열이다. 이들이 취한 이러한 투쟁 노선은 다른 두 계열과 이 계열을 결정적으로 구분 짓는 결정적인 요소였다. "계급투쟁"과 "혁명적 페미니스트" 계열의 여성들은 추구하는 사상과 행동 노선의 차이에도 불구하고 모두 여성이 몸담고 있는 현실을 실질적으로 변혁시켜야 한다는 목적의식을 공유하고 있었다. 반면에 "정신분석과 정치" 계열

---

7 크리스틴 델피의 사상이 혁명적 페미니스트 계열의 여성들에게 엄청난 영향력을 행사하게 된 이유가 여기에 있다. 1970년 『리베라시옹 데 팜므(Libération des femmes)』지 특별호에 실린, 여성 억압의 주된 요인을 자본주의가 아닌 가부장제에서 찾아야만 하는 이유에 대한 분석을 담고 있는 「주적(L'ennemi principal)」이라는 델피의 글은 MLF 참여자들로 하여금 계급투쟁을 우선시했던 기존의 관점에서 벗어나 무엇보다도 여성해방운동에 집중해야 할 필요성과 그러한 선택이 지닌 정당성을 인식하도록 했다.

에 속한 이들에게 있어서 우선적으로 변혁시켜야 할 대상은 현실이 아니라 상징체계였다. 그에 따라 전자가 현실에 대한 직접적인 참여를 중시하는 방향 속에서 투쟁을 전개했던 것과 달리, 후자는 글쓰기를 통한 담론 형성을 중심에 두는 이론 투쟁에 집중했다.

가부장제의 철폐라는 공동의 목표 아래 MLF 전체가 계열에 관계없이 연대하여 투쟁하던 70년대 초반에도 사실 이 세 계열의 투쟁 대상의 우선순위나 투쟁 방식에 대한 각기 다른 입장은 이들 사이에 크고 작은 논쟁을 불러일으켰다. 예를 들자면 주적의 설정 문제에 있어서 계급투쟁 계열과 혁명적 페미니스트 계열 간에 존재하는 입장의 차이는 둘 사이에 첨예한 대립을 야기하곤 했다. "계급투쟁" 계열의 "엘리자베트-디미트리에브(Élisabeth-Dimitriev)"라는 모임과 "혁명적 페미니스트" 계열의 여성운동가들이 날선 공방을 벌였던 일은 이를 잘 보여주는 사건이었다. "엘리자베트-디미트리에브"는 여성이 자신이 겪은 억압의 경험을 직접 이야기하고 투쟁 방식을 스스로 결정할 수 있는 방안, 즉 해방을 위한 여성들의 자주적인 투쟁 방안을 모색하기 위해 결성된 모임이었다. 하지만 여성들의 자주적인 투쟁이 가능하려면 우선은 사회주의혁명이 완수되어야 한다고 보았던 이들에게 있어서 자본주의가 아닌 가부장제를 여성 억압의 주요 원인으로 규정한 크리스틴 델피와 그녀에게 동조하는 이들은 신랄한 공격의 대상으로 간주될 수밖에 없었다. 이들은 자신들의 주장을 체계적으로 관철시키기 위해 노동조합의 틀을 본떠 모임을 조직화하는 동시에 MLF의 다수를 이루는 "혁명적 페미니스트" 계열의 운동가들을 무력화하기 위한 시도들을 해나갔다. 이들의 이러한 행보는 "혁명적 페미니스트"의 공분을 불러일으켰다. 이들은 특히 "엘리자베트-디미트리에브"의 이러한 행보가 개인의 다양성을 무시하는 조직 중심의 낡은 운동으로 MLF를 퇴보시키는 결과를 초래할 것이라 우려하면서 이들을 향해 비판의 목소리를 높였다.

비단 계급투쟁과 혁명적 페미니스트 계열 간의 대립만 있었던 것은 아니다. 가부장제의 해체와 이성애 중심주의의 해체 사이의 상관성을 놓고 벌어진 논쟁 및 제도권 내에서의 법적 개혁을 중시하는 개량주의 진영과 제도의 차원을 넘어서 사회체제를 근본적으로 변혁하는 것을 중시했던 혁명주의 진영 간의 논쟁, 나아가 실천 투쟁을 우선시하는 흐름과 이론적 탐구를 중시하는 흐름 간의 대립에 이르기까지 실로 다양하고 복잡한 문제들에 대한 치열한 논쟁이 전개되었다.

그런데 대부분의 논쟁을 거치면서 MLF가 더욱더 풍성한 담론을 발전시켜나갈 수 있었던 것과 달리 실천 투쟁과 이론 투쟁 사이의 우선순위를 놓고 벌어진 논쟁은 그야말로 MLF의 '분열'을 초래하는 결정적 계기로 작용하였다. 이 문제를 놓고 MLF는 두 진영으로 나뉘게 되는데, 하나는 사회체제를 실질적으로 변화시킬 수 있는 실천 투쟁을 우선시해야 한다고 보았던 이들로 구성된 진영으로 MLF에 참여한 여성들 대다수가 이 진영에 속했다. 다른 하나는 인간의 내면에 뿌리 깊게 자리 잡고 있는 가부장적 의식 구조를 우선적으로 바꿔나가야 한다는 입장을 견지한 이들로 이루어진 진영으로 이 진영의 입장은 "정신분석과 정치"라는 하나의 집단에 의해서만 적극적으로 옹호되었다. 실천 투쟁을 우선시했던 전자와 달리 후자는 가부장적 상징체계의 구조를 비판적으로 분석하고 해체할 수 있는 이론적 도구의 정립을 우선적인 과제로 설정했다. 이 두 입장 사이의 충돌이 가시화된 시점은 1974년으로 이때를 기점으로 MLF는 본격적으로 분열되기 시작한다.

MLF에 참여한 여성들의 대다수가 전자의 입장을 지지했기에 프랑스 내에서 MLF의 역사를 연구했던 이들 사이에서는 사회체제를 실질적으로 변화시키기 위해 MLF가 벌여나갔던 실천적 투쟁의 내용들이 거의 항상 중요하게 다루어져왔다. 그런데 놀랍게도 프랑스 외부로 눈을 돌려보면 MLF에 대한 전혀 다른 인식이 지배적으로 자리 잡고 있다는 점을 발견하게 된다. 특히 미국 여성학계에서는 프랑스 내부에서 거의 지지를 얻지 못했던 이론 중심의 투쟁 노선이 MLF의 주된 흐름이었던 것처럼 기술하는 경향이 지배적이라 할 수 있다. 문제는 70년대 MLF를 바라보는 프랑스 내부의 시선과 외부의 시선 간에 존재하는 이러한 괴리가 단순히 역사를 해석하는 두 진영의 관점의 차이가 빚어낸 결과가 아니라는 데 있다. 이것이 문제시되는 이유는 그 괴리가 MLF를 자신들의 것으로 독점하고자 했던 "정신분석과 정치"의 야심이 자기 정당화의 수단을 필요로 했던 70년대 말의 미국 여성학계가 처한 내적 상황과 맞물리면서 빚어진 현대 프랑스 페미니즘에 대한 왜곡의 결과물이라고 할 수 있기 때문이다. 따라서 현대 프랑스 페미니즘이 미국 여성학계에 의해 어떻게 왜곡되었는가를 이해하기 위해서는 우선 "정신분석과 정치"와 다른 여성운동가들 사이에 벌어졌던 분쟁의 내용이 무엇이었는지, 그리고 그것이 어떠한 측면에서 미국 여성학계에 의한 현대 프랑스 페미니즘의 왜곡의 한 요인으로 작용하게 되었는지를 살펴보는 작업이 필요하다.

3) "정신분석과 정치"에 의한 MLF의 독점화

앞서 말했듯이 이 논쟁의 중심에 서 있었던 집단인 "정신분석과 정치"는 바로 가부장적 상징체계를 비판적으로 분석하고 해체할 수 있는 이론 정립을 가장 중시했다. 라캉 계열의 정신분석학자였던 앙투와네트 푸크(Antoinette Fouque)의 주도하에 설립된 이 집단은 인식론적 차원에서 여성에게 가해지는 억압의 원인을 분석하고 인간의 정신을 가부장적 구조로부터 해방시킬 수 있는 이론적 틀을 정립하는 것을 주요 목표로 설정했다는 점에서 현실을 실질적으로 변혁할 수 있는 실천 투쟁을 우선시했던 MLF 내부의 대다수 여성운동가와 이 운동의 초기 단계에서부터 이미 대립적 관계를 형성했다. 이 집단에 적을 두고 있었던 이들은 푸크라는 카리스마 넘치는 강력한 리더의 지휘하에 라캉의 이론을 기반으로 하여 상징체계를 지배하는 가부장적 구조에 대한 비판 및 그것을 해체할 수 있는 가능성과 관련된 이론들을 양산해냈다. 특히 이들은 어린아이가 아버지의 법과 권위가 지배하는 상징계를 거치면서 가부장적 질서를 무의식적으로 내면화한 사회적 주체로 거듭나게 된다고 보았던 라캉의 해석에 기반하여, '여성'과 '여성성'에 대한 기존의 규정이 토대로 하고 있는 가부장적 상징체계를 해체할 수 있는 가능성을 이론화하고자 했다. 이들에 따르면 여아 역시 남아와 마찬가지로 상징계를 거치면서 가부장적인 상징 질서의 지배를 받게 되는데, 이 과정에서 여아는 여성으로서의 자신을 경험할 기회를 완전히 박탈당하게 된다. 푸크의 글을 인용해 말해보자면 상상계에서 상징계로 넘어가는 순간부터 여성은 "모든 면에서 남성적이라 할 수 있는 문제들에 직면하게 되고, 그 결과 그녀는 치명적인 위험에 빠지게 된다. 왜냐하면 그녀가 이 문제들에 익숙해지지 않으면 그녀는 존재할 수 없을 것이고, 그녀가 이에 익숙해진다면 그로 인해 스스로를 죽음에 이르게 할 것이기 때문이다." (Duchen, 1987: 48) 이러한 분석을 전제로 하여 이들은 여성해방운동이 "차별화된 공간이자 차이를 지향하는 공간으로서의 삶을 여성들에게 제공하는" 사회의 구현을 목적으로 삼아야 한다고 주장했다(Duchen, 1987: 48). 그리고 이러한 맥락에서 이들은 심지어 당시의 MLF를 포함한 그 어떤 여성운동도 진정한 의미에서의 여성해방운동이라고 할 수 없다고 단언했다. 특히 이들은 여성의 현실적 삶의 조건을 변화시키기 위한 투쟁은 결국 가부장제 내에서 남성들이 누리는 특권을 공유하려는 시도와 다름없다고 주장하면서 진정한 여성해방운동을 위해 싸우는 진짜 페미니스트는 바로 자신들이라고 공언했다(Picq, 1993: 260-261).

따라서 현실의 실질적인 변혁을 위해 실천 투쟁을 벌여나가고 있던 MLF의 여성들 대다수가 이 집단에 등을 돌리게 된 것은 너무나 당연한 결과였다. 우선 이들은 이 집단이 엘리트 중심주의에 기반하여 이론화 작업에 몰두한 결과, MLF의 가장 중요한 투쟁 동력이라 할 수 있는 대중 여성들의 실질적인 경험을 도외시하는 동시에, 모든 여성의 "축제"가 되어야 할 혁명을 자신들만의 "작업"으로 축소하기에 이르렀다는 우려를 표명했다(Picq, 1993: 126-127). 나아가 보다 근본적으로 MLF 내의 여성들 대다수는 가부장적 논리의 재생산에 기여하는 위험한 관점을 지닌 집단은 오히려 이 집단이라고 비판했다. 왜냐하면 이들의 주장에서 MLF의 여성들 대다수는 자신들이 그토록 비판해 마지않던 가부장적 '본질주의(l'essentialisme)'의 측면을 발견했기 때문이다. MLF에 참여한 여성들 대다수는 "정신분석과 정치"가 여성성이 지닌 가부장제 해체의 가능성을 탐구하는 과정에서 남성과 여성을 다시금 이분법적 대립 관계 속에 위치시키고 있을 뿐만 아니라, 남성성과는 근본적으로 다른 특수한 여성성이 존재한다는 주장을 펼침으로써 그동안 가부장제를 지탱해온 성차에 대한 본질주의적 관점을 재생산하기에 이르고 있다고 비판했다. 나아가 이들은 특수한 여성성의 존재를 주장하는 이 집단의 입장이 성에 대한 기존의 모든 인식이 기본적으로 가부장적 지배를 정당화하기 위해 사회가 인위적으로 만들어낸 허구의 산물에 불과하다는 입장을 가장 기본적인 전제로 삼아야 할 페미니즘에 근본적으로 위배되고 있다고 주장하면서 가차 없이 이 집단을 "반페미니스트(anti-féministe)" 집단으로 규정했다.[8]

그런데 사실 어떠한 진영을 진정한 의미에서의 페미니스트로 볼 수 있는가에 답하는 것은 우리의 논의와 관련하여 그리 중요한 문제가 아니다. 우리가 이 논쟁에 주목해야 하는 이유는 이 논

---

[8] 혁명적 페미니즘 계열을 대표하는 여성운동가 델피는 "정신분석과 정치"의 반페미니스트 성향에 대해 가장 신랄한 비판을 가했다. 특히 델피는 이 집단이 성차를 사회적 구성의 결과물이라고 보지 않는다는 점을 근거로 들어 주저 없이 이 집단을 반페미니즘 집단으로 규정했다(Delphy, 1995: 191). 피크 역시 이 집단에 속한 이론가들이 성차를 부각시키는 데 집착한 결과, 성 역할을 비롯해 성적 특수성을 사회적 가공품이자 역사적으로 구성된 결과물로 보는 페미니즘의 가장 기본적인 전제를 망각한 채 여성성을 역사와 사회 밖에 존재하는, 그 자체로 변치 않는 것으로 간주하는 본질주의적 관점에 빠지고 말았다고 비판했다(Picq, 1993: 261-262).

쟁이 오늘날에 이르기까지 페미니즘계가 여전히 해결하는 데 어려움을 겪고 있는 한 가지 딜레마를 드러내고 있다는 데 놓여 있다. 조앤 스콧(Joan W. Scott)의 표현을 빌려 설명해보자면 페미니즘계가 직면해온 딜레마란 바로 "신체적 성과 정치 사이에는 논리적으로 경험적으로 아무런 연관이 없다는 것, 다시 말해 성차는 사회적·지적 혹은 정치적 능력을 재는 척도가 아님을 주장"하면서 가부장적 권위에 도전해온 페미니스트들이 역설적이게도 "여성의 배제에 항의하려면 여성을 대표해 행동해야 했고, 그래서 그토록 부정했던 바로 그 차이에 호소"할 수밖에 없었던 현실을 의미한다고 할 수 있다(스콧, 2006: 25).[9] 즉 평등을 이야기하기 위해 전략적으로 차이를 논의의 대상으로 삼아야 할 필요가 있었지만, 동시에 차이를 논하게 되는 순간 다시금 가부장제가 기대어왔던 본질주의적 논리의 늪에 빠지게 될 위험을 감수해야만 하는 상황이라 할 수 있는 것이다.

[9] 그러나 스콧이 이러한 역설을 부정적으로 바라본 것은 아니다. 그녀는 페미니즘이 이러한 역설에 몸소 부딪힘으로써 궁극적으로는 우리 시대의 역설 그 자체를 폭로하는 운동으로 존재해왔다는 점에 근거하여, 오히려 이러한 역설이 "결정 불가능성의 정치학"으로서 페미니즘이 지닌 긍정적인 본질에 해당한다는 주장을 펼치고 있다. "페미니스트들의 입장은 역설적이었다. 프랑스 혁명기 올램프 드 구주(Olympe de Gouges)의 말을 빌리면 페미니스트들은 "오직 역설만을 던져주는" 여성들이었다. 그들은 한편으로는 젠더에 대한 권위적 정의들을 받아들이는 듯했지만, 다른 한편으로는 이 정의들을 거부했다. 공언하면서 동시에 거부함으로써 자연의 이름으로 제시되고 법을 통해 부여된 젠더 정의의 모순, 그리고 그 정의 안에서 생략된 바를 드러냈다. … 그러므로 우리가 프랑스 페미니스트들의 투쟁을 결정 불가능성의 정치학이라는 말로 이해할 수 있다면, 아마도 우리 시대의 갈등과 딜레마, 역설 역시 더 잘 이해하고 진단할 수 있을 것이다."(스콧, 2006: 26-27)

사실 MLF에 참여한 여성 대부분이 처음부터 이러한 딜레마의 존재를 인식하고 있었다. MLF 초기부터, 아니 페미니즘의 역사가 시작된 시기라 할 수 있는 대혁명 시대부터 평등과 차이의 관계 설정과 관련한 논의가 계속해서 이어져왔다는 사실 자체가 이를 증명한다 하겠다. 피크에 따르면 실제로 MLF가 전개되는 동안 이 문제를 둘러싼 논쟁은 끊임없이 이어졌으며, 이러한 논쟁은 MLF 내부의 논의를 더욱더 풍성하게 만드는 소중한 자양분의 역할을 하기도 했다(Picq, 1993: 261-262). 따라서 "정신분석과 정치"가 차이를 강조하는 입장에서 이론 정립을 우선시하는 투쟁을 추구했다는 사실 자체는 이 집단이 MLF 내의 분열의 원인을 제공했다고 볼 수 있는 근거라기보다는 다양성을 존중했던 MLF의 분위기를 증명하는 증거로 보는 것이 타당할 것이다. 이 집단이 MLF의 내분을 초래한 주범이라는 비판을 받는 결정적인 이유는 다른 데 놓여 있다. 그것은 바로 이 집단이 다양한 경향 간의 공존을 존중했던 MLF의 정신에 반하여 이 운동을 자신들의 것으로 독점하고자 하는 야욕을 드러냈으며, 그것을 실천으로 옮겼다는 점에 있다. 그리고 MLF의 주도권을 장악하기 위해 이들이 세운 작전은 성공으로 끝나게 되며, 그 결과 적어도 외부에서 보기에는 이 집단의 입장이 MLF 전체의 입장을 대변하는 것으로 간주되기 시작했다. 그에 따라 외부에서는 MLF가 평등과 차이의 관계 설정 문제를 둘러싸고 풍부한 논의를 발전시켜왔다는 사실은 간과된 채, 차이에 대한 이론 정립을 중시한 페미니즘 운동으로 MLF를 바라보는 관점이 지배적으로 자리 잡게 된다. 그렇다면 "정신분석과 정치"는 과연 어떠한 과정을 거쳐 MLF를 독점하는 데 성공했을까?

"정신분석과 정치"가 MLF 내의 패권을 장악하는 데 성공하게 된 주된 원동력은 우선 이 집단이 조직화된 운동 방식을 추구했다는 점에서 찾을 수 있다. 실제로 "정신분석과 정치"는 MLF 내의 대다수의 집단과 달리 앙투아네트 푸크라는 한 명의 카리스마 있는 리더를 중심으로 조직화된 단체의 성격을 가장 강하게 지니고 있었다. MLF 초기부터 이 집단은 상당히 조직적인 활동들을 펼쳐 나갔고, 푸크를 대표자로 내세워 자신들의 입장을 외부에 상당히 효율적으로 알려나갔다. 반면에 MLF가 개인적인 것의 정치로 특징지어진 운동이었던 만큼 MLF 내의 대다수 참여자는 단체 중심의 활동을 지양했다. 이러한 운동 방식은 MLF 내에 다양한 담론이 활성화될 수 있었던 긍정적인 토대이기도 했지만, 다른 한편으로 MLF가 외부와 관계를 맺는 데 있어서는 단점으로 작용하기도 했다. MLF가 만들어낸 담론과 그들이 펼치는 투쟁에 대한 프랑스 사회의 관심이 증가함에 따라 기존의 프랑스 언론들은 이 운동에 대한 정보를 이 운동을 대표하는 누군가로부터 얻길 원했지만, 이 운동을 대표하는 인물이나 집단이 뚜렷하게 존재하지 않는 상황에서 MLF와의 소통에 상당한 어려움을 느꼈기 때문이다. 가장 조직화된 움직임을 보였던 "정신분석과 정치"는 프랑스 언론들이 MLF에 대한 정보를 얻는 데 있어서 상당히 고마운 존재였다고 할 수 있다. 그 결과 이미 70년대 초반부터 프랑스 언론들은 이 집단의 입장과 활동 내용을 MLF 전체의 그것인 것처럼 보도하는 경향을 보이게 된다.

물론 이러한 현실에 문제의식을 느꼈던 MLF 운동가들은 『르 토르숑 브륄(Le Torchon brûle)』[10]과 같은 신문을 비롯한 다양한 언론

매체를 직접 만들어 MLF의 입장을 외부에 제대로 알리기 위한 노력을 게을리하지 않았다. 그리고 이러한 노력은 어느 정도 성공적인 결과를 창출해냈다. 그런데 "정신분석과 정치"가 설립한 "데 팜므(Des Femmes)"라는 출판사가 1974년을 기점으로 엄청난 양의 출판물을 조직적으로 쏟아내고, 그 결과 MLF 내의 발언권이 이 집단에 의해 독점되어가는 듯한 양상을 보이기 시작하면서 상황이 완전히 달라진다. 1972년에 설립된 이 출판사는 설립 당시만 하더라도 그리 주목받지 못하다가 1974년을 기점으로 당시로서는 엄청난 자금력과[11] 조직화된 경영 방식에 힘입어 순식간에 어마어마한 성공 가도를 달리기 시작한다. 강력한 자금력과 "정신분석과 정치"의 탄탄한 조직력을 기반으로 이 출판사는 당시 여성운동가들에게서는 찾아볼 수 없었던 자본주의적 경영 정신에 입각하여 출판 사업을 벌여나갔다. 그리고 그 결과 단기간 내에 페미니즘과 관련된 엄청난 양의 출판물이 이 출판사를 통해 출간되었으며, 그 출판물들은 출판사 산하에 있던 "리브레리 데 팜므(Librairie des femmes)"라는 서점망을 통해 상당히 조직적인 방식으로 판매되었다. 여성운동의 역사에서부터 동시대 국내외 페미니즘 이론서 및

---

10 MLF가 직접 발간한 신문으로 1971년 5월부터 1973년 6월까지 정식 판매되었다. 이 신문의 창간은 이후 수많은 여성주의 신문이 발간되는 데 있어서 결정적인 계기로 작용했다.

11 이 출판사가 어떠한 경로를 통해 자금을 확보하게 되었는지는 지금까지도 명확하게 밝혀지지 않고 있다. 당시 일각에서는 한 부유한 은행가의 유산이 투자되었다는 설이 떠돌기도 했다. 하지만 "정신분석과 정치" 측에서는 자금 확보 경로에 대한 명확한 설명을 제시하지 않은 채, "몇몇 활동가가 본인들의 돈을 보태거나 모금을 통해 자금을 확보했다" 정도의 설명을 하는 선에 그쳤다(Picq, 1993: 211-212).

여성 작가들의 문학작품, 그에 대한 평론서, 나아가 여성운동가들의 증언을 담은 기록물에 이르기까지 실로 다양한 종류의 책들이 이 출판사와 서점망을 통해 출간·판매되었고, MLF 내의 다른 출판물과는 비교할 수 없을 만큼 폭넓은 독자층을 확보해나갔다. 특히 영미권을 비롯한 이탈리아 또는 스페인 페미니스트들의 이론서 및 문학작품을 번역해 출판하는 작업을 활발하게 벌여나간 결과, "데 팜므" 출판사는 국제 여성학계에서 상당히 중요한 입지를 차지하게 된다. 국제 여성학계가 이 출판사를 전 세계에서 벌어지고 있는 페미니즘 투쟁과 그 투쟁을 전개하는 여성들의 존재를 알려나가는 일종의 '대변자'로 간주했기 때문이다. 그 결과 이 출판사가 다룬 여성 작가들 및 사상가들에 대한 국제적 관심이 증가했는데, 그 대표적인 예로 국내에서도 프랑스 페미니즘 사상가로 잘 알려져 있는 쥘리아 크리스테바(Julia Kristeva), 엘렌 식수(Hélène Cixous), 그리고 뤼스 이리가레(Luce Irigaray)라는 삼인방을 들 수 있을 것이다.

그러나 이 출판사를 바라보는 MLF 내의 시선은 전혀 달랐다. "정신분석과 정치"의 운동 방향에 대한 문제의식과 이 출판사의 자본주의적 경영 방식에 대한 비판 의식이 맞물리면서 전반적으로 이 출판사를 바라보는 MLF 내의 시선은 불신으로 가득 차 있었다. 그 결과 이 단체에 적을 두고 있던 활동가들을 제외한 대부분의 여성운동가는 다른 출판사를 통해 책을 출간하길 원했다. 그리고 MLF 내의 가장 영향력 있는 신문이었던 『르 토르숑 브륄』에 대항해 이 출판사가 『르 코티디앵 데 팜므(Le Quotidien des femmes)』라는 신문을 창간한 1974년을 기점으로 신문 매체를 통한 두 진영

간의 페미니즘 공방이 본격화되면서 두 진영은 급격한 단절의 길을 걷기에 이른다.

그러나 결과만을 놓고 보았을 때 이 다툼의 승자는 "정신분석과 정치"였다고 할 수 있었다. 탄탄한 조직력과 안정적인 자금력을 기반으로 한 "데 팜므"와의 출판 경쟁에서 MLF 내의 다른 출판 기관들은 당연히 뒤쳐질 수밖에 없었고, 출판 시장에서의 승리는 곧 "정신분석과 정치"가 여성운동과 관련된 발언권을 독점하는 것을 가능하게 해주었기 때문이다. 급기야 1979년, "정신분석과 정치"는 Le Mouvement de libération des femmes 및 그에 대한 줄임말인 MLF를 자신들을 지칭하는 공식 명칭으로 사용하기 위한 법적 절차를 밟음으로써 MLF를 독점하고자 하는 야망을 실천으로 옮기기에 이른다. 그리고 실제로 MLF 내의 다른 출판 기관이 이 명칭을 사용하여 책을 출간할 때마다 재산권 침해 및 사업상의 손실을 명목으로 이들을 고소하는 데 주저하지 않는 등 자신들의 야심을 상당히 노골적으로 드러내곤 했다. "정신분석과 정치"에 속하지 않은 다른 여성운동가들이 이들의 이러한 행위를 자신들에게서 MLF 자체를 도둑질해 가는 것으로 받아들인 것은 너무나 당연했다.

이러한 분열과 갈등의 과정을 거치면서 프랑스 내에서는 70년대를 화려하게 수놓았던 MLF의 시대가 막을 내리게 된다. 그리고 80년대에 사회당이 집권하면서 프랑스 여성운동은 이후 다른 방향으로 전개되어나간다. 그런데 흥미롭게도 오히려 프랑스 외부에서는 MLF가 내리막길에 접어들었던 70년대 말을 기점으로 이 운동에 대한 관심이 본격적으로 타오르기 시작한다. 이는 MLF의 입장에서는 결코 긍정적으로 볼 수 없는 현상이었다. 왜냐하면 기본적으로 이는 "정신분석과 정치"가 MLF를 독점하는 데 성공한 동시에 출판 시장에서의 영향력을 기반으로 국제 페미니즘계에서 중요한 위상을 차지하게 된 결과라 할 수 있었기 때문이다. 실제로 70년대 말은 "정신분석과 정치"와 학문적으로 교류했던 미국 여성학 학자들이 중심이 되어 이 집단이 주장한 차이의 페미니즘을 MLF 전체를 관통한 페미니즘 담론인 것처럼 미국 여성학계에 소개하기 시작한 시기라 할 수 있다. 그리고 미국 여성학계가 국제 여성학계에 막강한 영향력을 발휘하게 되는 80년대에 이르러서는 MLF의 역사를 비롯한 프랑스 페미니즘에 대한 왜곡된 버전, 즉 '프렌치 페미니즘'에 대한 담론이 전 세계로 퍼져나가게 된다. 그렇다면 70년대 말부터 80년대 초반 사이에 미국 여성학계 내에서 이루어진 프랑스 페미니즘에 대한 왜곡의 내용은 무엇인가? 그리고 미국 여성학계는 왜 이러한 결과를 만들어낸 것일까?

4) 프랑스 페미니즘에서 프렌치 페미니즘으로

(1) 프렌치 페미니즘의 형성 과정

미국 여성학계 내에서 프랑스 페미니즘이 프렌치 페미니즘으로 재탄생하기까지의 과정을 상세하게 추적하고 있는 논문, 「미국산: 미국 학계의 담론 속에서의 '프렌치 페미니즘'」의 저자인 클레어 모지스에 따르면 프랑스 페미니즘에 대한 미국 여성학계의 왜곡은 1970년대 중반을 기점으로 약 10년 동안 집중적으로 이루어진 것으로 보인다(Moses, 1996: 17-31). 이 과정의 초반은 미국의 저명한 여성학 학술지인 『사인(Signs)』지에 의해 주도되었다. 이 학술지는 특히 'MLF = 가부장적 상징체계의 해체를 추구한 이론 중심의 운동', 그리고 'MLF를 주도한 이론가 = 크리스테바, 식수, 이리가레'라는 등식을 미국 내에 확산시키는 데 결정적인 기여를 했다.

우선 이 학술지는 70년대의 주목할 만한 프랑스 작가를 소개하는 차원에서, 1975년에는 크리스테바의 『중국 여성들(Des Chinoises)』을, 76년에는 식수의 『메두사의 웃음(Le Rire de la Méduse)』을 영어로 번역해 소개한다. 하지만 당시까지만 해도 이 두 작가를 프랑스 페미니즘 작가로 분류하려는 움직임을 보이진 않았으며, 단지 가장 도발적이고 존경받는 현대 프랑스 작가의 대표적인 사례로 이들을 소개하는 데 그쳤다. 그런데 78년에 이르러 왜곡의 첫 번째 계기가 되는 결과물들이 이 학술지를 통해 발표되는데, 엘렌 막스의 「프랑스에서의 여성과 문학」과 캐롤린 그린스타인 버크의 「파리 보고서: 여성의 글쓰기와 여성운동」이 바로 그것들이다(Marks, 1978: 832-842; Burke, 1978: 843-855). 미국의 저명한 불문학자였던 이 두 저자의 목표는 공통적으로 70년대 프랑스에서 등장한 여성 작가들 및 그들이 문학계에 몰고 온 새로운 글쓰기 경향을 소개하는 데 놓여 있었다. 그런데 문제는 이들이 새로운 글쓰기 경향을 지닌 프랑스 작가들의 등장과 MLF의 흐름을 섞어서 소개하는 식으로 내용을 구성한 결과, 프랑스 작가 및 MLF에 대해 거의 알지 못했던 영어권 독자들로 하여금 프랑스 페미니스트 운동가들이 모두 소설가, 철학자 혹은 평론가로 이루어져 있다는 선입견을 갖게 했던 것이다. 특히 버크의 경우 68혁명 직후의 MLF 전개 과정에 대해 짧게 소개한 직후 가부장적 상징체계의 해체를 목적으로 프랑스 내에서 진행된 이론 정립 및 언어를 중심으로 한 실험적 글쓰기의 흐름을 중점적으로 서술함으로써 독자들이 이러한 선입견을 가질 여지를 더욱더 키우는 결과를 초래한다. 나아가 이들 모두 이러한 새로운 사상을 대표하는 작가로 크리스테바와 식수, 이리가레를 언급하고 이들을 소개하는 데 상당한 공을 들임으로써 독자들이 은연중에 'MLF = 가부장적 상징체계의 해체를 추구한 이론 투쟁 중심의 여성운동'이라는 등식을 받아들이게 한 것은 물론이거니와, 이 삼인방의 사상을 곧 MLF의 핵심적 사상으로 받아들이게끔 하고 말았던 것이다. 특히 당시의 영어권 독자들에게 프랑스 작가 및 프랑스 페미니즘에 대한 정보가 거의 없었다는 점과, 막스와 버크가 미국 내에서 프랑스 지식인 사회와 긴밀한 학문적 교류를 유지하는 몇 안 되는 프랑스 문학 전문가로서 명성을 누리고 있었다는 사실이 맞물려 프랑스 페미니즘에 대한 이들의 접근 방식이 지닌 오류를 지적하는 이들은 거의 없었다. 그리고 그 결과 이들이 만들어낸 프랑스 페미니즘의 각색된 버전이 별다른 저항에 부딪히지 않은 채 광범위하게 확산되기에 이른다.

이어서 1979년에 '차이'를 주제로 열렸던 "버나드대학 학자 및 페미니스트 학술대회(Barnard College Scholar and the Feminist Conference)"에서는 『사인』지의 집필진이 주요 발표자로 참여한 '현대 프랑스 페미니즘 사상(Comtemporary Feminist Toughts in France)'이라는 분과가 특별히 마련되어 크리스테바와 식수, 이리가레의 사상이 집중적으로 조명되었다. 그리고 그 이듬해에는 이 자리에서 발표되었던 글들을 모은 책, 『차이의 미래』가 출간되기도 했다(Eisenstein and Jardine, 1980). 특히 이 책에 실린 글들 중에서 『사인』지의 편집장이었던 돔나 스탠턴(Domna C. Stanton)이 쓴 「언어와 혁명: 프랑스적-미국적 단-절(Language and Revolution: The Franco-American Dis-Connection)」이라는 글은 주목할 만하다(Eisenstein and Jardine, 1980: 73-87). 여기서 스탠턴은 언어를 주요 투쟁 대상으로 설정했던 70년대 프랑스 페미니즘을 이끈 사상가들로 크리스테바, 식수, 이리가레를 소개하고 있는데, 이는 이후 미국 여성학계가 이 삼인방을 프랑스 페미니스트의 핵심적 인물로 규정하게 만든 결정적인 사건들 중 하나라고 할 수 있다. 실제로 이러한 흐름에 발맞춰 1981년에 『사인』지는 프랑스 페미니즘 이론을 다루는 특별호를 출간하여 이 삼인방을 프랑스의 핵심적 페미니즘 이론가로 규정하는 입장을 공식적으로 표명하기에 이른다.

무엇보다도 막스와 이자벨 쿠르티브롱이 공동으로 집필한 『새로운 프랑스 페미니즘』이라는, 이후 현대 프랑스 페미니즘에 대한 입문서로 군림하게 될 저서의 1980년 출간은 프렌치 페미니즘의 탄생을 알리는 가장 중요한 신호탄이었다고 할 수 있다(Marks and Courtivron, 1980). 이 책에서 막스와 쿠르티브롱은 앞서 언급한 삼인방 이외에도 보부아르나 크리스틴 델피와 같은 유물론적 페미니스트 등 당시 프랑스 여성운동 진영의 여러 이론가를 소개하고 있기는 하다. 하지만 그럼에도 불구하고 여전히 내용의 상당 부분을 프렌치 페미니스트 삼인방의 사상을 소개하는 데 할애함으로써 이들을 현대 프랑스 페미니즘의 핵심적 인물로 간주하는 관점을 드러내고 있다. 여기서 그치지 않고 다음과 같이 "정신분석과 정치"를 MLF의 대변자인 것처럼 소개함으로써 현대 프랑스 페미니즘의 본질을 왜곡하여 제시하는 결과를 초래하고 만다.

오늘날 "정치와 정신분석"이라는 이름으로 알려진 이 집단은 가장 이른 시기에 형성된 집단들 중 하나로서(1968) 문화적 그리고 지적인 측면에서 MLF의 중심을 이루어왔다. "정치와 정신분석"은 프랑스, 나아가 아마도 서구 사회에 존재하는 여성해방운동 집단들 가운데 가장 독창적인 집단에 해당한다 (Marks and Courtivron, 1980: 31-33).

또한 막스와 쿠르티브롱은 현대 프랑스 페미니즘을 기존의 프랑스 페미니즘의 전통과 완전히 단절된 것으로 소개하는 오류를 저지르기도 했다. 이들은 "프랑스 지식인들의 삶의 경향을 근본적으로 바꿔놓았다는 점"에 근거하여 MLF와 함께 시작된 새로운 프랑스 페미니즘을 기존의 프랑스 페미니즘과 근본적으로 다른 것으로 규정한다(Marks and Courtivron, 1980: 30). 보다 구체적으로 말해 보자면 이들은 크리스테바, 식수, 이리가레, 이 삼인방이 공통적으로 평등권 쟁취를 위한 전통적 페미니즘의 투쟁을 가부장제 내에서 남성과 동등한 특권을 누리기 위한 시도와 다름없다고 주장했다는 점을 근거로 내세워 이 삼인방이 대변하는 새로운 프랑스 페미니즘이 기존의 프랑스 페미니즘과의 과감한 단절을 통해 새롭게 탄생한 결과물에 해당한다는 관점을 피력했다. 즉 이 책의 저자들은 현대 프랑스 페미니즘의 본질을 여성의 삶을 결정하는 사회적 조건의 변혁이 아닌 가부장적 문화의 근간을 이루는 상징체계의 변혁을 추구하는 일종의 '언어 혁명'으로 소개했던 것이다.

이러한 관점은 이후 토릴 모이(Toril Moi)와 같은 거물급 페미니즘 이론가들의 동의를 등에 업고 미국 여성학계 전반의 관점으로 자리 잡게 된다. 특히 1985년 출간 직후부터 오늘날에 이르기까지 중요한 페미니즘 사상서들 중 하나로 꼽히는『성과 텍스트의 정치학(Sexual/Textual Politics)』은 토릴 모이가 막스와 버크와 동일한 관점에서 프랑스 페미니즘을 바라보고 있다는 점을 명확히 보여준다. 모이는 프랑스 페미니즘 이론을 소개하는 2부의 도입부에서 크리스테바, 식수, 이리가레야말로 언어 및 글쓰기상에서의 여성주의적 혁명의 필요성을 논하는, 현대 프랑스 페미니즘의 "주류" 사상가에 해당한다고 단언하고(Moi, 1985: 97), 2부의 대부분을 이들 삼인방의 이론을 소개하는 데 할애함으로써 프랑스 페미니즘에 대한 왜곡된 인식을 확산시키는 데 결정적으로 일조했다. 그리고 이러한 과정을 거쳐 미국 여성학계는 70년대에 형성된 프랑스 페미니즘의 흐름이 대혁명 이후 지속적으로 이어져온 여성운동을 이론 및 실천적 측면 모두에서 비판적으로 계승·발전시킨 결과물이라는 사실을 철저히 무시한 채 이를 프랑스 페미니즘 전통과의 단절을 전제로 한 새로운 흐름으로 소개하는 '몰역사적' 인식을 반복적으로 드러내고 만다.

반면에 미국 여성학계는 MLF의 이론 및 실천 투쟁의 가장 중요한 한 축을 이루고 있었던, 여성이 처한 불평등한 상황을 사회적 형성의 결과물이라고 보고 여성의 현실적 삶의 여건을 바꾸기 위해 투쟁했던 유물론적 페미니즘의 흐름은 마치 MLF의 본질에 위배되는 것인 양 치부하기에 이른다. 보부아르에 대한 당시 미국 여성학계의 평가는 이러한 현실을 단적으로 보여주는 증거라 할 수 있다. 적어도 프랑스 여성운동가들 사이에서는 여성이 타자로서의 상황에 갇히게 된 원인에 대한 분석과 관련하여 보부아르가 『제2의 성』에서 시도했던 유물론적 접근 방식이 MLF의 여성운동가들이 투쟁을 벌여나가는 데 있어서 가장 중요한 실천의 동력을 제공했다는 점에 대한 전반적인 동의가 자리 잡고 있다고 할 수 있다. 바로 이러한 맥락에서 피크는 보부아르의 존재는 과거에 속하는 "추상적인 준거(une référence abstraite)"가 아니라, 현대 프랑스 여성운동이 선배들이 걸어온 투쟁의 역사의 연장선상에 있다는 사실을 증명해주는 "물질적인 연결 고리(un lien charnel)"에 해당한다고 평가하기도 했다(Picq, 1993: 219). 하지만 이와 달리 1980년대의 미국 여성학계는 기본적으로 보부아르의 페미니즘 사상을 MLF의 핵심적 사상가들이 비판해 마지않던, 낡아빠진 전통적 페미니즘의 대명사로 소개하는 경향을 상당히 반복적으로 드러내왔다. 가장 대표적인 예로 토릴 모이의 경우를 들 수 있다.

> 신세대 프랑스 페미니즘 이론가들이 시몬 드 보부아르의 실존주의적 페미니즘을 완전히 거부했다는 주장이 자주 제기되어왔다. 자유주의에 입각해 남성과의 평등권을 추구했던 보부아르의 바람과 결별하고, 이들 신세대 페미니스트들은 차이를 강조하는 방향으로 논의를 발전시킨다. 이들은 여성 특유의 가치를 소중히 할 여성의 권리를 극찬하는 한편, 평등권 쟁취를 주장하는 방식을 여성으로 하여금 남성과 같은 존재가 되도록 강요하는 은밀한 시도와 다름없는 것으로 간주하고 이를 거부한다. … 일반적으로 실존주의는 구조주의와 후기구조주의가 부상한 1960년대에 접어들면서 주변으로 밀려나게 되었다고 볼 수 있는데, 정신분석에 대한 보부아르의 거부야말

로 프랑스 내에서의 새로운 여성운동과 관련해서 『제2의 성』을 낡은 것으로 만든 요인이라 할 수 있다. 식수, 이리가레 그리고 크리스테바는 모두 프로이트에 대한 라캉의 (후기)구조주의적 해석에 커다란 영향을 받았기에 그들의 작업을 보다 깊이 연구하기 위해서는 가장 핵심적이라 할 수 있는 라캉의 사상을 어느 정도는 알아야 할 필요가 있다(Moi, 1985: 98-99).

보부아르에 대한 미국 여성학계의 이러한 평가는 기본적으로 현대 프랑스 페미니즘에 대한 왜곡된 인식, 나아가 그러한 왜곡된 인식에서 비롯된, 유물론적 페미니즘이 현대 프랑스 페미니즘을 지탱하고 있는 주춧돌들 중 하나라는 사실에 대한 몰인식에서 기인한다고 할 수 있다. 모지스의 말을 빌려 정리해보자면 프랑스 페미니즘에 대한 미국 여성학계의 왜곡은 "행동보다는 이론을 중시하고, 라캉 및 후기구조주의를 여성 조건의 유물론적 탐구보다 우선시하고, 문학과 철학적 담론을 사회 및 역사적 담론보다 중요하게 간주하는" 경향의 페미니즘이라는 틀 속에 프랑스 페미니즘을 가두는 과정으로 요약될 수 있을 것이다(Moses, 1996: 18). 그렇다면 이제 우리는 다음과 같은 질문을 던져보아야 할 것이다. 도대체 무엇이 미국 여성학계로 하여금 프랑스 페미니즘을 왜곡하도록 하였는가? 이 사태는 무지의 소치인가 아니면 나름의 의도가 빚어낸 결과물인가?

(2) 프랑스 페미니즘 왜곡 사태의 원인

우선은 MLF의 시대에 대한 미국 여성학계의 무지가 만들어낸 결과로 이 사태를 바라볼 수 있을 것이다. 더구나 출판 시장에서의 성공을 앞세워 국제적으로 명성을 떨치고 있던 "정신분석과 정치"의 강력한 존재감이 MLF의 구체적인 현실에 무지했던 미국 여성학자들로 하여금 이 단체의 관점에서 MLF의 본질을 이해하도록 하는 데 한몫했을 것이라는 추측 역시 가능할 것이다. 그러나 모지스의 지적처럼 그럼에도 불구하고 미국 여성학계가 "MLF의 현실에 대해 어느 정도는 알고" 있었을 것이 분명해 보인다(Moses, 1996: 21). 프랑스 페미니즘에 대한 미국 주류 여성학계의 접근 방식에 문제를 제기한 학자들이 존재했다는 사실이 이를 증명해준다(Duchen, 1986; Stetson and McBride, 1987 참조). 따라서 현대 프랑스 페미니즘의 왜곡된 버전의 확산은 단순히 미국 여성학계의 무지의 소치로 볼 수만은 없을 것이다. 더군다나 미국 주류 여성학계가 현대 프랑스 페미니즘에 대한 그들의 접근 방식이 지닌 오류를 지적하는 비판의 목소리에 귀를 닫은 채 상당히 정형화된 방식으로 현대 프랑스 페미니즘을 왜곡해왔다는 점을 고려할 때 이러한 왜곡 사태는 의도된 결과로 간주되어야 마땅하다.

이와 같은 관점에서 현대 프랑스 페미니즘의 왜곡 문제에 관심을 기울여온 연구자들은 첫째, 진정한 의미에서의 '학제 간(interdisciplinary)' 연구가 80년대의 미국 내에서 자리 잡지 못했었다는 점, 둘째, 미국 학계가 외국 학문을 대할 때마다 일관되게 '제국주의(l'impérialisme)'적 태도를 견지해왔다는 점, 이 두 지점에서 왜곡의 근본적인 원인을 찾을 수 있다고 입을 모은다. 특히 이에 대한 모지스의 날카로운 분석은 주목할 만하다. 모지스에 따르면 미국 여성학계에 의한 현대 프랑스 페미니즘의 왜곡 현상의 저변에는 우선 미국 학문들 간의 불평등한 권력관계가 주요 원인으로 작용하고 있다고 할 수 있다(Moses, 1996: 27). 구체적으로 말해보자면 이는 미국 내에서 여성학이 문학계의 주도하에 발전해왔으며, 그 결과 적어도 여성학과 관련해서는 문학이 다른 분야들에 우선하는 "지배적 학문(the predominant discipline)"으로 군림했던 현실을 지칭한다고 할 수 있다(Moses, 1996: 28). 그리고 그 결과는 다음과 같았다.

> 페미니즘 학계, 보다 정확히 말하자면 미국 페미니즘 학계 내에서는 어떤 상황이 벌어지고 있었는데, 나는 그것을 문학의 패권이라 불렀다. … 페미니즘에 대한 교육이 다양한 설정 속에서 이루어질 수 있다는 점을 알고 있음에도 불구하고 미국 페미니스트들이 '페미니즘 교육학'에 대해 이야기할 때면, 보통 그것은 문학과 철학 수업의 구성 방식을 의미한다. 또한 페미니즘 이론이 추정과 상정, 목적과 전략에 대한 탐구 과정에서 이루어지는, 여성의 조건을 설명하는 것을 가능케 하는 사유의 다양성을 의미한다는 것을 알고 있음에도 불구하고 미국 페미니스트들은 다른 분야의 학자들에게는 낯설지만 어떤 특정 지식 분야의 지식인들에게는 익숙함을 불러일으키는 특정 학계의 철학적 담론을 '이론'과 동의어로 사용하는 경향에 점점 더 빠져들고 있다(Moses, 1996: 28).

미국 내에서 페미니즘 담론 형성의 주도권을 문학계가 장악하고 있었던 만큼, 그리고 그들의 관심이 사회의 실질적 변혁을 위한 실천 투쟁이 아니라 상징체계의 변혁을 목적으로 한 글쓰기상에서의 투쟁에 쏠려 있었던 만큼 그들의 관심사에 부합하지 않았던 다른 흐름들은 페미니즘 담론에서 배제될 수밖에 없었던 것이다. 바로 이러한 맥락에서 모지스는 미국 내에서 "소위 학제 간 영역이라 불렸던 것은 결국 진정한 의미에서의 학제 간이라 할 수 없었다"라고 단언한다(Moses, 1996: 28).

현대 프랑스 페미니즘의 왜곡을 야기한 두 번째 원인은 외국 학문에 대한 미국 여성학계의 제국주의적 접근 방식에서 찾을 수 있다. 여기서 제국주의적 접근 방식이라 함은 자신들의 주장을 정당화하기 위해 타 문화를 일방적으로 이용한 미국 여성학계의 태도를 지칭한다. 모지스에 따르면 이는 여성학 분야에서 자신들의 주도권을 유지하고자 했던 미국 문학계의 패권주의적 태도가 빚어낸, 어찌 보면 당연한 결과라고 할 수 있다. 탈식민주의적(postcolonialiste) 관점에서 보았을 때 비단 미국 여성학계뿐만 아니라 미국 학계는 기본적으로 "제3세계에 살고 있는 사람들에게 관심을 거의 기울이지 않은 채 그들 문화의 어떤 측면을 마음대로 도용하고, 그것을 고유한 문맥에서 떼어내 자신들의 목적을 위해 사용하는" 방식으로 요약될 수 있는, 제3세계에 대한 제국주의적 접근 방식을 취해왔다고 모지스는 지적한다(Moses, 1996: 27). 그녀는 프랑스 페미니즘에 대한 미국 여성학계의 왜곡이 이러한 현실을 정확히 보여주는 대표적인 사례에 해당한다고 보고 미국 여성학계의 접근 방식을 다음과 같이 비판한다.

… 미국인들은 정확히 식민주의자의 역할은 아니라 할지라도

정확히 제국주의적 권력이 작동하는 방식으로 프랑스인들 혹은 프랑스의 맥락을 무시한 채 자신들의 목적을 달성하기 위해 프랑스 문화의 한 측면을 도용하고 이용해왔다. … 미국인들은 자신들의 목적을 위해 프랑스 페미니스트 활동가들이 현실의 프랑스 여성들을 대표하여 벌인 구체적인 정치투쟁에는 거의 관심을 기울이지 않은 채 프랑스 페미니즘을 이국적인 것으로, 심지어 에로틱한 것으로 만들어버렸으며, 그리고 나선 그것의 문맥을 훼손시키고 이용했던 것이다(Moses, 1996: 27).

같은 맥락에서 크리스틴 델피 역시 프랑스 페미니즘의 왜곡은 미국 여성학계가 자신의 정체성 확보를 위해 전략적으로 프랑스 페미니즘을 타자화한 결과에 해당한다고 진단했다(Delphy, 1995: 214). 그런데 여기서 한 걸음 더 나아가 델피는 프랑스 페미니즘에 대한 왜곡이 이루어지게 된 보다 근본적인 원인, 즉 세 번째 원인을 제시하고 있다. 그것은 현대 페미니즘이 직면할 수밖에 없었던 역설 앞에서 스스로를 보호하기 위해 택한 일종의 '자기방어적' 전략과 관련된 것이라 할 수 있다. 앞서 이야기한 바 있듯이 페미니즘이 처한 역설은 여성의 평등권을 주장하기 위해 전략적으로 여성의 특수성을 강조할 수밖에 없었던 상황에서 가부장제의 철폐를 목적으로 하는 페미니즘적 논의가 오히려 가부장제가 지지해온 성에 대한 본질주의적 입장을 견지하게 된 상황으로 요약될 수 있다. 델피에 따르면 미국 여성학계의 제국주의적 태도가 그들이 프랑스 페미니즘에 접근하는 "방식(means)"상에서 드러난 문제에 해당한다면, 세 번째 원인은 보다 "궁극적인 목적(the ultimate ends)"을 달성하기 위해 그들이 의도적으로 택한 전략과 관련된 문제라 할 수 있다(Delphy, 1995: 193). 델피는 그 궁극적인 목적이란 본질주의의 선택으로 인해 자신들이 받게 될 비난으로부터 벗어나는 것이며, 이를 위해 미국 여성학계가 의도적으로 프랑스 페미니즘을 왜곡하기에 이르렀다고 진단한다.

실제로 제국주의가 "프렌치 페미니즘"의 형성을 가능케 만들었기에 제국주의를 비판하지 않을 수 없다. 또한 누군가의 이론에 대해 책임을 지는 것을 회피하고자 하는 욕망이 여기에 작용하고 있다는 점 또한 부인할 수 없다. 나는 에즈키엘이 명명한 바 있는, 소위 "프렌치 페미니즘"의 "중개인"들이 지식인 사회에서 낯선 것, 특히 "프랑스적"인 것이 누리고 있는 명망이 프렌치 페미니즘을 대하는 태도 안에 축적되도록 하고자 하는 목적에서, 그리고 자신들이 지지하는 사상들로부터 거리를 둠으로써 그것들에 대해 온전히 책임지는 것을 스스로 면하고자 하는 목적에서 몇몇 이론을 "프랑스적"인 것으로 소개하고자 했다고 생각한다. 마치 자신들이 단지 영미권에 외국 사상을 소개하는 자에 불과하다는 입장을 언제나 고수할 수 있다는 듯 말이다. 그리고 이에 더해 그들은 이 사상들이 페미니즘에 해당한다고 주장했던 자신들의 발언이 전혀 문제시되지 않을 수 있는 이득 역시 기대할 수 있다고 보았던 것이다(Delphy, 1995: 192-193).

이러한 맥락에서 델피는 미국 여성학계에 의한 현대 프랑스 페미니즘의 왜곡은 "해석(construction)"의 수준을 넘어선 "창작(invention)"의 결과물과 다름없다고 단언한다(Delphy, 1995: 193-194). 이에 대한 근거로 델피는 80년대의 미국 여성학계가 크리스테바나 식수, 이리가레의 사상을 전체적으로 소개하기보다는 성차를 강조하는 부분만을 발췌해서 소개하거나, 그들의 텍스트를 그 자체로 소개하는 부분과 그에 대한 자신들의 견해를 밝히는 부분의 경계를 모호하게 처리함으로써 독자들이 자신들의 의도대로 텍스트를 읽어나가도록 '유도'하는 전략을 반복적으로 구사하고 있다는 점을 들고 있다(Delphy, 1995: 196-197). 그리고 이러한 과정을 거쳐 그들은 마침내 '프랑스 페미니즘 = 차이의 이론을 중심으로 한 페미니즘'이라는 등식을 의도적으로 확립시켰으며, 보다 궁극적으로는 이를 통해 본질주의적 노선을 택한 자신들의 현실을 정당화하고자 했다는 것이다.

정리해보자면 미국 여성학계는 정보 부족에 따른 무지 때문이기도 했지만, 보다 근본적으로는 새롭게 직면하게 된 역설 앞에서 자신들이 택한 페미니즘 노선의 정당성을 주장하기 위해 프랑스 페미니즘의 실체와 너무나 다른 프렌치 페미니즘이라는 새로운 담론을 만들어냈던 것이다. 델피의 말을 빌려 함축적으로 표현해보자면 "프랑스인들이 그렇게 하고 있다면, 우리가 못할 이유는 무엇인가(if the "French" can do it, why can't we)?"라는 질문에 대한 답을 찾기 위해(Delphy, 1995: 220) 미국 여성학계가 타 문화를 배타주의적이면서 자기중심적인 방식으로 이용한 결과 탄생한 것이 바로 프렌치 페미니즘이었던 것이다.

3. 결론

지금까지 70년대 중반을 기점으로 본격화된 MLF 내의 분쟁을 계기로 진행된 프랑스 내에서의 MLF의 본질에 대한 왜곡이 미국을 거치면서 어떻게 MLF를 넘어서 현대 프랑스 페미니즘 전체에 대한 왜곡으로 이어지게 되었는지, 그리고 미국 여성학계에 의한 프랑스 페미니즘의 왜곡의 원인은 무엇인지를 살펴보았다. 그런데 문제는 국제사회에서 미국이 발휘하고 있는 커다란 영향력으로 말미암아 오늘날 국제 여성학 연구자들 중 상당수가 80년대 미국 여성학계가 자신들의 필요에 의해 자의적으로 탄생시킨 '프렌치 페미니즘'을 프랑스 페미니즘의 전부로 인식하기에 이르렀다는 점이다. 프랑스 페미니즘에 대한 한국 학계의 접근 방식은 그 대표적인 사례라 할 수 있다. 68혁명이 MLF의 탄생으로 이어진 과정에 대한 고찰을 시도한 몇몇 연구물을 제외하고 ― 그러나 이들 대부분 역시 MLF의 성과를 소개하는 차원에 그치고 있을 뿐, MLF 내의 분쟁에 주목하거나 그러한 분쟁이 80년대 여성해방운동의 노선 변화에 끼친 영향에 대해 분석하고 있는 연구물은 거의 없다고 해도 과언이 아닐 것이다 ― 현대 프랑스 페미니즘을 직접 연구 대상으로 삼거나, 이를 방법론으로 삼아 문화 현상 또는 문학 텍스트에 대한 분석을 시도하고 있는 연구물 대부분은 크리스테바, 식수, 이리가레 삼인방의 사상을 현대 프랑스 페미니즘의 주요 담론으로 언급하고 있다. 그에 따라 현대 프랑스 페미니즘의 중요한 한 축을 담당하고 있는 유물론적 사상에 대한 논의는 국내 학계에서 거의 찾아볼 수 없으며, 그 결과 미국 내에서와 마찬가지로 국내에서도 '프랑스 페미니즘 = 차이의 이론을 중심으로 한 페미니즘'이라는 등식이 확고하게 자리 잡고 있는 실정이다. 그런 의미에서 이 글이 현대 프랑스 페미니즘에 대한 국내의 이해를 쇄신할 수 있는 계기가 되기를 바란다.

나아가 프랑스 페미니즘을 둘러싼 1980년대의 외적 상황에 주목한 이 글은 우리에게 현대 프랑스 페미니즘과 관련해서 이후의 새로운 연구 과제를 안겨준다고 할 수 있다. 80년대를 기점으로 프랑스 페미니즘이 맞이하게 된 내적 상황은 어떠했는지를 살펴보는 작업이 그것이다. 프랑스 여성운동이 70년대의 내적 분쟁을 거쳐 80년대 이후 어떤 방향 속에서 전개되었는지를 살펴보는 작업은 비단 프랑스 페미니즘의 역사를 보다 정확하게 이해하는 수준을 넘어서 21세기 현재, 프랑스 페미니즘이 직면한 현실을 파악할 수 있는 기회를 제공해줄 것이라 생각한다. 나아가 이를 통해 왜 프랑스 페미니스트들이 프랑스 페미니즘의 본질을 왜곡하고자 했던 미국 여성학계의 시도를 막아내지 못했는지 이해해볼 수 있는 계기 역시 마련할 수 있으리라 생각한다.

참고 문헌

스콧, 조앤 W., 2006, 『페미니즘 위대한 역설』, 공임순, 이화진, 최영석 옮김, 서울: 앨피.

이은미, 2006, 「68운동과 프랑스 여성 해방운동: 1970년대 전반기 프랑스 여성운동을 중심으로」, 『한국프랑스학논집』 제54집: 389-408.

Allwood, Gill, 1998, *French Feminism: Gender and vilolence in contemporary theory*, London: UCL Press.

Beauvoir, Simone de, 1963, *La Force des choses*, Paris: Gallimard.

Burke, Carolyn Greenstein, 1978, "Report from Paris: Women's Writing and the Women's Movement", *Signs* vol. 3, n° 4, summer: 843-855.

Delphy, Christine, 1995, "The invention of French Feminism: An Essential Move", pp. 190-221 in *Yale French Studies - Another Look, Another Woman: Retranslations of French Feminism* n° 87, Yale University Press.

Duchen, Claire ed. and trans., 1987, *French Connections: voices from the women's movement in France*, Amherst: University of Massachusetts Press.

Duchen, Claire, 1986, *Feminism in France: From May 68 to Mitterand*, Routledge.

Eisenstein, Hester and Alice Jardin, ed., 1980, *The Future of difference*, Boston: G. K. Hall & Co.

Guadilla, Naty García, 1981, *Libération des femmes: le M.L.F.: Mouvement de Libération des Femmes*, Presses Universitaires de France, coll. "Le Sociologue".

Marks, Elaine and Isabelle de Courtivron ed., 1980, *New French Feminism*, Amherst: University of Massachusetts Press.

Marks, Elaine, 1978, "Women and Literature in France", *Signs* vol. 3, n° 4, summer: 832-842.

Moi, Toril, 1985, *Sexual/Textual Politics*, London: Routledge.

Moses, Claire, 1996, "Made in America: 'French Feminism' in United States Academic Discourse", *Australian Feminst Studies* vol. 11, n° 23: 17-31.

Picq, Françoise, 1993, *Libération des femmes: Les années-Mouvement*, Paris: Seuil.

Remy, Monique, 1990, *Histoire des mouvements de femmes: de l'utopie à l'intégration*, Paris: l'Harmattan, coll. "Logiques sociales".

Rodgers, Catherine, 1998, *Le Deuxième sexe de Simone de Beauvoir: un héritage admiré et contesté*, Paris: L'Harmattan, coll. "Bibliothèque du féminisme".

Stetson, Dorothy and Dorothy E. McBride, 1987, *Women's Right in France*, Greenwood Press.

Thébaud, Françoise, 1992, "La grande guerre: le triomphe de la division sexuelle", pp. 85-144 dans *Histoire des femmes en Occident V: Le XXe siècle,* édité par Georges Duby et Michelle Perrot, Paris: Plon.

루이 알튀세르와 68

혁명의 과소결정?

진태원

1. 머리말: 정세에 대한 철학, 정세 속에서의 철학

언젠가 에티엔 발리바르는 알튀세리앵들을 '정세의 알튀세리앵'과 '구조의 알튀세리앵'으로 구별한 적이 있다(Balibar, 1992; 발리바르, 1993). 전자가 역사의 예정된 진행 경로나 목적을 설정하는 목적론이나 종말론에 맞서 역사의 우연성 내지 예측 불가능성을 강조하는 관점이라면, 후자는 헤겔 또는 루카치식의 총체성에 맞서 구조의 복합성 또는 불균등 발전을 강조하는 입장이라고 할 수 있다. 이러한 두 종류의 알튀세리앵들이 존재한다면, 그것은 알튀세르 저작 자체 내에 이러한 두 가지 계기가 모두 존재하기 때문이다. 초기 저작에서는 『마르크스를 위하여』에 수록된 「모순과 과잉결정」에서 빼어나게 표현된 것이 알튀세르 사상의 '정세'적 측면이라면(알튀세르, 2017),[1] 「유물론적 변증법에 대하여」나 『자본론을 읽는다』에 수록된 「'자본'의 대상」에서는 '구조'적 측면이 특히 부각되고 있다고 할 수 있다(Althusser, 1996a).

내가 지금 '정세'라는 용어로 표현한 알튀세르의 개념은 프랑스어로 하면 콩종크튀르(conjoncture)다. 그런데 사실 알튀세르 사상에서 이 개념은 (철학사에서 흔히 볼 수 있는 경우지만) 초기부터 후기까지 단일한 의미를 지니고 있지 않다.[2] 알튀세르가 『마르크스를 위하여』에서 이 개념을 사용했을 때, 이것은 원래 레닌의 '현 상황(le moment actuel)'이라는 용어에서 유래한 것이었다. 1917년 러시아혁명의 시기, "한 국가 내에서 당시 가능했던 모든 역사적 모순의 축적과 심화"(알튀세르, 2017: 172)가 일어나는 "예외적 정황들(circonstances exceptionnelles)"(알튀세르, 2017: 173), 무엇을 할 것인가가 가장 첨예하게 제기되는 상황이 바로 레닌이 '현 상황'이라고 불렀던 시기다. 알튀세르는 레닌의 이 용어에 철학적 의미를 부여하고자 했다. 철학적 관점에서 보면 현 상황 또는 정세라고 부르는 것은 "모든 혁명적 실천의 가능성과 결말이 그것에 의존하는 본질적 절합들(articulations), 고리들, 전술적 매듭들이요, 주요 모순이 폭발적으로 되는"(알튀세르, 2017: 308-309) 시기를 가리킨다. 따라서 정세는 구조의 모순들이 "그 전형성"을 드러내고, "모순들의 전위들과 압축

---

1 최근에 유고로 출간된 1966년의 단편 「발생에 대하여(Sur la genèse)」는 이미 이 시기에 알튀세르가 "'마주침의 이론' 내지 '콩종시옹' 이론('théorie de la rencontre' ou théorie de la 'conjonction')"에 관심을 기울이고 있었음을 보여준다(Althusser, 2018: 81).

2 국내의 알튀세르 연구자들은 지금까지 대개 이 개념을 '정세'로만 번역해왔는데, 이런 번역은 이 개념의 의미를 모두 표현하기에는 한계가 있기 때문에 이 글에서는 주로 콩종크튀르라고 표현하겠다.

들", "혁명적 단절의 '융합'"(알튀세르, 2017: 311)에 이르는 시기, 요컨대 모순의 과잉결정이 이루어지는 시기라고 할 수 있다.

알튀세르가 볼 때, 바로 '현 상황' 또는 정세라는 개념을 통해 맑스주의 변증법은 헤겔식의 관념론적 변증법에서 참되게 발견할 수 없는 생생한 역사, "[레닌] 자신이 살고 이해한 세계 그대로의 모습"으로 드러나는 세계, "가능한 유일한 구체성 속에서, 자신의 현재성 속에서"(알튀세르, 2017: 308) 드러나는 세계를 사고할 수 있으며, 따라서 정치적으로 행동할 수 있고, 혁명적 실천을 수행할 수 있다. 이처럼 초기 저작에서 콩종크튀르 개념은 본질적으로 예외적 상황, 혁명적 상황을 표현하는 것이며, 따라서 정세라고 번역될 수 있다.

그런데 콩종크튀르 내지 정세는 주목할 만한 양의성을 지니고 있다. 한편으로 이 개념은 구조의 전형성 또는 구조가 포함하는 모순들의 본질이 드러나는 계기를 표현한다. 정세야말로 어떤 구조가 있는 그대로, 자신의 모습을 온전히 드러내는 시기라고 할 수 있다. 하지만 다른 한편으로 이 개념의 의의는, 정세라는 것을 "'필연성'이 그 속에서 실현되는 '우연'으로 간주하는 사변적 테제"(알튀세르, 2017: 307), 헤겔의 목적론적 역사철학 및 그 이전의 보쉬에(Bossuet) 같은 보수적 신학자의 역사신학에서 유래하는 이 테제에 맞서 역사의 우연성 또는 예외성을 표현해준다는 점에서 찾을 수 있다. 우연적이거나 예외적이지 않은 정세는 정세로서의 의의를 지닐 수 없으며, 이러한 예외성이야말로 역사적 현실과 정치적 실천의 정수를 이루는 것이다. 따라서 역설적이게도 정세는 전형적이면서 예외적인 어떤 것, 필연적이면서도 우연적인 어떤 것이어야 한다. 따라서 초기 알튀세르에게 정세는 무엇보다 혁명이나 전쟁 같은 예외적 시기를 표현하는 것이었다. "1905년, 1914년, 1917년, 히틀러, 프랑코, 스탈린그라드, 중국, 쿠바 …."(알튀세르, 2017: 310)

더욱이 이 당시 알튀세르에게 문제가 되는 정세로서의 콩종크튀르는 역사적 설명의 대상으로서의 콩종크튀르였다. 다시 말해 헤겔 변증법과 구별되는 맑스주의 변증법의 고유성을 이해할 수 있게 해주는, 따라서 역사적 현실과 그 위에서 이루어지는 정치를 설명할 수 있게 해주는 콩종크튀르가 문제였지, 철학 또는 이론적 작업이 바로 그 속에서, 그 아래에서 이루어지는 것으로서의 콩종크튀르가 문제는 아니었다. 하지만 몇 년 뒤에 집필되고 나중에 유고로 출간된 『마키아벨리와 우리』(1972)에서 알튀세르는 콩종크튀르에 관해 다음과 같이 발언한다.

> 콩종크튀르라는 범주 아래에서 사고하는 것은 구체적인 소여들의 집합에 대해 성찰하듯이 콩종크튀르에 대해 사고하는 것이 아니다. 콩종크튀르 아래에서 사고하는 것은 문자 그대로 그 경우가 산출하고 제기하는 문제에 따르는(se soumettre) 것이다(Althusser, 1994a: 61).[3]

아마도 알튀세르는 자신이 살고 있던 시기가 이런 엄밀한 의미

---

[3] 알튀세르의 마키아벨리 해석의 독창성은 그의 유고 중에서 가장 많이 주목받은 측면 중 하나다. 특히 알튀세르의 마키아벨리론과 콩종크튀르 개념의 연관성에 관해서는 다음을 참조. 테레, 2011; Matheron, 1997; Lahtinen, 2009: 139 이하; Gaille, 2017.

에서 정세의 시기라고 생각했을 것이다. 제2차 세계대전의 종전과 동유럽 사회주의국가 체계의 형성, 중국 혁명, 스탈린의 사망 같은 일련의 사건들, 이 예측 불가능한 사건들, 우연적 사건들 속에서 아마도 알튀세르는 사회주의혁명의 시기가 다가오고 있다고 느꼈을 것이며, 특히 우리가 뒤에서 좀 더 자세히 살펴볼 것처럼 1966년 중국의 문화대혁명과 1968년 5월 프랑스의 혁명적 운동은 그에게 더욱 혁명이 가까이 왔음을 짐작하게 해주었을 것이다. 유고로 출간된 1969년 저작에서 알튀세르는 이렇게 말한다.

> 우리는 지구 전체에서 사회주의의 승리를 보게 될 세계 속에 진입하고 있다. 머지않아 국제공산주의운동의 매우 심각한 위기를 포함해 가능한 모든 돌발 사태를 통해 혁명은 이제 오늘의 구호가 될 것이다. 100년이 지나면, 아니 아마 50년만 지나도 세계의 모습은 변하게 될 것이다. 혁명은 지구 전체에서 승리를 거둘 것이다(Althusser, 1995; 알튀세르, 2007: 34).

그가 말한 50년의 시기가 흘렀고, 오늘 우리가 살아가는 이 세계는 그가 예측했던 '지구 전체에서 혁명이 승리를 거두는' 세계와는 거리가 먼 세계라고 할 수 있다. 하지만 철학자는 예언하는 사람도 아니며 또한 예견하는 사람도 아니다. 따라서 그의 예언 내지 예측이 틀렸다고 해서 그를 비난하는 것은 적절치 않을 것이다. 오히려 중요한 것은 알튀세르가 당시의 정세 또는 콩종크튀르에서 과연 무엇을 보았는지, 그가 그 정세에서 어떤 문제가 산출되고 제기된다고 이해했는지, 그리고 이것이 그의 이론을 어떻게 변화시켰는지 이해하는 일이다. 아마도 알튀세르는 예언에서는 실패했지만, 당시의 콩종크튀르에 대한 분석을 통해, 또한 콩종크튀르 아래에서의 사고를 통해 우리 시대를 이해하기 위한 중요한 개념들 및 통찰들을 우리에게 남기는 데는 성공했을지도 모른다. 그것을 살펴보기로 하자.

2. 이데올로기적 반역, 이데올로기적 혁명: 68년 5월 운동과 문화혁명

1) 융합에 이르지 못한 마주침: 68년 5월에 대한 평가

알튀세르는 68년 5월에 대해 어떻게 생각했는가? 우선 알튀세르 자신은 68년 5월 운동을 직접 목격하거나 참여하지 못했다는 점을 일러둘 필요가 있다. 당시 알튀세르는 정신병이 발병해서 병원에서 치료를 받고 있었다.[4] 병원에서 퇴원한 이후 알튀세르는 68년 5월에 관한 더 상세한 정보를 얻기 위해 여러모로 노력을 기울이지만, 그다지 만족스러운 결과를 얻지 못한 것으로 보인다. 그 때문인지 이후에 알튀세르가 생전에 68년 5월에 관해 공개적으로

---

[4] 알튀세르가 연인이었던 마도니아 프랑카에게 보낸 편지에서 당시의 정황에 대한 언급을 발견할 수 있다. 알튀세르는 1968년 5월 11일 수아지(Soisy-sur-Seine)에 있는 정신병원에 입원해서 한 달간 치료를 받은 후 6월 중순께 퇴원했다. 공교롭게도 68년 5월의 가장 뜨거웠던 시기에 그는 정신병원에 있었던 셈이다(Althusser, 1998: 760-761 참조).

상세하게 논의하거나 평가한 것은 단 한 차례에 불과했다. 그것은 1969년 6월 프랑스 공산당 기관지 『라 팡세(La Pensée)』에 발표된 텍스트인데, 이것은 같은 해 2월에 『라 팡세』에 발표된 사회학자 미셸 베레의 「대학생의 5월 또는 대체들(Mai étudiant ou les substitutions)」이라는 글을 반박하기 위해 작성된 글이었다(Althusser, 1969a: 63-84). 하지만 비슷한 시기에 알튀세르는 68년 5월에 관한 또 한 편의 글을 작성한 적이 있다. 이탈리아 공산당원이자 언론인이었던 마리아 안토니에타 마초키(Maria Antonietta Macciocchi)와 주고받은 서신들을 묶어서 이탈리아에서 『이탈리아 공산당 내에서 루이 알튀세르에게 보낸 편지들(Lettere dall'interno del P.C.I. a Louis Althusser)』(1969)이라는 제목으로 출판한 책에 수록된 한 편지가 바로 그것이다. 이 책은 1970년 프랑스어로 번역·출판되었으나, 68년 5월에 관한 편지를 포함하여 알튀세르의 편지 10여 통은 번역에서 제외됐다(Macciocchi, 1970).[5] 이는 이 편지들이 프랑스 공산당에 관한 여러 가지 비판을 포함하고 있어서 프랑스 공산당이 이 편지들을 출간하지 못하도록 압력을 가했기 때문이다. 알튀세르 사후 유고집으로 출간된 저작들에서도 우리는 68년 5월에 관한 또 다른 논평을 살펴볼 수 있다. 특히 1995년에 출판된 『재생산에 대하여』에 나오는 논평과 『미래는 오래 지속된다』에 나오는 언급들에 우리의 주제와 관련하여 몇 가지 의미 있는 내용이 담겨 있다(Althusser, 1995; 알튀세르, 2007; Althusser, 2003; 알튀세르, 2008).

---

[5] 하지만 이 책의 영역본에는 알튀세르의 문제의 편지가 포함되었다(Macciocchi, 1973).

미셸 베레의 글에 대한 논평은 두 부분으로 이루어져 있다. 하나는 베레의 글을 비평하는 것이고, 다른 하나는 베레의 시각과 다른 관점에서 68년 5월의 운동을 평가하고 그로부터 이론적·정치적 과제를 이끌어내는 것이다.

알튀세르는 베레가 68년 5월을 "대학생의 5월(Mai étudiant)"이라고 지칭한 것을 비판한다. 이는 마치 68년 5월 운동이 오직 대학생들만이 참여한, 또는 적어도 대학생들이 주역인 운동이었다는 인상을 준다는 것이다. 또한 그는 베레가 5월 운동을 주도한 "좌익 학생들"을 비판하고 조롱하면서 그들은 "부르주아 및 프티부르주아의 후예들"로서 "아나르코생디칼리즘" 이데올로기에 사로잡혀 있다고 비판한 점도 문제 삼는다. 이는 이중적인 잘못이다. 첫째, 대학생들에게 단일한 이데올로기는 존재하지 않았으며 오히려 다양한 이데올로기가 혼재되어 있었는데, 이는 5월 운동에 참여한 젊은이들이 대학생들만이 아니라 고등학생들, 그리고 다양한 부류의 젊은 "지식 노동자들"로 구성되었기 때문이다. 따라서 마치 "하나의 대학생 이데올로기"(Althusser, 1969a: 78)가 존재하는 것처럼 생각하는 것은, 오히려 베레가 5월 운동에 대한 대학생들 자신의 표상/재현에 사로잡혀 있음을 보여주는 것이다. 둘째, 5월 운동 중에 대학생들 사이에서 널리 확산된 이데올로기가 있다면 그것은 '아나르코생디칼리즘'이라기보다는 오히려 "자유 지상적인 아나키즘 이데올로기(idéologie anarchiste-libertaire)"(Althusser, 1969a: 78)였다는 것, 또는 마초키에게 보낸 편지의 용어법에 따르면 대학생들의 "좌익주의"는 "프롤레타리아 좌익주의가 아니라 프티부르주아 좌익주의"[6]라는 것이 알튀세르의 비판이다. 알튀세르는 베레가 공산주의 지식인으로서 5월 운동에 대한 진지한 분석을 수행하려고 했다면, 대학생들의 이데올로기 내지 "사회심리적 동기들"을 분석하기보다는 일차적으로 노동자들의 파업 투쟁에 초점을 맞추는 것이 옳았다고 지적한다. 또한 대학생들의 결함이나 오류를 '유치한 병적 좌익주의'라고 몰아붙이기보다는 더 인내심을 갖고 차분하게 설득하고 교정하려는 자세가 필요하다고 말한다.

알튀세르는 베레를 비판하는 한편 5월 운동에 관한 자신의 관점을 제시한다. 그에 따르면 5월 운동은 두 가지의 중요한 특징을 지니고 있다. 첫째, 5월 운동은 프랑스에 국한된 운동이 아니라 "청년 학생들의 범세계적인 이데올로기적 반역"(Althusser, 1969a: 74)의 일환이라는 점이다. 이러한 반역은 "제국주의의 단말마의 주요 효과들 중 하나"로서, 알제리 독립 투쟁, 베트남전쟁, 쿠바혁명, 중국의 문화혁명같이 세계 도처에서 벌어지는 반제국주의 투쟁 및 사회주의 발전의 영향 속에서 일어난 것이다. 알튀세르는 특히 5월 운동의 미증유적인 성격을 강조하는데, 이는 "역사상 처음으로 대학생들의 이데올로기적 반역이 고등학생들 및 청년 지식 노동자들의 중요 층위까지 확장되었고, 그 결과 대중의 이데올로기적 반역이 되었다"(Althusser, 1969a: 74, 고딕체는 인용자)는 데서 기인하는 것이다. 둘째, 5월 운동은 한편으로 이러한 학생들 및 젊은 지식 노동자들의 이데올로기적 반역과 다른 한편으로 "내가 알기로는 서양 역사에서 그 참여 인원 수 및 지속 기간에서 유례가 없는 총파

---

6   이 편지에서의 인용은 영역본 텍스트에 따른 것이다. 이 편지의 영역본은 버소 출판사 홈페이지에서 읽을 수 있다(Althusser, 1969b).

업 사이의 마주침(rencontre)"(Althusser, 1969a: 75, 고딕체는 인용자)을 본질로 하는 것이었다. 그리고 5월 운동에서 "절대적으로 결정적인" 역할을 수행한 것은 노동자들의 총파업이었으며, 시간적으로 선행했던 대학생들 및 고등학생, "지식인들"의 활동은 그 역시 매우 새롭고 커다란 중요성을 지닌 사건이기는 했지만, 노동자들의 총파업에 종속되어 있던 사건이었다. 그런데 이 두 사건은 "68년 5월에 서로 마주치기는 했으나 융합에까지 이르지는 못했다(sans parvenir à fusionner)."(Althusser, 1969a: 76, 고딕체는 인용자)

이러한 두 가지 평가는 마초키에게 보낸 1969년 3월 15일자 편지에서도 동일하게 나타난다. 알튀세르는 68년 5월 운동은 한편으로 노동자들과 피고용인들의 운동과 다른 한편으로 대학생들, 고등학생들, 젊은 지식 노동자들의 운동이 마주쳤으나 융합에까지 이르지는 못한 운동이었다고 말하고 있다(Althusser, 1969b). 하지만 이 편지에서 알튀세르는 대학생들에 대해 좀 더 비판적인 견해를 나타내고 있다. 그들은 노동자들의 세계 및 노동자운동에 대해 제대로 이해하지 못한 채 노동자들과의 동맹을 추구하고 이를 혁명으로 이끌어가려고 했으나, 대학생들의 시도는 "현실에 대한 이해가 아니라 몽상에 의거한 것"(Althusser, 1969b)이었기 때문에 양자 사이의 동맹 또는 "융합"이 일어날 수 없었다고 지적한다. 더욱이 알튀세르는 68년 5월 운동을 "대학생운동(Mouvement étudiant)"이라고 부르는 것은 부적절하며, 심지어 대학생들의 활동을 "운동"이라고 부르는 것이 적절한가에 대해서도 의문을 제기한다. 왜냐하면 "노동자운동 같은 운동이 그 이름을 얻을 자격이 있는 것은 그것이 사회 계급(프롤레타리아)의 운동이기 때문이며, 더욱이 객관적으로 혁명적인 유일한 계급의 운동"(Althusser, 1969b)이기 때문이다. 따라서 대학생운동이 다루어야 하는 과제는 "어떤 조건에서, 어떤 시간적 간격 속에서, 그리고 어떤 시련을 거친 이후에 대학생운동은 노동자운동과 지속적인 연결을 확립하고, 궁극적으로 그것과 융합하는 데 성공할 수 있는가"(Althusser, 1969b)라는 문제다.

두 글의 또 다른 공통점은 프랑스 공산당의 두 가지 정치적 오류에 대한 지적이다. 첫째, 중국에서는 유럽 및 프랑스와는 "절대적으로 상이한 맥락에서"(왜냐하면 중국의 문화혁명이 사회주의 내부의 문제라면, 유럽 및 프랑스는 자본주의 내에서 일어난 일이 문제이기 때문이다), "그리고 우리의 조건과 상응하지 않는 직접적인 목적들을 위해서 인민적인 국가 지도부가 청년의 이데올로기적 반역의 선두(또는 발의?)에 나섰다면", 프랑스 공산당은 (그리고 다른 유럽의 공산당들도) "지난 수년 동안 공산주의 대학생 조직의 계속된 위기 속에서도 실제로는 청년 학생 대중과의 접촉 관계를 상실했다"(Althusser, 1969a: 82)는 점이다. 마초키에게 보낸 편지에서도 역시 "우리의 공산당들[곧 프랑스 공산당과 이탈리아 공산당]은 일시적으로(이것이 사실이기를 바라지만), 하지만 확실히 대학생들 및 청년 지식인들과의 모든 이데올로기적·정치적 접촉을 상실했다"(Althusser, 1969b)라고 지적하고 있다. 둘째, 68년 5월에 일어난 노동자계급의 파업 활동에 대한 "상세한 분석"을 수행하지도 못했다는 점이다. 곧 공산당은 청년 학생들 및 노동자계급, 따라서 대중들의 이데올로기적 반역의 원인에 대해서도, 또한 노동 상황들에 대해서도 제대로 이해하지 못했다는 것이다.

이것이 바로 68년 5월 운동이 일어난 지 수개월 후에 알튀세르가 이 운동에 대해 제시한 분석 및 평가의 개요다. 알튀세르는 68년 5월 운동을 기본적으로 청년 학생들과 지식인들의 이데올로기적 반역과 노동자계급의 총파업이라는 두 가지 계열의 작용이 마주친 사건으로 이해하고 있으며, 이중에서 이 사건을 더 강력하게 규정하는 것은 후자였다고 간주한다. 청년 학생들 및 지식인들의 이데올로기적 반역은 내부의 분열과 편향된 이데올로기들이라는 한계를 지니고 있지만, 1950년대부터 범세계적으로 전개되었던 이데올로기적 반역의 흐름의 연장선상에 있으며, 진보적인 성격을 띠고 있다는 것이 알튀세르의 평가다. 하지만 이 두 가지 운동은 서로 마주치기는 했지만 융합을 하지는 못했는데, 알튀세르는 그 중요한 이유 중 하나를 공산당의 정치적 지도의 실패에서 찾고 있다.

다른 한편 『재생산에 대하여』에서도 알튀세르는 몇 차례에 걸쳐 68년 5월 운동에 대해 거론하고 있는데, 특히 두 가지 점이 중요해 보인다. 첫째, 68년 5월 운동의 의미는 자본주의 생산양식의 가장 중요한 이데올로기 국가장치가 바로 학교 장치라는 것을 보여주었다는 데서 찾을 수 있다(Althusser, 1995: 175ff; 알튀세르, 2007: 222 이하). 알튀세르에 따르면 봉건제의 지배적인 이데올로기 국가장치는 교회였는데, 자본주의에서는 학교가 교회의 역할을 대신한다. 왜 의회 민주주의 같은 정치적 이데올로기 국가장치가 아니라 학교가 지배적인 이데올로기 국가장치인가 하는 의문이 제기될 수 있는데, 알튀세르는 자본주의는 입헌군주제, 의회 군주제, 대통령제 등과 같이 "의회 민주주의와는 상이한 정치적인 이데올로기 국가장치들도 매우 잘 받아들일 수 있기"(Althusser, 1995: 176-177; 알튀세르, 2007: 224) 때문에 의회 민주주의는 지배적인 이데올로기 국가장치로 볼 수 없다고 주장한다. 역으로 모든 자본주의사회에 존재하는 것이 바로 학교이며, 더욱이 학교는 겉으로 보기에는 전혀 이데올로기와 무관한, 따라서 계급투쟁과는 아무런 관계도 없는 중립적이고 객관적인 장소인 것처럼 보이기 때문에 학교야말로 진정한 지배적인 이데올로기 국가장치라고 할 수 있다.

> 학교는 온갖 사회 계층의 아이들을 데려다가 유치원에서부터 직업학교, 고등학교에 이르기까지 수년 동안, 아이들이 가족 이데올로기 장치와 학교 이데올로기 장치에 옴짝달싹 못하고 갇힌 채 가장 '연약한(vulnérable)' 상태에 있는 시기 동안 그들에게 지배 이데올로기 속에서 포장된 몇 가지 '초보 지식(프랑스어, 산수, 자연사, 과학, 문학)' 또는 단적으로 말하면 순수 상태의 지배 이데올로기(도덕, 시민교육, 철학)를 주입시킨다. … 그 어떠한 이데올로기적 국가장치도 그렇게 오랜 기간 동안 일주일에 6일씩 하루에 여덟 시간 비율로 의무적인 청중을 갖지 못하고(그것도 공짜로), 자본주의적 사회구성체의 전체 어린이들을 다 갖지 못한다(Althusser, 1995: 178-179; 알튀세르, 2007: 226-227).

그런데 68년 5월 운동은 외관상으로는 전혀 지배적인 이데올로기 장치로 보이지 않고 계급투쟁과 무관해 보이는 이 학교라는 곳이 사실은 지배의 장치였다는 것, 학교의 평온함과 자연스러운 질서는 사실 특정한 계급의 지배, 그 이데올로기적 장악의 결과였다는 것을 적나라하게 드러내주었다.

1968년 5월의 '사건들'과 이에 따른 그 모든 사건은 우리 테제를 경험적으로 입증해준다. 더 정확히 말하면 이 사건들은 엄청난 수의 사람들이 참여한 예상치 못한 이 계급투쟁에 근본적으로 새로운 것을 가져다주었다는 점 이외에도 계급투쟁이 학교·가족·교회 등의 이데올로기 국가장치들 속에서 당연히 특정한 형태들로 항상 존재해왔음을 보여주었다. … 주목할 만한 것은, 대학생들과 고등학생들이 이데올로기적 반항을 하기 이전에는, 이러한 이데올로기적 국가장치들 내에서 부르주아지의 대표자들, 또는 하수인들의 계급투쟁이 학교 장치와 가족 장치에서 압도적으로 우세했다는 점이다. 매우 압도적으로 우세했기 때문에 대학교와 고등학교의 고요함과 '평화로운' 질서 자체가 (분명 특수한 형태이기는 하지만 그래도) 하나의 계급투쟁의 형태라는 사실이 의심조차 되지 않았던 것이다(Althusser, 1995: 191; 알튀세르, 2007: 244-245).

알튀세르가 대학생들이나 지식 노동자들 이외에도 고등학생들이 68년 5월 투쟁에 참여했다는 사실을 여러 차례에 걸쳐 강조하는 이유는 바로 이들의 투쟁을 통해 68년 5월 투쟁에서 학교가 지닌 이데올로기적 국가장치의 성격이 뚜렷이 드러났으며, 따라서 그 지배력에 균열이 생겼다는 점을 중시하기 때문이다.

둘째, 알튀세르는 앞의 두 글과 마찬가지로 학생들 사이에 널리 퍼져 있던 아나키즘적 관점, 곧 반역 내지 혁명의 목표를 '억압(répression)'으로 이해하는 관점을 비판하고 있다(Althusser, 1995: 209ff; 알튀세르, 2007: 271 이하). 알튀세르는 68년 당시 영향력 있던 주간지 『악시옹(Action)』의 표지에 실린 "당신 머릿속에 있는 경찰을 쫓아내라"는 구호에서 이러한 이데올로기의 전형적 표현을 발견한다. 이는 두 가지 점에서 심각한 오류를 범하고 있다. 우선 이것은 자본주의사회에서 지배의 본질은 하부구조에서 일어나는 '착취'라는 것을 은폐하거나 적어도 몰인식하게 만든다는 점에서 문제가 있다. 더 심각한 문제는 이것이 이데올로기의 본성을 정확히 이해하지 못한다는 데 있다. 위의 구호는 이데올로기의 핵심이 사람들의 머릿속을 지배하는 관념들이라는 것, 곧 지배계급이 사람들로 하여금 지배 질서에 순종하도록 만들기 위해 유포하고 주입하는 그릇된 관념이나 기만적 관념, 허위의식 같은 것들이 이데올로기적 지배의 근간을 이룬다는 것을 함축한다. 하지만 알튀세르에 따르면 이는 "이데올로기에 대한 이데올로기적 표상"(Althusser, 1995: 220; 알튀세르, 2007: 284)에 불과한 것이다. 이데올로기는 물질적인 것인데, 이는 이데올로기가 이데올로기적 장치들 및 의례들, 관행들(practices)을 통해 형성되고 작동하고 재생산된다는 것을 의미하며, 더 나아가 이데올로기는 단순한 관념들이 아니라 "개인들이 자신들의 현실적 실존 조건들과 맺는 상상적 관계에 대한 상상적 표상/재현/상연(représentation)"이라는 것을 의미한다.[7]

따라서 68년 5월 운동, 특히 고등학생, 대학생, 젊은 지식 노동자가 일으킨 이데올로기적 반역은 프랑스와 같은 자본주의사회의 부르주아 이데올로기의 헤게모니에 균열을 내고, 특히 학교라

---

[7] 알튀세르의 이데올로기 개념이 지닌 물질성에 대한 더 자세한 논의는 진태원 (2011; 2017) 참조.

는 곳이 중립적이거나 보편적인 선을 실현하는 장소가 아니라 지배적인 이데올로기 국가장치의 역할을 수행하는 곳이라는 점을 드러냈다는 점에서 중요한 의미를 지니지만, 정작 반역을 실행한 학생 대중들은 자신들이 수행한 일의 정확한 본성을 이해하지 못하고 있다는 것이 알튀세르의 논점이라고 할 수 있다. 알튀세르가 68년 5월 운동 이후 서둘러 『재생산에 대하여』 원고를 작성하고, 그것으로부터 몇 부분을 발췌하여 「이데올로기와 이데올로기 국가장치들」이란 논문을 발표한 것은 그가 이 운동이 제기한 이데올로기 반역의 문제의 중요성을 인정했다는 점을 잘 보여준다. 하지만 이러한 반역이 혁명(또는 노동자운동과의 융합)에 이르지 못했다는 점에 그 한계가 있으며, 앞으로 도래할 혁명을 위해서 이러한 한계를 이론적·실천적으로 극복하는 일이 중요한 과제라는 점을 알튀세르가 적극적으로 피력했다고 볼 수 있다.

2) 사회주의에서 자본주의로의 퇴보 위험과 이데올로기적 혁명: 문화혁명에 대한 분석

하지만 68년 5월에 대한 분석 및 평가만으로는 당시의 정세에 대한 알튀세르의 생각을 온전히 이해하기 어려울뿐더러, 그 분석 및 평가의 이론적 함의에 대해서도 이해할 수 없다. 따라서 이것은 그보다 앞서 일어난 역사적 사건, 곧 문화혁명에 대한 분석과 연결해서 살펴봐야 한다. 알튀세르가 문화혁명에 대해 생전에 자신의 이름으로 발표한 글은 한 편도 존재하지 않는다. 하지만 발표될 당시부터 사람들이 알튀세르의 글이라고 짐작했고, 오늘날 대부분의 알

튀세르 연구자들이 그의 글이라고 간주하는 익명의 논문이 한 편 존재한다. 1966년 (맑스-레닌주의) 공산주의 청년 동맹(Union des jeunesses communistes marxistes-léninistes)이 간행하던 기관지『카이에 맑시스트-레니니스트(Les Cahiers Marxistes-Léninistes)』 14호에 발표된 「문화혁명에 대하여」가 바로 그 글인데, 이 글에서 알튀세르는 중국 문화혁명의 특성을 고찰하면서, 그것이 왜 단지 정치적으로 중요한 혁명일 뿐만 아니라 이론적으로도 중요한 것인지 분석하고 있다.8 이러한 분석은 68년 5월 운동에 대한 알튀세르의 분석의 배경을 이룰뿐더러, 알튀세르가『재생산에 대하여』(1969) 및 「이데올로기와 이데올로기 국가장치들」(1970)에서 전개한 이데올로기 이론의 실마리가 되기 때문에 상세히 살펴볼 필요가 있다.9

알튀세르는 중국의 문화혁명이 여느 주장(argument) 중 하나의 주장이 아니라 "역사적 사실"이며, 그것도 "미증유의 역사적 사실(fait historique sans précédent)"이라고 주장한다. 더 나아가 그는 이것이 "예외적 역사적 사실"인데, 이는 첫째 이것이 "선행하는 것이 없는 역

8   알튀세르는 이미『마르크스를 위하여』에 수록된「모순과 과잉결정」(1963)에서 마오의「모순론」(1937)을 주요한 이론적 준거 중 하나로 삼은 바 있다. 발리바르의 증언에 따르면 알튀세르는 이미 1950년대 초에 뤼시앵 세브(Lucien Sève)와 함께「모순론」과「실천론」을 학습했지만, 후자에 관해서는 거의 아무런 관심도 기울이지 않았다고 한다(Balibar, 2016a).
9   알튀세르의 이 글에 관한 본격적인 연구는 거의 전무한 편이다. 국내의 경우 문화혁명 또는 마오주의에 관한 바디우와 발리바르의 평가를 비교·고찰하는 백승욱의 글에서도 알튀세르의 이 글은 참조되지 않고 있다(백승욱, 2012). 한편 바디우가 열광했던 마오주의(또는 문화혁명)는 역사적 실재로서의 그것이 아니라, 한 논평가의 표현을 빌리자면 라캉적 의미에서 '주인 기표'로서의 마오주의였다고 할 수 있다(바커, 2014). 제이슨 바커는 간략하게 알튀세르의 글을 언급하고 있다.

사적 사실"이며, "극도의 이론적 흥미"(Althusser, 1966: 1)를 지닌 역사적 사실이기 때문이라고 말한다. 알튀세르는 "이론적"이라는 말을 강조하는데, 이는 곧바로 그가 주장하듯이 문화혁명이 이데올로기적인 혁명이기 때문이다.

> 맑스, 엥겔스, 레닌은 항상 정치적 혁명에 의해 설립된 사회주의적 토대에 대해, 그것에 상응하는 이데올로기적 상부구조, 곧 사회주의적 상부구조를 제시해야 할 절대적 필요성을 공표한 바 있다. 이를 위해서는 이데올로기적 혁명, 대중들의 이데올로기 내에서의 혁명(une révolution dans l'idéologie des masses)이 필수적이다. 이 테제는 맑스주의 이론의 기본 원리를 표현한다. 레닌은 이러한 필요성을 첨예하게 의식하고 있었고, 볼셰비키당은 이 방향으로 나아가기 위해 커다란 노력을 기울였다. 하지만 상황은 소련이 대중의 이데올로기적 혁명(révolution idéologique de masse)을 정치적 의사일정에 올리도록 허락하지 않았다. 중국공산당은 새로운 수단을 채택함으로써 최초로 이러한 길에 진입했으며, 대중들이 진입하도록 했다. 곧 "문혁"이라는 표현으로 지칭되는 대중의 이데올로기적 혁명을 최초로 의사일정에 올린 것이다(Althusser, 1966: 1).

따라서 알튀세르에 따르면 문화혁명은 지금까지 "이론적 상태(l'état théorique)"(Althusser, 1966: 2)에 머물러 있던 한 가지 이론적 테제, 곧 사회주의적 토대는 그에 상응하는 이데올로기적 상부구조를 요구하며, 이를 위해서는 "대중들의 이데올로기 내에서의 혁명" 또는 "대중의 이데올로기적 혁명"이 필요하다는 테제를 실현하는 것, 또는 적어도 실현하려는 정치적 시도라는 점에서 미증유의 역사적 사실이라고 할 수 있으며, 또한 바로 이 점에서 극도의 이론적·정치적 중요성을 지니고 있다.

중국공산당 기관지 『인민일보』의 「사설」을 분석하면서 알튀세르는 중국의 문화혁명이 모든 사회주의국가가 직면하게 되는 근본적인 질문을 제기하고 그 질문에 대한 답변을 모색하려는 시도라는 점에 주목한다. 그것은 자본주의로 후퇴할 것인가 아니면 혁명의 길로 나아갈 것인가(곧 사회주의의 발전을 끝까지 추구하여 공산주의로 이행할 것인가) 사이의 양자택일에 관한 문제다. 그리고 바로 후자의 혁명의 길을 택하기 위한 것이 '대중의 이데올로기적 혁명'인 문화혁명이다.

> 중국공산당은 중국에서 사회주의를 강화하고 발전시키기 위해서, 그 장래를 공고히 하고 모든 퇴보의 위험에 맞서 사회주의를 지속 가능하게 보존하기 위해서 정치적 혁명과 경제적 혁명에 대해 제3의 혁명, 곧 대중의 이데올로기적 혁명을 추가하는 것이 필요하다고 선언한다. 이러한 대중의 이데올로기적 혁명을 중국공산당은 프롤레타리아 문화혁명이라고 부른다 (Althusser, 1966: 6).

알튀세르는 문화혁명이 제기된 정세의 핵심을 "자본주의로의 후퇴" 위험에서 찾는다. 자본주의에서 사회주의로 이행한 사회에서도 여전히 자본주의로 후퇴할 수 있는 위험이 상존한다는 사실, 따라서 사회주의로의 이행은 혁명의, 해방의 확실한 보증이 될 수 없다는 것이 문화혁명의 핵심적인 조건이 된다. 더 나아가 이러한 위험에 맞서 사회주의를 지속 가능한 것으로 만들기 위해서는 중첩된 혁명들이 필요하다는 점이 중요하다. 곧 정치적 혁명을 통해 권력을 장악하는 것만으로는 부족하며, 더 나아가 과거 맑스주의자들이 생각했던 것처럼 사회적 생산관계 및 소유관계를 변혁한다고 해서 혁명이 완수되거나 적어도 확고하게 보증되는 것은 아니다. 여기에 더하여 제3의 혁명인 대중의 이데올로기적 혁명이 필요하다.

그렇다면 '대중의 이데올로기적 혁명'이란 무엇인가? 그것은 무엇을 목표로 하는 혁명인가?

> [문화혁명의] 궁극적 목표는 대중들의 이데올로기를 변혁하는 것, 중국 사회의 대중들에게 여전히 스며들어 있는 봉건제 이데올로기 및 부르주아, 프티부르주아 이데올로기를 대중들의 새로운 이데올로기, 프롤레타리아적이고 사회주의적인 이데올로기로 대체하는 것이며, 이로써 사회주의의 경제적 하부구조 및 정치적 상부구조에 대해 그것들에 상응하는 이데올로기적 상부구조를 부여하는 것이다(Althusser, 1966: 6, 고딕체는 인용자).

그다음 그렇다면 과연 이러한 혁명을 어떻게 수행할 것인가라는 질문이 제기된다. 곧 혁명의 수단과 방법은 무엇인가? 이 질문은 알튀세르에게 (그리고 아마 문화혁명의 주동자들에게도?) 본질적인 질문인데, 정의상 대중의 이데올로기적 혁명은 대중들을 대신하여 선도적인 혁명가들이나 공산당이 수행할 수 없는 것이며 대중들이 스스로 수행해야 하는 것이기 때문이다. 더욱이 이것은 위로부터 강제되어 수행될 수 있는 것도 아니며, 대중들이 자발적으로, 그리고 자각적으로 수행해야 하는 혁명이기 때문이다. 또한 이것은 계몽주의적인 방식으로 공산당을 비롯한 엘리트들이 대중들을 지도하거나 계몽하여 수행될 수 있는 것도 아니다. 만약 이러한 이데올로기적 혁명이 다른 누군가에 의해 수행되거나 강제로 집행된다면, 심지어 누군가의 계몽을 통해 수동적으로 수행된다면, 그것은 엄밀한 의미에서 대중들의 이데올로기적 혁명이라고 할 수 없다.

따라서 다음과 같은 원칙이 천명되는 것은 자연스러운 귀결이다. "문혁은 대중들의 이데올로기를 변혁하는, 그리고 이것이 대중들 자신에 의해 수행되어야 하는 대중들의 혁명이어야 한다. … 대중들의 이데올로기의 이러한 변혁은 대중의 조직들 안에서, 그리고 그것들에 의해서 활동하는 대중들 자신의 작업일 수밖에 없다."(Althusser, 1966: 7) 이 인용문에서 볼 수 있듯이 알튀세르는 '조직들'을 강조한다. 대중들은 조직들 안에서만 활동하며, 따라서 대중들의 이데올로기적 변혁 역시 조직들 안에서, 그리고 그것들에 의해서 수행되어야 한다. 그리고 알튀세르는 중국 문화혁명의 방법적 독창성을 여기에서 찾는다. "대중들은 대중조직들 안에서만 활동할 수 있다. 가장 독창적이고 혁명적인 문화혁명의 수단은 문화혁명에 고유한 조직들의 출현, 곧 다른 계급투쟁 조직들(노동조합 및 당)과 구별되는 문화혁명 조직들의 출현에서 찾을 수 있다. 문화혁명에 고유한 조직들은 이데올로기적 계급투쟁 조직들이다."(Althusser, 1966: 8)

여기에서 알튀세르는 문화혁명의 이론적 중요성을 이끌어낸다.

문화혁명이 이론적으로 중요한 이유는 이데올로기적인 것을 다시 사고하고 이론화하도록 요구하기 때문이다. 알튀세르는 「이데올로기와 이데올로기 국가장치들」이나 『재생산에 대하여』에서처럼 명시적으로 그 한계를 지적하지는 않지만, 토대와 상부구조라는 건축물의 은유에 입각하여 이데올로기의 성격과 역할을 규정하는 전통 맑스주의 이론과 대비하여 자신의 관점을 피력하고 있다. 전통 이론에 따르면 모든 사회는 경제적인 것과 정치적인 것, 이데올로기적인 것으로 구성되어 있고, 이데올로기적인 것은 정치적인 것과 더불어 상부구조를 형성한다. 이때 상부구조의 한 부분으로서 이데올로기적인 것은 한편으로 정치적인 것과 경제적인 것에 대해 "상대적 자율성"을 지니지만, 동시에 이 후자의 것들에 대해 "의존적"이다.

하지만 알튀세르는 "만약 우리가 이데올로기적인 것의 구체적인 존재 형태에 대해 제시하고 싶다면, 이것을 건물의 한 층보다는 '시멘트'와 비교하는 것이 더 낫다"(Althusser, 1966: 14)라고 주장한다. 그 이유는 시멘트가 건물의 한 부분에만 사용되는 것이 아니라 건축물을 건축물로서 공고하게 유지하기 위해 그 모든 부분에 사용되어야 하듯이 "이데올로기도 건물의 도처에 스며들기" 때문이다. 곧 개인들과 그들의 모든 실천 사이의 관계에, 개인들이 관계 맺는 모든 대상과의 관계에, 이데올로기가 과학, 기술, 예술과 맺는 관계에, 경제적 실천 및 정치적 실천과 맺는 관계에, "개인적" 관계들에도 이데올로기는 스며들어 있다. 따라서 "이데올로기는, 기술적 구별이 문제든 아니면 계급 구별이 문제든 간에, 사회 속에서 **구별하면서 결합하는**(cimenter) 것이다."(Althusser, 1966: 14)

따라서 이데올로기는 토대와 구별되는 상부구조에만 속할 수 없으며, 또한 상부구조 내에서도 정치라는 심급, 법이라는 심급과 구별되는 하나의 심급으로 한정될 수 있는 것이 아니다. 이데올로기는 토대를 포함한 사회의 모든 곳에 스며들어야 하며, 모든 심급 내지 수준 속에서 작용해야 한다. 그렇다면 이데올로기는 다음과 같이 재규정되는 것이 좋을 것이다. "이데올로기적인 것은 개인들이 자신들의 실존 조건, 그들의 실천, 그들의 대상, 그들의 계급, 그들의 투쟁, 그들의 역사, 그들의 세계 등과 맺는 '체험된(vécu) 삶의' 관계를 규제한다."(Althusser, 1966: 14) 하지만 그렇다고 해서 이데올로기가 "개인적이거나 주관적인 본성"을 갖는 것은 아니며, 이데올로기는 "객관적인 사회적 관계"(Althusser, 1966: 14)다. 이데올로기에 대한 이러한 규정은 알튀세르가 「맑스주의와 인간주의」(1964)(『마르크스를 위하여』에 수록)에서 제시한 생활세계로서의 이데올로기에 대한 정의에서 "개인들이 자신들의 현실적 실존 조건들과 맺는 상상적 관계에 대한 상상적 표상/재현/상연(représentation)"이라는 정의(「이데올로기와 이데올로기적 국가장치들」)로 나아가는 도상에 있음을 보여준다(물론 아직 '호명interpellation'이라는 저 유명한 개념은 등장하지 않고 있다).

그렇다면 알튀세르가 이데올로기적인 것을 "'이론적' 체계들과 '실천적' 체계들" 또는 "관념들의 체계(좁은 의미의 이데올로기들)와 태도-행위(습속)"를 포괄하는 넓은 개념으로 재정의하는 것은 자연스러운 일이다. 이데올로기가 토대를 포함한 사회의 모든 심급이나 수준에 스며들어 있기 때문에 이데올로기는 관념들이나 표상들로만 이루어지지 않고, 노동 행위, 기술적 행위, 통치 행위, 감독의 방식, 사고 습관, 믿음과 태도, 관행 등을 포괄하게 된다. 따라서 만약 이데올로기적 혁명이 필요하다면 이것은 단순히 "관념들(또는 이데올로기) 내에서의 혁명이어야 할 뿐만 아니라 실천적 태도와 행위(또는 습속)에서의 혁명이어야 한다."(Althusser, 1966: 15) 요컨대 사회주의혁명이 일어나서 정치권력을 장악하고 생산관계 및 소유관계가 변혁된다고 해도, 노동자들의 노동 방식, 사고 습관, 생활 태도, 당 간부들의 작업 방식, 감독 태도, 생활 방식 등이 과거의 이데올로기적 관념들과 습속에 젖어 있다면, "부르주아 이데올로기는 바로 일정한 실천들, 곧 일정한 습속들 ⋯ 에서 자신의 지주를 발견할 수 있는"(Althusser, 1966: 15) 것이다.

문화혁명이 단순한 이데올로기적 혁명이 아니라 대중의 이데올로기적 혁명이라는 점이 의미하는 또 다른 중요한 논점은 "당과 구별되는 새로운 대중조직들의 존재"를 요구한다는 점이다. 전통적으로 맑스주의 조직은 당이라는 정치조직과 노동조합이라는 경제적 조직으로 분류되었다. 하지만 문화혁명은 (적어도 그 원칙의 수준에서는) 이 두 종류의 조직과 구별되는 제3의 조직, 이데올로기적 대중조직이 필요함을 강조한다. 이는 사회주의혁명 이후 새로운 국가의 지배계급이 된 프롤레타리아계급을 정치적으로 지도하는 것이 바로 공산당이라는 사실과 무관하지 않다. 곧 자본주의국가 내의 공산당이 정의상, 그리고 실천적으로 현존하는 자본주의국가와 적대적인 거리를 유지하게 된다면, 사회주의국가 내에서 공산당은 통치 정당이 된다. 이는 사회주의에서 당이 국가와 거의 동일시된다는 위험, 이 시기에 당이 "국가와 자신을 융합하도록 부분적으로는 강제되고 부분적으로는 시도된다"(Althusser, 1966: 17)

는 위험을 초래하게 된다. 그렇다면 사회주의 내에는 관료제, 통치자와 피통치자의 체계적 분리를 비롯한 부르주아국가의 결함들로 전락할 수 있는 위험이 객관적으로 존재하는 셈이다. 따라서 알튀세르는 대중의 이데올로기적 조직들, 세 번째 혁명을 수행할 책임을 떠맡은 이 조직들이 수행해야 하는 역할은 바로 "당이 국가와 자신을 구별하도록 강제하는"(Althusser, 1966: 17) 일이라고 주장한다.

그런데 과연 대중들이 그 역할을 수행할 수 있을까? 또는 대중들이 이러한 이데올로기적 혁명을 자발적이고 자각적으로 수행할 수 있다고, 따라서 당과 국가를 분리할 수 있다고 가정하는 것, 그것은 이미 대중들이 당이 없이도 (능동적) 주체들로 행위할 수 있다고 가정하는 것 아닐까? 그리고 그것은 더 나아가 대중들을 사실 역사의 (대문자) 주체, 정치의 (대문자) 주체로 가정하는 것 아닐까?[10] 이 질문들을 통해 우리는 (잠정적인) 결론에 이르게 된다.

---

[10] 주지하다시피 몇 년 뒤에 쓴 『존 루이스에 대한 답변』(1973)에서 알튀세르는 "역사를 만드는 것은 인간이다"라는 존 루이스의 주장에 대하여 "역사를 만드는 것은 대중들이다. 계급투쟁이 역사의 동력이다"라는 테제를 대비시킨 바 있다. 하지만 알튀세르에 따르면 "역사의 (단수) 대문자 주체란 존재하지 않"으며 "역사 속의 (복수) 주체들"만이 존재한다(Althusser, 1973: 50, 59, 95).

3. 혁명의 과소결정과 이행의 아포리아

1) 모순적인 이행기로서 사회주의, 그렇다면 공산주의는?

우선 문화혁명과 관련하여 알튀세르가 제기한 '사회주의 내에서의 퇴보'라는 쟁점이 중요하다. 이는 사회주의혁명이 그 자체로 자본주의와의 단절 또는 절단을 보증하는 준거가 되지 않음을 의미한다. 오히려 사회주의는 공산주의를 향해 전진할 수도 있지만, 역으로 언제든지 자본주의로 다시 후퇴하거나 퇴보할 수 있는 시기, 그러므로 본질적으로 모순적인 시기라고 할 수 있다. 사회주의에 대한 이러한 관점은 1970년대 중반 서유럽 공산주의 정당들의 유로코뮤니즘 전환을 계기로 표출된 프랑스 공산당 당내의 사상투쟁에서 더욱 명확하게 제기된다. 알튀세르는 1976년 프랑스 공산당 제22차 당대회에서 '사회주의로의 평화적 이행'을 위해 프롤레타리아독재 강령의 폐기가 이루어진 뒤 발표된 『제22차 당대회』라는 소책자에서 사회주의를 다음과 같이 규정한다.

> [제22차 당대회에서] 사회주의는 있는 그대로, 곧 자본주의와 공산주의 사이의 모순적인 이행기로 제시되지 않았다. 반대로 그것은 도달해야 할 목표이자 동시에 한 과정의 종착점으로 제시되었다. 더 명료하게 표현하자면 안정된 생산양식으로서, 그리고 다른 모든 생산양식과 마찬가지로 자신에게 고유한 생산관계 속에서 자신의 안정성을 발견하는 것으로서 제시되었다. … 그런데 맑스와 레닌에게는 사회주의 생산양식이란 존재하지

않으며, 사회주의 생산관계, 사회주의 법 등도 존재하지 않는다. 사회주의는 프롤레타리아독재와 일체를 이루고 있으며, … 사회주의는 자본주의와 공산주의 사이의 '이행기'(맑스와 레닌이 말했던 유일한 점이 이것이다)이며, 자본주의적 요소들(가령 임노동)과 공산주의적 요소들(가령 새로운 대중조직)이 갈등적인 방식으로 공존하는 모순적인 시기이다. 이 시기는 정의상 불안정한 시기이며, 이 시기에 계급투쟁은 우리 자신의 계급투쟁에게는 식별될 수 없는, 판별하기 어려운 '전화된 형태'로 존속한다. 그리고 이 시기는 역관계와 추구하는 '노선'에 따라 자본주의로 후퇴할 수도 있고 아니면 경직된 형태 속에서 제자리걸음을 할 수도 있고 아니면 공산주의로 전진할 수도 있는 시기다(Althusser, 1977: 48-49; 알튀세르, 1992: 43-44).

문화혁명에 대한 글에서 제기한 주장에서 더 나아가 이제 알튀세르는 사회주의는 하나의 독자적인 생산양식이 아니며, 따라서 "사회주의 생산관계, 사회주의 법"도 존재하지 않는다고 말한다. 그것은 노동운동 및 공산당이 추구해야 하는 목표도 아니고 투쟁의 종착점도 아니며, 그 자체가 하나의 이행기다. 더욱이 사회주의는 안정된 시기가 아니라 불안정한 시기이고 모순적인 이행기다. 이행기로서의 사회주의를 규정하는 모순은 자본주의적 요소들과 공산주의적 요소들이 공존하는 데서 생겨나는 모순이다.[11]

---

[11] 최근 출간된 유고작으로 밝혀졌듯이, 알튀세르는 이미 1973년 무렵 쓴 「제국주의에 대하여」라는 글에서 사회주의 '생산양식'을 부정하는 견해를 밝히고 있다(Althusser, 2018 참조).

알튀세르가 사회주의를 독자적인 생산양식이 아닌 것으로, 모순적인 이행기로 규정하는 것은 프롤레타리아독재 개념의 폐기가 소련 및 프랑스 공산당과 같은 서유럽 공산당들의 교조적 맑스주의의 핵심을 이루는 단계론적 역사 인식에 뿌리를 두고 있다고 간주하기 때문이다. 이는 같은 시기에 저술된 에티엔 발리바르의 『민주주의와 독재』에서 더 명확하게 드러나고 있다. 발리바르는 이처럼 사회주의를 독자적인 생산양식으로 간주하는 것이 단계론적·진화론적 역사관에서 비롯된다고 주장한다.

> 맑스에 대한 이렇게 비변증법적이고 기계론적·진화론적인 해석에서 '공산주의'는 '사회주의'가 완결될 때 비로소 시작되는 계기적인 단계로 이해된다. … 경향과 모순의 견지에서는 생각할 수 없는 이러한 진화론적 접근 논리에서는 그로부터 생겨나는 이론상의 난점을 회피하기 위해 중간 단계들 — 자본주의와 사회주의 사이의 과도기에, 제국주의와 사회주의로의 이행 사이에 또 하나의 중간 단계, 그리고 사회주의 단계 자체 내에 또 하나의 중간 단계 등등 — 을 삽입시킨다. 그러나 왜 하필 이들 '단계'만 필요한가? 왜 그보다 더 또는 그보다 덜 필요하지 않은가(발리바르, 1988: 143)?[12]

또한 알튀세르와 발리바르는 프롤레타리아독재를 자본주의에서

---

[12] 국내에 『민주주의와 독재』라는 제목으로 번역 출간된 이 책의 원제는 *Sur la dictature du prolétariat*이며, 따라서 원래대로 하면 『프롤레타리아독재에 대하여』라고 제목을 번역하는 것이 정확하다.

사회주의로 이행하는 국면 내지 단계가 아니라 '사회주의와 일체를 이루는' 것으로 규정한다. 프롤레타리아독재는 '새로운 계급적 지배'를 가리키며, 지배계급은 당연히 프롤레타리아계급이다. 이러한 계급 지배는 자본주의 생산양식의 지배계급인 부르주아계급을 분쇄하기 위해 요구되는 것이지만, 이것은 프롤레타리아계급 혼자만의 지배를 뜻하지 않는다. 그것은 다른 동맹자들에 대해 프롤레타리아계급이 지도적인 역할을 수행하는 계급적 지배다. 더욱이 이러한 계급적 지배는 오늘날 통용되는 좁은 의미에서, 곧 자유주의적인 의미에서 민주주의와 대립하는 의미의 독재가 아니라,[13] 민주주의와 동일시되는 독재, "가장 광범위한 대중민주주의"를 요구하는 독재를 가리킨다. 따라서 당시의 알튀세르(와 발리바르)가 볼 때 '사회주의로의 평화적 이행'을 위해 프롤레타리아독재 개념을 폐기한 프랑스 공산당(및 다른 서구 공산당들)은 사회주의와 공산주의의 차이를 제대로 이해하지 못할뿐더러, 프롤레타리아독재 개념 자체가 사회주의를 의미한다는 것, 따라서 그것의 폐기는 사실 이행의 포기와 다르지 않다는 것을 몰이해하고 있는 셈이다.[14]

그런데 당시의 알튀세르(그리고 발리바르)가 끝까지 질문하지 않은 것은, 또 질문할 수 없었던 것은, 만약 사회주의가 독자적인 생산양식이 아니라 모순적인 이행기이며, 따라서 사회주의는 지속적

---

[13] 사실 맑스가 파리코뮌에 대해 '프롤레타리아독재'라고 불렀을 때, '독재'라는 용어는 고대 로마의 일시적인 통치 방식인 딕타토르(dictator)를 염두에 둔 것이었으며, 오늘날 통용되는 자유주의적인 의미를 지닌 것이 아니었다(최갑수, 2003 참조).

[14] 유고로 발표된 상상적 인터뷰 형식의 『검은 소』 전체는 프롤레타리아독재 개념의 중요성을 옹호하고 있다(Althusser, 2016).

인 혁명을 통해서만 공산주의로 전진할 수 있다면, 그럼 공산주의는 하나의 생산양식이며, 이행의 최종 목적지인가 하는 점이다. 만약 그렇다면 이러한 공산주의에 대한 관점이 역사철학이나 진화론, 그리고 경제주의에서 벗어나 있다고 할 수 있는가? 알튀세르와 발리바르는 공히 공산주의를 역사적 단계나 먼 미래에 실현될 수 있는 이상으로 이해하는 관점을 비판한다. 가령 알튀세르에 따르면 "이것은 공산주의가 이상이 아니며 우리 앞에서 전개되고 있는 현실적인 운동이라는 맑스의 말을 구체적으로 환기시킨다. … 이것은 단순히 사회주의 전략이 아니라 필연적으로 공산주의 전략이다. … 오직 공산주의 전략에서만 출발함으로써만 사회주의는 과도적이고 모순적인 국면으로 파악될 수 있[다]."(Althusser, 1977: 50; 알튀세르, 1992: 45)[15] 또한 발리바르는 『민주주의와 독재』에서 공산주의는 "이상이 아니며, 예측하거나 예언할 수 있는 미래에 있어서의 단순하고 추상적인 역사적 단계도 아니"라는 것, 오히려 그것은 "자본주의사회의 현존하는 모순들 내부에 존재하면서 점차로 강력해져가는 하나의 현실적 경향"이라는 점을 강조한다. 그리고 발리바르는 현실적 경향으로서 공산주의의 두 형태를 "생산 및 생산력의 사회화로의 경향"과 "프롤레타리아의 계급투쟁"(발리바르, 1988: 152)이라는 형태로, 곧 생산관계 및 소유관계의 변혁과 (부르주아) 국가장치의 철폐 및 비(非)국가적인 소비에트(또는 평의회) 권력의 강화로 제시한다. 하지만 이것은 알튀세르가 「문화혁명에 대하여」에서 제기한 3번째 혁명, 곧 대중들의 이데올로기 혁명의 문제는 빼놓고 있는

---

[15] 또한 유고로 발표된 글(Althusser, 1993a)에서의 더 상세한 논의도 참조.

데, 이 문제가 제기되면 공산주의라는 이념은 깊은 아포리아에 빠져 있음이 다시 드러나게 된다.

역으로 공산주의 역시 모순에서 자유롭지 않다면(주지하다시피 알튀세르는 이미 「맑스주의와 인간주의」에서 '공산주의 사회에도 이데올로기가 존재한다'는 당시로서는 충격적인 테제를 제기한 바 있다), 그렇다면 이행이란 과연 무엇인가라는 질문이 제기되지 않을 수 없다. 왜냐하면 자본주의사회에도 모순적인 계급투쟁이 존재하고(자본주의는 두 가지 대립하는 사회적 경향, 곧 자본주의를 재생산하려는 경향과 이미 존재하는 공산주의적 경향 사이의 모순이므로), 사회주의 또한 그렇다면, 그리고 공산주의 역시 모종의 계급투쟁에서 면제되지 않는다면, 이행이 의미하는 바가 무엇인지 의문스러워지기 때문이다. 이행은 역사적 과정 내에 항상 이미 존재하며, 결코 끝이 없는 어떤 것, 따라서 사실은 역사의 갈등적인 과정 자체와 다르지 않은 것이다. 따라서 알튀세르(와 당시의 발리바르)가 제기하지 않았지만, 오늘날 우리에게 문제가 되는 질문은 이행이라는 문제 설정과 분리된 해방을 사고할 수 있는가라는 질문일 것이다.

발리바르는 2000년에 발표된 「공산주의 이후에 어떤 공산주의가?」라는 글에서 다음과 같이 말한다. "19세기와 20세기 맑스주의에서 … 사회주의는 잠재적 공산주의로 간주됨과 동시에, 공산주의는 사회주의의 귀결점이자 완성으로 생각되었다. 이 같은 목적론적 분절은 … 고전 맑스주의 전망 속에서 역사적 이행이라는 근본 관념과 일체를 이룰 따름이다. … 하지만 우리가 이제부터 근본적으로 상대화해야 할 것이 바로 이 관념이다."(Balibar, 2001: 78-79; 발리바르, 2017a) 또한 2017년에 이루어진 인터뷰의 한 대목도 인용할 만하다.

> 우리가 맑스에게서 상속받은 공산주의 이념은 그 역사가 유구하여, 근대성을 가로지르고, 종교적 이단 및 사회적 반란과 깊숙이 얽혀 있습니다. … 이후 맑스는 공산주의적 희망이 과학적 토대를 부여받으려면 역사적 진화 안에 미래의 '생산양식'으로서 기입되어야 한다는 쪽으로 생각이 바뀌었고, 이 진화의 방향을 따라 필연적으로 계급에 기초한 사회에서 계급 없는 사회에 이를 것이라고 기대했습니다. … 저는 맑스에게서 이러한 형태의 근본적 진화주의와 경합하는 요소들을 찾는 중이었고, 몇 가지를 찾아냈습니다. 제 의도는 한편으로 정치에 속하는 불확실성과 창조성의 차원을 복원하는 것이었고, 다른 한편으로 대안을 최종 목적지라기보다는 접합 지점(jonction)으로 사고하는 것이었습니다(Balibar, 2017; 발리바르, 2017c).

이는 모두 공산주의를 진화주의적 역사철학에서 떼어내어 그것을 맑스의 또 다른 생각, 곧 "현존하는 상태를 폐지하는 현실적 운동"으로서의 공산주의라는 생각에 입각하여 탈구축하려는 노력을 표현하는 것이다.**16**

---

16 최근 몇몇 외국의 연구자는 이러한 관점과 다른 시각에서 알튀세르(와 발리바르)의 이론을 원용하여 이행의 문제를 다시 사고하려고 시도한 바 있다(Toscano, 2014; Bruschi, 2018 참조). 이들은 모두 레닌주의적인 '이중 권력' 이론을 현재적으로 재구성하는 데 초점을 맞추고 있으며, 알튀세르만이 아니라 발리바르 자신의 1970년대 작업을 원용한다는 공통점이 있다. 이는 역으로 보자면, 이들 모두 1980년대 이후 오늘날에 이르기까지 발리바르 작업의 핵심 요

2) 이데올로기적 혁명인가 혁명의 과소결정인가?

이 질문은 이데올로기적 혁명의 문제와 직결되어 있다. 문화혁명에 관한 글에서 알튀세르가 사회주의에서 공산주의로의 이행을 위해서는 정치적 혁명, 경제적 혁명에 더하여 대중의 이데올로기적 혁명이 필요하다고 역설한 것은 이데올로기적 혁명이야말로 이행의 성패를 좌우하는 궁극적인 혁명이라는 뜻이 담겨 있다. 왜냐하면 그것이 혁명의 주체성, 역사의 주체성을 보증하기 때문이다. 그런데 이렇게 되면, 알튀세르가 유고로 출판된 우발성의 유물론이나 마주침의 유물론 이전까지 계속 고수하고 있었던 유물론적 테제, 곧 상부구조에 대한 토대의 우위, 억압에 대한 착취의 우위라는 테제와 충돌이 불가피할 것이다. 정치권력의 장악도, 생산관계 및 소유관계의 변화도 혁명을 보증하는 데, 따라서 역사에서의 진보를 확고히 하는 데 불충분하며, 그것은 항상 이데올로기적 혁명을 요구하기 때문이다.

그런데 다른 한편으로 혁명의 주체성의 생산 및 재생산으로서 이데올로기적 혁명이 이행의 궁극적 준거가 된다면, 그것은 알튀세르 자신의 이데올로기에 관한 테제와 또다시 충돌을 모면할 수 없게 된다. 왜냐하면 알튀세르 이데올로기론의 핵심이라고 할 수 있는 호명 개념은 바로 주체의 생산 및 재생산으로 정의되며, 이

소 중 하나인 이데올로기론과 철학적 인간학('인간학적 차이들')의 문제 설정을 (의도적으로 배제하지는 않는다 하더라도, 적어도) 간과한다는 것을 의미한다. 발리바르의 철학적 인간학의 최근 방향에 관해서는 발리바르(Balibar, 2011a; 2016b) 참조. 또한 국내의 논의로는 서관모(2008) 참조.

때의 주체는 정의상 예속적인 주체이기 때문이다. 따라서 이데올로기적 혁명을 혁명의 주체들의 생산 및 재생산이라고 할 수 있다면, 그 주체는 역설적이게도 예속적인 주체이면서 혁명의 주체가 되는 셈이다. 이러한 모순 내지 역설에서 벗어나기 위해서는 프롤레타리아 이데올로기는 본성상 부르주아 또는 프티부르주아 이데올로기와 다르다는 가정이 수반되어야 하는데, 이번에는 그러한 본성상의 차이를 무엇이 규정하는가라는 질문이 불가피하게 제기될 것이며, 다시 그것은 착취나 억압에서 자유로운 프롤레타리아계급, 사회주의국가의 이데올로기라는 동어반복을 되풀이하는 것 이상으로 나아가기는 어려울 것이다.

따라서 만약 사회주의에서 공산주의로의 이행이 대중의 이데올로기적 혁명에 의해서만 가능하다면, 사실 그것은 사고해야 할 문제를 다른 문제로 계속 대체하는 것 이상의 것이 아닐 것이다. 그것은 이행이란 불가능하다는 문제, 또는 이행이 보증하는 해방이란 존재하지 않는다는 문제다. 그리고 그 역의 문제는 대중들이 역사를 만들지만, 대중들은 주체가 아니다라는 문제다. 이런 의미에서 이행으로서의 혁명과 혁명의 주체는 근본적으로 과소결정되어 있다고 할 수 있다. 그렇다면 아마도 문제는 이행의 문제도, 대중들의 이데올로기적 혁명의 문제도 아니고, 오히려 주체화의 문제일 것이다. 물론 이때의 주체화는 갈등적인 복수의 주체화(계급, 젠더, 인종, 국민 등)일 것이며, 예속과 해방, 봉기와 구성, 통치와 피통치의 모순적인 과정 속에서 전개되는 주체화일 것이다.[17] 하지만 이것은 또

---

[17] 주체화의 문제에 관한 더 자세한 논의 발리바르(2018) 및 진태원(2017)을 참조.

다른 지면이 필요한 주제다. 여기에서도 발리바르 글의 한 대목을 인용하는 것으로 만족하겠다.

> 바로 이로부터 내가 끌어내는 결론은 "공산주의자들은 별도의 당을 형성하지 않는다"는 [『공산당 선언』의] 발상을 되찾고 재정식화해야 한다는 것이며, 이 발상에 나는 의도적으로 도발적인 다음과 같은 형태를 부여할 것이다. 아마 우리 공산주의자들은 특정한 조직들(그리고 다소간 조직된, 특정한 캠페인들)에 참여하고, 조직된 투쟁들과 캠페인들과 운동들에서 주도성을 발휘하려고 특히 노력할 것이다. 왜냐하면 우리가 알다시피 구체적 목표에 따라 조직 형태가 아무리 다양하더라도(심지어 교회와 군대, 국가조차 조직 형태의 하나로 포괄될 수 있다), 조직들이 없다면 정치도 없기 때문이다. … 그런데 그렇게 할 때 우리는 어떤 본래적 의미의 조직도, 심지어 '비밀' 조직도 구축하지 않는다. 우리가 하는 것은 차라리 현존하는 조직들, 즉 우리가 구성원 및 활동가로 속한 조직들 자체를 흔들어놓는 것(désorganiser), 아니 탈-조직하는 것(dé-organiser)이다. … '사라지는 매개자'… (Balibar, 2013a: 34; 발리바르, 2017b).

3) 알튀세르의 교훈

이제 68운동에 대한 알튀세르의 평가로 되돌아가보자. 알튀세르가 68운동에 대하여 양가적인 태도를 보인 이유, 곧 한편으로 그것을 역사상 유례를 찾아보기 어려운 대중의 이데올로기적 반역으로 평가하면서도 다른 한편으로 그것이 끝내 "융합에 이르지 못했다"고 평가한 이유는 무엇보다 알튀세르가 매우 충실한 맑스주의자였다는 점에서 찾을 수 있다. 사실 오늘날의 관점에서 보면 알튀세르는 그 자신이 매우 양가적인 존재였다고 말할 수 있다. 한편으로 그는 20세기 후반의 가장 독창적이고 혁신적인 맑스주의자로 간주되는데, 인식론적 절단, 과잉결정(및 과소결정), 구조인과성, 이데올로기의 물질성, 호명 같은 개념들은 그의 사상의 독창성을 단적으로 표현해준다. 하지만 다른 한편으로 보면 그는 이른바 '서방 맑스주의'의 이론가들 중에서 가장 정통적인, 심지어 교조적인 이론가의 면모를 보이기도 한다. '변증법적 유물론과 사적 유물론'이라는 스탈린주의적 도식을 (매우 변형된 형태이긴 하지만) 고수한 것, 이데올로기의 중요성을 강조하면서도 지속적으로 토대의 우위를 강조한 것, 프롤레타리아독재 개념에 대한 완고한 방어, 다른 많은 지식인과 달리 공산당에서 끝내 탈당하지 않은 것 등이 대표적인 사례들이다. 이 때문에 그는 68년 5월 운동의 전례 없는 새로움, 학생들의 이데올로기적 반역의 중요성을 강조하면서도 그것이 노동자운동과 '융합'되어야 한다는 점, 더욱이 공산당이 운동의 전위로서 남아 있어야 한다는 점을 역설했던 것이다.

이 때문에 오늘날의 관점에서 보면 68운동에 대한 알튀세르의 평가는 여러모로 결함을 지닌 것으로 나타난다. 알튀세르는 정통 맑스주의의 입장을 고수한 까닭에 68운동이 표현했던 "세계혁명"(Wallerstein, 1991; 월러스틴, 1995; 1994 참조)적인 성격을 충분히 이해하지 못했을뿐더러, 푸코가 이후에 강조했던 것처럼 68운동이 "사회의 특정한 계층과 청년 문화에 영향을 발휘하던 권력 형태의 전체적인 연결망에 대한 반역이었다는 것"(푸코, 2004: 140), 따라서 그것은 제도적·실천적으로 배제되었을 뿐만 아니라 이론적 또는 담론적으로도 배제된 이들에 관한 문제 제기였다는 것을 깨닫지 못했다고 할 수 있다. 알튀세르는 다른 어떤 맑스주의자들보다 더 사회를 구성하는 '심급들(instances)' — 경제, 법, 이데올로기, 지식 — 의 다양성과 환원 불가능성을 강조했지만(과잉결정 및 과소결정 개념이 대표하는 것), 동시에 이것들 모두는 "최종 심급에서" 계급 투쟁의 상이한 표현들이라는 점을 고수했다. 그에게는 이것이야말로 맑스주의의 양보할 수 없는 유물론적 핵심이었던 것이다. 하지만 오늘날 우리가 매일 확인하게 되는 것은 이데올로기적 갈등(특히 우리나라에서는 국민주의 및 민족주의로 표현되는), 성적 차이 및 적대, 인종적 갈등, 생태적 위기 등은 결코 계급 모순으로 환원되지 않는다는 점이다.

그런데 다른 한편으로 보면 알튀세르가 제기한 문제는 여전히 우리 자신의 문제로 남아 있음을 깨닫게 된다. 우선 68운동이 과연 성공한 운동이었는가, 심지어 혁명이었다고 할 수 있는가라는 문제가 남는다. 월러스틴처럼 세계체계론의 시각에서 그것은 '실패한 혁명이었지만 세계적인 혁명이었다'고 말하는 것도 가능하겠지만, 알튀세르처럼 그것이 융합에 이르지 못했다고, 곧 68운동에 참여한 다양한 세력, 특히 이데올로기적 반역 세력과 계급 착취에 저항하는 세력이 마주쳤지만 융합에 이르지 못했다고 말하는 것도 가능하다(아마 라클라우와 무페라면 '절합articulation'이나 '민중적 요구popular demand'를 형성하는 데 이르지 못했다고 말했을 것이다). 그리고 이러한 융합에 이르지 못하는 한에서 진정한 혁명(들)은 일어날 수 없다고 보았다는 점에서 그는 옳았다.

또한 알튀세르가 정통 맑스주의자로서 계급투쟁의 우위를 강조하고 다른 투쟁들을 이러한 투쟁의 우위에 종속시키려고 했던 것이 사실이라면, 68운동 당시에도 그랬거니와 오늘날의 많은 68의 후예는 '계급투쟁'의 중요성을 간과했던 것은 아닌가? 곧 고전 맑스주의에 고유한 경제주의와 노동의 인간학에서 벗어난다는 구실 아래 오히려 자본주의의 모순 및 계급투쟁의 문제를 청산하거나 아니면 적어도 망각하고 그 문제를 권력의 문제나 문화의 문제, 젠더의 문제로, 또는 단순히 복지국가(또는 사회국가)의 문제로 대체한 것은 아닌가? 하지만 신자유주의적 세계화가 본격적으로 전개되면서 우리가 여실히 깨닫게 된 점은 이 모든 문제에 계급투쟁의 문제가 스며들어 있다는 점이다.

그렇다면 다시 한번 계급투쟁의 기치를 높이 들고 사회주의 또는 공산주의로의 이행을 위해 투쟁해야 하는 것 아닌가? 이것은 마치 현존 사회주의 체제 붕괴 이후 30여 년 동안, 또는 알튀세르의 문제 제기(과잉결정 및 과소결정) 이후 50여 년 동안 아무 일도 없었다는 듯이 '예전의 좋았던' 정통 맑스주의로 돌아가자는 말과 다르지 않을 것이다. 아마도 우리는 오히려 알튀세르가 고심했던 그 문제에서 다시 출발해야 할 것이다. 어떻게 여러 가지 적대 내지 갈등(계급, 문화, 인종, 젠더 등)을 위계적으로 구조화하지 않으면서 이것을 자본주의의 모순(들)과 연결할 수 있는가? 어떻게 우리는 과잉결정된 자본주의의 모순을 넘어 이러한 연결을 사고할 수 있는가? 혁명의 과소결정 속에서의 해방과 변혁이란 무엇인가? 가능한 한 가지 길은 내가 다른 글에서 말했던 것처럼 "하나의 과잉결정에서 다른 과잉결정으로"(진태원, 2018 참조) 전환하는 길일 수 있다.

4. 과소결정과 콩종크튀르에 대한 보론[18]

1) 과소결정에 대하여

과소결정이라는 단어 자체는 나타나지 않지만 그것의 개념적 의미소가 처음 등장하는 곳은 『마르크스를 위하여』에 수록된 「모순과 과잉결정」이다. "'과잉결정된 모순'은 역사적 억제라는 의미에서, 모순의 진정한 '차단'의 의미에서 과잉결정될 수도 있고(빌헬름 시대의 독일) 또는 혁명적 단절의 의미에서 과잉결정될 수도 있지만(1917년의 러시아), 이러한 조건들 속에서 모순은 결코 순수한 상태로 자신을 현시할 수 없다고 주장할 것이다."(알튀세르, 2017: 189, 번역은 약간 수정) 따라서 알튀세르는 surdétermination이라는 개념(곧 우리가 '과잉결정'으로 번역한)을 "혁명적 단절"이라는 의미와 더불어 "역사적 억제" 또는 "모순의 진정한 '차단'"이라는 뜻 역시 표현할 수 있는 개념으로 사용하고 있음을 알 수 있다. 그리고 이러한 이중적 함의를 갖는 surdétermination은 '다원결정'이나 '다중결정'이라

---

[18] 이 글이 『서강인문논총』에 투고되었을 때, 논문 심사위원들은 내가 이 글에서 사용한 '과소결정'의 의미가 무엇인지 정확히 밝혀달라고 요구했으며, 또한 내가 각주 2에서 주장한 것과 달리 알튀세르에게 conjoncture는 처음부터 끝까지 '정세'라는 동일한 의미를 갖기 때문에 '정세'라고 번역하는 게 옳다는 견해를 제시한 바 있다. 두 가지 쟁점에 대한 해명은 독자들이 이 글의 논지를 더 정확히 이해하는 데 도움이 될 것이라 생각하여 보론을 추가해둔다.

고 번역할 수도 있을 것이다.

과소결정이라는 용어 자체가 처음 등장하는 곳은 『자본론을 읽는다』에 수록된 「'자본'의 대상」인데, 여기에서는 "그것의 과잉규정 내지 그것의 과소규정이라고 불려온 것"(Althusser, 1996a: 293)이라고 두 개념이 병치되고 있을 뿐, 새로운 용어의 등장이 의미하는 바가 무엇인지는 제대로 설명되지 않고 있다. 사실 이 대목은 「'자본'의 대상」 전체에서 제일 핵심적인 대목 중 하나이기 때문에 이러한 병치의 함의를 이해하려면 또 다른 본격적인 논의가 필요하다.

과소결정 개념에 대한 더 상세한 해명이 제시되는 텍스트는 「아미앵대학 박사 학위 업적 소개문」이라는 글이다.[19] 알튀세르는 헤겔 변증법과 달리 맑스의 변증법은 모순의 불균등성을 보여줄 수 있으며, 이러한 불균등성은 "필연적으로 모순의 과잉결정 또는 과소결정이라는 형태 속에 반영됩니다"(Althusser, 1976: 215; 알튀세르, 1991: 153, 번역은 약간 수정)라고 주장한다. 그리고 이행 또는 혁명의 문제와 관련하여 과소결정 개념의 의의를 다음과 같이 설명한다.

> 혁명이 일어난 것은 19세기의 영국이 아니었으며 20세기 초의 독일도 아니었습니다. 혁명은 가장 발전한 나라들이 아니라 다른 곳에서, 곧 러시아에서, 그리고 그 뒤에는 중국이나 쿠바 등지에서 일어났습니다. 불균등 발전이라는 레닌의 범주 (이는 모순의 불균등성 및 모순의 과잉- 그리고 과소-결정sa sur- et sa

---

[19] 이 글은 알튀세르가 1975년 아미앵대학에서 연구 업적에 근거한 박사 학위를 받으면서 그동안 자신의 연구를 집약해서 소개한 박사 학위 업적 소개문이다. 따라서 「아미앵에서의 주장」이라는 번역은 적절치 않다.

sous-détermination을 가리킵니다) 없이, 제국주의의 주요 모순이 가장 약한 고리로 이처럼 전위되는 것을 어떻게 사고할 수 있으며, 이와 관련하여, 계급투쟁이 승리를 거둘 것처럼 보이는 나라들에서 계급투쟁의 이러한 침체를 어떻게 사고할 수 있겠습니까? 저는 일부러 과소결정을 강조합니다. 왜냐하면 어떤 사람들은 결정에 무언가를 추가하는 것은 쉽게 받아들이는 반면, 과소결정이라는 관념, 곧 그것을 넘어서지 못하면 혁명이 유산되고 혁명운동이 침체되거나 사라지게 되며, 제국주의가 부패 속에서 발전하게 되는 등의 일이 일어나는, 결정의 문턱이라는 관념은 견뎌내지 못하기 때문입니다(Althusser, 1976: 217; 알튀세르, 1991: 156, 번역은 수정).

이 대목에서 "결정의 문턱"이라는 말에 주의한다면, 내가 이 글에서 사용한 과소결정이라는 개념의 일차적인 의미를 충분히 이해할 수 있을 것이다. 그것은 혁명이 일어나지 못하게 만드는, 혁명을 불가능하게 만드는 결정 내지 조건이며, 더욱이 자본주의에서 사회주의로의 이행만이 아니라, 사회주의 자체 내에서 혁명의 진전, 공산주의의 실천을 불가능하게 만드는 결정 내지 조건이라는 뜻이다.

하지만 더 나아가 내가 또한 주목하고 싶었던 것은 "모순의 과잉- 그리고 과소-결정"이라는 표현이다. 알튀세르는 "과잉결정 또는 과소결정"이라고 하지 않고, "과잉-결정 그리고 과소-결정"이라고 하지도 않으며, "과잉- 그리고 과소-결정"이라고 표현한다. '과잉-'과 '과소-'라는 두 개의 접두어를 함께 사용한 것은 내가 보기에 첫째, 모든 결정은 항상 과잉과 과소를 함께 수반함을 뜻한다. 사실 모순이 과잉결정의 개념 속에서만 사고되면, 그것은 결국 목적론적 관점에서 벗어나기 쉽지 않다. 모순의 과잉결정은 구조화된 복잡한 전체의 위계화된 결정 관계라는 의미에서 '최종 심급에서의 결정'과 연결하여 사고되며, 또한 알튀세르는 그것을 통해서만 헤겔 변증법과 구별되는 유물론적 성격을 획득하게 된다고 주장한다. 이는 다른 말로 하면 유물변증법이야말로 역사의 우연성(contingence) 또는 예외, 이질성, 다양성 등을 설명할 수 있다는 뜻이다. 그런데 이렇게 전체가 복잡화되고 결정 관계가 다중적으로 전개된다 하더라도, 그것은 항상 기본 모순에 의한 최종 심급에서의 결정에 따라 지휘되는 것이고, 결국 공산주의로의 이행의 필연성에 따라 규정되는 것이다. 따라서 과잉결정이 표현하는 '우연성'의 계기는, 발리바르가 다른 글에서 쓴 표현을 빌리면, 우연의 필연-화(devenir-nécessaire de la contingence) 과정 속으로 포섭되는 것이다. 반면 단지 모순의 과잉결정만이 아니라 모순의 과잉결정이면서 동시에 과소결정이 문제가 되면, 역사는 우연의 필연-화가 아니라, 필연의 우연-화(devenir-contingent de la nécessité)로, 또는 "우연성의 우연"(Balibar, 1996: XIII; 발리바르, 2017d: 34)의 계기도 포함하는 것으로, 더 나아가 전자에 비해 이 후자가 존재론적으로 우선하는 것으로 나타나게 된다. 내 생각에는 이것이 알튀세르 말년의 이른바 마주침의 유물론 내지 우발성의 유물론의 한 가지 이론적 핵심이다.

둘째, 이렇게 '우연성의 우연'의 계기를 사고한다는 것은, 현존 사회주의 체제의 붕괴 이후 우리나라 맑스주의 연구자들의 최대 공약수라고 할 수 있는 '절합'의 문제 설정, 곧 자본주의의 기본 모순을 중심으로 하여 성적 차이 내지 젠더 간 적대, 인종 및 국민주의, 생태적 적대 등을 그것과 절합하려는 문제 설정을 넘어선다는 뜻이다. 왜냐하면 자본주의에 내재해 있는 공산주의의 경향 내지 잠재력을 실현하려고 하는 것은 다른 것들의 쟁점을 과소결정하는 것(또는 다른 말로 하면 배제하거나 주변화하는 것)이기 때문이다. 이것이 내가 마지막 문단에서 염두에 둔 것이었다.

2) 콩종크튀르에 대하여

서론에서도 지적했던 것처럼 나는 conjoncture 개념은 알튀세르 사상의 전개 과정 속에서 상이한 의미를 부여받고 있다고 생각한다. 과잉결정된 모순이 폭발하는 혁명적 정세, 또는 어쨌든 기존 질서가 위기에 빠지는 예외적 상황이 첫 번째 의미라면, 『자본론을 읽는다』에서는 좀 더 엄밀한 존재론적 의미를 부여받는다. 특히 다음 대목이 주목할 만하다.

> 만약 우리가 역사 속에서 '본질적 단면'을 구현할 수 없다면, 우리는 전체의 복잡한 구조의 특정한 통일성 속에서 이른바 지체, 선행, 잔재, 불균등 발전 같은 것들의 개념을 사고해야 하는데, 이것들은 현실적인 역사적 현재, 곧 **콩종크튀르**(conjoncture)의 현재의 구조 속에서 공동-실존한다(co-existent). 따라서 이러한 지체 및 선행을 측정할 수 있는 토대의 시간에 준거하게 되면, 상이한 역사성들의 유형들에 대해 말하는 것이 아무 의미가 없다(Althusser, 1996a: 293).

여기서 콩종크튀르는 표현적 총체성에 입각한 라이프니츠-헤겔식의 역사철학적 현재 개념과 대비되는 "현실적인 역사적 현재"로서 제시된다. 이러한 의미의 콩종크튀르는 그 속에서 "지체, 선행, 잔재, 불균등 발전 같은 것들 … 이 공동-실존"하는 것이다. 따라서 콩종크튀르는 '본질의 단면'으로서가 아니라 이질적이고 불균등한 것들이 공존하는 역사적 현재를 의미한다고 할 수 있다. 이렇게 이질적이고 불균등한 것들이 어떻게 "공동-실존"할 수 있는지, 그것들 사이에는 어떤 관계가 있는지 질문이 제기될 수 있는데, 알튀세르는 이를 다원적인 역사적 시간들의 공동-실존이라는 관점에서 설명하려고 한다.

그런데 『자본론을 읽는다』에는 나오지 않지만, 비슷한 시기에 쓰인 「발생에 대하여」라는 글에서 알튀세르는 "'마주침의 이론' 내지 '콩종시옹' 이론('théorie de la rencontre' ou théorie de la 'conjonction')"에 관심을 기울인다. 여기서 주목할 만한 표현이 '콩종시옹'이라는 개념이다. '연결' 내지 '연접' 또는 '연계' 등으로 옮길 수 있는 이 개념은 알튀세르가 사건을 이질적인 요소들 내지 힘들 사이의 마주침으로 이해하고 있으며, 이러한 마주침을 다른 말로 표현하여 '콩종시옹'으로 사고하려 했음을 잘 보여준다. 왜 하필이면 콩종시옹일까? 그것은 이 콩종시옹과 같은 어근을 갖고 있는 것이 바로 콩종크튀르 개념이기 때문이다. 그렇다면 콩종크튀르는 이행이나 변혁을 위해서 서로 마주쳐야 하는 것들이 마침내 마주치고 융합하게 되는, 또는 그것을 기대할 수 있는 상황 내지 시기라고 이해할 수 있다.

그런데 주지하다시피 말년의 우발성의 유물론이나 마주침의 유물론에 가면 콩종시옹이나 콩종크튀르는 훨씬 더 급진적인 함의를 갖게 된다(Althusser, 1993a; 1994b; 알튀세르, 1996; 1997, 여러 곳 참조). 여기에서는 이미 구조(자본주의 같은)가 존재하고, 그 구조 내에 존재하는 또는 그것에 의해 결정되는 어떤 요소들 사이의 마주침이나 콩종시옹이 문제가 되는 것이 아니라, 세계 또는 구조에 선행하는 어떤 마주침과 콩종시옹이 문제가 된다. 허공 속에서 서로 수직으로 낙하하는 원자들이 어떤 우발성에 의해 클리나멘(clinamen)을 겪게 되고, 이로써 원자들의 마주침 또는 연접이 지속되면 거기에서 세계 또는 구조가 생겨나게 되며, 일단 생겨난 구조는 자신의 고유한 근거와 법칙, 질서에 따라 자신을 재생산하게 된다. 따라서 『마르크스를 위하여』나 『자본론을 읽는다』에서는 구조의 우위가 전제된 가운데 정세로서의 콩종크튀르를 사고하는 것 또는 구조와 콩종크튀르의 관계를 설명하는 것이 문제였다면, 우발성의 유물론에서는 오히려 콩종시옹 내지 콩종크튀르야말로 세계 내지 구조의 발생을 설명하는 일차적인 것으로 제시된다. 더 나아가 단순히 구조의 발생만이 아니라 구조의 재생산과 변혁 역시 마주침 내지 콩종크튀르에 달려 있는 것이라고 할 수 있다. 극히 도식적이고 간략한 일별이기는 하지만, 이것만 보더라도 초기부터 말년에 이르기까지 알튀세르가 똑같은 '정세' 개념을 갖고 있었다고 하기 어렵지 않을까?

우리말의 '정세'는 여러 뜻을 갖고 있는데, 알튀세르와 관련된 맥락에서는 "일이 되어가는 사정이나 형편"이라는 뜻(한자로는 情勢)이나 "정치상의 동향이나 형세"(한자로는 政勢)라는 뜻이 어울린다고 할 수 있다. 그런데 과연 이런 두 가지 뜻으로 이해된 '정세'

라는 번역어가 알튀세르가 사용하는 콩종크튀르라는 개념의 함의를 다 표현할 수 있을까? 말년의 우발성의 유물론이나 마주침의 유물론에서 제시되는 개념적 의미는 고사하고, 『자본론을 읽는다』에서 제시된 존재론적·시간이론적 함의조차 제대로 표현할 수 있을까? 나는 불가능하다고 생각하며, 이 때문에 머리말에서 「모순과 과잉결정」 같은 글에 나오는 용법을 고려하면 '정세'라는 번역어를 쓸 수 있다고 해도 이 개념의 전체적인 용법과 의미를 고려하면 당분간은 콩종크튀르라는 말을 사용하는 것이 좋겠다고 제안한 것이다.

참고 문헌

바커, 제이슨, 2014, 「주인 기표: 라캉-마오주의의 간략한 계보학」, 『문화과학』 77호.
발리바르, 에티엔, 1988, 『민주주의와 독재』, 최인락 옮김, 서울: 연구사.
발리바르, 에티엔, 1991, 「마오: 스탈린주의의 내재적 비판」, 윤소영 엮음, 『맑스주의의 역사』, 서울: 민맥.
발리바르, 에티엔, 2017a, 「공산주의 이후에 어떤 공산주의가?」, 허은진 옮김, 웹진 인-무브 http://en-movement.net/118, 2017. 11. 22.
발리바르, 에티엔, 2017b, 「공산주의의 질문들」, 장진범 옮김, 웹진 인-무브 http://en-movement.net/84?category=733236, 2017. 10. 18.
발리바르, 에티엔, 2017c, 「세계 — 그리고 우리 자신 — 를 바꾸려는 공산주의적 욕망」, 장진범 옮김, 웹진 인-무브 http://en-movement.net/65?category=733236, 2017. 9. 12.
발리바르, 에티엔, 2017d, 「1996년 판 서문」, 루이 알튀세르, 『마르크스를 위하여』, 서관모 옮김, 서울: 후마니타스.
발리바르, 에티엔, 2018, 『마르크스의 철학』, 배세진 옮김, 서울: 오월의 봄.
백승욱, 2012, 「문혁 평가의 하나의 우회로: 정치의 아포리아를 둘러싼 논점」, 『중국 문화대혁명과 정치의 아포리아』, 서울: 그린비.
서관모, 2008, 「반폭력의 문제 설정과 인간학적 차이들: 에티엔 발리바르의 포스트마르크스주의적 공산주의」, 『마르크스주의 연구』 5권 2호.
알튀세르, 루이, 1991, 「아미앵에서의 주장」, 『아미앵에서의 주장』, 김동수 옮김, 서울: 솔.
알튀세르, 루이, 1992, 「22차 당대회」, 이진경 엮음, 『당 내에 더 이상 지속되어선 안 될 것』, 서울: 새길.
알튀세르, 루이, 1996, 『철학과 맑스주의: 우발성의 유물론을 위하여』, 서관모·백승욱 옮김, 서울: 새길.
알튀세르, 루이, 1997, 『철학에 대하여』, 서관모·백승욱 옮김, 서울: 동문선.
알튀세르, 루이, 2007, 『재생산에 대하여』, 김웅권 옮김, 서울: 동문선.
알튀세르, 루이, 2008, 『미래는 오래 지속된다』, 권은미 옮김, 서울: 이매진.
알튀세르, 루이, 2017, 『마르크스를 위하여』, 서관모 옮김, 서울: 후마니타스.
월러스틴, 이매뉴얼, 1994, 「뮈르달의 유산: 인종차별주의와 저개발의 딜레마」, 『사회과학으로부터의 탈피』, 성백용 옮김, 서울: 창작과비평사.
진태원, 2002, 「라깡과 알뛰쎄르: '또는' 알뛰쎄르의 유령들 I」, 김상환·홍준기 엮음, 『라깡의 재탄생』, 서울: 창비.
진태원, 2011, 「과잉결정, 이데올로기, 마주침: 알튀세르와 변증법의 문제」, 진태원 엮음, 『알튀세르 효과』, 서울: 그린비.
진태원, 2017, 「스피노자와 알튀세르: 상상계와 이데올로기」, 서동욱·진태원 엮음, 『스피노자의 귀환』, 서울: 민음사.
진태원, 2018, 「한국어판 해제: 에티엔 발리바르는 마르크스주의자인가? 하나의 과잉결정에서 다른 과잉결정으로」, 에티엔 발리바르, 『마르크스의 철학』, 배세진 옮김, 서울: 오월의 봄.
최갑수, 2003, 「해제: 빠리 꼬뮌, 프롤레타리아의 독재, 민주주의」, 칼 마르크스, 『프랑스 내전』, 안효상 옮김, 서울: 박종철출판사.

테레, 에마뉘엘, 2011, 「하나의 마주침: 알튀세르와 마키아벨리」, 진태원 엮음, 『알튀세르 효과』, 서울: 그린비.

푸코, 미셸, 2004, 『푸코의 맑스: 둣치오 뜨롬바도리와의 대담』, 이승철 옮김, 서울: 갈무리.

Althusser, Louis, 1966, "Sur la révolution culturelle", in *Décalages* 2014, vol. 1, no. 1.

Althusser, Louis, 1969a, "A propos de l'article de Michel Verret sur le 'Mai étudiant'" in Yves Vargar ed., *PenseR - Louis Althusser*, 2006, Paris: Le Temps des cerises.

Althusser, Louis, 1969b, "Louis Althusser's Letter on the 'May Events'" https://www.versobooks.com/blogs/3851-louis-althusser-s-letter-on-the-may-events (2018. 6. 9. 접속)

Althusser, Louis, 1973, "Response to John Lewis" in *Essays in Self-Criticism*, trans. Grahame Lock, London: NLB, 1976.

Althusser, Louis, 1976, "Soutemance d'Amien", in *Positions*, Paris: Éditions sociales[알튀세르, 1991].

Althusser, Louis, 1977, *XXIIe Congrès*, Paris: Maspero[알튀세르, 1992].

Althusser, Louis, 1993a, "Marx dans ses limites", in *Écrits philosophiques et politiques*, tome I, Paris: Stock/IMEC.

Althusser, Louis, 1993b, *Écrits philosophiques et politiques*, tome I, Paris: Stock/IMEC.

Althusser, Louis, 1994a, "Machiavel et nous", in *Écrits philosophiques et politiques*, tome II, Paris: Stock/IMEC.

Althusser, Louis, 1994b, *Sur la philosophie*, Paris: Gallimard[알튀세르, 1997].

Althusser, Louis, 1995, *Sur la reproduction*, Paris: PUF[알튀세르, 2007].

Althusser, Louis, 1996a[1965], "L'objet du Capital", in Louis Althusser et al., *Lire le Capital*, Paris: PUF.

Althusser, Louis, 1996b[1965], *Pour Marx*, Paris: La Découverte[알튀세르, 2017].

Althusser, Louis, 1998, *Lettres à Franca (1961-1973)*, Paris: Stock/IMEC.

Althusser, Louis, 2003[1992], *L'avenir dure longtemps*, Paris: Stock/IMEC[알튀세르,

2008].

Althusser, Louis, 2016, *Les Vaches noires: Interview imaginaire*, Paris: PUF.

Althusser, Louis, 2018, *Écrits sur l'histoire(1963-1986)*, Paris: PUF.

Balibar, Etienne, 1974, *Cinq études du matérialisme historique*, Paris: François Maspero [에티엔 발리바르, 『역사유물론 연구』, 이해민 옮김, 서울: 푸른산, 1989].

Balibar, Etienne, 1976, *Sur la dictature du prolétariat*, Paris: François Maspero [발리바르, 1988].

Balibar, Etienne, 1992, "L'objet d'Althusser", in Sylvain Lazarus ed., *Politique et philosophie dans l'œuvre de Louis Althusser*, Paris: PUF [에티엔 발리바르, 「'절단'과 '토픽': 철학의 대상」, 『알튀세르와 마르크스주의의 전화』, 윤소영 옮김, 서울: 이론사, 1993].

Balibar, Etienne, 1996, "Avant-propos pour la réédition de 1996", in Louis Althusser, *Pour Marx*, Paris: La Découverte [발리바르, 2017d].

Balibar, Etienne, 2001, "Quel communisme après le communisme?", in Eustache Kouvelakis ed., *Marx 2000*, Paris: PUF [발리바르, 2017a].

Balibar, Etienne, 2010, *La proposition de l'égaliberté*, Paris: PUF.

Balibar, Etienne, 2011a, "Fermeture. Malêtre du sujet: universalité bourgeoise et différences anthropologiques", in *Citoyen sujet et autres essais d'anthropologie philosophique*, Paris: PUF.

Balibar, Etienne, 2011b, *La philosophie de Marx*, Paris: La Découverte [발리바르, 2018].

Balibar, Etienne, 2013a, "Communism as Commitment, Imagination, and Politics", in Slavoy Zizek ed., *The Idea of Communism*, vol. II, London · New York: Verso [발리바르, 2017b].

Balibar, Etienne, 2013b, "État, parti, transition"(1978), *Revue Période*. http://revueperiode.net/etat-parti-transition/

Balibar, Etienne, 2016a, "Althusser et Gramsci: entretien avec Étienne Balibar", *Revue Période*. http://revueperiode.net/althusser-et-gramsci-entretien-avec-etienne-balibar/

Balibar, Etienne, 2016b, "Une nouvelle querelle", in *Des universels*, Paris: Galilée.

Balibar, Etienne, 2017, "The Communist Desire to Change the World – and Ourselves", in "Dossier: The Return of Communism", *The Viewpoint Magazine*, 2017. 1. 18. https://www.viewpointmag.com/2017/01/18/the-communist-desire-to-change-the-world-and-ourselves/[발리바르, 2017c]

Bruschi, Fabio, 2018, "Dualité du pouvoir, stratégie du communisme et dépérissement de l'Etat. Le débat entre Althusser et Poulantzas", *Actuel Marx*, no. 63.

Gaille, Marie, 2017, "What Does a "Conjuncture- Embedded" Reflection Mean? The Legacy of Althusser's Machiavelli to Contemporary Political Theory", in David Johnston et al. eds., *Machiavelli on Liberty and Conflict*, Chicago: University Of Chicago Press.

Lahtinen, Mikko, 2009, *Politics and Philosophy: Niccolò Machiavelli and Louis Althusser's Aleatory Materialism*, New York: Brill.

Macciocchi, Maria Antonietta, 1970, *Lettres de l'intérieur du parti*, Paris: François Maspero.

Macciocchi, Maria Antonietta, 1973, *Letters from Inside the Italian Communist Party to Louis Althusser*, trans. Stephen Hellman, NLB.

Marx, Karl, 2003, "Der Bürgerkrieg in Frankreich", in *Karl Marx & Friedrich Engels Werke*, Bd. 17, Berlin: Dietz Verlag, 1962[칼 맑스, 『프랑스 내전』, 안효상 옮김, 서울: 박종철출판사, 2003].

Matheron, François, 1997, "La récurrence du vide chez Louis Althusser", *Futur antérieur*, <numéro spécial>.

Toscano, Alberto, 2014, "Transition Deprogrammed", *The South Atlantic Quarterly*, vol. 113, no. 4.

Wallerstein, Immanuel, 1991, "1968, Revolution in the World-System", in *Geopolitics and Geoculture*, Cambridge: Cambridge University Press[이매뉴얼 월러스틴, 「1968년, 자본주의 세계체제에서의 혁명」, 『변화하는 세계체제: 탈아메리카와 문화이동』, 김시완 옮김, 서울: 백의, 1995].

데리다

혁명의 탈-구축

주재형

1. 들어가며: 데리다의 침묵

1968년 5월 데리다는 침묵한다. 혁명의 운동에 동참하며 길거리로 나왔던 동시대의 다른 철학자들과 달리 데리다는 이 혁명에 직접적으로 참여하지 않았다. 훗날의 한 인터뷰에서 그는 68혁명에 대한 자신의 거리를 명확히 표명한다.

> 저는 68(soixante-huitard)이라고 불리는 사람이 아니었습니다. 이 시기에 저는 시위에 참여하거나 울름 거리에서 당시 처음으로 시민 집회를 조직했지만, 어떤 자생적이고 융합적이며 반노조적인 도취 앞에서, 마침내 '해방된' 말의 열광, 복원된 '투명성'의 열광과 같은 것들에 대해서 유보적이었고, 심지어 불안을 느끼기까지 했습니다. 저는 이런 것들을 결코 믿지 않

습니다(Derrida, 1992: 358).

하지만 데리다의 이 침묵은 단지 혁명적 전복에 대한 보수적 거리감의 표출만은 아니었다. 데리다의 침묵은 데리다의 철학적 입장이 60년대 프랑스에서 사실상 들리지 않는 것이었다는 점에서 기인한다. 또 다른 인터뷰에서 데리다는 알튀세르와의 관계를 회고하며 다음과 같이 말한다. "그러므로 저는 일종의 괴로운 침묵에 둘러싸여 있었습니다."(Kaplan and Sprinker, 1993: 188)

60년대의 전위적이고 혁신적인 프랑스 철학의 대표 주자로 간주되었던 데리다는 사실 이 시기에 철학적 고립과 내적 유배 상태에 있었다. 데리다가 처해 있던 상황은 우선 알튀세르와 관련해서 다음과 같이 회고된다.

> 저는 [알튀세르와 알튀세르주의자들의 담론에서] 새로운 과학주의를 감지했습니다. 그것은 심지어 '대상은 무엇인가? 대상성의 가치 또는 이론적인 것의 가치는 어디에서 연유하는가?' 등과 같은 질문들의 가능성을 억압했던 새로운 '실증주의'(이 용어는 그들을 경악하게 만들 것입니다만)의 정교화이거나 위장이었습니다. 적들의 합창 대열에 합류하는 것처럼 보이지 않고서는 이러한 물음들을 명시적으로 말할 수 없었기 때문에 저는 침묵하고 있었습니다(Kaplan and Sprinker, 1993: 197).

보수적 반맑스주의 철학 진영에 가담하는 인상을 주지 않고서는, 따라서 자신의 스승 및 친구들(알튀세르, 바디우, 발리바르 등)과

적대하지 않고서는 그들의 담론들에 의문을 제기할 수 없었기 때문에 데리다는 침묵했다. 보다 정확히 말해 데리다의 목소리는 들리지 않는 것으로 남아 있었다. 하지만 데리다의 철학적 입장은 알튀세르의 과학적 맑스주의 대(對) 인간주의적 맑스주의 또는 반맑스주의의 대립 전선 속에서만 그 자리를 찾을 수 없었던 것이 아니다. 데리다는 당시 구조주의의 영향하에 철학의 어떤 급진적인 갱신이나 변혁을 꿈꾸었던 자신의 동시대인들 대다수 — 여기에는 레비스트로스, 알튀세르, 푸코뿐 아니라 레비나스와 들뢰즈도 포함될 수 있을 것이다 — 사이에서 자신의 자리를 찾을 수 없었다. 당대의 지적 풍경에서 데리다의 이 철학적 소외는 물론 이미 그 자체로 일종의 정치적 소외이기도 했다. "제가 조금 전에 저의 마비라고 부른 것은 또한 정치적 행위(gesture)였습니다. 저는 반맑스주의로 보일 수 있는 반박들을 제기하고 싶지 않았습니다."(Kaplan and Sprinker, 1993: 192) 반맑스주의도, 보수주의도 아닌 어떤 다른 정치적 실천, 그것은 발언될 수 없었는데, 어떤 외적인 억압 때문이 아니라 그것의 언어가 들릴 수 없는 것이었기 때문이다. 그러므로 데리다의 철학적 입장이 갖고 있는 정치적 함축이 68혁명을 통해서 대변되고 표현될 수 없었다면, 이는 단순한 우연이 아니다.[1]

이렇게 데리다는 60년대 프랑스의 철학적, 정치적 혁명의 한가운데에서 이상하게 부재해 있었다. 우리는 이 부재를 주목하고, 이

---

[1] 바디우 역시 데리다와 68혁명의 관계를 이처럼 평가한다. 이에 대해서는 바디우(Badiou, 2008: 179) 참조.

침묵에 귀를 기울여야 한다. 왜냐하면 이 부재와 침묵은 단순한 무가 아니기 때문이다. 당대의 철학적, 정치적 혁명의 코드와 공리계로는 포착될 수 없는 다른 철학, 다른 정치적 실천이 거기에 있기 때문이다. 데리다의 이 침묵 속에서 그의 탈구축은 흔히 간주되는 것처럼 현전(la présence), 동일성, 총체성을 근본적으로 파괴하고 뒤엎는 순수 차이들의 혁명적 철학이 아니라는 점뿐 아니라 또한 혁명적 정치학과 대립하는 허무주의적 보수주의가 아니라는 점도 조용히 표시되고 있기 때문이다. 정치와 철학의 양측에서 서로 긴밀하게 조응하며 순수 차이의 새로운 시대를 예고하는 흐름과는 다른 무엇이 데리다의 침묵 속에서 고요하게 목소리를 내고 있다.

우리는 이 다른 무엇을 두 가지로 규정해보고자 시도할 것이다. (1) 탈구축은 어떠한 동일성도 전제하지 않는 순수 차이가 아니라 현전의 제거 불가능한 부재라는 역설 — 현전은 불가능하지만 현전의 가능성을 제거하는 일도 불가능하다 — 과 관련된다. (2) 그리고 혁명은 위계의 총체적인 전복이 아니라 전통을 보존하면서 전통과 작별하는 모순적이고 끝나지 않는 의무, 제도를 유지하면서 제도를 안에서부터 흔들어놓는 의무와 관련된다. 이 두 테제를 통해서 우리는 데리다의 탈구축이 어떻게 모든 종류의 혁명 — 정치적 혁명뿐 아니라 철학적 혁명까지도 — 에 대한 대안으로 제시될 수 있는지 깨닫게 될 것이다.

이를 위해서 우리는 먼저 데리다의 탈구축이 어떤 점에서 당대의 철학적 지형 내에서 보이지 않았던 길인지를 데리다 자신의 말을 통해 살펴볼 것이다. 다음으로 데리다의 탈구축 자체를 그의 소쉬르 독해를 통해 검토함으로써 우리는 그의 작업이 어떤 점에서 철학적 혁명에 해당하는 구조주의의 탈구축인지 볼 것이다. 이는 또한 그의 초기 작업에 어떻게 이미 후기의 정치적, 윤리적 작업의 방향성이 내재해 있는지를 드러내는 일이기도 하다. 마지막으로 데리다 사유의 이 일관성을 따라서 데리다의 제도적 실천 전략을 간략하게 일별하면서 혁명과 구분되는 탈구축의 실천의 윤곽을 소묘해보고자 한다.

2. 탈구축

1) 인간주의에 대한 두 가지 비판: 반인간주의 또는?

1968년에 발표된 데리다의 「인간의 종말들[목적들]」[2]은 당대의 지적 지형도에 대한 소묘이다. 침묵의 방식으로 드러났던 데리다의 탈구축의 길은 이 지형도 안에 보다 뚜렷하게 새겨져 있다. 이 텍스트는 데리다가 1968년 10월에 뉴욕에서 열린 '철학과 인간학'이라는 국제 콜로키엄에서 인간의 문제와 관련한 프랑스 철학의 현재 상황을 소개하기 위해 작성한 것이다. 데리다는 이러한 맥락을 텍스트의 처음에 명시하면서 시작한다. 데리다는 마치 프랑스

---

[2] 데리다는 '종말'과 '목적'을 의미하는 프랑스어 낱말 fin이 가진 이중성에 주목하여 이를 종말 개념과 목적 개념의 분리 불가능한 내적 연관으로 사유하고자 한다. 이 양의성을 드러내기 위해 우리는 이하에서 fin을 '종말[목적]'로 옮겼다.

를 벗어나서야 자신의 입장을 오해받지 않고 정식화해볼 수 있는 공간을 마련한 것처럼 보인다. 이 텍스트의 서론 말미에서 데리다는 다음과 같이 말하고 있다.

> 나는 이 텍스트가 작성된 날짜를 정확히 1968년 4월로 기록한다. 이 주간들은 또한 다들 기억하듯이 베트남에서 평화 협상들이 시작되었던 주간들이고 마틴 루터 킹의 암살이 일어난 주간들이다. 그로부터 조금 후에 내가 이 텍스트를 타자기로 정서하던 때, 대학 총장(recteur)의 요구로 공권력이 처음으로 파리의 대학들로 밀고 들어왔으며 여러분도 알고 있는 격동의 운동으로 학생들이 다시 대학들을 점령했다. … 내가 보기에 이것들[이 역사적, 정치적 정황들]은 전적으로 정당하게 우리 콜로키엄의 장과 문제 설정에 속해 있다(Derrida, 1972a: 135).

데리다는 68혁명을 베트남전 종전, 마틴 루터 킹의 암살과 함께 놓으면서 그 지평을 국제적으로 넓히는 동시에 그 특권성을 약화시키고 있다. 68년 5월 무언가 중대한 일, 즉 "격동(ébranlement)"이 일어났다. 이는 국지적인 일이 아니라 전 세계에서 동시다발적으로 일어나는 어떤 역사적 변화와 관련이 있으며, 우리는 이 거대한 지진에 몸을 맡길 것이 아니라 그것을 '해석'해야 하고, 그 안에 담긴 가능성들을 식별해야 한다. 그러한 비판적 식별의 작업을 철학과 인간학, 철학과 인간주의의 관계에 대한 학자들의 교류(la communication), 그 핵심에 놓아야 한다. 하지만 또한 이 학자들의 교류는 "모든 국제 철학 콜로키엄의 정치적 환경인 민주주의의 형태"(Derrida, 1972a: 135) 속에서만 가능할 것이다. 이 민주주의의 형태 속에서만 이성의 토대에 대한 근본적인 문제 제기가 가능하기 때문이다. 데리다가 당시 프랑스 학계에서는 찾을 수 없었던 형태, 그리고 그가 1983년 창립하게 될 국제철학학교의 이념에서 우리가 엿볼 수 있는 형태가 바로 이러한 민주주의의 형태이다. "이 국제 학교는 단지 철학 학교일 뿐 아니라 철학에 관한 물음을 제기하는 장소입니다."(Derrida, 1990: 489) 데리다 자신의 입장은 오직 이러한 민주주의 안에서만 드러날 수 있는 것이며, 또한 이러한 민주주의를 구성하려는 철학적, 실천적 노력이기도 하다.

우리는 이를 통해 이미 결론에 이른 셈이지만, 조금 더 차근차근 나아갈 필요가 있다. 다시 텍스트로 돌아가자. 텍스트의 맥락, 곧 데리다의 텍스트 자체를 가능하게 하는 조건에 대한 이 이야기 이후에, 데리다는 사르트르로 대표되는 이전 세대의 인간주의적 경향을 환기시킨다. 사르트르는 분명 그 이후 세대의 대표적인 표적이다. 구조주의의 선두에 서 있던 레비스트로스가 사르트르와 벌인 논쟁은 사르트르의 상징적인 위치를 보여준다. 이제 낡은 인간 중심주의적인 철학은 한계에 도달했다. 하지만 데리다가 사르트르를 이 텍스트에서 다소 길게 분석하는 데에는 보다 전략적인 측면이 있다. 데리다는 사르트르를 그저 낡은 인간주의 형이상학의 대표자로만 치부하지 않는다. 데리다는 오히려 사르트르가 브룅슈비크, 알랭, 베르그손으로 대표되는 프랑스의 주지주의적 또는 정신주의적 인간주의를 극복하고자 했지만 성공하지 못했다는 점을 보다 면밀하게 보여주고자 한다. 이러한 데리다의 노력은 인간주의라는 것이 그렇게 간단히 폐기될 수 있는 교설이 아니라는 점을 드러내기 위한 것이다.

사르트르는 '인간'이라는 표현 자체를 피하고 이를 '인간적-실재'라는 개념으로 대체하면서 통념적이고 전통적인 인간 이해 밑에 깔려 있는 실제 존재의 구조를 포착하고자 했다. 사르트르는 전통 형이상학이 존재의 통일성, 곧 존재자의 총체성의 문제를 제기한다면, 자신의 현상학적 존재론[3]은 영역들의 본질적 특수성을 기술한다는 점에서 다르다고 주장한다. 하지만 이 현상학적 존재론조차 결국 인간적-실재를 즉자 존재와 대자 존재의 분할을 뛰어넘어 즉자-대자 존재가 되려는 불가능한 기투로 규정할 때, 존재의 통일성과 존재자의 총체성에 대한 문제로 되돌아오지 않는가? 그것은 또한 인간적-실재를 구성하는 기투가 "스스로 신이 되려는 기투"(Derrida, 1972a: 138)임을 의미한다. "인간적-실재, 그것은 결여된 신이다"(Derrida, 1972a: 138)라는 말에서 드러나는 것처럼 신이 없다는 사실은 인간과 신의 형이상학적 통일성의 구조를 조금도 바꿔놓지 않는다. 그것은 단지 모든 존재자의 현상성의 원천으로서 초월화된 인간의 자리를 음각으로, 결여의 방식으로 비추고 있을 따름이다. 전통 형이상학에서 말하는 토대와 원리로서의 인간, 이성, 신 등을 사르트르가 전적으로 배격함에도 불구하고 인간의 통일성, 인간과 신의 통일성은 부재하는 토대로서 다시 나타난다. 그리고 사르트르는 바로 이 점에 대해서 질문하지 않는다. "존재자의 이 총체성의 존재의 의미에 대해서, 신과의 관계로서 이

---

[3] 사르트르의 이 "현상학적 존재론"이라는 표현의 중요성과 사르트르의 철학적 입장에 대해서는 보름스(2014: 256-262, 289-292) 참조.

부정성 개념에 대해서, (인간적) 실재 개념의 의미와 기원에 대해서, 실재의 실재성에 대해서 어떤 질문도 제기되지 않는다."(Derrida, 1972a: 138)[4]

데리다가 문제 삼는 것은 바로 이렇게 인간에게 종말을 고하는 행위를 통해서 인간이 이번에는 '목적'으로 되돌아오게 되는 변증법적 역설이다. "인간은 그 말이 갖는 근본적으로 양의적인 의미에서 자신의 종말[목적]과 관계 맺는 무엇이다. 언제나 그러하다. 초월적 목적은 필멸성(la mortalité)의 조건하에서만, 이념성의 기원으로서 유한성에 대한 관계의 조건하에서만 나타나고 전개될 수 있다."(Derrida, 1972a: 147) 인간에게 종말을 고하려 하면 할수록 그것은 인간의 유한성에 대한 종말이 되며, 그리하여 인간은 바로 그러한 유한성의 초월로서 등장한다. 그 역설 앞에서는 후설도, 하이데거마저도 자유롭지 못하다. 데리다는 헤겔, 후설, 하이데거의 작업들에 대해 간략하게나마 일별하며 이 점을 보여주는데, 우리에게 중요한 것은 인간주의의 종말/목적의 변증법에 대한 이러한 분석의 결과이다. 데리다는 인간주의, 곧 현전의 형이상학의 극복과 관련하여 오직 두 가지 전략적 선택지만이 주어진다고 말한다.

[4] 물론 데리다가 모든 철학자와 맺는 관계가 그러하듯 사르트르와 데리다의 관계도 이렇게 일방적인 비판과 청산으로 결론지을 수 없다. 후설 현상학의 데리다적 탈구축과 사르트르의 친연성에 대해서는 조바난젤리(Giovannangeli, 2001: 6-11) 참조. 데리다 자신 또한 조바난젤리의 이 작업 덕분에 "사르트르적 유산을 재해석할 수 있게" 되었다고 인정하고 있다(Derrida, 2001: 118). 사실 데리다는 이미 「인간의 종말들[목적들]」에서 사르트르의 이 인간주의가 "아이러니하게도" 그의 『구토』에서 해체된다고 지적하면서 사르트르의 또 다른 가능성을 시사한다(Derrida, 1972a: 136-137).

1) 첫 번째는 탈구축의 방식이다. "영역(terrain)을 바꾸지 않고, 정초적 개념들과 기원적 문제 설정에 함축된 것을 반복하고 집에서, 즉 또한 언어 안에서 이용할 수 있는 도구나 돌을 건축물에 반하는 방식으로 사용하면서 탈구축과 탈출을 시도하는 것."(Derrida, 1972a: 162)

2) 두 번째 선택지는 데리다 세대의 다른 이들이 시도했던 구조주의 혁명의 방식이다. "급격하게 바깥에 자리 잡고 절대적인 단절과 차이를 긍정하면서 불연속적이고 돌출적인 방식으로 영역을 바꾸기로 결단하는 것."(Derrida, 1972a: 162) 이는 이론적 반인간주의의 길이다.

하지만 데리다가 곧이어 말하듯이 이 두 선택지는 사실 "탈구축의 두 가지 형태"이며, 이 둘 사이에서 "선택은 단순하고 단일할 수 없는 것이 당연하다."(Derrida, 1972a: 163) 따라서 데리다가 이 두 선택지를 단순히 대립시킨다는 오해를 피해야 한다. 하지만 또한 데리다가 첫 번째 선택지를 하이데거적인 탈구축으로, 두 번째를 당시 프랑스에서 지배적인 탈구축으로 도식화하면서 후자와 거리를 두고 있다는 것 또한 분명하다. 데리다와 그의 동시대인들을 구분하는 차이는 다른 이들이 거의 배타적인 방식으로 두 번째 선택지를 택하는 반면, 데리다는 이 두 선택지들의 필연성을 동등하게 인정하면서 양자 간에 불가능한 타협을 주선하고자 한다는 데 있다.[5] 이 타협은 절대적 단절과 차이의 긍정, 영역의 급작스러운

5 데리다는 구조주의와 자신의 탈구축의 관계를 다음과 같이 양의적인 것으로 제시한 바 있다. "탈구축하기, 이는 또한 구조주의적 제스처, 어쨌든 구조주의적 문제 설정의 어떤 필연성을 받아들이는 제스처입니다. 하지만 그것은

교체, 곧 어떤 혁명적 지진의 진동 안에서 이전 영역으로 회귀하는 위험을 피하면서 이전 영역을 안에서부터 무너뜨릴 자원들을 발굴해내는 일이다. 그것은 두 번째 선택지가 기대어 있는 실재적인 탈구축에서 담론적 탈구축으로 이행하는 일이다.

"실재적인 탈구축"이라는 이 낯선 표현은 데리다가 다른 곳에서 명시적으로 말하는 것이다. 서론에서 인용한 스프링커와의 인터뷰에서 그는 탈구축이 하나의 독해 방법론이냐는 스프링커의 물음에 다음과 같이 답한다. "… 서구 담론에서 어떤 한 시기에 담론적 규칙들의 상대적으로 일관된 집합이라는 의미에서 '탈구축'이라고 지칭되는 것은 단지 하나의 증상일 뿐입니다. 그것은 역사라고 부를 수 있을 것 안에서 작동하는 탈구축이 낳는 하나의 효과입니다."(Kaplan and Sprinker, 1993: 226) 데리다는 바로 이어서 이 역사 안에서 작동하는 탈구축의 사례를 다음과 같이 명시적으로 나열한다. "모든 지정학적 지진, 즉 1917년 혁명, 양차 세계대전, 정신분석학, 제3세계, 기술적·과학적·경제적·군사적 변동들 등등." (Kaplan and Sprinker, 1993: 226) 이 지정학적 지진들에 68혁명은 이상하게도 빠져 있다. 그렇다고 데리다에게 68혁명이 그러한 지진들에 해당하지 않는 것은 아니다. 데리다는 다른 인터뷰에서 다음과 같이 말한다.

> [68혁명 때] 저는 거대한 진동에 참여하고 있다는 느낌을 받지

또한 반구조주의적 제스처입니다 — 그리고 탈구축의 운명(fortune)은 일부분이 양의성에서 옵니다."(Derrida, 1987: 389)

못했습니다. 하지만 지금은 그리 제 취향이 아닌 이 환희 속에서 무언가 다른 것이 도래했었다고 믿습니다. ― 그게 무엇인가요?
뭐라 이름 붙여야 할지 모르겠습니다. 그것은 멀리서부터 왔으며 아주 멀리까지 실어갈 어떤 지진의 동요(une secousse sismique)입니다(Derrida, 1992: 358).

그러므로 68혁명은 분명 앞의 목록에 추가되어야 할 하나의 지정학적 지진이다. 하지만 이는 오직 68혁명을 하나의 역사적인 탈구축으로 이해하는 한에서일 것이다. 다시 스프링커와의 인터뷰에서 데리다의 말은 다음과 같이 이어진다.

이 모든 것[앞서의 지정학적 지진들], 세계의 이 열려 있고 자기 동일적이지 않은 총체성이 탈구축입니다. 이는 실행되거나 작동하고 있는 탈구축입니다. 그리고 이 탈구축은 반영 이론이나 이데올로기 이론에 의존하지 않고서 ― 이 이론이 극도로 정교화되더라도 ― 고려되어야만 합니다. 이 '실재적인' 탈구축들과 우리가 이 이름을 붙인 외관상 학술적인 담론 사이의 이 관계를 분석하기 위해서 말입니다. 게다가 저 담론은 어떤 이들이 때때로 그렇게 생각하거나 또는 그렇게 생각되도록 만드는 것과 달리 더 이상 그렇게 학술적이지 않습니다. 또는 결코 그렇게 학술적인 적이 없었습니다(Kaplan and Sprinker, 1993: 226).

실재적인 탈구축, 그것은 68혁명을 비롯한 지정학적인 지진들(그리고 그 밖의 무수한 사건, 변동)이다. 그것은 데리다에게 혁명을 대신하는 것이다. 혁명의 자리에 탈구축을 놓는 일, 또는 보다 정확히 말해 혁명을 탈구축하는 일(혁명을 실재적인 탈구축으로 만드는 일, 그리고 이 실재적인 탈구축에서 담론적 탈구축으로 이행하는 일), 이것이 데리다의 길이다. 60년대 데리다의 철학적, 정치적 침묵은 그의 동시대인들이 선택한 두 번째 길, 곧 구조주의적 혁명의 길 속에는 이러한 탈구축을 위한 자리가 없었다는 것을 의미한다. 데리다의 길이 바로 저 두 번째 길 자체를 탈구축하는 것이었기 때문이다. 우리는 이제 이 보이지 않았던 길을 조금 더 따라가보아야 할 것이다. 이 탈구축은 우선은 소쉬르의 구조주의가 불러일으킨 철학적 혁명에 대한 탈구축, 즉 철학의 탈구축이지만 그것은 탈구축의 실천으로 우리를 이끌 것이다.

하지만 이에 앞서 데리다가 선택하지 않았던 두 번째 선택지가 어떤 점에서 그것이 이루려 하는 급격하고 절대적인 단절을 성공해내지 못하는지, 즉 인간주의에 대한 혁명적인 단절이 어떻게 불가능한지 잠깐 살펴보자. 이는 데리다가 지적하듯이 "언어의 단순한 실천이 끊임없이 '새로운' 영역을 가장 오래된 토지 위에 다시 앉혀놓"기(Derrida, 1972a: 162-163) 때문이다. 우리는 데리다가 알튀세르와 들뢰즈에게서 이러한 인간주의의 혐의를 읽어내는 분석들만을 간략히 일별해볼 것이다.

(1) 알튀세르의 경우

알튀세르는 60년대 중반 『맑스를 위하여』와 『자본론을 읽는다』

를 통해서 구조주의적 과학관으로 맑스주의를 갱신하고자 했다. 알튀세르는 인식론적 절단으로 규정되는 새로운 과학 개념에 기초하여 맑스에게 남아 있던 인간주의의 잔재를 청산하고 맑스의 역사 유물론을 엄밀한 과학으로서 제시하고, 맑스주의 철학인 변증법적 유물론을 실천 일반에 대한 과학적 이론으로서 제시했다. 알튀세르는 훗날 그 작업이 구조주의적이기보다는 스피노자적이라고 고백했지만 그것의 핵심이 맑스주의적 역사 유물론을 인간주의적 이데올로기와 단절한 새로운 과학으로 확립하고, 맑스주의 철학을 그 과학에 걸맞은 실천 이론으로 확립하는 것이라는 점에는 변함이 없다. 당시의 알튀세르에게 관건은 바로 과학이었다.

그런데 데리다가 알튀세르에게서 문제 삼는 것은 바로 이 과학의 과학성이다. 데리다에게는 과학 또한 역사, 인간과 마찬가지로 무엇보다도 의심스럽고 그 토대에서부터 철저한 재검토가 필요한 전통 형이상학의 개념이었던 반면, 알튀세르는 맑스주의를 인간주의 이데올로기와 외재적으로 대립하는 과학으로 설정하면서 손쉽게 인간주의로부터 과학으로 넘어가고 있었던 것이다. 인간의 유적 본질에 대한 가정과 그 유적 본질의 소외를 통해 자본주의를 해명하려는 초기 맑스의 인간주의 이데올로기가 더 이상 인간의 본질이 아니라 인간의 노동, 또는 생산력과 생산관계라는 과학적 개념들로 무장한 역사 유물론으로 대체된 것이다. 이러한 대체에서 알튀세르는 전(前) 과학적 이데올로기로부터 과학으로의 이행을 읽어낸다. 하지만 이 대체는 사르트르의 대체와 본성상 다른 것인가? 인간과 주체를 인간적 실재라는 개념이 아니라 생산력과 생산관계로 대체함으로써 알튀세르의 맑스는 인간주의 형이상학을 진정으로 벗어난 것인가? 현상학적 존재론이라는 새로운 철학의 이름으로는 실패했던 일을 역사 유물론이라는 새로운 과학의 이름으로는 성공할 수 있는 것인가? 인터뷰에서 데리다는 이 점에 대해 지속적으로 의문을 제기한다. "저는 일종의 이론주의, 대문자 T로 시작하는 이론의 가정 앞에서, 이론, 과학과 관련하여 너무 단호하거나 과대한 대문자들의 사용 앞에서 마비되었고 침묵했습니다."(Kaplan and Sprinker, 1993: 188)

데리다는 알튀세르의 이론주의에 대해 의구심을 보내기만 하는 것이 아니다. 그는 더 나아가 맑스에 대해서도 알튀세르가 했던 방식과는 다른 독해가 가능하며 심지어 더욱 중요하다고까지 시사한다. 그 독해는 하이데거가 『인간주의에 대한 편지』에서 지나가며 언급한 통찰에 기초한다. "하이데거는 맑스에게 일종의 경의를 바치면서, 맑스는 본질적으로 유물론자가 아니라고, 또는 그의 유물론은 물질에 대한 철학이 아니라 노동에 대한 철학이라고 선언합니다. 맑스는 노동으로서의 존재에 대한 사상가입니다. 맑스를 물질적 실체의 관점이 아니라 노동, 생산의 관점에서 해석하기 시작해야 합니다."(Kaplan and Sprinker, 1993: 191) 데리다에게 『인간주의에 대한 편지』의 하이데거는 사르트르의 현상학적 존재론에 깔려 있는 인간주의에 대한 비판적 입각점인 동시에 알튀세르의 과학적 맑스주의에 대한 비판적 입각점이기도 한 것이다. 하이데거라는 이 준거점에 따라 볼 때, 사르트르와 알튀세르는 "같은 경계에 머물러 있다"(Derrida, 1972a: 141). 알튀세르는 사르트르의 인간주의를 비판하면서도 사르트르의 행보를 사실상 반복한다. 왜냐하면 그는 인간주의에 대한 헤겔, 후설, 하이데거의 비판들이라는 가장 유용하고 깊이 있는 자원들을 도외시함으로써 이들보다 멀리 나아가는 데 실패했기 때문이다.

그런데 데리다의 1975-1976년 세미나 강의록을 토대로 최근 출간된 『이론과 실천(Théorie et pratique)』은 데리다가 스프링커와의 인터뷰에서 했던 언급들이 알튀세르에 대한 보다 구체적인 분석으로 실제 수행되었음을 보여주고 있다. 이 강의록에서 데리다가 제시하는 알튀세르 독해는 스프링커와의 대담에서 그가 말한 바와 정확히 일치한다.

그렇다면 데리다가 보기에 알튀세르는 어떤 점에서 인간주의를 완전히 벗어나지 못하며, 어떤 점에서 하이데거의 자장 안에 놓이는가? 데리다가 이 세미나에서 주목하는 것은 초기 알튀세르의 '이론' 개념이다. 알튀세르가 맑스의 역사 유물론을 새로운 과학으로 확립하고 변증법적 유물론을 이 과학과 연결된 새로운 철학으로 제시할 때, 데리다는 알튀세르의 이 사고에 담겨 있는 매우 독특한 측면에 주목한다. 그는 이 측면을 "내가 아는 한 철학사에서 절대적으로 새로운 이동"이라고 말한다(Derrida, 2017: 71). 데리다로 하여금 철학사에서 전대미문의 것, 절대적으로 새로운 것이라고 말하게 만드는 알튀세르의 이 이동은 무엇인가? 그것은 바로 철학을 맑스주의라는 어떤 근본적인 이론의 한 부분으로 만드는 이동이다. 알튀세르(Althusser, 1965: 16)에게 맑스주의는 단지 하나의 정치적 이론에 불과한 것이 아니라, "사회과학과 다양한 '인간 과학'의 발전뿐만 아니라 또한 자연과학과 철학의 발전에도 필수 불가결한 어떤 근본적인 탐구의 이론 영역"이다. 데리다는 이 구절에서 더 이상 철학이 사회과학, 인간 과학, 자연과학을 가지들로 거느리는 지식의 나무의 몸통이 아니라 반대로 맑스주의라는 근본적인 이론 영역의 하나의 가지가 되었다는 점을 읽어낸다. 전통적으로 철학이 차지했던 자리에 앉게 되는 것은 '이론'이란 표현이다. 여기에 전대미문의 담론적 혁명의 시도가 있는 것이다.

하지만 이 이론은 알튀세르가 명시하듯이 무엇보다도 인간의 실천에 대한 이론이다. 그렇다면 인간의 실천이란 무엇인가? 그것은 "일차적으로 주어진 (특정한) 물질을 특정한 생산물로 변형하는 모든 과정"(Derrida, 2017: 87-88)이다. 데리다는 바로 이 지점에서 알튀세르를 따라가길 멈추고 다음과 같이 자신의 고찰을 전개한다.

> 엄밀한 의미로 실천을 생산적 변형의 노동으로 정의하는 이 정의에서 인간, 인간의 사회체(물론 구체적인)는 본질적인 요소, 본질적인 술어이다. 알튀세르가 '실존하는 인간들의 활동'이라고 부르는 것은 … 실천 일반에 대한 엄밀한 정의에 속한다. 인간주의에 대한 어떠한 비판도, 인간의 인간성에 대한 본질적인 준거와 관련한 어떠한 물음도 실천 일반에 대한 정의에 함축되어 있는 인간적인 것을 의문시하지 않고 있으며 앞으로도 그럴 것이다(하이데거의 물음들을 예고한다)(Derrida, 2017: 88).

알튀세르의 이론 개념과 그것에 긴밀하게 연결된 실천 개념에는 어떠한 인간주의에 대한 비판에 의해서도 의문시되지 않는 인간에 대한 이해가 깔려 있다.

게다가 실천이 일차적인 물질을 수단으로 사용하여 변형하는 과정으로 정의될 때, 이 수단의 활용은 곧 '기술(la technique)'이다. 이는 곧장 기술의 본질에 대해 묻게 만든다. 그리하여 알튀세르의 실천에 대한 (과학적인) 개념에서 데리다는 다시 다음과 같은 전통적인 형이상학의 물음들이 연쇄되어 흘러나오게 만든다. "따라서 인간에 대한 물음처럼 기술에 대한 물음도 이 문제 설정의 장에서는 우회할 수 없다. 인간은 무엇인가? 기술은 무엇인가? 노동은 무엇을 의미하는가? 생산은 무엇을 의미하는가? 일차적 물질이란 무엇을 의미하는가?"(Derrida, 2017: 89)

알튀세르의 실천 개념은 이 모든 개념을 필요로 한다. 알튀세르의 과학적 맑스주의는 "형이상학의 역사로부터 받아들인 철학적 규정들의 연쇄"(Derrida, 2017: 89)를 전제한다. 과학과 철학의 개념 자체를 근본적으로 갱신하고자 했던 알튀세르의 "철학사에서 절대적으로 새로운"(Derrida, 2017: 89) 맑스주의가 여전히 인간주의에서 벗어나지 못했다는 것을 이보다 명시적으로 보여줄 수 있을까?

(2) 들뢰즈의 경우

데리다는 알튀세르와 마찬가지로 들뢰즈에 대해서도 생전에 출간된 저작들에서 진지하게 다루지 않았다. 아마도 60년대에 들뢰즈의 작업은 데리다의 관심사로부터 너무나 멀리 떨어져 있었던 것처럼 보인다. 하지만 데리다가 들뢰즈의 형이상학에 대해 품었을 의문이 무엇일지는 쉽게 짐작해볼 수 있다. 우리가 곧 살펴보겠지만 데리다는 소쉬르가 언어를 순수한 차이들의 체계로 봄으로써 현전의 형이상학으로부터 벗어날 수 있는 길을 개척했음에도 문자언어를 음성언어에 종속시킴으로써 다시 전통으로 회귀했다고 비판했다. 이 비판에서 중요한 것은 항들이 무엇인가가 아니라 항들 간의 위계 관계이다. 소쉬르는 단지 현전의 동일성인 음성언어에 문자들의 순수 차이들을 종속시켰다는 점에서, 즉 순수 차이를 동일성에 종속시켰다는 점에서 비판받지 않는다. 그보다도 데리다에게 문제인 것은 기원과 파생의 위계적 관계 설정 자체이다. 왜냐하면 기원과 파생의 관계야말로 기원을 순수한 자기 현전으로 생각하게 만드는 것이기 때문이다. 기원으로 가정된 것은 그것이 실제로 순수한 자기 현전으로 나타나고 경험되기 때문에 현전으로 규정되는 것이 아니다. 그것은 바로 순수한 기원으로 상정되었기 때문에 그것의 성격과 상관없이 순수 현전으로 이해될 수밖에 없는 것이다. 그러므로 들뢰즈가 차이가 동일성을 생산하지 그 역이 아니라고 말할 때, 이 지점에는 분명 데리다의 탈구축적 비판이 개입할 수 있다.『차이와 반복』에서 이념적 차이를 기술하는 미분 수학의 언어에 대해서, 강도적 차이와 연관되는 애벌레 주체에 대해서, 가상으로서 생산되지만 그럼에도 차이를 은폐하는 동일성이라는 표상에 대해서, 그리고 이러한 자기 은폐 운동으로서 기술되는 강도적 차이의 운동에 대해서 우리는 데리다적 관점에서 제기할 물음들을 충분히 생각해볼 수 있다. 들뢰즈의 이 모든 주제에 현전의 관념이 스며들어 있는 것은 아닌지, 그래서 들뢰즈의 순수 차이는 또한 차이 그 자신의 순수한 자기 현전이 아닐지, 그것은 결국 차이를 모든 동일성의 발생적 기원에 놓는 바로 그 구도에서 들뢰즈가 충실하게 전통 형이상학을 따르고 있기 때문은 아닐지 데리다라면 의문을 품었을 법하다.[6]

하지만 여기에서 우리는 이 개연적 비판을 재구성해볼 수는 없다. 우리는 그 대신 (비록 매우 함축적이지만) 실제적인 비판을 살펴볼 것이다. 데리다는 자신의 마지막 세미나인 『짐승과 주권(La bête et le souverain)』에서 들뢰즈의 텍스트들, 특히 『차이와 반복』의 한 대목에 대해서 경탄스러운 독해를 수행한다. 물론 이 독해 속에서 60년대의 들뢰즈에게 말 건네고 있는 것은 21세기의 데리다이다. 그렇기에 이 독해가 데리다가 들뢰즈의 형이상학에 대해 할 수 있는 모든 말, 더 나아가 가장 중요한 말은 아닐 수 있다. 그럼에도 이 독해는 우리의 논의와 관련해서 들뢰즈의 텍스트 안에서 매우 예기치 못한 방식으로 인간주의의 회귀를 드러낸다는 점에서 더욱더 의미심장하다.

데리다는 『차이와 반복』에서 들뢰즈가 어리석음을 인간에게만 고유한 것으로 규정하는 대목을 주의 깊게 분석한다. 들뢰즈는 이렇게 말한다. "어리석음(la bêtise)은 동물성이 아니다. 동물이 어리석게 되지 않도록 만드는 종적인 형태들이 동물을 보호한다."(들뢰즈, 2004: 334) 어리석음(la bêtise)이란 말과 짐승(la bête)이란 말의 근접성 때문에 들뢰즈의 이 정식은 그 자체로 흥미롭다. 짐승다움을 뜻해야 할 것 같은 낱말(la bêtise)이 인간에게 고유한 무엇을 가리키기 때문이다. 그렇다면 이 어리석음이란 무엇이며, 왜 그것은 동물에게는 없으며, 어리석음이 인간에게 고유하다는 것은 무엇을 의미하는가?

---

6   데리다와 들뢰즈의 차이, 그리고 양자가 서로에게 가할 비판의 재구성에 대해서는 김상환(2007) 참조.

우선 데리다는 들뢰즈가 오류와 어리석음을 구분하는 것에 주목한다. 오류가 일반적인 인식에서 일어나는 어떤 결함, 즉 나쁜 판단이라면, 어리석음은 그것과는 전적으로 다르다. 어리석음은 "방향을 잘못 잡아 일탈한 판단의 능력, 금지된 동시에 길에서 벗어난 판단의 능력"(Derrida, 2008: 204)이다. 이 낯선 구분에 뜻밖의 실마리를 제공하는 자는 데카르트이다. 데카르트가 말하듯이 판단이 지성의 지각과 의지의 개입이라는 두 요소를 함축한다면, 어리석음은 "지성의 유한성과 의지의 무한성의 교차점에 있을 것이다."(Derrida, 2008: 204) 다시 말해서 어리석음은 바로 유한한 지성에 대한 의지의 과잉에서 비롯된다. 보다 정확히 말하면 들뢰즈가 말하는 오류와 구분되는 어리석음은 의지가 자신의 자유의 무한성에 의해 유한한 지성의 통제를 완전히 벗어날 때 다다르게 되는 현기증 나는 심연과 관련되는 것이다. 오류가 지성의 유한한 한계 내에서 의지의 자유가 일으키는 문제에 해당한다면, 어리석음은 의지의 자유가 자신의 무한성을 발휘할 때 일어나는 초월론적 사태이다.

물론 들뢰즈는 어리석음을 이렇게 데카르트적인 능력들의 분류법 안에서 설명하지 않는다. 그는 자신의 고유한 관점에서 어리석음을 다음과 같이 정의한다. "어리석음은 바탕이나 개체가 아니라, 개체화가 바탕에 형태를 부여할 수 없으면서도 바탕이 올라오도록 만드는 이 관계이다."(들뢰즈, 2004: 337) 바탕에 부여할 수 없는 형태란 종적인 형태 — 종적인 일반성, 보편성, 동일성 등등 — 를 의미한다. 따라서 개체화에서 바탕은 개체를 종적 형태들에 종속시키는 모든 관계를 부수면서 개체화가 이루어지도록 밑에 머무르지 않고 올라온다. 그런데 이 바탕이란 대체 무엇인가?

사실 이 바탕을 설명하기 위해서 데리다는 데카르트의 분류법을 가져온 것이다. 왜냐하면 이 바탕은 바로 셸링의 자유론에서 들뢰즈가 끌어내는 관념인데, 셸링의 자유론은 바로 저 데카르트의 분류법 안에서 이미 가능성을 엿보았던 무한한 자유, 해방된 자유 관념의 심화이기 때문이다. 셸링은 모든 근거와 모든 존재자의 구분에 앞서 이 양자의 구분과 대립을 정초해주는 선행적 존재(Wesen)가 있어야 한다고 말하면서, 이를 기원적 바탕(Urgrund) 또는 무바탕(Ungrund)으로 부른다. "이것은 모든 대립에 선행하기 때문에 이 대립들은 이것 안에서 어떤 다른 방식으로라도 구분되거나 현전할 수 없다. 따라서 이것은 동일성으로 특징지어질 수 없고 단지 [바탕과 존재라는] 두 원리에 대한 절대적 무관심(indifférence)으로 특징지어진다."(Schelling, 1980: 188) 이러한 바탕과의 관계가 인간에게 고유한 절대적 자유의 경험이고 들뢰즈가 말하는 어리석음이다. 들뢰즈가 어리석음을 인간에게 고유한 것으로 만들고 어리석음을 바탕과 개체화의 관계로 제시할 때, 셸링에 대한 이 전거를 모른다면 "어리석음에 대한 들뢰즈의 논증에서 아무것도 이해할 수 없을 것이다."(Derrida, 2008: 209)

이제 들뢰즈가 이러한 바탕의 경험으로서 어리석음을 인간에게 배타적으로 부여하는 것은 분명 의미심장하다. "그런데 동물들은 자신들의 명시적인 형태들 덕분에 어떤 식으로든 이 바탕의 위험에 대해 미리 대비되어 있다. 나와 자아의 경우는 사정이 다르다. 나와 자아는 그것들을 사로잡는 개체화의 장들에 의해 침식당하며, 바탕의 상승 앞에서 무방비 상태이다."(들뢰즈, 2004: 337) 데리다는 들뢰즈가 여기에서 나와 자아의 특권, 즉 나라고 말할 수 있는 동물이 갖는 특권에서 완전히 벗어난 것인지에 대해 다음과 같은 의문을 제기한다. 한편으로 아무리 들뢰즈가 어리석음을 인간적인 나와 자아를 침식하고 부수는 비인간적이고 형이상학적인 경험이라고 말한다 해도, 이 어리석음은 바로 그렇기 때문에 여전히 나와 자아를 가질 수 있는 특권적인 동물인 인간에게만 가능한 것이지 않은가? 다른 한편으로 동물에게 그러한 개체화의 장에서 침식당할 나와 자아가 어떻게든 존재하지 않는다면, 어떻게 동물이 침식에 미리 대비되어 있다고 말할 수 있겠는가? 대비한다는 것은 이미 저 바탕과 관계 맺을 가능성을 전제하는 것이다(바로 이 가능성에 대해 동물은 대비한다). 따라서 이 대비함, 준비함의 관념 속에 바탕이 침식할 어떤 나와 자아의 가능성이 동물에게도 스며들게 되지 않는가? 데리다는 동물들이 어리석음으로부터 보호되고 있다고 말하는 들뢰즈의 서술 여기저기에 드러나 있는 애매성을 이렇게 지적한다. "동물들은 자신들의 명시적(explicite) 형태들 덕분에 어떤 식으로든(en quelque sorte) 이 바탕의 위험에 대해 미리 대비되어(prémunis) 있다." 명시적 형태에 의해서 대비되어 있다면, 이런 어리석음에 노출될 수 있는 어떤 암묵적 형태가 있는가? '어떤 식으로든'이라는 표현은 동물들이 제각각의 방식으로 그 위험에서 보호되고 있고, 그래서 위험의 노출에 어떤 정도 차가 있을 수 있음을 함의하는가? 미리 대비되어 있다는 것은 위험을 예상하는 것이며, 따라서 여기에 일종의 관계성이 스며들어오게 되는 것 아닌가(Derrida, 2008: 244-245)? 이러한 의문들을 통해서 데리다는 들뢰즈가 어리석음이라는 절대적 자유의 경험을 통해 인간과 동물 간에 설정한 확고한 구분을 내부에서부터 서서히 흔들어놓기 시작한다. 데리다 세대의 가장 순진무구한 철학자인 들뢰즈마저도 셸링을 통해 내려오는 인간학적 담론의 전통으로부터 자유롭지 않으며, 형이상학의 역사가 전해준 개념들로부터 완전히 벗어나 있지 않은 것이다.7

3. 탈-구축

1) 차이들의 놀이, 세계의 놀이

이제 데리다의 보이지 않고 들리지 않는 탈구축의 길에 다시 접어들어야 할 때이다. 우리는 데리다가 『문서학에 대하여(De la grammatologie)』8에서 수행하는 소쉬르에 대한 탈구축 작업을 보다

---

7   그러므로 데리다는 들뢰즈와 달리 인간주의에 단번에 종말을 고하지 않고, 평생에 걸쳐 인간과 인간 아닌 것의 경계가 출몰하는 지점들에 대해서 끈기 있게 탐색하고 탈구축해나간다. 동물에 관한 그의 지속적인 관심사는 이 점을 잘 보여준다. 데리다가 다음과 같이 동물의 문제가 그의 가장 핵심적인 관심사였음을 고백할 때, 이는 또한 그가 인간주의의 물음으로 끊임없이 되돌아왔다는 것을 의미한다. "[생명체와 동물의 물음은] 결국 항상 나에게 가장 결정적인 것이 될 것이다. 현상학의 핵심에 있는 이성적 동물, 생과 본능의 개념과 후설을 비롯해서 내가 관심 갖는 모든 철학자에 대한 독해를 가로질러 나는 이 물음에 때로는 직접적으로 때로는 비스듬하게 수없이 접근했었다." (Derrida, 2006: 57) 데리다의 동물 철학에 대해서는 로울러(Lawlor, 2007), 로르드(Llored, 2012), 스틸(Still, 2015) 참조.

8   현재 출간된 한국어 번역본들은 이 책을 모두 "그라마톨로지에 대하여"라고 옮긴다. 하지만 그라마톨로지(grammatologie)는 문서와 기록에 대한 연구로서 이미 존재하는 학문 분야인 데다, 데리다가 그라마톨로지라는 표현에서 그람

면밀히 따라가보면서 그 길이 무엇인지 살펴볼 것이다. 이를 위해서 우리는 데리다의 독자들에게는 너무나도 자명한 대답이 주어질 수 있는 질문 하나를 제기할 것이다. 그것은 바로 현전은 불가능한가라는 질문이다. 물론 데리다는 평생에 걸쳐 현전은 불가능하다고 끊임없이 말해왔다. 하지만 그렇다면 그토록 끈질기게 그 불가능성을 말해야 할 필요는 어디에서 비롯되는가? 우리가 살펴본 「인간의 종말들[목적들]」은 현전의 형이상학에 대해서 그렇게 단적으로 불가능하다고 종말을 선언하는 일이 오히려 가능하지 않다고 말하고 있지 않은가? 따라서 정확히 어떤 의미에서 현전이 불가능한지 다시 한번 물어보아야만 한다. 소쉬르에 대한 데리다의 독해는 이 물음에 어떤 대답을 품고 있는가?

데리다가 『문서학에 대하여』에서 소쉬르를 다룰 때 그는 자신의 이 선택에 대해 다음과 같이 말한다. "우리에게 소쉬르는 또한 경계들에 서 있는 것처럼 보인다. 그는 탈구축해야 할 형이상학 안에 있는 동시에 그가 아직도 이용하고 있는 기호(기표/기의) 개념 너머에 있다."(Derrida, 1967a: 107) 이는 소쉬르가 자신의 언어학이 가져온 "동요의 진동(la secousse de cet ébranlement)"(Derrida, 1967a: 73)을 정확히 사유하기 위한 철학적 언어, 이론적 언어를 갖고 있지 못하다는 것을 의미하는 것처럼 보인다. 그래서 데리다(Derrida, 1967a: 77)는 "소쉬르와 결연히 맞서 세워야 하는 것은 여전히 바로 소쉬르 그 자신"이라고 말하며 두 사람의 소쉬르를 제시한다. 언

(gramme), 곧 문자(文子)를 가리키는 의미소를 중요하게 활용하고 있기 때문에 우리는 이 그라마톨로지를 문자로 쓰인 것에 대한 학문이라는 의미에서 '문서학(文書學)'으로 옮겼다.

어를 어떤 동일성도, 순수 현전도 전제하지 않는 순수 차이들의 체계로 이해한 새로운 언어학의 창시자 소쉬르 곁에는 언어의 순수한 체계에서 문자언어, 글을 배제함으로써 음성언어를 기원의 자리에 놓고자 한 현전의 형이상학의 무의식적 계승자 소쉬르가 있다. 마치 소쉬르는 형이상학을 뒤흔들고 결정적으로 불가능하게 만들 수도 있었지만 자신의 과학적 발견이 가져온 '지진'을 제대로 사유할 철학적 언어가 없었기에 다시 형이상학의 안전한 도피처로 후퇴해버린 것처럼 보인다. 하지만 만약 그렇다면 데리다는 알튀세르가 맑스에 대해서 수행했던 작업(또는 라캉이 프로이트에 대해서 수행했던 작업)을 정확히 반복하는 것에 그칠 것이다. 사실 데리다에게 문제는 정확히 저 철학적 언어라는 관념이다. 현전의 형이상학으로부터 벗어날 수 있는 철학적 언어란 단적으로 말해 존재할 수 없기 때문이다. 따라서 문제는 형이상학 너머로 나아가는 것이 아니라 그 "경계들" 안에서의 어떤 보이지 않는 이동과 변형이다. 그 경계들을 넘어서고자 하지 않으면서 그 경계들 안에서 무엇을 할 수 있는가? 그것은 그 경계들에 정확히 서 있는 법을 배우는 것이다.

  잘 알려져 있다시피 소쉬르의 구조주의언어학은 언어에 대한 전통적인 통념을 전복시켰다. 언어기호는 더 이상 그것의 지시 대상이나 의미에 따라 사유되지 않는다. 하나의 기호는 그것이 가리키거나 전달하고자 하는 기호 바깥의 사태에 준거해서만 이해될 수 있는 것이 아니다. 반대로 언어기호는 의미를 위한 단순한 수단에 불과하다고 생각되었던 그 기표적 측면에 의해서만 제대로 이해될 수 있다. 이는 두 가지를 함축한다. (1) 기표는 기의 없이 파악될 수 있고 결정될 수 있다. (2) 하지만 반대로 기의는 기표 없이는 불가능하다. 이 두 명제는 그 자체로 전통적인 형이상학에 대한 근본적인 전복으로 간주될 수 있다. 기의의 우선성을 부정하는 것은 정신/신체, 정신/물질, 현전/부재, 기원/파생, 경험/기호(재현) 등의 모든 형이상학적인 이원 대립을 전복하는 일이기 때문이다. 언어학이 의미와 기호의 관계를 이러한 이원 대립에 기대어 파악했을 뿐만 아니라, 그 반대로 이 이원 대립들이 의미와 기호의 위계 관계에 따라 사유되었기 때문에 언어학에서 이 위계적 이항 대립을 전복한다는 것은 언어학의 범위 안에 머무르지 않는 진동을 가져오는 것이다.[9] 소쉬르가 의미와 기호라는 외적인 이항 대립을 기의와 기표의 구분을 통해 기호 자체의 내부에 도입할 때, 여기에는 이미 초월적으로 의식에 생생하게 현전하는 의미를 불투명하게 가리키는 그 자체로는 텅 빈 기호에 관한 전통적인 관념이 해체되고 있다. 모든 의미는 언제나 기호의 기호적인 측면인 기표와 분리할 수 없다. 따라서 의미는 이 기표의 불투명성에 의

---

[9] 사실 이 언어학의 범위 자체, 곧 과학으로서 언어학의 정립 자체를 위해서 소쉬르는 형이상학적 이항 대립에 기초하여 문자언어와 글을 순수 언어학의 체계로부터 배제하여 파생적인 것으로 만들고자 한다. "언어학의 과학성은 언어적 장이 엄밀한 경계를 갖고, 내적인 필연성에 의해 규제되는 체계이며, 그 장의 구조가 어떤 방식으로 닫혀 있을 것을 조건으로 갖는다. 글에 대한 표상주의적 개념은 일을 쉽게 만들어준다. 만약 글이 언어의 '형상화'일 뿐이라면, 체계의 내부에서 글을 배제할 권리가 있다…."(Derrida, 1967a: 50) 바로 이 점에서 언어학을 과학으로 정립하고자 하는 소쉬르의 시도는 그 내부로부터 붕괴된다고 말할 수 있다. 그리고 이 붕괴를 고찰하는 데리다의 탈구축은 무엇보다도 과학의 '과학성'에 대해 질문하는 과학철학이기도 하다. 데리다와 과학의 관계에 대해서는 존슨(Johnson, 1993)과 플로트니츠키(Plotnitsky, 1994)의 선구적인 연구들 참조.

해 오염되고 그 내부에서 이미 침식되고 있는 것이다.

  이러한 전복은 결코 추상적이지 않다. 소쉬르의 언어학에서 기표의 우위와 독립성은 매우 실제적인 사태이다. 우리가 사용하는 언어의 모든 낱말 각각은 그 낱말이 지시한다고 가정된 현전적 의미와 직접 관계하지 않는다. 모든 낱말은 그저 다른 낱말들을 지시할 따름이다. 사전에서 한 낱말에 대한 정의가 일련의 다른 낱말들의 연쇄로 주어지고, 이 다른 낱말들 각각은 다시 또 다른 낱말들의 연쇄를 지시하면서 낱말들의 연쇄가 무한히 이루어지는 것과 같다. 어디에도 이 연쇄들의 출발점이나 종착점이 되는 비언어적인 순수 경험과 같은 것은 없다. 낱말들의 기의적 측면, 의미적 측면은 어디에서도 순수하게 우리의 의식에 현전하지 않는다. 더 나아가 이 낱말들의 기표적 측면 자체도 우리의 감각 경험 속에서 순수하게 주어지지 않는다. 즉 기표들 또한 현전하는 대상으로 포착될 수 없는 것이다. 예를 들어 음성언어의 경우 우리는 순수하게 청각적인 인상을 받아들이는 것이 아니다. 모든 사람이 제각각의 발음법과 음색, 억양을 갖고 있고 같은 사람조차 상황에 따라서 같은 말을 다르게 발음한다. 그럼에도 우리는 이 모든 감각적 차이를 넘어서 음소의 동일성을 파악한다. 그런데 이 음소의 동일성은 오직 한 음소가 다른 음소들과 갖는 변별적 차이 관계를 통해서만 주어질 수 있다. 한 음소를 우리가 파악한다는 것은 그것에서 그 음소를 다른 음소들과 구분해주는 차이들을 인지한다는 것이다. 이 차이의 인지는 결코 감각 경험 자체만으로는 주어질 수 없다. "차이는 결코 즉자적이지 않고, 정의상 감성적 충만성이 아니다."(Derrida, 1967a: 77) 하나의 음소는 우리의 감각과 의식에 현전하는 물리적 대상이 아니다. 음소는 그것이 현전하는 바로 그 순간에 현전하지 않는 다른 음소들을 통해서만, 그 음소들과의 관계 속에서만 파악될 수 있다. 그러므로 기표는 정신이나 물질, 개념이나 감각 같은 전통 형이상학의 범주들로 포착될 수 없다. 언어의 기표적 측면의 발견은 그러한 구분들을 가로지르며 어떠한 현전으로부터도 파생되지 않는 순수 차이들의 '놀이'를 드러낸다.

그런데 "초월적 기의의 부재로서 사유된 이 놀이"는 세계 안에서 일어나는 놀이가 아니라 "세계의 놀이"(Derrida, 1967a: 73)이다. 이 놀이는 언어학이라는 한 분과 학문이 다루는 언어 내지 기호라는 국지적 대상 영역에 한정되지 않는다. 왜냐하면 이 새로운 놀이의 개념은 존재, 세계, 의미에 대한 근본적인 문제 제기로 이어지며, 따라서 존재, 세계, 의미 등에 대해 새롭게 보게 만드는 법을 배우도록 강제할 것이기 때문이다. 이 지점에서 데리다는 「인간의 종말들[목적들]」에서 시사했던, 후설과 하이데거가 열어놓았지만 그들의 동시대인들이 가지 않았던 길을 다시 언급한다. "이 놀이를 급진적으로 사유하기 위해서는 우선 존재론적이고 초월론적인 문제 설정을 철저하게 남김없이 고찰하고(épuiser), 존재의 의미, 존재자의 존재와 세계의 초월적 기원 — 세계의 세계성 — 에 대한 물음을 끈기 있게 그리고 엄밀하게 가로지르며 후설과 하이데거의 물음들의 비판적 운동을 실제로 끝까지 쫓고, 그 물음들의 효력과 해독 가능성을 보존해야 한다."(Derrida, 1967a: 73) 그러므로 관건은 언어학이라는 영역에서 일어난 지진을 다른 영역으로 점차적으로 확대해가거나, 그것을 모델로 삼아 그것과 비슷한 작업을 시도해보는 일이 아니다. 그것이 들뢰즈의 경우에서처럼 설령 새로운 존재론과 형이상학의 구상일지라도 사정은 마찬가지이다. 이러한 작업들에서 간과하는 것은 진원지의 특수성이다. 언어는 단지 여러 존재자의 대상 영역 중 하나일 뿐 아니라, 정신이나 의식과 거의 동등한 자격으로 모든 존재자 영역에 접근할 수 있게 해주는 초월론적 차원이기도 하기 때문이다. 소쉬르의 언어학이 가진 함축을 이해한다는 것은 이 기표들의 순수 차이의 놀이를 다른 존재 영역들에서도 발견하고 그러한 차이를 모든 존재자의 근원, 세계의 실상으로 정립하는 일이 아니다. 그러한 시도는 그 시도 자체를 가능하게 하는 조건으로서 자신의 개념들과 언어에 대해서는 반성할 수 없기 때문이다. 후설과 하이데거의 물음들로 되돌아와야 하는 이유는 이들의 물음들이 바로 이러한 초월론적 반성, 즉 초월론적 차원의 발견이 아니라 초월론적 차원에 대한 반성이기 때문이다.

물론 이 반성은 단순히 사변적이거나 인식론적인 수준의 반성이 아니다. 데리다가 실재적 탈구축에 대해 말하는 것은 이 때문이다. 순수 차이들의 놀이라고 불릴 수 있는 무언가는 단지 우리의 형이상학적 개념들과 사고방식만을 변화시키는 것이 아니라, 말 그대로 "세계의 놀이", 즉 세계를 구성하는 실재적 운동이다. 하지만 이 운동을 정확히(정의롭게, justement) 이해하기 위해서는 철저히 초월론적 반성을 추구할 필요가 있다.

2) (불)가능한 현전의 환상

그런데 차이의 놀이는 이 실재적 탈구축의 마지막 말이 아니다.

우리는 방금 형이상학의 위계적 이항 대립을 뒤엎는 차이의 놀이에서 멈췄다. 의미, 기의, 동일성, 의식, 주체, 현전, 실재 등등 기원적이고 일차적인 것으로 간주되었던 모든 것이 기호, 기표, 차이, 신체, 대상, 부재, 가상 등등 모든 파생적인 것을 통해 파생되는 것으로 드러나고, 그리하여 기원과 파생의 자리바꿈이 일어난다. 이 전복에 혁명 이외에 다른 어떤 말을 붙일 수 있겠는가? 데리다는 글에 의해 말이 오염되고 왜곡되는 현상을 "찬탈(l'usurpation)"이라고 말한 소쉬르의 태도에서 도덕성을 지적한다. "글에 의한 오염은 … 이 제네바 언어학자에 의해 도덕주의적이고 설교적인 억양으로 폭로된다."(Derrida, 1967a: 52) 우리는 거기에 정치성도 추가할 수 있을 것이다. 순수 차이들의 놀이는 현전의 동일성의 자리를 참칭하고, 이 참칭은 단지 이론적인 은유일 뿐 아니라, 형이상학에 기반한 도덕과 정치가 전복되는 실제적 사건이기도 하다. 이 전복은 데리다가 다른 곳에서 설명하는 대로 탈구축의 필수적인 국면(phase)이다. "대립을 탈구축한다는 것, 그것은 우선 어떤 한 순간에 위계를 전복하는 일입니다."(Derrida, 1972b: 57)

하지만 이는 '한' 국면이다. 이 전복의 국면에 만족하고 머물러서는 안 된다. 무엇이 남은 것일까? 다시 차이의 놀이로 돌아가보자. 초월적 기의의 부재로서 사유된 놀이. 여기에서 이 초월적 기의는 어떤 방식으로 부재하는 것인가? 데리다가 현전이라는 말에 대해 끈질기게 질문했던 것처럼 부재라는 말에 대해서도 끈질기게 질문해야 하지 않을까? 그래서 우선 초월적 기의의 부재로서 사유된 놀이와 순수 차이들의 놀이라는 두 가지 정식 사이에 존재하는 차이에 대해 생각해보아야 한다. 이 놀이는 기의의 부재가 드리우는 그림자를 끝끝내 떨쳐버리고 순수 차이의 놀이로 순진무구하게 제시될 수 있는가?

데리다는 퍼스의 논의를 따라 모든 기호는 언제나 또 다른 기호를 지시하고, 다른 기호들로 돌려보낸다고 말한다. 하지만 기호들 사이에 정말로 이러한 무한정한 상호 지시밖에 없다면, 우리는 기호들로부터 결코 어떠한 의미도 얻어내지 못할 것이다. 하나의 기호 a가 다른 기호 b를 지시할 때, 기호 b는 이 지시 관계 안에서 기호 a와 동일하게 하나의 기호로서 나타나는가? 만약 그러하다면 우리는 이 지시 관계 안에서 기호 a의 의미를 알 수 없을 것이다. 기호 a는 단지 또 다른 의미 없는 기호 b로 우리를 이끌 뿐, 그 자신의 의미에 대해서는 말해주지 않는다. 실제로는 이 지시 관계 안에서 기호 b는 단순히 또 다른 하나의 기호가 아니라 '잠정적으로'라도 의미로, 기의로 나타난다. 데리다는 퍼스의 문장을 거의 그대로 옮겨오면서(데리다는 이 문장을 보다 나중에 직접 인용한다) 이 점을 다음과 같이 기술한다. "하나의 표현체(representamen)는 오직 하나의 해석체(interpretant)를 불러일으키면서만 작동하는데, 이 해석체 그 자신은 기호가 되며, 이렇게 무한히 진행된다."(Derrida, 1967a: 72) 퍼스의 표현체와 해석체는 소쉬르의 기표와 기의에 느슨하게 대응한다. 따라서 퍼스가 말하는 것은 하나의 기표는 오직 하나의 기의를 지시하면서만 작동하는데, 이 기의는 그 자체로 보면 이미 또 다른 기표일 뿐이기에 다시 (실상은 제3의 기표인) 다른 기의를 지시한다는 것이다. 문제는 아무리 이 상황을 기표들만의 지시 연쇄로 만들고 싶다 하더라도, 이 연쇄를 연결해주면서 끊임없이 사라지는 기의의 환상을 제거할 수 없다는 점이다. 퍼스는 다음과 같이 말한다. "해석체는 제 차례에(in turn) 하나의 기호가 된다."(Derrida, 1967a: 72) 해석체 혹은 기의는 기호, 기표로 드러나기 위해서 차례를 기다려야 한다. 자신이 초월적 기의가 아님이 드러날 때까지, 곧 초월적 기의가 물러나고 부재할 때까지 기다려야 한다. 따라서 초월적 기의는 단적으로, 단순하게 부재하지 않는다. 초월적 기의의 부재에는 시간이 걸린다. 그런데 바로 그 시간이야말로 하나의 기표를 다른 기표에 연결해주는 연쇄의 운동을 구성하는 시간이다. 따라서 기표란 초월적 기의의 부재와 다르지 않다. 순수 차이로서 기표들의 연쇄는 초월적 기의의 부재 '이후에', 그 '배후에서' 드러나는 언어(그리고 존재)의 실상이 아니다. 기표의 현전은 기의의 부재와 동일하다. 바로 그렇기 때문에 순수한 기의와 마찬가지로 순수한 기표의 현전도 없다. 데리다가 다음과 같이 말할 때 우리는 기의의 부재와 순수 차이로서의 기표 사이의 이 이상한 동일성을 감지한다.

> 기의의 자기동일성은 끊임없이 빠져나가고 끊임없이 이동한다. 표현체의 고유한 속성(le propre)은 그것이 고유하지(propre) 않다는 것, 즉 절대적으로 자기와 가깝지(proche)(prope, proprius)[10] 않다는 것이다(Derrida, 1967a: 72).

---

[10] 가깝다는 뜻의 프랑스어 proche는 고유함을 의미하는 propre와 형태상 유사하며 데리다는 이로부터 고유함과 가까움 사이의 본질적 연관을 끌어내고 있다. 인용문에서 소괄호 안에 병기된 prope, proprius는 데리다 자신이 원문에 넣어놓은 표현들로서 각각 '가까운'과 '고유한'을 의미하는 라틴어 낱말들이다.

끊임없이 빠져나가고 이동하는 기의의 자기동일성은 바로 자기와 절대적으로 가깝지 않은 표현체, 기표와 같지 않은가? 그리고 역으로 표현체는 바로 이러한 비동일성, 비고유성을 자신의 고유한 속성으로 갖는다는 점에서 어떤 동일성의 환상에서 완전히 자유롭지 못하지 않은가?[11] 그러므로 기표들의 순수 차이의 연쇄는 기표들이 제 차례에 자신의 동일성, 자신과의 근접성으로부터 끊임없이 벗어나면서 형성되는 것이 아닐까?

이와 마찬가지의 의문이 데리다의 또 다른 개념 되풀이가능성(itérabilité)에 대한 논의에서 솟아난다. 이 개념은 1971년에 「서명 사건 컨텍스트(signature événement contexte)」에서 데리다가 오스틴의 화용론에 대한 비판적 독해로부터 끌어내는 개념이다. 데리다는 이 텍스트에서 기호는 발신자와 수신자의 "절대적 소멸"(Derrida, 1972c: 375)을 조건으로 한다고 주장한다. 내가 글을 쓸 때, 내 글의 독자는 물론 내 앞에 없다. 그는 부재한다. 역으로 나의 글 또한 내가 죽어 사라진 뒤에도 의미를 갖고 누군가에게 읽힐 수 있다. 따라서 글은 의미의 발신자와 수신자에 의존하지 않는다. 이 진부한 경험적 사실을 데리다는 언어의 초월론적 조건으로 끌어올리고자 한다. "그러므로 모든 글은 글이기 위해서 경험적으로 규정된 모든 수신자 일반의 근본적인 부재 속에서 기능할 수 있어야 한다."

---

[11] "이는 단순한 역전을 통해서 기표가 근본적이거나 일차적이라는 뜻이 아니다. … 기표는 권리상 결코 기의에 선행하지 않을 것이다. 그렇지 않다면, 그 기표는 더 이상 기표가 아닐 것이며, '기의를 지시하는' 기표(signifiant 'signifiant')는 더 이상 지시된 어떤 가능한 기의도 갖지 못할 것이기 때문이다."(Derrida, 1967a: 32)

(Derrida, 1972c: 375) 되풀이가능성이란 이렇게 기호가 모든 경험적 맥락으로부터 벗어나 반복될 수 있는 가능성을 가리킨다.[12]

그런데 방금의 문장에서 '부재'란 낱말은 매우 복잡하고 상충되는 표현들에 둘러싸여 있다. 모든 수신자의 근본적 부재라는 초월론적이고 구조적인 서술의 강한 선험성이 수신자를 수식하는 '경험적으로 규정된'이란 표현에 의해 약화되고 있기 때문이다. 마치 데리다가 모든 수신자의 근본적인 부재라고 단호하게 말하려는 그 의도에 반해서 "경험적으로 규정된", 또는 "경험적으로 규정 가능한" 등의 단서 조항이 따라와 그 초월론적 서술의 초월성을 곧바로 끌어내리는 것처럼 보인다. 사실 데리다가 말하는 수신자의 부재는 그렇게 '절대적'이고 '근본적'이지 않다. 즉 이 수신자의 부재는 기호의 구조적인 가능 조건의 수준까지 올라갈 수 없다. 만약 모든 경험적으로 규정된 수신자가 아니라, 단적으로 수신자 자체, 수신자의 가능성마저 부재한다면, 기호는 기호로서 기능할 수 없기 때문이다. 기호는 어떠한 경험적 발신자나 수신자에게도 의존하지 않는다. 기호는 언제나 특정한(déterminé) 발신자와 수신자의 맥락을 넘어서 "제3자에게, 그리고 모든 가능한 사용자 일반에게"(Derrida, 1972c: 375) 해독 가능한 것이기 때문이다. 어떤 누구도 해독할 수 없는 기호란 더 이상 기호가 아니다. 그런데 바로 이런 이유에서 이 주장은 또한 기호가 "모든 가능한 수신자"를 전제하지 않고는 작동할 수 없다는 것을 의미한다. 모든 경험적 수신자

---

[12] 이 개념에 대한 보다 상세한 해설로는 데리다(2004: 186-188)의 옮긴이 용어 해설 참조.

의 부재라는 조건은 수신자 자체의 가능적 현전, 즉 그 현전의 가능성이라는 조건을 침해하지 않으며, 후자의 이면일 뿐이다. 경험적 수신자의 부재에는 초월론적 수신자의 가능적 현전이 드리워져 있다. 데리다가 조금 뒤에서 모든 기호는 지시 대상뿐 아니라 특정한 기의나 의미 전달의 의도(l'intention de signification)와 독립적이어야 하며, 따라서 기의나 의미 전달의 의도의 부재가 기호의 조건이라고 말할 때에도 사정은 마찬가지이다. 여기에서도 데리다는 단적으로 기의나 의도의 부재가 기호의 조건이라고 말하지 않고 "어떤 규정된 기의나 현재의(actuelle) 의미 전달 의도의 부재"(Derrida, 1972c: 378, 고딕체는 인용자)라고 말하면서 부재란 말에 거추장스러워 보이는 단서 조항들을 붙이고 있다. 왜냐하면 모든 가능한 기의나 의도의 부재는 기호를 불가능하게 만들 것이기 때문이다. 기호는 특정한 기의나 의도에 종속되지 않지만 이 사실이 기호가 기의나 의도의 가능성 일반과 관계 맺으면서만 작동한다는 점을 부정하지는 않는다. 기호에는 초월적 수신자, 초월적 기의와 의도가 환영처럼 따라다닌다.

3) 경험의 제조술로서의 탈-구축

여기에서 잠시 멈춰보자. 데리다의 탈구축은 말이나 음성언어의 우위를 전복시키는 데에서 출발했다. 파생적인 것으로 간주된 글, 문자언어는 결코 완전히 쫓아낼 수 없는 유령처럼 음성언어의 내부에 깃들고 출몰하며 음성언어의 순수한 자기 현전을 내부로부터 붕괴시켰다. 그 폐허 위에 순수한 차이들의 놀이가 모습을 드러내려는 순간, 이 순간은 이 차이들로서의 기표들이 제 차례에 그들 자신만의 고유한 유령, 즉 초월적 기의의 유령에게 시달리는 순간이다. 전복의 전복이 일어났다고 말해야 할 것인가? 유령에게 왕위를 찬탈당한 왕은 그 자신이 유령이 되어 왕위를 찬탈한 유령에게 다시 돌아오는가?

이 물음에 대답하기 전에 누가 누구를 뒤쫓는지, 누가 살아 있고 누가 죽어 있는지 모를 지극히 혼란스러운 이 상황의 다른 측면을 살펴보아야 한다. 우리는 단지 현전의 폐허 위에서 입 벌리고 있는 혼돈과 마주하고 있는 것이 아니기 때문이다. 오히려 정반대로 이 부재와 현전의 놀이는 우리를 '형태(la forme)'로 이끈다. "음성적 요소, 항, 감성적이라 할 만한 충만함은 그것들에게 형태를 주는 차이 또는 대립 없이는 그러한 것으로 나타나지 않을 것이다."(Derrida, 1967a: 91) 여기에서 형태로 지칭되는 것은 모든 경험적 현상 일체, 곧 경험적 세계 그 자체이며, 달리 말하면 그것은 또한 모든 것의 '현전'이다. 데리다가 현전의 형이상학을 탈구축하는 것은 현전이 기원적이지 않기 때문이지, 현전이 불가능하기 때문이 아니다. 현전에서 출발하지 않을 때에만 현전이 어떻게 가능해지는지 알 수 있다. 데리다의 챠이(différance),[13] 흔적은 현전의 이

---

[13] 데리다의 유명한 용어 디페랑스(différance)에 대해서는 그간 차연, 차이(差移) 등의 역어가 제안되었다. 하지만 우리가 보기에 이 역어들은 이 용어의 의미적 측면에 지나치게 집중함으로써 이 말을 일종의 개념으로 만들고 있다. 당연히 디페랑스(différance)는 단지 '차이 나다', '지연시키다'의 의미로는 모두 아우를 수 없는 다양한 면모를 가지고 있으며, 독립적인 하나의 개념이 아니라 흔적이나 글과 같은 다른 용어들과의 연쇄 속에서 이해되어야 한다는 점에서 이는 문제가 있다. 이 말(또는 이 표기법)을 통해 데리다가 일차적으로 의

가능 조건에 붙여진 이름 아닌 이름이다. "챠이가 말과 글의 — 일상적 의미에서의 — 분절적 결합(articulation)을 가능하게 하며, 이와 마찬가지로 챠이가 감성과 지성 간의 형이상학적 대립 그리고 기표와 기의, 표현과 내용 등의 형이상학적 대립을 토대 짓는다." (Derrida, 1967a: 92) 챠이, 흔적은 형이상학적 현전을 불가능하게 하는 것이 아니라 토대 짓고 가능하게 만든다. 하지만 물론 이렇게 가능해진 현전은 현전의 형이상학이 가정하는 순수한 현전은 아닐 것이다. 그것은 타자의 부재에 의해 얼룩지고 오염되어 있으며 항상 그러한 가능성에 개방되어 있는 구체적인 존재와 사물의 부서진 현전이다. 초월적 기의의 부재로서의 차이들의 놀이는 이러한 부서진 현전과 다름없는 구체적인 현상과 경험을 생산하는 것이다. "따라서 챠이는 형태의 형성(la formation de la forme)이다." (Derrida, 1967a: 92)**14**

하지만 이 형성에는 매우 역설적인 성격이 새겨져 있다. 챠이는 단순히 숨겨진 진정한 기원으로서 현상과 경험을 생산하고 토대 짓는 것이 아니기 때문이다. 데리다는 다른 곳에서 챠이에 대

도했던 바가 들을 수 없고 오직 쓸 수만 있는 차이, 오직 문자언어로만 드러낼 수 있는 차이 — 따라서 그 말의 의미보다도 기표적 차원에서 그러한 표기가 낳는 효과 — 와 관련된다는 점에서 우리는 이를 챠이로 옮겼다.

14 이와 관련하여 다음의 구절도 참조. "챠이, 그것은 의미의 운동이 가능하도록 만드는 것이다. 이 운동은 오직 '현전(présent)'한다고 말해지는 각 요소가 현전의 무대 위에 나타나면서, 자기 자신과는 다른 것과 관계하고, 자신 안에 과거 요소를 간직하고 미래 요소와 자신이 맺는 관계의 표지에 의해 이미 구멍이 뚫리는 일을 받아들이는 한에서만 가능하다. 흔적은 과거라고 불리는 것 못지않게 미래라고 불리는 것과도 관계하며, 현재라고 불리는 것을 그 자신이 아닌 것과의 이 관계 자체에 의해 구성하기 때문이다."(Derrida, 1972d: 13)

해 다음과 같이 말한다. "고전적인 개념성 속에서, 고전적 요구들에 따르자면 '챠이'는 구성하고 생산하는 기원적인 인과성, 곧 차이 나는 것들이나 차이들을 구성하여 생산하거나 효과로 산출하는 분열과 분리의 과정을 가리킨다고 말할 것이다."(Derrida, 1972d: 9) 가정법으로 쓰인 이 문장은 챠이가 그러한 능동적(actif) 과정이나 인과성이 아님을 의도하고 있다. 챠이(différance)의 어미 '-ance' 형태가 취하는 (능동태도 수동태도 아닌) 중간태는 이 점을 가리킨다. 챠이는 그러한 적극적, 능동적, 자립적 순수 차이들의 산출 운동, 형성 운동과는 다른 무엇이다. 우리가 앞서 보았듯이 챠이는 현전의 환상, 가능성으로부터 전적으로 단절하고, 그것으로부터 전적으로 자유로운 존재의 바탕과 같은 것이 아니기 때문이다.

데리다가 "(순수) 흔적은 챠이이다"(Derrida, 1967a: 92)라고 말한 것처럼 흔적을 챠이와 동등한 지위에 올려놓고 원-흔적을 원-글과 나란히 제시하는 것은 이 점과 관련된다. 흔적은 현전하던 것이 사라지고 뒤에 남은 것이다. 흔적은 단순한 부재, 단순한 소멸, 무가 아니라 부재 뒤에 남은 것, 부재가 형성한 것이다. 동물이 눈 위에 남긴 발자국은 그것이 오직 동물이 그 자리에 있었으나 지금은 사라졌다는 것을 가리킬 때에만 발자국으로, 흔적으로 나타날 수 있다. 동물이 아니라 동물이 사라졌다는 사실, 즉 동물의 부재 자체가 현전하는 일이 바로 흔적이다. 이 역설적인 부재의 현전이 아니라면 발자국은 단지 눈 위에 파인 홈으로만 보일 것이다. 챠이가 경험과 현상의 조건이며 그것들을 생산하는 운동이라면, 그것은 오직 이렇게 부재의 독특한 방식으로만 그러하다. 해변에 남은 방드르디의 발자국은 "방드르디가 해변가에서 부재했던(s'est absenté) 방식"(Maniglier, 2011: 376), 즉 해변가에서 스스로 빠져나가는 방식이다. 그 부재의 독특한 방식이 방드르디의 발자국의 독특성을 형성한다. 데리다가 구조주의에 대해 다음과 같이 비판적으로 고찰할 때, 우리는 이를 흔적에 대한 적극적인 서술로 읽을 수 있다. "구조들의 요철과 윤곽은 내용, 즉 의미의 살아 있는 에너지가 무화될 때(neutralisé) 더욱 잘 나타난다. 마치 비어 있거나 파괴된 어떤 도시의 건축적 모양새, 어떤 자연재해나 예술의 재해에 의해 골격만 남은 건축적 모양새와 같다."(Derrida, 1967b: 13) 구조들은 의미의 살아 있는 에너지, 힘이 무화되어 빠져나간 뒤에 남은 것이다. 하지만 이는 또한 에너지가 이렇게 스스로 빠져나가고 부재하면서, 그래서 더 이상 '살아 있지' 않음으로써 구조, 곧 형태를 형성한다는 것을 의미한다. 구체적이고 긍정적인 현상들, 경험들, 존재자들은 무엇보다도 흔적들, 어떤 부재의 현전들이다. 부서진 현전들이란 순수한 현전의 부재에 시달리는 불순한 현전들, 다시 말해 순수 현전의 부재의 이면, 그러한 부재와 동일한 불순한 현전이다.

이 점에서 1968년의 논문 「차이」에서 발견되는 다음의 구절들은 각별히 주목할 만하다.

> 철학은 동일자가 아닌 같음에 눈이 먼 채로 차이 속에서 그리고 차이에 의존해서 살아간다. 같음은 정확히 어떤 하나의 차이 나는 것으로부터 다른 차이 나는 것으로 향하는 이행, 대립의 한 항으로부터 다른 항으로 향하는 애매하고 우회를 거친 이행으로서의 차이이다. 그래서 철학의 구성이 기초해 있

고 우리의 담론이 그에 의존해서 살아가는 모든 대립 쌍을 다시 취할 때, 우리는 대립이 사라지는 것이 아니라 어떤 필연성이 공표되는 것을 볼 수 있을 것이다. 이 필연성은 [대립] 항들 중 하나가 그 대립에서 다른 항의 챠이로, 같음의 경제 안에서 지연된(différé) 다른 항으로 나타나는 필연성이다. 지성적인 것은 감성적인 것의 지연시킴(différant), 지연된 감성으로, 개념은 지연된(différée)-지연하는(différante) 직관으로, 문화는 지연된-지연하는 자연으로, 퓌시스의 모든 타자 — 테크네, 노모스, 테시스, 사회, 자유, 역사, 정신 등등 — 는 지연된 퓌시스 또는 지연하는 퓌시스로….".(Derrida, 1972d: 18)**15**

지성은 지연된 또는 지연하는 감성, 곧 감성의 흔적이며, 문화는

---

15 이 대목은 초기 데리다의 사유와 들뢰즈의 사유가 마주치는 매우 드문 장소이기도 하다. 우리가 인용한 이 대목 바로 직전에 데리다는 니체의 사유가 보여주는 순수 차이들의 긍정적 놀이의 측면을 언급하면서 들뢰즈의 『니체와 철학』을 인용한다. 데리다가 니체를 순수 차이의 철학자로 읽을 때 데리다는 들뢰즈와 거의 일치한다. 하지만 이어서 데리다는 다음과 같이 말한다. "같은 논리에 따라서, 논리 자체에 따라서 다음의 사실은 배제되지 않는다. 철학은 동일자가 아닌 같음에 눈이 먼 채로….".(Derrida, 1972d: 18) 여기에 데리다와 들뢰즈가 거의 스쳐 지나가면서도 끝끝내 갈라지는 보이지 않는 경계가 있다. 순수 차이의 놀이는 "같은 논리에 따라서" 심지어 "논리 자체에 따라서" 챠이로서의 같음, 곧 동일자 내의 우회와 지연을 통한 변형(또는 어떤 하나의 흔적, 어떤 하나의 부재를 통해서 다른 것의 형성에 이르는 과정)을 "배제하지" 않는다. 니체-들뢰즈의 순수 차이는 데리다의 챠이를 배제하지 않는다. 하지만 이는 양자가 동일하다는 의미가 분명 아니다. 배제하지 않음의 이중부정은 포함과 배제 사이의 불명료하고 비규정적인 간극 사이에 자리한다. 데리다는 훗날 들뢰즈에 대한 추도사에서 이 간극을 "거의 완전한 근접성 또는 친연성의 당혹스러운, 너무나도 당혹스러운 경험"(Derrida, 2003a: 236)이라 말한다.

자연의 흔적인 것이다. 이와 마찬가지로 데리다(Derrida, 1972d: 20)
는 프로이트가 현실원칙이란 사실 단지 쾌락원칙의 우회나 지연
과 다름없음을 지적하는 대목에 눈길을 보낸다.[16] 부서진 현전으
로서의 구체적인 경험과 현상이란 이처럼 부재하는 자의 흔적으
로서 생산된다. 이로부터 더 나아가 데리다는 어떤 역사의 기획에
이른다. 아메바부터 인간의 로고스에까지 이르는 생성과 형성의
자연사인 이 역사는 사실 "문(文, gramme)의 역사로서의 생명의 역
사, 우리가 여기에서 챠이라고 부르는 것의 역사"이다. "아메바나
환형동물의 행동을 규제하는 프로그램적인(programmatiques) — 이
말은 또한 '문자를 향한'의 의미로도 (따라서 '문자에 앞서서 문자를
향하는'의 의미로도) 읽을 수 있다 — '유전 기입'과 '단쇄들(courtes
chaînes)'에서부터 알파벳 문자 체계(écriture alphabétique)를 넘어 로
고스와 어떤 호모사피엔스의 질서들로 나아가는 이행에 이르기까
지 문(gramme)의 가능성이 이 역사의 운동을 엄밀하게 근원적인
수준들, 유형들, 리듬들에 따라 구조 짓는다."(Derrida, 1967a: 125) 아
메바와 같은 기초적인 생명 형태, 알파벳 문자 체계, 로고스와 호
모사피엔스의 질서들, 이 상이하고 관련 없어 보이는 차원들을 관
통하며 하나의 역사로 만들어주는 것은 바로 문의 가능성이다. 모
든 존재자와 현상을 아우르는 어떤 문의 가능성의 역사, 문의 가
능성의 자연사가 있다. 그런데 문의 가능성의 역사란 또한 "흔적
의 가능성들의 역사"(Derrida, 1967a: 125)이므로 흔적과 부재의 현전

16 데리다가 이 쾌락원칙의 '우회'가 현실원칙이라는 타자적 대립 항을 생산해
낸다고 볼 때 들뢰즈(2004: 226)는 이 우회를 그저 쾌락원칙의 확장에 불과한
것으로 읽고 있다는 점 또한 이 두 사람의 차이와 관련하여 시사적이다.

을 통한 생산이라는 낯선 관념에 의해 기술되는, 존재론을 대체하는 역사주의의 기획이 제시되고 있는 것이다.

결국 순수 차이들의 놀이는 현상세계의 배후에 있는 어떤 또 다른 근원적인 세계나 기원이 아니다. 그것은 단지 모든 현상과 존재는 언제나 어떤 타자의 빠져나감을 대가로만 구체화되어 나타날 수 있다는 것을 가리킨다. 이 빠져나감, 이 탈(脫, 奪)의 운동을 통해서 이루어지는 형태와 구조의 발생과 구축이 바로 탈구축이다. 우리는 이를 '탈-구축'으로 표기해볼 수도 있을 것이다. 이는 순수 차이들의 놀이가 제시하는 혁명적 단절과는 다른 움직임이다. 더 먼 곳에서부터 더 멀리까지 실어가는 "충격파"의 운동이 있다. 그것은 사물의 배후에 숨겨진 진정한 힘들의 세계가 아니라, 사물의 내부에서 일어나는 고요한 침식작용이다. 사물의 내부에서 무언가를 덜어내는 이 침식이 사물 그 자체를 형성할 뿐 아니라, 또한 사물이 자신의 내부에서 눈에 띄지 않는 방식으로 어느샌가 다른 것[타자][17]이 되게 하는 가능성을 열어준다. 데리다가 서양 형이상학에 대해 행하는 탈구축은 이러한 사물의 실재적 탈-구축과 다르지 않은데, 왜냐하면 형이상학 또한 사유라는 하나의 실재이기 때문이다. 데리다의 말을 들어보자.

오늘날 [전통 형이상학의] 유산을 뒤흔들기 위해서는 이 유산에

---

[17] 여기에서 우리가 '다른 것[타자]'이라고 옮긴 말은 'un autre'이다. 이 말은 타자, 즉 다른 인간을 가리키기도 하지만 보다 중립적이고 포괄적으로 단지 '다른 무엇', '다른 것'을 가리키기도 한다. 이 중의성을 표현하기 위해서 우리는 이를 '다른 것[타자]'으로 옮겼다.

속한 개념들이 반드시 필요하기 때문에 우리는 더더욱 이 개념들을 포기할 수 없다. 울타리 안에서, 끊임없이 자신이 탈구축하는 것의 안쪽으로 다시 떨어질 위험을 감수하는 비스듬하면서 언제나 위태로운 운동을 통해서 비판적 개념들을 신중하고 세밀한 담론으로 둘러싸고, 그 개념들의 조건, 환경, 한계를 표시하고, 이 개념들이 자신들을 탈구축시키는 기계에 속해 있음을 엄밀하게 표시해야 한다. 그와 동시에 아직 이름 붙일 수 없지만 울타리-너머의 희미한 빛이 엿보이게 되는 단층을 표시해야 한다(Derrida, 1967a: 25).

이처럼 형이상학이라는 울타리 너머의 희미한 빛은 울타리 안에서 이루어지는 신중하고 세밀한 침식작용을 통해서 가능하다. 데리다는 이후에 이 희미한 빛에 "메시아 없는 메시아주의"라는 또 다른 이름 아닌 이름을 줄 것이다. 탈-구축은 바로 이 희미한 빛이 엿보이는 울타리 안에서 자리를 찾고 그 자리에 머물기 위한 노력이다.

4. 탈-구축의 실천

1) 타자들, 가능성들, 최소한의 희망과 최대한의 악

탈-구축에 대해 우리가 물어야 할 하나의 질문이 아직 남아 있다. 타자의 부재를 통한 생성이라는 이 낯선 생각에 대해서, 그리고 이때 부재하는 타자는 정확히 무엇인가에 대해서 우리는 물어야 한다. 무엇이 부재하는가? 데리다가 흔적은 "지금-여기에서 어떤 다른 것[타자]의 부재, 어떤 다른 초월적 현재의 부재, 그 자체로 나타나는 세계의 어떤 다른 기원의 부재"(Derrida, 1967a: 68)라고 말할 때, 그가 이렇게 다른 것[타자], 초월적 현재, 세계의 어떤 다른 기원을 함께 나열하는 것은 이 항들이 모두 같은 것임을 의미하는가? 아마도 그럴 것이다. 그래서 부재해야 하는 것은 앞서 본 대로 무엇보다도 초월적 현재라는 타자, 절대 불가능하지만 언제나 당장이라도 실현될 것처럼 되돌아오는 초월적 기의의 환상이다. 하지만 "어떤 다른 것[타자]의 부재"라는 표현은 문자 그대로는 결코 초월적 현재의 부재와 같은 것일 수 없다. 즉 이 표현에는 데리다 자신의 의도를 당연히 벗어나는 미끄러짐이 있다. 우리는 이 다른 것[타자]에 해당할 후보로 적어도 두 가지를 더 생각해볼 수 있다.

우선 흔적에서 부재해야 하는 것, 부재하는 것은 역설적이게도 흔적 그 자신일 수 있다. 데리다는 흔적을 어떤 다른 것[타자]의 부재로 정의하는데, 바로 이로 인해 흔적이 이러한 정의에 사로잡히고 그 정의를 통해 현전하게 되는 위험에 빠질 수 있다. 초월적 기의의 환상이 끊임없이 되돌아오는 것은 바로 이런 이유에서이다. 흔적은 바로 다양한 방식으로 예기치 못하게 되돌아오는 이 환상을 끊임없이 물리치면서만 흔적일 수 있기 때문이다. 달리 말하면 흔적은 자기 자신의 동일성이라는 유령과 끝없이 싸워야 하는 것이다. 데리다가 흔적의 자기 은폐라고 부르는 것은 이로부터 비롯된다.

하지만 흔적의 운동은 필연적으로 은폐되며, 그 운동은 자기의 은폐로서 생산된다. 다른 것[타자]이 그 자체로 공표될 때, 다른 것[타자]은 자기의 은닉 속에서 현시된다(se presenter). … 다른 것[타자]을 그 자체로 현시화하는 것, 즉 그것의 '그 자체'의 은닉은 언제나 이미 시작되었고 존재자의 어떤 구조도 그를 피할 수 없다(Derrida, 1967a: 69).

흔적을 그 자체로 제시하는 것, 즉 흔적의 현전화는 흔적의 은폐, 흔적의 부재화와 같다. 흔적은 결코 현전화할 수 없는 것이다. 그런데 그 본성상 그렇다는 것이 아니라 ― 이는 데리다가 다른 곳에서 말하듯이 '부정신학'의 덫에 걸린다 ― 끊임없는 자기 삭제와 자기 은폐의 운동으로서 그렇다는 것이다. 간단히 말해 흔적은 매 순간 초월적 기의의 현전뿐 아니라 그 자신의 현전 가능성 또한 불가능하게 만들고 지연시키는 자기 삭제의 운동인 것이다. 흔적은 단적으로 현전의 가능성을 초월한 절대자가 아니라 현전하려는 매 순간 자신을 삭제하는 고되고 끝없는 노동인 것이다. "초월적인 원(archie)의 가치는 스스로 삭제되기에 앞서 자신의 필연성이 느껴지도록 만들어야 한다. 원-흔적의 개념은 이 필연성과 이 삭제의 정당성을 인정해야 한다. 그 개념은 사실 모순적이며 동일성의 논리 안에 수용될 수 없다. 흔적은 단지 기원의 사라짐인 것이 아니라, 기원은 사라진 적조차 없다는 것, 기원은 언제나 어떤 비-기원, 흔적을 통해서 사후적으로 구성되었으며, 이렇게 해서 흔적은 기원의 기원이 된다는 것을 말하고자 한다."(Derrida, 1967a: 90) 기원은 사라진 적조차 없는 것이다. 그럼에도 그것은 사후적으로 구성되며, 따라서 항상 다시 돌아오면서 구성될 것이기에 다시 그것을 삭제해야 하는 것이다.

둘째로, 흔적은 초월적 기원이나 자기 자신뿐 아니라 이것들과는 전적으로 다른 타자 — 윤리적인 타자이면서 새로움과 사건의 가능성으로서의 타자 — 의 부재이기도 하다. 그것은 이 개념에 새겨진 레비나스의 흔적, 또는 그와의 "대화(la communication)"(Derrida, 1967a: 102)의 흔적이다. 이 타자는 "현전의 형태 속에서는 그 형태가 기원적이든 변형되었든 간에 한 번도 존재하지 않았으며 결코 체험될 수 없었던 어떤 과거의 타자성"(Derrida, 1967a: 103)이다. 더 이상 초월적 기의의 동일자가 아니라 절대적인 타자, 어떠한 방식으로도 현전할 수 없는 타자가 문제인 것이다. 그런데 여기에서 타자의 '부재'가 갖는 성격은 다른 뉘앙스를 띠기 시작한다. 초월적 기원의 부재와 무-기원이라는 역설적 형태의 또 다른 기원의 부재, 이 두 가지 타자의 부재는 또한 끊임없이 되돌아와 위협하는 가능성들이었다. 하지만 흔적이 품은 부재가 바로 이렇게 반복해서 복귀하는 가능성과 같은 것이기 때문에 전적으로 다른 타자 또한 지금 여기에는 부재하지만 반복해서 복귀한다. 지금 여기에 전적으로 다른 타자가 없다는 사실은 동시에 전적으로 다른 타자가 매 순간 언제라도 나타날 수 있다는 가능성이기도 한 것이다. 타자의 부재는 역설적으로 타자의 가능성, 따라서 사건과 새로움의 가능성에 대한 항시적인 개방이다. 하지만 이 타자의 가능성은 초월적 기원과 마찬가지로 결코 현전할 수 없기 때문에 그 자체로는 현실화되어 타자가 완전히 도래하는 일은 원리상 불가능하다. 초월적 기원과 마찬가지로 전적인 타자 역시 부재하는 동시에 가능성으로서 끊임없이 되돌아온다. 이처럼 이 부재와 반복적인 가능성이 분리 불가능하게 얽혀 있다는 것은 다음의 두 가지 사이에서 우리가 꼼짝없이 사로잡혀 있음을 의미한다.

(1) 언제나 최악의 가능성이 최대한 임박해 있다. 초월적 기원과 함께 전적인 타자 또한 현전 불가능하다. 그러므로 현 상황을 단번에 바꾸어놓을 구원자, 메시아의 도래는 불가능한 것이다. 우리가 현실에 대해 아무런 낙관적 기대도 갖지 못할 이유가 여기에 있다. 전적인 혁명, 완전한 탈출은 불가능하다.

(2) 최선의 가능성이 언제나 최소한으로 남아 있다. 하지만 초월적 기원과 마찬가지로 전적인 타자 또한 끊임없이 되돌아오는 가능성들로서 제거 불가능하다. 우리가 미래에 대해 언제나 최소한의 희망을 품어도 되는 까닭이 여기에 있다. 완전한 폐쇄 또한 불가능하다. 항상 상황에는 예상 못할 사건과 타자가 도래할 수 있는 작은 틈이 있다.

이 양극단의 모순, 아포리아에 마주하는 자리에 서는 것, 그것이 바로 탈-구축의 실천이다.

> 1980년대나 1990년대에 사람들이 때때로 주장하는 것과 같은 '탈구축'의 정치적 전회 또는 윤리적 전회는 결코 없었다. … 정치적인 것의 사유는 언제나 차이의 사유였으며, 차이의 사유는 또한 언제나 정치적인 것의, 정치적인 것의 윤곽과 한계들, 특히 민주주의적인 것의 수수께끼 또는 자가면역적 이중 구속을 둘러싼 사유였다(Derrida, 2003b: 64).

우리는 데리다의 이 단언을 이제 보다 잘 이해할 수 있다. 차이의 사유, 탈구축의 사유는 처음부터 타자들에 대한 사유였다. 그것은 타자들의 불가능한 현전들 그리고 언제나 임박해 있는 타자들의 현전 가능성들 앞에 서서 어떤 타자들을 선별할 것인가의 문제를 다루는 사유였기 때문이다. 탈구축은 어떤 타자들의 현전 가능성에 틈을 내고 약화시킴으로써 어떤 다른 타자들의 현전 가능성을 최대한 받아들일 것인가의 결단에 관한 사유였기 때문이다. 모든 것은 흔적이고 차이지만, 바로 그렇기 때문에 부재하는 다수의 타자 사이에서 선택해야 하며, (바로 지연된 차이들로서) 되돌아올 동일성들 사이에서 선택해야 한다.

실재적인 탈구축으로부터 담론적인 탈구축으로의 이행은 — 그러한 이행이 있다면 — 사물 안에서 흔적의 구조를 면밀하게 탐지해내고 그 흔적을 이질적이고 심지어 대립적이면서도 구분 불가능한 타자들의 가능성들에 대한 응답과 선택, 결단의 자리로 만드는 일이다. 그것은 어떤 원초적인 기원적 실체나 존재에 기대어 있는 존재론적, 과학적, 실천적 혁명이 아니다.

이 선택은 언제나 모험이다. "메시아적인 것은 절대적인 놀라움에 노출되어 있다. 비록 언제나 평화나 정의의 현상적인 형태하에 서일지라도, … 메시아적인 것은 최악의 것처럼 최선의 것을 기대해야 한다(기대하지 않으면서 기다려야 한다). 최선의 것은 결코 최악의 것의 열린 가능성 없이는 존재하지 않기 때문이다. 바로 이것이 '경험의 일반 구조'이다."(Derrida, 1996: 31) 최악의 가능성 없이는 최선의 가능성도 없다. 이 두 가능성, 이 두 타자는 선험적으로 구분 불가능하다. 절대적인 순수 현전은 불가능함에도 우리는 이 순수 현전의 가능성이 어떤 형태로 되돌아올지 알 수 없으며, 따라서 어떤 형태로 타자의 가능성을 최대한 봉쇄하는 최악의 것이 될지 알 수 없다. "근본적인 악의 형상들은 결코 단지 형상들인 것만은 아니며, 언제나 새로운 악을 발명한다. 바로 이것이 모든 악이다."(Derrida, 1996: 19) 최선을 위한 발명 못지않게 최악의 형태들에 대한 발명도 존재한다. 데리다가 후기에 전개시킨 자가면역의 논리는 바로 이 점을 잘 보여준다.[18] 자신을 외부로부터 보호하기 위한 면역 체계가 작동하기 위해서는 먼저 '자기'가 있어야 한다. 하지만 이 자기는 면역 체계에 의존해서만 경계가 확정될 수 있다. 따라서 자기의 경계에는 근본적인 결정 불가능성이 있다. 자기와 타자가 구분되지 않고, 그리하여 타자의 배제가 사실 자기의 파괴가 되는 일, 면역 체계가 자신을 공격하는 일은 원리적으로 제거 불가능한 것이다. 면역 체계의 작동과 자기의 성립은 오직 이러한 자기 파괴의 위험을 감수하면서만, 곧 최악의 가능성을 향해 열려 있는 한에서만 가능하다. 민주주의 또한 바로 이 자가면역의 논리에 따라서, 민주주의의 적들이 민주적 절차에 따라서 민주주의를 파괴하는 가능성을 피할 수 없다(Derrida, 2003b: 54). 민주적 절차와 선거에 의해 반민주 독재 정권이 들어서는 일은 우리에게도 낯설지 않다. 하지만 민주주의의 이 자가면역적 취약성이야말로 민주주의에 언제나 새로운 가능성, 새로운 사건에 대한 기대와 희망을 허용해주는 것이다. 어떠한 현전적 총체성에 의해서도 완전히 장악되지 않는 근본적인 침식작용이 그 안에 있기 때문

---

18 이에 대해서는 보라도리(2004) 참조.

에 민주주의는 제 살을 깎아먹는 위험을 감수하면서 타자와 사건을 향한 틈, 울타리 너머의 희미한 빛이 스며드는 그 장소가 될 수 있다.

5. 나가며: 혁명으로부터 탈-제도로 또는 침묵에서 침묵으로

이 글의 시작을 열었던 1991년의 인터뷰에서 데리다는 다음과 같이 말한다.

> 문화와 대학에서 [68혁명이 가져온] 이 충격파들은 아직도 안정화되지 않았습니다. 저는 사후에, 문화와 대학에서, 특히 대학에서 가장 보수적이면서 퇴행적이기까지 한 힘들에 의한 원한과 회수의 광경을 더욱 민감하게 감지했습니다. 보다 뚜렷하게 말하자면 제가 운동가적인 형태로 교사로서의 제 일을 실천하기 시작한 것은 이 사후의 [여파] 속에서입니다. 철학 교육에 관한 연구 그룹(Groupe de Recherches sur l'Eseignement Philosophique, 이하 GREPH)은 이 무렵에 결성되었습니다(Derrida, 1992: 359).

데리다가 68혁명에 거리를 두었다면, 이는 68혁명이 열어놓은 바로 그 장소에서 열광과 도취의 현전들을 막아내고, 그 빈 장소에 다른 것이 깃들게 하기 위해서였을 것이다. 그것은 아주 먼 곳에서부터, 서양의 역사와 문화의 깊숙한 곳에서부터 흘러오는 이성의 원리(근거율)를 근본적으로 문제 제기의 대상으로 만들고, 그리하여 다른 무엇으로 변모시켜 아주 멀리까지 흘러가도록 만들기 위해서였다. 이는 그의 교육제도적 실천 속에서 구체화되었다. 프랑스에서 철학 교육을 축소하려는 정부의 정책에 맞서 결성된 GREPH 활동(1974-1981), 그가 창립에 관여한 국제철학학교 (1983년 창립), 그리고 그가 대학과 관련하여 한 여러 강연, 이 모든 것은 데리다가 68혁명에서 어떠한 유산들을 선별하고 그것에 어떠한 책임을 떠맡았는지 보여준다. 이러한 선별과 책임의 결단은 어떤 가능성들을 몰아내고 어떤 가능성들을 떠맡으면서, 따라서 어떤 타자가 현전하지 못하도록 최대한 가로막음으로써 다른 타자가 들어올 자리를 열어놓는 방식으로, 그렇게 이중적인 부재의 흔적으로 사물과 사태를 구축하는 결단, 곧 탈-구축하는 결단이다.

그는 이를 위해서 모순적인 두 가지를 필요로 했다. 제도와 전통에 대한 존중과 고수, 그리고 또한 가능한 한 제도를 불안정화하여 개방하는 일이 그것이다. 위계 없는 구조, 권위 없는 제도, 제도 없는 공동체와 같은 것들은 불가능하거나, 아니면 최악의 위험을 초래할 수 있다. 한 대담에서 데리다는 다음과 같이 말한다. "제가 비위계적인 구조 또는 불안정한 위계의 필요에 대해 주장할 때, 저는 비위계적인 구조들이 있다고 생각하지 않습니다. 저는 그런 것이 존재한다고 생각하지 않습니다. 어떤 코드들에 따른 비위계는 있을 수 있습니다. 코드화된 어떤 위계를 삭제하는 일은 언제나 보다 미묘하고 보다 상징적인 위계를 불러오며, 이 위계의 코드는 여전히 형성 중인 상태에 있습니다. 저는 위계의 삭제를 믿지 않습니다."(Rottenberg, 2002: 21) 하지만 동시에 이 제도, 전통, 구조를 최대한 개방하고 모험을 감행하는 일이 필요하다. 데리다는 비제도적 혁명을 추구하지 않고, 탈-제도적 실천을 추구한다.[19]

이 탈-제도적 실천은 또한 법과 정의, 계산과 계산 불가능한 것의 양자 사이에서 불가능한 타협을 중재하는 일이기도 하다.[20] 데리다(2004: 49)가 『법의 힘』에서 말하는 대로 정당한 결정은 법의 규칙을 따라야 할 뿐 아니라, 그와 동시에 "마치 법이 존재하지 않았던 것처럼, 마치 판사 자신이 매 경우마다 이를 발명한 것처럼" 자신의 자유로운 판단에 의해 이루어져야 한다. 양립 불가능한 이 두 조건이 동시에 충족되지 않을 때, 우리는 기계적인 규칙의 적용이나 규칙 없이 전적으로 자의적인 판단이라는 두 가지 최악의 것을 마주하게 될 것이다. 물론 그렇다고 이 두 조건을 충족시키는 것 또한 불가능하다. 따라서 언제나 불순한 타협이 필요하다. 하지만 "만약 당신이 타협하지 않는다면, 사태는 훨씬 더 불순해질 것이다."(Rottenberg, 2002: 14) 이 타협의 철저한 불순성에 대한 하나의 예는 국제철학학교에서 데리다가 자신의 철학적 입장을 앞세우지 않은 행위, 즉 데리다의 또 다른 침묵에서 발견된다.

---

[19] 또 다른 대담에서 데리다는 다음과 같이 자신의 입장을 명시한다. "저는 매우 보수적인 사람입니다. 저는 제도들을 좋아하며 새로운 제도들에 참여하는 데 많은 시간을 보내는데, 이 제도들은 때때로 제대로 작동하지 않지요. 동시에 저는 제도들이 아니라 제도들 내에 있는 너무 엄격하거나 독단적인 어떤 구조들 또는 미래 연구에 장애물이 되는 구조들을 분해(dismantle)하려고 합니다."(Caputo, 1997: 8)
[20] 데리다의 제도적 실천에 대해서는 워섬(Wortham, 2006) 참조.

제 입장은 … 단순히 일종의 윤리적인 후퇴, 타인들에 대한 존중만은 아니었습니다. 물론 그러한 것이 있습니다. 하지만 제 입장은 또한 제가 최선의 계산이라고 생각한 것이었습니다. 그래서 제가 관심을 기울이는 것이 국제철학학교에서 숨 쉴 공간을 갖도록 하는 것이었습니다. 그러므로 그때에도 타협, 윤리와 타협하는 행위의 관계는 매우 복잡합니다. 한편으로 저는 타인들에 대한 존중심의 발로로서 타인들이 말할 수 있도록 제 자신을 지우고 제가 가장 관심 갖는 것을 지웁니다. 탈구축은 그 자신을 강제하지 말아야 합니다. 하지만 이 존중은 동시에, 명백하게 하나의 계산입니다. 존중은 계산에 의해 오염되어 있습니다(Rottenberg, 2002: 15).

타협의 불순성은 어떠한 선행적, 선험적 프로그램도 (순수한 제도와 전통의 프로그램뿐 아니라 또한 순수한 윤리와 혁명의 프로그램도!) 거부하면서, 바로 그것을 통해서 우리 모두, 우리 각자를 책임 있는 선택의 자리에 서도록 만드는 침묵이다.[21]

1960년대, 자키(Jackie)라는 자신의 이름을 지우고서만[22] 자신이

---

[21] 바디우는 데리다의 궁극적인 전언을 다음과 같은 명령으로 정식화한다. "우리는 아무것도 아니다[우리는 무이다]. 존재하자(Nous ne sommes rien. Soyons)." (Badiou, 2008: 181) 이 명령은 탈구축이 탈-구축임을, 곧 무의 자리에서 (탈-)존재하기를 결단하는 일(구축)임을 잘 보여준다.
[22] "저는 글들을 출판할 무렵 이름을 바꿨습니다. … 자키는 작가가 가질 수 있는 이름이 아니라는 걸 깨닫고, 반쯤 가명이지만 진짜 이름과 가까운 이름, 하지만 매우 프랑스적이고 기독교적이고 단순한 이름을 선택하면서, 저는 두

속한 공동체에 진입할 수 있었던 알제리 출신의 작은 이방인 데리다는 68혁명의 한가운데에서 자신의 목소리를 낼 수 있는 공간을 찾을 수 없었다. 그는 그래서 침묵을 택했다. 1970년대 중반, 데리다는 또다시 침묵한다. 하지만 이 침묵은 이번에는 데리다 자신의 목소리가 섞여 들어간 불순한 침묵이다. 침묵을 목소리의 흔적으로 만들면서 데리다는 자신의 목소리를 되찾고 68혁명의 유산을 멀리까지 울리도록 만들었다.

참고 문헌

김상환, 2007, 「들뢰즈의 CsO론」, 『안과밖』 22: 148-185.
데리다, 자크, 2004, 『법의 힘』, 진태원 옮김, 서울: 문학과지성사.
들뢰즈, 질, 2004, 『차이와 반복』, 김상환 옮김, 서울: 민음사.
보라도리, 지오반나, 2004, 『테러 시대의 철학: 하버마스, 데리다와의 대화』, 손철성·김은주·김준성 옮김, 서울: 문학과지성사.
보름스, 프레데릭, 2014, 『현대 프랑스 철학』, 주재형 옮김, 서울: 길.
Althusser, L., 1965, *Pour Marx*, Paris: François Maspero.
Badiou, A., 2008, "Derrida, ou l'inscription de l'inexistant", pp. 171-181 in *Derrida, la tradition de la philosophie*, edited by M. Crépon and F. Worms, Paris: Galilée.
Caputo, J.(ed.), 1997, *Deconstruction in a Nutshell: A Conversation with Jacques Derrida*, New York: Fordham University Press.

마디 낱말로 말할 수 있는 것들보다 더 많은 것을 지워야 했습니다."(Derrida, 1992: 354)

Derrida, J., 1967a, *De la grammatologie*, Paris: Minuit.

Derrida, J., 1967b, "Force et signification", pp. 9-49 in *L'Ecriture et la différence*, Paris: Seuil.

Derrida, J., 1972a, "Les fins de l'homme", pp. 129-164 in *Marges de la philosophie*, Paris: Minuit.

Derrida, J., 1972b, *Positions*, Paris: Minuit.

Derrida, J., 1972c, "Signature événement contexte", pp. 365-393 in *Marges de la philosophie*, Paris: Minuit.

Derrida, J., 1972d, "La différance", pp. 1-29 in *Marges de la philosophie*, Paris: Minuit.

Derrida, J., 1987, "Lettre à un ami japonais", pp. 387-393 in *Psyché — Inventions de l'autre*, Paris: Galilée.

Derrida, J., 1990, "Les pupilles de l'Université. Le principe de raison et l'idée de l'Université", pp. 461-498 in *Du droit à la philosophie*, Paris: Galilée.

Derrida, J., 1992, *Points de suspensions*, Paris: Galilée.

Derrida, J., 1996, *Foi et savoir*, Paris: Seuil.

Derrida, J., 2001, "As if it were possible, 'within such limits'…", pp. 96-119 in *Questioning Derrida. With His Replies on Philosophy*, edited by M. Meyer, Aldershot: Ashgate.

Derrida, J., 2003a, *Chaque fois unique, la fin du monde*, Paris: Galilée.

Derrida, J., 2003b, *Voyous. Deux essais sur la raison*, Paris: Galilée.

Derrida, J., 2006, *L'animal que donc je suis*, Paris: Galilée.

Derrida, J., 2008, *La bête et le souverain*, vol. I(2001-2002), Paris: Galilée.

Derrida, J., 2017, *Théorie et pratique. Cours de l'ENS-Ulm 1975-1976*, Paris: Galilée.

Giovannangeli, D., 2001, "The Delay of Consciousness", pp. 6-11 in *Questioning Derrida. With His Replies on Philosophy*, edited by M. Meyer, Aldershot: Ashgate.

Johnson, C., 1993, *System and Writing in the Philosophy of Jacques Derrida*, Cambridge: Cambridge University Press.

Kaplan, A. and M. Sprinker, 1993, *The Althusserian Legacy*, London and New York: Verso.

Lawlor, L., 2007, *This is Not Sufficient: An Essay on Animality and Human Nature in Derrida*, New York: Columbia University Press.

Llored, P., 2012, *Jacques Derrida: Politique et éthique de l'animalité*, Mons: Sils Maria asbl.

Maniglier, P., 2011, "Térontologie saussurienne: ce que Derrida n'a pas lu dans le *Cours de linguistique générale*", pp. 371-393 in *Le Moment philosophique des années 1960 en France*, edited by P. Maniglier, Paris: PUF.

Plotnitsky, A., 1994, *Complementarity: Anti-epistemology after Bohr and Derrida*, Durham: Duke University Press.

Rottenberg, E. (ed.), 2002, *Negotiations: Interventions and Interview 1971-2001*, Stanford: Stanford University Press.

Schelling, F. W. J., 1980[1809], "Recherches philosophiques sur l'essence de la liberté humaine et les sujets s'y rattachent", pp. 121-196 in *Œuvres métaphysiques(1805-1821)*, translated by J. F. Courtine and E. Martineau, Paris: Gallimard.

Still, J., 2015, *Derrida and Other Animals*, Edinburgh: Edinburgh University Press.

Wortham, S. M., 2006, *Counter-Institutions: Jacques Derrida and the Question of the University*, New York: Fordham University Press.

푸코와 68혁명

**사건이 아닌 경험,
신화가 아닌
비판으로서의 혁명** *

도승연

1. 서론

1968년의 5월로부터 벌써 50년이 흘렀다. 소외와 차이, 자율성을 전면에 내세운 68혁명에 대한 평가는 정치학과 경제학, 역사와 철학 등 다양한 학제에서 지속적으로 검토되어왔고, 10년 단위로 추모와 맹공으로 재점화된 68혁명에 대한 뜨거운 논쟁은 아직 끝나지 않았다. 정치적으로 단명한 사건을 혁명으로 격상하는 것에 대한 반대[1]에서부터 소비적 개인주의를 부추겨 신자유주의적 공

---

* 이 글은 사회와철학 연구회에서 발행하는 2018년『사회와 철학』제36집에 수록되었다.
1 '세계사적 혁명'(홉스봄Hobsbawm), '전 지구적 반란'(타리크 알리Tariq Ali)으로 '68년 5월 혁명'을 평가하는 이유는 이것이 세계대전 이후 반자본, 반체제 성격을 띠고서 서유럽의 전역에서 동시다발적으로 발생한 사건이기 때문이다. 반면 프랑스 내에서는 68혁명을 2008년 사르코지의 "68의 망령을 쫓아내자"

세에 길을 내주었다는 진보주의적 비판, 무책임한 '68세대'가 벌인 폭력과 무질서의 망령을 몰아내야 한다는 보수주의의 지적에 이르기까지 '68'에 대한 평가는 좌우의 정치적 입장을 넘어 숭배와 경멸의 모순적 수사를 동시에 가지고 있다.

하지만 이러한 양가적 평가에도 불구하고 68혁명은 분명 세계대전 이후 유일하게 전 유럽에서 동시적으로 일어난 사회적 격변이었고 이전과 완전히 구별되는 서구 유럽의 정신사적 변화를 역사의 단층에 새겨 넣은 사회 문화적 혁명이었다. 그리고 68혁명의 내부로 들어와 발생 동기와 전개 과정, 효과를 추적했을 때 우리는 그 안에서 쉽사리 푸코의 메아리를 들을 수 있다.

68혁명이 호명하고 구호화하였던 대상과 개념은 계급투쟁을 정치적 대의로 삼았던 과거의 투쟁과는 그 목적이 달랐다. 무엇보다 68혁명을 이끌었던 다중적 주체와 그들의 실천 방식은 차이와 소외 문제를 제기했던 푸코의 주장과 직접적으로 닿아 있었다. 아니, 더 나아가 광인과 수감자, 소수자 정체성을 다룬 그의 담론이 당대인들에게 실질적으로 들릴 수 있었던 것은 68혁명이 만들어낸 사회 문화적 변화 때문이었다는 점에서 푸코를 68혁명의 가장 큰 수혜자로 지목할 수도 있을 것이다.

라는 구호와 함께 국가 정체성의 위기의 근원이라고 맹렬히 공격하는 주장도 있다. 일부 논자는 좌우를 넘나드는 평가를 뒤로하고 프랑스 5월 혁명이 권력투쟁이나 정치 변혁을 목표로 하기보다는 사회 문화적 변혁을 지향한 점, 실제 2개월 동안에 일어난 사건에 주목하기보다는 그것의 장기적인 연속성을 강조하는 입장에서 '68혁명'보다는 '68년대'라는 표현을 사용하기도 한다. 하지만 이 글에서는 전자의 입장을 수용하여 '68혁명'으로 지칭할 것이다(이재원, 2008: 288-290 참조).

하지만 극좌와 극우를 오가는 모순적 평가는 비단 68혁명에만 해당되는 것이 아니다. 푸코 또한 그러하다. 정치적으로 그는 좌파와 우파 모두에게 적으로 간주되었을 뿐 아니라 중도주의자에게도 마찬가지로 적이었다(Foucault, 1997a: 375). 학문적으로도 그는 철저히 사료를 활용한 역사학자였지만 그 누구보다 격렬히 전통적 역사관을 부정하였고, 철학의 본령을 이야기하면서 자신의 작업은 철학자의 그것이 아니라고 스스럼없이 선언하였다.[2] 그리고 결정적으로 '5월 10일 파리의 바리케이드의 밤', 푸코는 거기에 없었다. 하지만 현장에서의 부재에도 불구하고 가장 68혁명적인 문제의식을 자신의 연구 주제로 다루었고, 가장 강력한 혁명의 수혜를 받았음을 부정하기 힘든 학자가 바로 푸코이다. 따라서 68혁명의 자장 아래 푸코의 학자적 위상과 영향력, 나아가 사상적 변화와 함축적 의미를 검토하는 일은 각각에 대한 모순적 평가만큼이나 세심한 접근을 필요로 한다. 그러한 이유에서 나는 아직도 끝나지 않은 68혁명에 대한 평가를 독립적으로 다루지 않을 것이며 이는

---

[2] 푸코가 "나 스스로 철학자라고 생각하지는 않습니다"에서 지시하는 철학자의 표상은 소위 강단 철학자들로 한정된 이들이었다. 푸코는 당시 프랑스 대학에서 전개된 학문으로서의 철학이 의식 중심의 현상학이나 헤겔주의로 편향된 것에 대해 강한 거부감을 가졌으며 오히려 자신에게 영향을 끼친 이들은 강단 철학자들로부터 벗어나는 데 도움을 주었던 니체, 바타유, 블랑쇼, 클로소프스키 등의 비제도권 철학자들이었음을 주장한다(푸코, 2004: 33 참조). 또한 푸코는 자신의 작업이 철학자의 그것이라고 명시적으로 말하기보다는 "만약 내 작업을 철학적 활동으로 이해할 수 있다면", "만약 오늘날 철학이라는 것이 아직 가능하다면"이라는 표현을 통해 자신의 철학적 활동을 일종의 실험의 한 양식으로 간주하였다. 그에게 철학함이란 일종의 실험적 활동으로서 자명함과는 다른 방식으로 사유하려는 회의주의적 노선을 따라 이를 자신의 경험과 대중의 경험으로 연결하는 이론과 실천의 결합을 의미한다.

이 글의 목적이 아니다.

　이 글은 68혁명에 대한 양가적 평가를 뒤로하고 사건의 추이를 검토할 것이고 이후 68혁명에 대한 푸코의 경험이 실존적, 사상적 차원에서 어떻게 체화되고 있는지, 나아가 푸코가 자신의 회의주의적 노선 안에서 68혁명이라는 사건을 신화로 받아들이는 것이 아니라 비판의 태도로 수용함으로써 드러나는 철학적 실천의 의미를 평가해보고자 한다. 각자가 놓인 자리에서 자신의 문제를 발화하고 문제화하는 생활 정치를 부상시키고, 거대 권력과 거대 주체에 의존하지 않으면서 권력의 작동 방식을 추적하며, 착취가 아닌 소외를 문제화하였던 68혁명은 혁명 이전과는 확연히 다른 서구 문화의 지형도를 구축하였다. 이것이 사건으로서의 68혁명의 성과라면 이 글은 푸코가 실존적이며 사상적인 체화로서 증명한 68혁명의 경험을 그의 철학적 실천으로 재평가함으로써 68혁명의 비판적 계승자로서 드러나는 그의 새로운 얼굴을 가리킬 것이다.

2. 역사를 보는 세 가지 관점:[3] 사건과 경험, 신화의 관점에서 보는 푸코와 68혁명과의 관계

　68혁명과 푸코의 관계를 다루기 위해서는 이 시기를 전후하여 발견되는 푸코의 실존적, 사상적 변화의 추이를 검토하는 것으로

---

[3] 학문의 제국주의적 관점에서 중국의 현대사를 연구한 폴 코헨의 저서의 부제에서 차용하였다(Cohen, 1997).

부터 시작해야 할 것이다. 이를 위해 먼저 68혁명에 대한 모순적 평가를 뒤로하고 혁명의 전개 상황 — 시대적 배경, 직접적 동기, 국면의 변화, 혁명의 효과 — 을 검토하고 이후 이를 하나의 경험으로 받아들인 푸코의 실존적, 사상적 변화를 살펴볼 것이다. 푸코의 실존적 변화는 그의 일생을 추적하면서, 사상적 변화는 68년 이후 75년 사이에 행했던 인터뷰에서의 68혁명에 대한 푸코의 언급, 해당 시기에 발견되는 사상의 핵심적 변곡점들을 중심으로 분석할 것이다. 마지막으로 푸코가 68혁명이라는 사건을 신화로 받아들이는 것이 아니라 비판의 태도로 수용함으로써 드러나는 그의 철학적 실천의 의미를 평가해보고자 한다. 따라서 68혁명과 푸코와의 관계에 대한 분석은 역사를 보는 세 가지 관점 — 사건, 경험, 신화 — 에 기반하여 전개될 것이다.

1) 68혁명이라는 사건: 프랑스 68의 발발의 상황, 단계별 전개 그리고 혁명 이후

제2차 세계대전 이후 프랑스는 미국과 소련 중심으로 재편된 세계 질서에 대응하기 위해 유럽 중심의 질서를 중시하면서 위대한 프랑스의 재건에 박차를 가하고 있었다. 전통적으로 좌파적 입장을 고수해왔던 프랑스의 정치적 특성이 무너지고 최초로 우익 다수당으로 집권한 드골 내각은 강력한 통치 체제를 유지하고 있었다. 특히 프랑스는 1962년에 오랜 문제였던 알제리 사태를 해결함으로써 국외 정치적으로는 비교 우위의 안정을, 경제적으로는 인구 성장과 소비 확산, 대외 무역의 확산에 힘입어 서유럽 국가들

중에서도 높은 경제성장률을 달성하였다.

　이러한 경제성장은 프랑스에 국한된 것이라기보다는 미국을 위시한 서구 유럽의 전반적인 현상이었지만 60년대 후반기로 접어들면서 제조업의 위기에 따른 경기 침체가 발생하면서 프랑스 사회는 빠르게 경직되기 시작했다. 노동자, 이민자, 여성 등의 저임금 문제, 소비사회의 물신주의가 야기한 인간소외 현상, 보수적 교육에 대한 비판적 인식들이 서유럽 사회 전체로 확산되면서 다양한 주제의 저항의 기류들이 형성되기 시작했다.

　프랑스 국민들은 드골 내각이 전개한 강력한 중앙집권제의 업적을 인정하면서도 동시에 검열과 언론 통제가 강화되자 자신들이 응당 행사해야 할 정치적 자율권이 급격히 쇠퇴하고 있음을 감지하였다. 또한 대의제를 통한 민주주의의 실현이 특정 집단의 권력의 독점화를 야기했고 '공화주의적 시민'을 양성하기 위해 확립된 1875년의 교육정책이 고등교육의 보수화로 이어지면서 사회 전반에 걸쳐 지식과 지식인, 정부의 권위와 정당성에 대한 비판의 분위기가 형성, 확산되기 시작했다. 이처럼 프랑스 68혁명은 기존의 권위주의적 교육, 지식의 체계에 대한 반발과 도전, 소위 '지식의 반란'으로부터 태동하였음에 주목해야 한다. 이는 반자본과 반제국적이라는 주장을 전면에 내세운 독일이나 동유럽 국가들의 동시대 혁명들과 비교했을 때 특기할 만한 프랑스적 특징이었고 그러한 의미에서 68혁명이 낭테르대학으로부터 시작되었다는 것은 결코 우연이 아니다.

(1) 68혁명의 단계별 전개 상황(임문영, 2001: 144-148)

프랑스의 68혁명은 다음의 세 단계, 즉 대학의 교육 환경을 비판하는 학생들의 시위로 시작되어 노동자 세력이 이에 가담하였고, 이후 드골 대통령의 사임이라는 정치적 국면들을 거치면서 전개된다. 68혁명은 반권위, 반정부 운동의 기치를 내건 낭테르대학의 3월 22일 시위로부터 시작된다. 낭테르대학의 이 시위는 베트남전쟁 반대와 드골 정부 퇴진이라는 정치적 이슈를 앞세운 몇몇 학생의 주도로 시작되었지만, 여기에 파리 빈민가에 위치한 낭테르대학의 열악한 교육 환경과 보수적 교육정책에 대해 불만을 키워오던 일반 학생들이 가세하면서 시위는 점차 확대되어나갔다.

여느 대학에서의 시위처럼 건물 점거와 철야 농성으로 시작된 낭테르대학의 3월 22일의 시위는 대학 당국이 경찰 투입을 요청하면서 격렬해지기 시작했다. 불과 한 달 남짓 사이에 걷잡을 수 없이 시위의 규모가 커지자 4월 23일 대학은 폐쇄령을 선포하였고 이에 시위대는 낭테르대학을 떠나 소르본에 집결한다. 5월 10일과 11일 사이 파리에 바리케이드가 세워진 소위 바리케이드의 밤 이후 시위대의 규모가 수만 명으로 커지고 시위가 파리 근교로까지 확산되면서 시위는 더욱 격렬해진다. 급기야 5월 14일 노동자 단체가 학생 시위대와 연대하면서 운동은 제2단계, 혁명의 국면으로 접어든다. 처음에는 소수의 학생이 시작한 반권위, 반지식 시위에 노동자, 고등학생, 교원이 합세하면서 반자본, 반정부라는 새로운 주제가 등장하게 되었고 급기야 트로츠키주의자, 마오주의자 등의 좌파만이 아니라 극단적인 자유주의자들을 포함하여 사회 각계각층이 연대함으로써 시위는 프랑스 전반을 뒤흔드는 사회 위기의 양상으로 치닫기 시작했다. 치열했던 혁명의 국면이 5월 24일 드골의 국민투표 제안과 함께 진정 국면으로 접어들었다가 6월 10일 르노자동차 공장에서 폭력적 충돌 사태가 발생하고 고등학생 익사체가 발견되면서 6월 11일 다시 대규모 시위가 발생하였고 혁명은 최고조에 도달하였다. 그리고 6월 13일 프랑스 전역에 시위 금지와 혁명 단체에 대한 해체 명령이 내려지고, 이후 소르본대학 점거가 해제되고 10만 명 이상의 노동자들이 파업을 중지하고 작업에 복귀함으로써 혁명은 일단락되었다. 약속대로 69년 4월 23일 드골에 대한 국민투표가 실시된 결과 52.41%가 드골 안을 반대함으로써 드골은 대통령직을 사임하고 노동자들도 마침내 총파업을 끝내고, 혁명은 막을 내렸다.

(2) 혁명 이후: 맑시즘의 퇴보, 지식의 반란

노동자계급으로 대표되는 단일한 조직으로도, 특정한 주제로도 환원될 수 없는 새로운 형태의 비판 운동이 서구 전 유럽을 강타하였다. 반제국과 반권위, 반정부라는 각각의 구호들이 독일과 프랑스, 쿠바와 폴란드에서 각기 다른 방향과 중요성을 가지고 전개되었다. 하지만 좌파 권력의 중심에 있었던 프랑스 공산당(PCF)에게 68혁명은 이전에는 경험하지 못한 사회 비판의 주제들이 등장했다는 점에서 전례 없던 저항의 형식이었다. 특히 계급에 기반한 착취 문제를 사회 비판의 중심 테제로 내세워왔던 프랑스 공산당은 68혁명이 제기하는 비판의 주제들 ― 교육, 환경, 동성애 등 결코 '정치적 대의'를 갖지 못한 제2의 의제들, 더 혹독하게는 자유주의적 부르주아의 문제 정도로 치부됐던 의제들 ― 에 대해서 동의할 수 없었다.

그렇기에 프랑스 공산당에 대한 사회적, 대중적 기대에도 불구하고 그들의 태도는 혁명의 연대에 대한 소극성을 넘어서 이 새로운 저항을 자신들에 대한 공격으로 받아들임으로써 시종일관 적대적 입장을 고수했다. 68혁명의 과정에서 보여주었던 그들의 소극성, 비협조, 적대감은 프랑스에서 가장 조직적인 저항의 주체로 여겨졌던 맑시즘에 대한 대중의 실망으로, 조직의 퇴보로 이어지게 되었다. 물론 전 세계적으로 냉전이 종식되고, 강한 국가론이 대두되면서 맑시즘의 퇴보는 어느 정도 예상된 것이었다. 하지만 프랑스 공산당 퇴보의 결정적 요인은 프랑스 68혁명이 보여준 일종의 특이성, 즉 드골로 대변되는 강력한 중앙집권제와 기성의 보수주의적 대학 교육에 대한 비판 의식의 누적이라는 당시의 거대한 사회적 분위기를 정확히 인지하지도, 적절히 대처하지도 못했던 그들 내부의 패착에 있었다.

그런 점에서 68혁명에 대한 평가가 극좌(트로츠키주의자와 마오주의자)와 극우(억압에 대항하여 개인의 선택을 최대화하려는 극단적 자유주의자)를 오가는 모순적 평가 안에 있다고 해도 68혁명이 초래한 부정할 수 없는 현실은 맑시즘으로 대표되는 프랑스 공산당의 몰락이라는 결과였다. 68년 5월을 계기로 이제 더 이상 프랑스 공산당은 좌파의 대안이 될 수 없음이 분명해졌다. 하지만 이러한 위기가 좌파의 인식을 대변하는 프랑스 공산당에게는 잔인한 몰락의 시간이었다면 동시에 혁명 이후의 프랑스에는 이들의 사상으로 가득 차 있었던 기존의 사회적 공기를 새롭고 다양한 좌파적 상상력으로 대체하고 실험할 수 있는 생산의 시간이기도 했다. 일상과 학계에서는 노동자를 거대 주체로 하는 역사의 선형적 발전 개념이나 국가 중심의 권력 개념으로부터 벗어나 계급보다 앞선 각각의 차이를, 그 차이를 추동하는 신체와 욕망을, 그 욕망을 권력의 작동을 통해 통제, 조율하려는 다양한 기술과 전략과 같은 소위 과거와 다른 '부차적'인 문제들을 논의하기 시작했다. 이러한 담론의 분위기는 소위 '포스트 68'로 불리는 일군의 학자들의 사상을 통해 전개되었으며 특히 그중에서도 푸코는 68혁명의 가장 큰 수혜를 받은 학자로서 우리에게 잘 알려져 있다.

푸코가 68혁명과 맺고 있는 관계의 중요성이 바로 여기에 있다. 68혁명이라는 세계사적 사건을 경험하면서 그가 제기한 문제들이 드디어 혁명 이후 동시대인들에게 들리게 되고, 그들과 함께 말해지기 시작했다는 것이다. 광인과 수감자, 소수자 정체성을 가진 사회의 '비정상인들'의 주체화 과정에 대한 푸코의 연구는 실체가 아닌 형식으로서의 주체화에 개입, 작동하는 권력의 효과에 주목하게 하였다. 그리고 무엇보다 가장 중요한 변화는 투쟁의 목표를 권력의 획득(혹은 해방)의 문제로 파악했던 기존 정치철학의 쟁점으로부터 '우리가 일상적으로 정치적이라고 말하는 것이 무엇인가'를 질문하는 새로운 정치학의 지형으로 이동했다는 것이다. 푸코식의 용어로 말하자면 그것은 '권력의 경제학, 그 자체를 변화시키는 것'으로서 68혁명 이후 전개된 맑시즘의 퇴보와 함께, 더 이상 예전과 같은 방식으로 인간과 사회, 역사를 파악하는 것을 거부하는 당대의 비판 정신이 푸코와 직접적으로 공유하는 지점이었다.

푸코 스스로도 68혁명이라는 매개를 통해 자신이 68혁명 이전과는 다른 방식으로 생각하게 되었음을, 그렇기에 자신의 이후의 저서 역시 하나의 '경험-책'임을 분명하게 밝히고 있다. 푸코가 이 과정에서 보여준 것은 '정복당한 지식의 반란(insurrection of subjugated knowledge)'(Foucault, 1978: 81)을 도모하는 것, 그것을 통해 새로운 정치적 상상력을 실험하는 것이었다. 그렇기에 60년대 초반 진행된 푸코의 고고학적 탐험이 지식과 담론의 역사성에 주목했던 반면, 혁명 이후 진행된 계보학적 연구 주제는 지식 그 자체가 가지는 지위, 그것이 수행하는 경제적, 정치적 역할에 대한 분석으로서의 '진리의 정치학'을 예고하고 있었다.

2) 68혁명에 대한 푸코의 경험

푸코는 자기 세대가 겪었던 아동기, 청소년기의 경험은 언제나 거대한 세계사적 사건과 깊은 연관을 맺고 있었다고 회상했는데 68혁명 역시 푸코의 실존과 사상에 중요한 분기점을 제공한 결정적 경험으로 추가되었다. 68혁명이 보여주었던 중심 없는 저항의 형태, 다양한 주체가 제기하는 차이에 대한 요구는 그의 새로운 방법론에 깊은 영향을 끼쳤고[4] 푸코의 주석가들은 고고학에서 계보학으로의 전환이 이루어진 69년 이후 75년의 저작들과 인터뷰

---

[4] 이때의 푸코의 경험은 일종의 니체, 바타유로부터 발견되는 한계-경험의 의미를 가진다. 푸코에게 경험은 현상학자들이 말하는 경험, "일상생활의 경험이라는 매일의 성찰 속에서 그것을 파악하는 방식"이 결코 아니며 "생의 불가능성에 가능한 가까이에 위치한, 극한에 놓인 삶의 지점으로부터 얻을 수 있는 것, 주체가 더 이상 예전의 주체일 수 없는 방식으로 작동하는 그러한 경험"을 말한다(푸코, 2004: 36 참조).

에서 그 단초들을 발견한다.

푸코의 68혁명에 대한 경험이 이후 그의 실존과 사상의 가시적 변화로 이어졌음에도 불구하고 당시 파리의 현장에 참여하여 글을 쓰고 몸을 던져 투쟁하던 당대인들은 "긴장감에 어느 때보다 어두웠던 파리의 바리케이드의 밤, 그때 푸코는 어디에 있었는가?"라고 질문한다. 그들이 푸코에게 던졌던 이 비난조의 질문은 68혁명의 기억과 함께 여전히 유효하다. 그렇다. 푸코는 거기에 있지 않았다. 적어도 그는 68년 5월 혁명에 '참여'하지 않았다. 푸코는 당시 튀니지대학에 재직 중이었는데, 프랑스의 68혁명보다 몇 달 앞서 튀니지에서 경험한 3월의 68혁명은 더욱 폭력적이었고, 소위 '한계-경험'과 같은 것이었다고 회상하고 있다.

> 2년 반 정도 머물게 된 튀니지에서의 경험은 매우 충격적인 것이었습니다. 프랑스에서의 68년 5월 직전에 튀니지에서도 매우 격렬한 학생들의 시위가 있었습니다. 그것은 68년 3월에 시작하여 한 해 동안 차례로 파업, 수업 거부, 검거, 학생들의 동맹휴업으로 이어졌지요. 경찰이 대학에 들어와 많은 학생을 구타했고 학생들은 부상당한 채 감옥에 끌려갔습니다. 그 학생들은 8년이나 10년, 심지어 14년 형을 선고받고 그들 중 몇몇은 여전히 복역 중에 있습니다(푸코, 2004: 128-129).

푸코는 자신에게 깊은 영향을 끼쳤던 사건은 파리의 5월이 아닌, 튀니지에서 경험한 보다 격렬한 형태의 저항운동이었던 3월의 68혁명이었다고 말한다. 그렇다면 비록 현장에 '참여'하지는 않았지만 사건을 '경험'한다는 것은 어떤 의미일까? 푸코에게 경험이란 "경험되기 이전에는 존재하지 않다가 경험된 이후에 비로소 존재하게 되는 것이며 이것은 진실된 것, 혹은 거짓된 것의 문제가 아니라 어떤 현실성의 획득"(푸코, 2004: 41)을 의미한다.

> 나는 많은 젊은 튀니지의 남녀 학생이 단지 유인물을 배포하고 파업을 호소하기 위해 그렇게 엄청난 위험을 감수한다는 사실에 놀랐고 깊은 충격을 받았습니다. 그러한 실천들은 한 개인의 삶과 자유, 그리고 그의 신체를 위협하기에 충분한 것들이었어요. 그리고 그 위험을 감수한 실천들이 나를 매우 감동시켰습니다. 이것은 나에게 있어서 진정한 정치적 경험이었습니다(푸코, 2004: 129).

그리고 푸코는 이러한 경험으로부터 얻게 되는 현실성이란 스스로의 독자적인 체험으로 종결되는 것이 아니며 타자들과 조우하여 그 경험을 공유하고, 이를 다시 자신에게 투사하는 방식을 통해서만 완벽한 영향력을 가질 수 있는 그러한 현실성이라고 보았다.

> 나는 프랑스인 교수라는 직함 덕분에 현지 정부로부터 어느 정도 존중받고 있었고 그에 따라 일련의 실천들을 좀 더 쉽게 행할 수 있었습니다. 동시에 당시 상황에 대한 프랑스 정부의 대응들(매우 유감스러운 점이 많았지만)도 정확히 파악할 수 있었습니다. 또한 나는 전 세계 다른 대학에서 발생한 일들과의

관련 속에서 그 사건을 사고할 수 있었습니다(푸코, 2004: 129).

따라서 이 경험은 비록 푸코가 68혁명의 현장에 참여하지는 못했을지라도 당시 전 세계를 강타한 '68년대'의 사회 분위기를 외부자의 시각에서 보다 정확히 파악하게 해주었다. 그리고 이것은 다른 대학들에서 발생한 사건들과의 관련 속에서 프랑스의 68혁명의 특징을 이해할 수 있도록 이끌어주는 그러한 현실성이기도 했다.

그렇다면 당시의 시대적 감각과 정치적 경험은 푸코의 삶과 학문에 어떠한 현실적인 영향을 끼쳤는가? 인터뷰에서 자주 강조했듯이 그는 자신이 언제나 경험에 기반하여 이론과 관계함을, 그렇기에 자신의 모든 저서는 '경험-책'일 수밖에 없고 그렇게 글을 쓰는 과정에서 스스로 이전과는 결코 동일하지 않은 방식으로 타인과 세계와 관계할 수밖에 없음을, 그리고 그것이 곧 주체의 한계-경험의 결과임을 고백하였다(푸코, 2004: 46). 그리고 한 걸음 더 나아가 "타인이 접근할 수 있는 변환의 길을 열어둠으로써 이 경험을 집합적 실천과 사고방식의 변화로 이끄는 일"(푸코, 2004: 43)이 개인적 차원의 변화보다 더 중요한 일이라는 사실 역시 명백히 인식하고 있었다.

결국 푸코에게 일종의 한계-경험인 68혁명이라는 이 세계사적인 사건을 통해 그의 실존은 이전과는 다른 삶의 양식을 택할 수밖에 없었으며 실존이 변화한 학자의 학문적 수행은 과거의 문제화 방식과 동일하게 전개될 수 없었다. 그리고 우리가 잘 알고 있듯이 68혁명 이후 푸코의 변화는 두 가지 양상으로 드러난다. 실존적으로 그는 정치적 투사라는 삶의 양식을 선택하였고 자신의 학문적 방법론을 고고학을 거쳐 계보학으로 확장, 강화하였다.

(1) 실존적 차원의 변화

68년 이후 푸코의 행보는 시위 활동가라고까지 말할 수 있을 정도의 정치적 투쟁과 실천의 양상으로 드러났다. 시위대 안에서 경찰을 향해 돌을 던지고 손에 쇠파이프를 들고 투쟁하던 푸코에 대한 목격담은 여전히 회자되고 있다(에리봉, 2012: 345). 1950년대에 파리고등사범학교를 다니던 푸코가 공산당 가입 이후에도 모임이나 시위에 적극적으로 가담하지 않았던 전력을 기억한다면,[5] 혹은 고고학자의 붓을 들고서 역사의 단절적 지층을 은밀히 보여주었던 그의 학문적 업적을 상기한다면, 푸코를 이러한 급격한 변화로 이끈 결정적 동인이 68혁명의 경험임을 쉽사리 짐작할 수 있을 것이다. 이 경험은 그를 매우 빠르고 근본적인 방식으로 격렬한 정치 활동가로 변화하게 하였다. 푸코는 1968년 12월에 개교한 뱅

---

[5] 스승인 알튀세르의 권유로 푸코는 1950년대에 공산당에 가입하였지만 당시의 자신은 열렬한 맑스주의자였다기보다는 "맑스를 잘 알지도 못하면서, 헤겔을 거부하면서, 심지어 실존주의의 한계에 불만을 느끼면서 공산당에 입당한, 니체주의적 공산주의자"였음을 자조적으로 표현한다(푸코, 2004: 54-55 참조). 그리고 그로부터 3년 만에 프랑스 공산당에서 탈퇴하는데, 푸코의 전기 작가인 디디에 에리봉은 여기에는 두 가지 이유가 있다고 보았다. 하나는 명시적으로 언급된 것은 아니지만 동성애를 부르주아의 악덕으로 이해하던 당시 공산당의 분위기를 푸코 스스로 매우 불편하게 느꼈기 때문이고 다른 하나는 푸코가 인터뷰에서 말했듯이 1952년 모스크바 의사들의 재판 사건에 대해 크게 실망하였기 때문이다. 이때부터 공산당에 대한 푸코의 심리적 거리감은 그의 생애 내내 지속되었다(에리봉, 2012: 101-102).

뱅센실험대학의 철학과 학과장직을 맡아 철학과의 운영에 주도적인 역할을 담당하였고 그후 2년 동안 재직하였다. 시기적으로 학생들의 학교 점거와 수업 거부 등 격렬한 저항운동이 지속되었기에 자신이 계획했던 수업 과정과 내용을 실제로 운영하지는 못했지만 이 시기의 푸코는 다양한 계열의 학생들과 연대하면서 적극적으로 그들의 투쟁 활동에 동참하였다. 1971년에는 불법 단체로 규정된 '감옥정보모임(GIP)'을 창설하여 수감자들의 이야기가 전달될 수 있는 담론의 출구를 마련하기 위해 고심하였고[6] 라상테 감옥 주변에서 유인물을 배포하다가 현장에서 체포된 적도 있었다. 그 외에도 1971년과 1973년에 인종주의와 베트남전쟁 반대 시위에 참가한 일, 1975년에 스페인 정부 항의 대표단으로 스페인을 방문했다가 추방당한 전력에 이르기까지 푸코의 정치적 활동은 다양한 유형의 운동에 참여하면서 적극적으로 이루어졌다.

하지만 그의 이러한 정치적 활동은 비단 정부나 보수 진영만을 상대로 한 것은 아니었으며 1956년 프랑스 공산당 탈당 이후에는 공산주의자들의 반대편에서 과격하게 시위하는 푸코의 모습을 자주 발견할 수 있었다. 하지만 정작 푸코 자신은 좌파와 우파 모두

---

[6] GIP는 푸코를 포함한 다수의 지식인과 좌파 운동가, 전 수감자, 가족 등등 여러 계층의 사람들로 구성되었지만 단순히 이들의 환경 개선을 위한 운동을 하거나 정책을 주장한 것이 아니라 감옥 내 수감자들이 자신의 주장과 의사를 직접 전달할 수 있는 출구를 마련하는 것을 주된 목적으로 삼았다. 푸코는 감옥정보운동에 직접 참여하면서 경계에 선 인간의 삶의 방식에 관한 정보를 알리기 위해서 수감자들이 직접 토로한 정보를 일반인에게 전달하는 역할을 담당했다. 그리고 그들의 정보를 알리는 일, 누구도 알고 싶어 하지 않거나 혹은 앎의 영역으로부터 배제된 정보를 들쑤시는 일만으로도 실제적으로 현실 권력을 비판할 수 있다고 보았다(에리봉, 2012: 375-376 참조).

로부터 받았던 비난에는 전혀 개의치 않았다. 그 이유는 그에게 진보적 정치학이란 "구체적 실천 속에서 사회적 변화 가능성을 모색하고 여러 형태의 변화 사이에서 상호 의존성을 살피는 것"일 뿐 어떤 지식과 권력이 다른 무엇보다 더 진실한 것인가를 결정하는 이상적 결정론이나 당파성의 문제가 아니었기 때문이다. 푸코는 당시의 활동을 "특정한 상황에서 구체적이고 정확하고 명확한 용어로 문제를 제기하는 것, 그리고 현실적이면서도 개인적이고 신체적인 참여를 수반하는 일련의 실천들에 대한 노력"(푸코, 2004: 135)이었다고 회상하고 있다. 이 노력은 억압적 권력으로부터의 해방이 아니라 오히려 해방을 설파하는 진리의 권력적 효과를 폭로하기 위함이었으며, 이제껏 볼 수 없었던 새로운 푸코의 실존이기도 했다. 그것은 우파도 좌파도 아닌, 계보학의 회색빛을 간직한 회의주의자의 정치적 실존이었다.

(2) 사상적 차원의 변화

혁명 이후의 푸코가 자신의 실존을 정치적 투사의 모습으로 급격하고도 과감하게 변화시키고 있었다면, 그의 학문적 방법론은 계보학의 등장과 함께 점진적으로 하지만 근본적인 차원에서 또 다른 변화를 준비하고 있었다. 68년 이후 고고학적 방법론의 심화로서의 계보학을 통해 푸코는 구조주의적 개념으로 이해되던 에피스테메 대신 언표(énoncé)와 언표의 계열인 담론 형성의 효과를 강조함으로써 담론적·비담론적 차원에서 작동하는 배제의 절차에 주목하였다. 그리하여 자신의 연구 주제를 고고학적 연구 시기에는 구체화하지 못했던 지식/권력 개념의 작동과 신체에 대한 권력의 지형학의 차원으로 이동시킨다. 특히 지식/권력이 가지는 담론의 배제적 효과는 인간과 사회를 파악하는 기존의 이론과 실천의 주류가 전복됨으로써 가능한 주장들이라는 점에서 이것은 소위 계보학의 궁극적 목적, '정복당한 지식의 반란'이라는 새로운 방법론을 통해 가능했다. 물론 지식의 작동이 담론 배제의 절차를 통해 가능하다는 입장은 이미 『지식의 고고학』에서 기술되었지만[7] 이러한 지식/권력이 작동하는 구체적 상황에서의 기술과 전략에 대한 강조는 68혁명 이후의 저작들인 『담론의 질서』와 『감시와 처벌』, 『성의 역사』 1권으로 이어지는 계보학의 저작들에서 본격화되었다. 특히 지식/권력의 작동은 기존의 억압적 방식이 아니라 미시적 방식으로 일상을 감시함으로써 — 인간 신체에 대한 지식(규범)으로부터 신체적 감시(권력)에 이르기까지 — 세세하고 광범위하게 이루어진다는 점에서 이것을 추적하는 계보학의 등장은 향후 푸코 논의에 있어서 다음과 같은 몇 가지 중요한 변곡점으로서 작동한다.

첫째, 권력의 지형학을 탐구하는 푸코의 계보학은 '정복당한 지식의 반란'을 보여줌으로써 가능하다는 것, 둘째, 이러한 정복당

---

[7] 『지식의 고고학』의 출간 시점은 1969년 3월이지만 집필의 완료는 1967년 8월, 68혁명 이전이므로 이 저서는 푸코가 혁명을 경험하기 이전 작품으로 간주된다. 하지만 『지식의 고고학』에서 푸코는 에피스테메의 개념을 앞선 저서인 『말과 사물』에 비해 대폭 축소하고 구조주의적 함축을 소거하고 있다. 『지식의 고고학』은 에피스테메 대신 '구체적으로 현실화된, 기호들의 계열'로서의 언표를 강조하고 나아가 '동일한 형성의 계열에 속하는 언표들의 집합'으로 담론을 정의하고 있는 것이다. 이후 명시적으로 계보학적 방법론이라고 분류되는 『담론의 질서』에서 푸코는 담론의 형성 과정에 있어서의 배제의 절차를 본격적으로 다루고 있다(허경, 2012: 12-16 참조).

한 지식의 반란의 생생한 기억을 신체가 제시한다는 점에서 이것은 향후 푸코의 바이오파워(Bio power, 생명 관리 권력)에서 보다 중요하게 다루어진다는 것, 셋째, 필연적으로 이러한 권력에 대한 이해는 맑시즘적인 권력관을 전적으로 거부함으로써 전개된다는 것이다. 그리고 마지막으로 이를 위해서 지식인들은 예언자나 입법자로서의 보편적 역할이 아니라 자신이 활동하고 있는 영역의 지식/권력의 체계와 투쟁하는 구체적 지식인의 역할을 담당해야 함을 푸코는 강조하고 있다. 그런데 이 모든 주장은 곧 세계와의 경험이 필연적으로 담론적 차원과 비담론적 차원의 결합을 통해 이루어진다는 사실을 전제로 한다. 고고학적 탐구에서 주체가 특정한 그 '누구'인가가 아니라 어떤 담론적 질서에 의해 '어디에서' 말하는가가 중요하듯 계보학에서의 주체는 필연적으로 담론적 차원과 비담론적 차원의 결합인 장치 및 제도와 관계하며 세계를 경험할 수밖에 없기 때문이다.

그런 의미에서 상술한 푸코의 핵심 주장은 곧 계보학이 제시하는 비담론적 차원을 보강, 추적하는 일을 통해 가능한 작업이다. 그리하여 실존뿐 아니라 자신의 핵심적 사상을 정비하게 된 경험의 매개체로서 68혁명은 푸코에게 경험-책으로 이렇게 다시 쓰이고 있었다.

① 정복당한 지식의 반란

68혁명 이후 정치적 투쟁은 권력의 획득이나 그것이 산출하는 억압의 효과로부터의 해방이 아니라 일상적으로 정치적이라고 부르는 것의 의미를 분석하는 것으로 확장되었다.

『광기의 역사』나 『임상의학의 탄생』에서 내가 말하려던 것이 아마도 권력의 문제일 수는 있겠지만 당시의 나는 권력이라는 용어를 거의 사용하지 않았고 무엇보다 권력 문제를 분석할 영역도 찾지 못한 상태였어요. 우익은 헌법이나 군주권의 문제를, 맑스 진영은 오직 국가적 차원에서만 권력의 문제를 제기할 뿐이었습니다. 그러므로 권력이 행사되는 구체적으로 섬세한 메커니즘 ― 그 특이성이나 기술, 전략 ― 은 누구도 밝히지 않았던 것입니다. 권력이 행사되는 방식이 무엇인가라는 질문에 관심을 가지게 된 것은 1968년 이후에나 가능한 일이었습니다. 그것도 권력의 미세한 그물망에 걸려 있는 일반 사람들이 겪는 일상생활의 투쟁을 통해서였습니다. 이제 권력의 구체적인 모습이 드러날 수 있게 되었고 권력 작동 메커니즘을 분석함으로써 지금까지 정치적 대상에 머물러 있었던 여러 가지 모습을 훌륭하게 설명할 수 있게 된 것입니다. … 권력의 문제를 그저 경제적 층위로만 한정하여 경제 현상이 기존의 이해관계를 강화시킨다는 식으로 권력을 상투적인 시각을 파악하게 되면 권력의 문제는 그 중요성을 상실한다는 의미입니다(Foucault, 1984a: 57-58, 고딕체는 인용자).

그렇다면 혁명 이전에 이러한 지식에 대한 이해, 권력 작동 방식의 매커니즘을 분석하지 못하게끔 방해했던 요소들은 무엇이었을까. 이에 대해 푸코는 "현상학이 강조하는 주체의 구성적 관점과 궁극적인 층위에서 경제를 강조하고 이데올로기, 상부구조와 하부구조를 강조하는 맑시즘적인 시각"(Foucault, 1984a: 58)이 주된 원인이었다고 지적한다. 따라서 푸코는 현상학의 주체 개념을 소거하고 역사 속에서 어떻게 주체가 형성되는가를 설명할 수 있는 새로운 분석 틀이 필요했고 그 방법론이 계보학임을 명시한다. 계보학은 사건이나 역사적 전개 속에서 개념이나 초월적 주체, 총체화된 이론에 의존하지 않고 지식/권력, 담론이 어떻게 구성, 실천되는가를 보여주는 역사 서술의 한 방식이다. 따라서 총체화된 이론의 거부와 정복당한 지식의 반란을 위해 등장한 것이 계보학이라면 이것은 현상학, 맑시즘, 정신분석학을 방법론적으로 비판하기 위함이며, 이에 대한 푸코의 구체적인 답변이 그의 계보학 시기의 대표적 저서들,『담론의 질서』와『감시와 처벌』,『성의 역사』 1권을 통해 각각 이루어졌다. 콜레주드프랑스 취임 강연문인『담론의 질서』에서 푸코는 이전보다 더 명확한 방식으로 담론의 형성, 유통, 효과에 관여하는 배제의 절차를 분석하고 이러한 배제의 절차들이 가진 권력의 효과에 주목하였다.[8]『감시와 처벌』에서

8 이 강연에서 푸코는 "모든 사회가 특정 담론의 규칙성 아래 있으며 이러한 규칙성을 통해 개인을 주체로 예속시키며 사회 전체를 통제, 선별, 조직, 재분배하는 절차들을 합법화한다"고 주장한다. 그리고 이러한 담론이 실천되는 배제의 외적 절차로서 "금지, 분할과 나눔, 참과 거짓의 대립"을, 내적 절차로서 "주석의 기능, 저자 기능, 분과 학문의 역할"을 거론한다. 이때 우리가 주목할 지점은 앞서 언급했듯이 푸코가 담론의 실천이 야기하는 외적 배제의 3가지 기능 중 1971년에는 참과 거짓의 문제를 다룰 것임을 예고한다는 사실이다. 푸코의 이 계획은 소위 '플라톤적 분할'로부터 기인한 담론의 배제의 효과를 밝히고 이 과정에서 사라진 니체의 '지식에의 의지', 그의 권력의 계보학을 플라톤의 대척점으로 세운다는 것을 의미한다. 이는 푸코가 1970년대에 집중적으로 니체를 독해했다는 정황적 근거를 통해서뿐만 아니라 니체라는 계보학의 본령을 소환하여 자신의 방법론으로 활용한 1970년대 이후의 푸코의 저작들을 통해서도 쉽게 짐작할 수 있다. 따라서 계보학으로의 이행에 있어서 푸코가 68혁명의 경험 이외에도 1970년 이후 '지식에의 의지'에 대

그는 국가 중심의 억압적 권력 개념과 이데올로기 비판을 통해 보다 미시적인 삶의 차원에서 작동하는 권력의 메커니즘을 밝혔으며, 『성의 역사』 1권을 통해 정신분석학이 상정하는 성적 욕망의 억압 가설의 허위성을 공격하고 이에 관한 지식/권력의 전략과 효과들을 폭로하였다.

결국 푸코가 주장한 이 모든 것은 결국 계보학을 통해 가능했던 "정복당한 지식의 반란"(Foucault, 1978: 81)이었다. 정복당한 지식이란 "특수한 영역에 국한되어 있는 지식, 또는 지식의 체계가 갖추어지지 않았기에 보편적 지식의 체계로부터 배제된 지식, 대중적 지식"이며 이들은 "기능주의와 형식주의에 가려진 지식, 하지만 새로운 비판주의가 숨겨진 의미를 찾아낼 수 있는 그러한 형태의 지식"(Foucault, 1978: 81)이기도 하다. 정복당한 지식에 주목함으로써 얻게 되는 가장 중요한 성과는 이것이 "투쟁에 대한 역사적 지식"을 알려준다는 사실이다. 푸코는 "총체화된 이론은 저항의 목소리를 듣기 위한 유용한 도구가 아니며 지난 15년 동안 발생한 사건들"[9]을 통해 알 수 있듯이 사회를 분석하고 대상을 비판하는 방법은 결코 총체적이지 않고 부분적이며 구체적이어야 한다고 주장한다.

푸코는 정복당한 지식의 반란을 꾀하려는 자신의 작업은 "결코

한 니체의 계보학에 깊은 영향을 받았다는 것은 분명한 사실이다. 하지만 계보학적 방법론에 있어서 푸코가 니체로부터 받은 영향력은 별도의 논문에서 다루기로 하고 이 글에서는 68혁명에 대한 푸코의 경험적 차원으로만 논의를 한정할 것이다(푸코, 1993: 13-28; 2017: 401-402 참조).

9   이 사건들은 파시즘과 스탈린 체제의 붕괴, 그리고 68혁명을 지시하고 있다.

무지를 옹호하거나 지식 자체를 거부하는 것, 즉 과학주의라는 이름하에 사회적으로 인정받은 기존의 지식을 거부"(Foucault, 1978: 84)하는 것이 아니라고 말한다. 그와 반대로 자신이 주목하는 것은 "정복당한 지식의 내용 자체가 아니라 어떠한 규칙, 체계, 제도를 통해 특정한 지식이 사회적으로 인정받지 못하는 지식으로 결정되는 서열화의 기준과 자의적인 잣대를 밝혀냄으로써 그 안에서 발화되는 권력의 효과를 드러내는 것"임을 명시한다. 따라서 푸코는 정복당한 지식의 반란을 통해 전제하는 투쟁의 목표는 과학적 담론 그 자체가 아니라 그것이 발휘하는 권력의 효과에 대항하는 것임을 강조하고 있다.

② '신체'라는 역사의 기억

『담론의 질서』로부터 시작되는 계보학적 논의는 담론의 형성, 유통, 분배, 소멸로서 작동하는 지식/권력의 상호작용에 대한 분석을 시도한다. 상술되었듯이 담론 형성의 배제의 절차 중 '참과 거짓'의 대립에 주목하겠다는 푸코의 기획은 '플라톤적 분할'이라는 서구 철학의 전통을 담론의 특정한 효과로서 간주하고 여기에 니체의 '지식에의 의지'를 대결시킴으로써 니체적 권력의 계보학을 자신의 방법론으로 활용, 심화하려는 것을 의미한다. 앞선 고고학적 방법론이 언어적 질서의 공간, 역사적인 각각의 그물망의 형태를 분석하는 인식론적 차원에서 출발한 것이라면, 계보학적 문제의식은 특정한 담론이 경험적 공간에 등장하게 된 조건들, 우발적이며 복합적인 힘의 역학과 우연적 개입의 관계를 분석하고 그 유래를 추적하는 일이다.

따라서 모든 우연적인 것의 발생과 유래를 추적하고 담론의 형성 과정과 배제의 절차와 이것들이 야기한 효과를 추적하는 계보학적 방법론이 기술되려면 이것은 특정한 규칙성에 따라 특정한 담론의 질서가 작동하는 물리적 공간의 장 위에서 이루어져야 한다.[10] 푸코가 이해하는 주체 역시 특정한 담론의 공간 안의 주체, 즉 특수한 자리에서 자신의 이름을 부여받고 담론의 결과물로 간주되는 담론의 효과에 불과하다. 그렇기에 한 개인이 특정한 주체로 위치하는 과정에서 새겨진, 역사로부터 각인된 표면으로서의 신체야말로 권력의 흔적인바, 계보학이 신체에 주목해야 하는 주된 이유가 바로 여기에 있다. 담론의 주체가 겪는 세계의 경험은 필연적으로 담론의 공간적 틀과 연관을 가질 수밖에 없고 그 경험은 일차적으로 신체적 차원을 통해 전개될 수밖에 없기 때문이다. 푸코는 "권력의 행사보다 더 물질력을 기반으로 하는 메커니즘은 없으며, 특히 1960년대부터 과거의 부담스러운 권력 체제가 아니라 신체와 성에 대한 권력이라는 대단히 섬세한 권력의 그물망

---

[10] 푸코는 담론 형성의 담론적 차원과 비담론적 차원의 유기적 관계 설정을 위해 사건(event)과 실증성(positivity)이라는 개념을 도입한다. 사건의 차원이란 특정 담론 아래서 특정한 인식의 분절을 가능하게 해주는 존재의 조건으로서 사건은 '실체도, 우연적인 존재도, 성질도, 과정도 아니지만 언제나 그 효과를 가져오는, 그 효과가 물질성의 수준에 존재한다는 점에서 담론적인 것에 대한 비담론적 효과이다. 또한 실증성의 차원이란 '대상들의 영역을 구성하는 힘'을 말하며 이를 통해 실제적인 담론의 힘, 즉 담론을 통해 개인들에게 특정한 실증적 힘의 효과를 행사한다. 따라서 실증성이란 개인에게 특정한 방식으로 효과를 가하는 비담론적인 것에 대한 담론적인 효과를 지시한다. 이처럼 사건과 실증성의 도입은 기존의 구조주의적 경향으로부터 벗어나 담론 형성의 현실적 조건들과 역사적 현장으로 분석의 틀을 전환하여 지식/권력의 상호 효과에 주목하게 하였다(푸코, 2000: 232-233 참조).

을 통해서 새로운 산업사회가 통제되어왔다"는 것에 주목해야 하며 그러한 의미에서 "우리 사회를 움직이는 새로운 권력이 어떻게 신체에 작동하는지를 보다 미시적으로 연구해야만 한다"(Foucault, 1980b: 58)고 보았다.

이러한 맥락에서 푸코는 인간에 대한 본질적 가정을 거부하고 역사에 의해 각인된 신체를 드러냄으로써 19세기 이후 등장하는 '인간'의 발명이 신체에 대한 지식/권력의 효과의 작동을 통해 가능했다는 것을 다음의 저작들을 통해 밝히고자 했다. 『감시와 처벌』에서 주체의 예속화(유순한 신체)가 억압/금지가 아니라 근대의 형벌의 방식을 통해 신체에 대한 담론적 실천에 근거함으로써 가능하다는 것을 실증적으로 주장하였고, 『성의 역사』 1권에서 섹슈얼리티를 중심으로 하는 서구 근대인의 주체성의 형성을 추적함으로써 계보학적 분석의 범위를 보다 확대하였다(도승연, 2014: 14). 또한 유순한 신체를 구성하던 이전의 '규율적 권력(Disciplinary power)' 대신 '생명 관리 권력' — 18세기 후반 자본주의 질서의 팽창과 함께 등장한 개인과 인구를 모두 효과적으로 통제하고 예속시키기 위한 일련의 일관성을 띠는 권력의 테크놀로지를 총칭[11]

---

[11] 근대의 생명 관리 권력은 '규율과 관련된 인체의 해부 정치(Anatamo politics of human body)'의 개별적 차원과 '인구에 대한 생명 관리 정치(Bio-politics of the population)'의 집합적 차원으로 작동한다. 전자가 근대 서구인의 섹슈얼리티를 과학적 지식의 대상으로 포착하고, 이것을 본질화하여 예속적 주체성을 만들어가는 권력 작동의 한 측면이라면 후자는 인간을 종, 혹은 인구, 혹은 기타 그들의 섹슈얼리티, 건강, 교육의 물질적 차원과 관계하는 장치들을 통해 지식의 형태로 구분하는 과정과 제도, 그것에 따라 배제하는 실천의 측면을 지칭한다. 이 두 차원의 교차 지점에서 섹슈얼리티는 과학적 지식 아래 측정 가능하고, 객관화 가능하고, 분석 가능한 어떤 것으로 간주되며, 결과적으

─을 도입함으로써 신체와 권력의 관계를 개별적이며 전체적으로 파악하는 입체적 조망을 가능하게 하였다. 특히 『성의 역사』 1권에서 푸코는 18-19세기의 서구 근대인들의 성적 담론에 대한 앎의 체계(성과학)가 지식/권력의 효과로서 주체성 형성에 개입하는 구체적 양상을 추적, 제시함으로써 중요한 계보학적 성과를 이루었다. 첫째 이것은 섹슈얼리티의 생물학적 합법성을 무너뜨렸을 뿐 아니라 성과학의 정당성에 대한 의문을 제기하게 함으로써 인간 과학의 이면에 작동하는 권력의 효과를 가시화하였다. 둘째, 푸코는 성적 욕망이 억압된 것이 아니라, 오히려 19세기 이래 성의 담론들이 생물학적, 의학적 영역 등 다양한 형식을 통해서 과도하게 증가하였다고 지적함으로써 당시의 성적 억압의 명백함은 인정하지만 성적 담론에 가해진 억압과 검열의 효과가 실상은 성에 대한 엄청난 관심을 함축한다고 보았다. 그리하여 푸코는 라이히나 맑스적 모델이 주장하는 성적 담론의 금지와 자본주의의 발전을 연결하는 기존 통설이 설득력이 떨어진다고 주장할 수 있었다.

셋째, 성에 대한 억압이 주체의 예속화를 목적으로 할 때 성적 담론의 형성에 대한 지식과 권력은 결코 성을 억압함으로써가 아니라 특정한 '성 장치'를 통해 권력이 작용할 수 있는 대상을 포획하고 이를 확산시키는 지식의 생산적 특성을 통해 전개된다.

그리하여 이러한 비판적 근거를 기반으로 푸코는 '섹슈얼리티가 해방되어야만 인간이 자유를 쟁취할 수 있다'는 라이히류의 주

로 이것을 규범적으로, 행정적으로 관리하는 과정들을 통해 섹슈얼리티를 가진 인구의 특성은 사회의 질서와 유지라는 목표로서 이해된다(Foucault, 1982: 208 참조).

장에 대해 이들은 고백이라는 권력의 기술과 과학적 담론이라는 지식의 효과가 상호 교차하는 특성을 간과하거나 혹은 그것이 작동하는 생산적 특징에 대해 무지하다고 신랄하게 비판한다. 성적 해방의 담론이 상당한 수준의 저항의 양식을 취한다 해도 푸코에게 이러한 저항은 섹슈얼리티를 주어진 본성으로 전제한다는 점에서 권력의 생산적 특성을 이해하지 못한 일면적 주장에 불과하기 때문이다.[12] 한 걸음 더 나아가 푸코는 권력에 대한 억압/해방 모델은 현실 공간에 모세혈관처럼 미세하게 퍼져 있는 힘들의 역동성과 생산성을 분석할 수 없는 무능한 이론일 뿐 아니라 진리와 이데올로기를 구분하여 해방을 이루어야 한다고 주장하는 모든 운동 역시 진리의 정치학을 이해하지 못하는 구시대적 이론일 뿐이라고 비판한다.

이처럼 푸코의 권력에 대한 이해와 작동의 메커니즘이 구체화될수록 그의 이론적 주적[13]과의 대결이 분명해지고 있었다. 자본

---

[12] 푸코는 "68혁명에서 육체에 대한 문제가 정치적 투쟁의 주제로 등장한 것의 중요성은 인정하지만 그렇다고 해서 이 새로운 주제의 투쟁을 곧 혁명이라고 부르는 것에 대해서는 결코 확신할 수 없다"고 표현한다(Foucault, 1980b: 57 참조). 그 이유는 섹슈엘리티의 문제를 여전히 억압/해방의 도식 안에서 본다면, 이것은 지식과 권력이 주체와 맺는 관계에서의 맑시스트적 입장에 대한 거부를 보여준 68혁명의 의의와 모순되기 때문이다.

[13] 푸코는 맑시즘과 사상적으로는 지속적으로 치열한 대결을 벌이지만 역설적으로 푸코는 자신에게 맑스(맑스의 정치경제학)와 맑시즘은 별도의 것이었다고 주장한다. 푸코는 맑스를 언급할 때 그의 이름도 인용문의 따옴표도 쓰지 않고 그대로 사용하는데 그 이유는 19세기와 20세기를 살아가는 역사가들이라면 누구도 맑스의 영향력으로부터 벗어나는 것이 불가능하다고 생각하기 때문이다. 한 걸음 더 나아가 푸코는 동시대 역사가들의 임무는 맑시즘으로부터 다른 새로운 상상력으로 전환하는 것이었음을 고백함으로써 자신과 맑스의 관계를 맑시즘과는 다른 차원에 위치시킨다(Foucault, 1980a: 52 참조).

에 대한 현실의 '억압'으로부터 '해방'되기 위해서는 위선적 중산층의 계급의식의 '허위성'과 '진리'를 구별할 수 있어야 하며 진리를 구별할 수 있는 '이성'적 능력이 쌓일수록 해방의 힘이 고양된다고 보았던 그들, 이미 68혁명 이후 예고되었던 맑시스트들과의 본격적인 대결 말이다.

③ 맑시즘적 권력관에 대한 비판

푸코가 주장하는 '진리의 정치학'이 진리와 비진리를 판별하여 후자를 배제하는 문제가 아니라 진리가 형성되는 구체적인 권력의 기술과 전략을 분석하는 것일 때 이것은 맑시즘이 전제하는 경제주의적 관점으로는 결코 포착될 수 없는 차원의 것이다. 그렇다면 푸코 사상의 핵심적 개념이라 할 수 있는 진리의 정치학은 필연적으로 맑시즘적 권력관, 그리고 이를 떠받치고 있는 이데올로기와 억압 개념에 대한 비판과 전복을 통해서 전개될 수밖에 없을 것이다. 특히 이데올로기 개념은 푸코가 개진하는 핵심적인 주장들과 각종 층위에서 대립하는 개념이라는 점에서 다음의 세 가지 특징으로 요약되는 푸코의 이데올로기 비판은 곧 맑시즘과의 대결을 통해 자신의 주장을 정교화하고 강화하는 효과를 가진다 (Foucault, 1984a: 60).

첫째, 이데올로기는 진리의 존재를 의심 없이 전제하고 진리와 이데올로기를 구분하여 진리의 여집합을 허위의식으로서 배제함으로써 진리를 취득한다. 하지만 지식과 권력은 별도의 영역에 존재하는 것도, 지식이 쌓일수록 해방의 힘이 고양되는 것도 아니다. 지식과 권력은 상호 의존적 결합체의 효과라는 점에서 푸코는 진리와 이데올로기의 순진한 이원론을 거부한다. 둘째, 이데올로기라는 개념 자체가 주체를 상정하는 듯한 오해를 불러일으키는데 이는 계보학을 통해 구성되는 주체의 역사성을 밝히려는 푸코가 매우 강하게 거부하는 개념이다. 셋째, 이데올로기는 하부구조나 물질성, 경제적 결정 요인에 의해 결정되는 부차적 위치에 있다. 하지만 상술했듯이 경제 위주의 권력 파악은 결코 구체적인 삶의 차원에서 작동하는 권력의 세세한 메커니즘, 특이성, 기술, 전략을 전혀 파악할 수 없는 무능한 시각이라는 점에서 푸코는 이 또한 거부한다. 이처럼 이데올로기를 거부함으로써 보다 구체화되는 권력의 효과와 작동에 관한 푸코의 입장은 다음의 언급을 통해 잘 드러나고 있다.

> 내가 사용한 것은 권력보다는 권력관계의 줄임말이었습니다. 우리는 흔히 권력이라고 하면 정치 구조나 정부, 지배적인 사회 계급 등을 생각하지만 내가 논의하는 것은 이런 것이 아닙니다. 나는 어떠한 인간관계에서도 — 언어적 의사소통, 애정관계 — 권력은 언제나 나타난다고 생각합니다. 그것은 타인을 향하는 관계이기 때문입니다. 그런데 이 권력관계란 언제나 수정할 수 있는 관계이며 따라서 불안정한 관계이고 주체들이 자유롭지 못하다면 권력관계도 있을 수 없습니다. 하나의 권력관계가 형성되기 위해서는 최소한 어느 정도 자유의 형식을 갖춘 쌍방이 있어야 하며 따라서 이러한 권력관계 속에는 필연적으로 저항의 가능성이 존재합니다(Foucault, 1997b: 291).

이처럼 권력은 하나의 중심을 가지지 않으며 사회의 모든 지점에서 서로 얽혀 있고 각 지점들에서 상황마다 생산되는 것이다. 그러므로 권력은 특정 주체의 의도나 결정에 의한 것이 아니며, 이러한 권력관계는 다른 관계들의 결과이면서 또 그 내적 조건으로 작동한다. 권력은 곧 세력 간의 갈등 관계이므로 권력은 저항을 수반한다. 따라서 권력의 핵심이 없듯이 저항의 핵심도 없으며 모든 저항을 이끄는 단일한 집단도 없으며 오직 다양한 형태의 저항이 있을 뿐이다. 따라서 프랑스의 68혁명과 독일의 68혁명이 거의 동일한 시기에 발생하여 반자본, 반권위를 주장했다 하더라도 그 성격은 다소 구별되는데 이것은 곧 푸코가 프랑크푸르트 비판이론에 대해 갖는 거리감과 그 궤를 같이한다. 독일의 68혁명의 사상적 기반이라 할 수 있는 프랑크푸르트 비판이론이 인간 본성으로의 회귀, 억압으로부터 해방으로의 전환이라는 맑시즘적인 휴머니즘이라는 한계를 갖기 때문이다.

3) 지금, 여기에서 문제화되는 68혁명이라는 신화

실존적 차원에서 푸코는 철학적 투사로의 변화를 통해 이론과 실천의 합일이야말로 철학적 활동임을 증명하였고, 사상적 차원에서 자신의 작업은 지식과 허위, 진리와 이데올로기의 이분법을 넘어서 진리 그 자체가 수행하는 권력적 효과에 대한 투쟁임을 누누이 강조하였다. 68혁명을 통해 비로소 프랑스 당대의 문제의식이 경제적 소외나 착취로부터 정체성의 정치로 전환하게 되었고 그러한 전환에 힘입어 푸코의 글이 당대인들의 귀에 들림으로써 푸코는 권력의 철학자라는 화려한 이명을 얻게 된다.

하지만 푸코에게 68혁명은 결코 신화의 대상이 아니었으며 그는 이를 비판의 대상으로 이해했다. 푸코가 계몽을 역사의 한 시점에 발생한 사건이 아니라 비판의 태도로서 이해할 때, 계몽은 지식의 한계를 설정하는 칸트의 문제 설정을 이어받지만 보다 적극적이며 실천적인 방식으로 재해석된 현재에 대한 역사적 탐구 형태를 의미한다. 이때의 비판은 "더 이상 보편적 가치를 가지는 형식적 구조에 대한 탐구의 형태가 아니라 우리를 형성하게 하고 우리 스스로를 우리의 행위-언술, 사유의 주체로서 파악하게 만든 사건을 역사적으로 탐구함"(Foucault, 1984b: 46)을 말한다. 그런 의미에서 푸코가 비판의 대상으로 수용한 68혁명은 프랑스를 중심으로 하는 탈권위, 반자본의 사회적 맥락으로부터 새로운 주체의 등장을 확인하는 역사적 사건, 보편사의 총체성 속에서 현재를 자리매김하는 단순히 선언적 사건이 아니다. 이것은 현재의 현실적 상황이 갖는 특정한 위치 속에서 그 사건을 바라봄으로써 현재가 과거와 어떻게 차이가 나는지, 현재가 과거와 얼마나 떨어질 수 있는지 그 가능성을 실천하는 작업이다. 따라서 그 비판의 실천은 무엇이 더 나은 혁명인지, 무엇이 진실이며 무엇이 이데올로기인지를 판가름하는 작업, 이를테면 결코 나은 '진리'를 찾는 투쟁이 아니라 진리라는 지위가 부여되는 조건과 그것이 수행되는 경제적, 정치적 역할에 대한 투쟁, 당대의 권위, 지식/권력의 효과의 정당성에 대한 투쟁이다. 동시에 그것은 "우리가 인정하는 실천이 어떠한 종류의 가정에 근거하고 있으며 어떠한 종류의 친숙하고 도전받지 않는, 그리고 신중히 고려되지 않는 사고 양식에 기초를 두고 있는가를 지적"(Foucault, 1984b: 47)하는 일이며, 자명함의 근거를 비판하는 철학적 본령의 작업이기도 하다.

푸코는 68혁명을 지칭하는 것이 분명한 '최근의 격변'을 통해 이제껏 우리가 지식의 필수적 요건이라고 전제하고 있었던 지식의 주체, 개념, 대상의 권위와 정당성의 파괴가 당시의 현실성 안에서 구현되고 있음을, 그로 인해 지식, 주체, 권력의 지형이 격변 안에서 새롭게 구상되고 있음을 포착하였다.

최근의 격변에서 지식인들은 대중이 지식을 위해 더 이상 자신들을 필요로 하지 않는다는 사실을 깨달았습니다. 대중은 어떠한 환상도 없이 완벽하게 알고 있습니다. 대중은 지식인보다 더 잘 알고 있고 스스로를 확실하게 표현할 수 있습니다. 그러나 이러한 지식과 담론을 방해하고 금지하며 무효로 만드는 권력의 체계 역시 존재합니다. ⋯ 지식인 역시 이러한 권력 체계의 대리인입니다. 지식인이 인식이나 담론을 책임지고 있다는 생각이 이러한 권력 체계의 한 부분을 이룹니다. 지식인의 역할은 더 이상 스스로를 대중의 앞에 혹은 옆에 위치시키고 그곳에서 침묵하는 진실을 밝혀내는 데 있지 않습니다. 오히려 오늘날 지식인의 역할은 그 자신을 '지식', '진리', '의식', '담론'의 영역에서 권력의 대상이나 도구로 변환시키려는 권력의 여러 형태에 맞서 싸우는 것입니다. 이런 의미에서 이론은 더 이상 실천을 표현하거나 해석하는 것 혹은 실천에 적용되는 것이 아닙니다. 이론은 이미 하나의 실천입니다. ⋯ 이론은 국지적이며 지역적인 것입니다. 이론은 권력에 맞서는 투쟁이며 권력이 가장 비가시적이고 교활하게 작동하는 곳에서 그것을 드러내고 그 기반을 무너뜨리는 것입니다. 따라서 우리가 투쟁하는 것은 '의식을 일깨우기 위해서'가 아닙니다. … 투쟁은 안전거리를 두고 권력을 향해 싸우는 사람들을 계몽하는 것이 아니라 그들과 함께 행동하는 것입니다(푸코, 2004: 191-192).

푸코는 구체적 지식인으로서 자신이 담당해야 할 역할이 무엇인지 정확하게 인식하고 있었다. 68혁명의 경험을 통해 이루어진 푸코의 실존적, 학문적 전환은 곧 '현재에 대한 비판화'를 수행하는 구체적 지식인의 실천이었으며, 보다 구체적으로 이것은 '지식의 반란'을 통해서 자신이 속한 지식/권력의 효과와 투쟁하는 것이었다. 그런 의미에서 푸코가 구체적 지식인을 언급할 때 염두에 둔 것은 각자가 속한 변혁의 공간에서 가능한 개인의 정치적 역할이었으며 그 개인은 활동가, 전문가, 대중과 중첩되는 일상적 세계 안의 주체로서의 구체적 지식인을 의미한다. 그리하여 구체적 지식인으로서 푸코의 활동은 '사고에 대한 사고의 비판 작업',[14] 더 구체적으로는 지식인에 대한 지식인의 비판 작업으로서의 비판의 활동이다.

지식인의 역할은 다른 이들에게 무엇을 해야 한다고 말하는

---

[14] "오늘날 철학은 — 내가 말하고자 하는 것은 철학적 활동인데 — 무엇인가? 그것은 사고에 대한 사고의 비판 작업이 아닐까요. 사람들이 이미 알고 있는 것에 정당성을 부여하는 대신에 어떻게, 그리고 어느 만큼이나 다르게 생각하는 것이 가능한지 알려고 하는 것 말입니다."(푸코, 2004: 23, 고딕체는 인용자)

일에 있지 않습니다. 그들이 무슨 권리로 그렇게 할 수 있겠습니까? … 지식인의 역할은 다른 이들의 정치적 의지를 만들어내는 데 있지 않습니다. 지식인의 역할은 그/그녀 자신의 영역에서 분석을 수행하면서, 자명해 보이는 원리들에 대해 새롭게 질문하고, 행위와 사고의 방식 및 습성을 흔들어놓으며, 상투적인 믿음을 일소하고 규칙과 제도를 새롭게 파악하는 데 있습니다(푸코, 2004: 26-27).

아감벤은 "동시대성이란 진정으로 그 시대에 속하면서 동시에 완벽하게 그 시대와 일치하지 않고 그 시대의 요구와 정확하게 맞지 않는 측면이 있지만 정확하게 바로 이 조건 때문에 그 시대의 시대착오성을 통해 다른 사람들보다 자신들의 시대를 더 잘 인식하고 더 잘 파악"(아감벤, 2015: 71)하는 것이라고 보았다. 푸코가 자신의 작업이 철학자의 것임을 인정하며 동시에 거부하는 이유가 바로 여기에 있다. 그에게 철학적 활동은 곧 사고에 대한 사고의 비판 작업이라는 점에서 그의 작업은 철학자의 것이지만 동시에 그가 말하는 구체적 비판 활동이란 각자의 활동 영역이라는 지역적, 국지적인 차원에서 권력의 체계, 그것의 효과와 직접적으로 싸우는 모든 지식인의 활동이라는 점에서 비단 철학자들만이 행하는 실천이 아니기 때문이다. 구체적 지식인의 모습은 이론가, 활동가, 실험가, 투사로서 실로 다양하며 중첩적인 얼굴을 가졌다. 이처럼 "진실에 대해서는 그 진실이 유발하는 권력의 효과를, 권력에 대해서는 그 권력이 생산하는 진실의 담론을 문제 삼을 수 있는 권리를 주체가 자신에게 부여하는 것과 관련된 활동"(푸코,

2016: 45-46)이 비판일 때, 푸코는 68혁명 이전에 68혁명의 문제의식을 동시대적으로 이해함으로써 이를 비판적으로 선취하였다. 그리고 이 위대한 시대착오성에 의한 동시대성 안에서 푸코는 68혁명을 통해 자신의 역할을 수행한 구체적 지식인으로서, 마땅한 자격이 있는 68혁명의 수혜자로서, 나아가 68혁명의 비판적 계승자로서 재탄생한다.

참고 문헌

도승연, 2014, 「푸코의 통치성 관점에서 바라본 신빈곤 속의 여성의 삶: 21세기 한국 농업이주 여성 노동자의 경우에 관하여」, 『한국여성철학』 22권.
아감벤, 조르조, 2015, 『장치란 무엇인가: 장치학을 위한 서론』, 양창렬 옮김, 난장.
에리봉, 디디에, 2012, 『미셸 푸코 1926-1984』, 박정자 옮김, 그린비.
이재원, 2008, 「프랑스의 68년 5월: 40주년의 기념과 평가」, 『서양사론』 100호.
임문영, 2001, 「프랑스의 1968년 5월 혁명의 문화적 성격」, 『국제학 논총』 6집.
푸코, 미셸, 1993, 『담론의 질서』, 이정우 옮김, 새길.
푸코, 미셸, 2000, 『지식의 고고학』, 이정우 옮김, 민음사.
푸코, 미셸, 2004, 『푸코의 맑스: 둣치오 트롬바도리와의 대담』, 이승철 옮김, 갈무리.
푸코, 미셸, 2016, 「비판이란 무엇인가」, 『비판이란 무엇인가/자기수양』, 심세광, 전혜리 옮김, 동녘.
푸코, 미셸, 2017, 『지식의 의지에 대한 강의』, 양창렬 옮김, 난장.
허경, 2012, 「미셸 푸코의 "담론 개념"」, 『개념과 소통』 9호.

Cohen, Paul. A., 1997, *History in Three Keys: The Boxers are Event, Experience and Myth*, New York: Columbia University Press.

Foucault, M., 1971, *L'ordre du discours*, Paris: Gallimard[푸코, 1993].

Foucault, M., 1972, *The Archaeology of Knowledge*, Alan Sheridan Smith (trans.), New York: Pantheon Books[푸코, 2000].

Foucault, M., 1977a, "Intellectual and Power", *Language, Counter-Memory, Practice: Selected Essay and Interviews*, D. F. Bouchard (ed.), New York: Cornell University Press.

Foucault, M., 1977b, *Discipline and Punishment: The Birth of the Prison*, Robert Hurley (trans.), New York: Vintage Books.

Foucault, M., 1978, *The History of Sexuality Vol. I: Will to Knowledge*, Robert Hurley (trans.), New York: Vintage Books[미셸 푸코, 『성의 역사: 앎의 의지』, 이규현 옮김, 나남, 1997].

Foucault, M., 1980a, "Prison Talk", *Power/Knowledge: Selected Interviews and Other Writings 1972-1977*, Coline Gordon (ed.), New York: Pantheon Books.

Foucault, M., 1980b, "Body/Power" *Power/Knowledge: Selected Interviews and Other Writings 1972-1977*, Coline Gordon (ed.), New York: Pantheon Books.

Foucault, M., 1982, "The Subject and Power," in Hubert L. Dreyfus and Paul Rabinow, *Michel Foucault: Beyond Structuralism and Hermeneutics*, London: Harvester Wheatsheaf.

Foucault, M., 1984a, "Truth and Power", *Foucault Reader,* Paul Rabinow (ed.), New York: Pantheon Books.

Foucault, M., 1984b, "What is Enlightenment?", *Foucault Reader,* Paul Rabinow (ed.), New York: Pantheon Books.

Foucault, M., 1985, *The History of Sexuality Vol II: The Use of Pleasure,* Robert Hurley (trans.), New York: Vintage Books[미셸 푸코, 『성의 역사: 쾌락의 활용』, 문경자, 신은영 옮김, 나남, 2004].

Foucault, M., 1996, *The Order of Things: An Archaeology of the Human Science*, Alan Sheridan Smith (trans.), New York: Random House[미셸 푸코, 『말과 사물』,

이규현 옮김, 민음사, 2012].

Foucault, M., 1997a, "Politics and Ethics: An Interview", *Ethics: Subjectivity and Truth,* P. Rabinow (ed.), New York: New Press.

Foucault, M., 1997b, "The Ethics of the Concern for the Self as a Practice of Freedom", *Ethics: Subjectivity and Truth,* P. Rabinow (ed.), New York: New Press.

Foucault, M., 2014, *Leçon sur la Volonté de Savoir: Lectures at the Collège de France 1970-1971,* Graham Brurchell (trans.), New York: Palgrave[푸코, 2017].

무의식을 생산하라

들뢰즈의 정치철학*

김재인

> "무의식은 심리적(pyschique)이지 않다. 무의식은 불가분 물리적(physique)이며 생각적(noologique)이다."(G. Deleuze & F. Guattari, "La synthèse disjonctive", 1970)

> "관건은 무의식을 생산하는 일이며, 그와 더불어 새로운 언표들, 다른 욕망들을 생산하는 일이다. 리좀은 무의식의 이런 생산 자체이다."(MP 27)**1**

1. 들어가는 말

68혁명과 관련된 단 한 권의 철학 책을 꼽으라면, 책 자체에 대한 평가는 분분할지언정, 누구나 주저 없이 『안티 오이디푸스: 자본주의와 분열증』(1972)을 꼽는다. 나는 이 글에서 이 책의 핵심 주장인 '무의식은 심리적이지 않으며, 관건은 무의식을 생산하는 일이다'라는 주제를 해명하려 한다. 다만 서술의 관점은 들뢰즈를 따라가려 한다. 고쿠분 고이치로(2015)의 연구 방법을 확장해서, 과타리

---

* 이 글은 나의 박사 학위논문(김재인, 2013)의 일부와 출판한 책(김재인, 2016)의 내용 중 일부를 이번 주제에 맞게 자유롭게 활용했음을 미리 밝힌다. 물론 주제는 완전히 새롭게 구성되었다.
1 들뢰즈의 저술은 워낙 자주 많이 등장하기 때문에 약어로 표기한다. 약어는 참고 문헌에 표기했다.

나 파르네를 포함한 공저자들도 들뢰즈의 "자유간접화법" 아래에서 발화한 것으로 간주하겠다는 뜻이다. 과타리의 관점에서 『안티 오이디푸스』를 서술하는 일은 완전히 다른 작업을 필요로 하리라.

본 논의에 들어가기 전에 들뢰즈의 '활동가(activist)'로서의 면모를 잠깐 스케치하고 가는 것이 좋을 듯하다. 사람들은 몸의 행동을 높게 평가하는 경향이 있다. 하지만 이런 평가 기준이 꼭 맞는 건 아니다. 사람마다 몸의 조건이 다르기 때문이다. 특히 들뢰즈를 과타리의 '활동가'적 면모와 대비하는 경우가 종종 있으며, 바디우는 과타리가 들뢰즈를 망쳤다고 평하기까지 한다. 사실 들뢰즈는 어릴 적부터 온갖 병에 시달렸다. 특히 결핵과 천식이 치명적이었다. 몸이 받쳐주지 못해서 그렇지, 들뢰즈는 '활동가'의 면모를 강하게 지니고 있었다. 1968년 5월에는 학과 교수 중에서 거의 유일하게 활발히 거리에 합류했다. 『들뢰즈-과타리 교차 전기』(2007)의 저자 도스는 당시 상황을 이렇게 술회한다.

> 1968년 5월에 들뢰즈는 리옹대학에서 가르쳤는데, 학생운동에 금세 아주 동조했다. 그는 신경을 곤두세웠는데, 대학에서 공개적으로 운동에 지지를 표명하고 총회와 리옹 학생 시위에 참가한 드문 몇몇 교수 중 하나였다. 심지어 그는 운동 현장에서 활동한 유일한 철학과 교수였다. 그는 강의를 놓지 않으면서도 전적으로 동감했으며 귀 기울였다. 들뢰즈는 실제로 운동에 완전히 동조했다. 1968년 5월 10일 금요일, 박사 지도교수인 모리스 드 강디약이 리옹에 있는 들뢰즈의 집에 왔을 때, 들뢰즈의 두 아이 쥘리앙과 에밀의 발코니에 붙은 포스터

들과 붉은 깃발들과 플래카드들이 강디약을 맞이했다. … 5월 운동을 마주한 이런 예민성은 리옹대학의 환경에서 아주 예외적이었다는 점에서뿐만 아니라, 이 당시 들뢰즈의 당면 과제가 박사 학위논문을 끝내고 1968년 가을에 심사를 통과해야 하는 처지였다는 점에서 더욱 주목할 만하다. 리무쟁에 있는 마르브리의 가족 소유지에서 들뢰즈는 여름 내내 자기 논문에만 몰두했다. 하지만 피로가 너무 심해서 들뢰즈는 의사와 상담해야 할 정도였는데, 의사는 항생제에 내성이 있는 예전 결핵이 재발해서 폐 하나에 커다란 구멍을 냈다고 진단했다. 그는 즉각 병원에 입원해야 했지만, 1969년 1월로 연기된 논문 심사를 망치지 않으려고 수술을 받지 않았다. … 박사 논문 심사를 통과한 후 들뢰즈는 매우 심각한 수술인 흉부성형수술을 해야만 했다. 이 수술 탓에 들뢰즈는 폐가 하나만 남았고 죽을 때까지 반복되는 관류(灌流)와 호흡곤란을 선고 받았다(Dosse, 2009: 24-25).

들뢰즈는 푸코와 함께한 '감옥정보모임(GIP)'에도 가장 먼저 참여할 정도로 적극적이었다. 하지만 대부분의 경우 건강 때문에 끝까지 활동적일 수는 없었다. 들뢰즈를 고려할 때 그가 푸코보다 더 활동적이었다는 점을 꼭 알아야 한다(Dosse, 2009: 27).

2. 『안티 오이디푸스』: 정치철학 또는 비인간주의 존재론

데카르트에서 칸트에 이르기까지 근대 서양철학자들을 인식론에 몰두하게 한 시대 풍토는 근대과학의 발전이었다. 그런데 돌연 19세기로 오면서 인식론은 존재론에 철학의 왕좌를 내놓게 된다. 그 변화의 동인은 바로 프랑스혁명이었다. 혁명의 시대에 인식의 문제는 실천의 문제에 자리를 내줄 수밖에 없다. 나는 칸트 이후 헤겔에 의해 시도된 새 존재론이 두 계열을 따라 비판적으로 극복되고 있다고 본다. 그 하나는 포이어바흐를 극복하며 맑스로 이어진 유물론의 계열이고, 다른 하나는 쇼펜하우어를 극복하며 니체로 이어진 의지 철학의 계열이다. 이 두 계열은 서로 동떨어진 채, 나아가 어떤 점에서는 서로 적대적인 관계 속에서 발전하는데, 이 두 계열의 본격적인 종합은 20세기 중엽 제2차 세계대전, 구조주의, 68년 5월 사건을 통과하면서 들뢰즈에 의해 비로소 이루어진다. 특히 68년 5월은 혁명의 분출과 퇴각을 극명하게 드러냈는데, 이 사건의 체험을 통해 들뢰즈는 17세기 네덜란드에서 혁명과 반혁명의 격변 속에서 '자기 예속을 바라는 인간'이라는 문제와 싸운 스피노자에 합류했다. 스피노자 자신도 자신의 시대 풍토 속에서 윤리학과 정치철학의 토대로서 나름의 존재론을 구성했다. 철학사 속에서 스피노자, 맑스, 니체의 존재론이 어떤 식으로 해석되어왔건 간에, 들뢰즈는 이 세 선구자의 존재론적 통찰을 전유해 독자적인 존재론을 구성했는데, 나는 이를 내재적·물질론적·역사적 존재론이라고 요약한다. 이 존재론이 특정한 풍토와 문제 속에서 구성되었다는 점은 매우 중요하다. 즉 윤리적·정치적 실천의 문제 또는 세계 속에서 어떻게 살 것인가의 문제에 직면하여 세계와 인간에 대한 정확한 이해의 요청이 이들의 존재론을 낳은 것이다. 인간의 행동은 최소한 자연의 운행을 거스르거나 그에 위배되는 식으로 이루어질 수는 없기 때문이다.

지금까지 『안티 오이디푸스』는 주로 정치철학의 맥락에서 이해되고 수용되어왔다. 실제로 들뢰즈 자신도 명시적으로 밝히고 있듯이 이 책은 "정치철학 책"(PP 230)이다. 푸코 역시 저 유명한 영역판 서문에서 이 책을 "비-파시스트적 삶의 입문서"라 칭하면서 "윤리 책"이라고 규정한다(Foucault, 1977: ixxx). 또한 이 책에 대해서는 지금까지 단지 세 권의 연구서가 출간되었을 뿐인데, 이들 모두는 주로 정치철학의 관점에서 해석하고 있을 뿐 존재론의 측면은 거의 다루지 않고 있다(Holland, 1999; Buchanan, 2008; Silbertin-Blanc, 2010). 심지어 저명한 연구자 주라비슈빌리는 "'들뢰즈의 존재론'은 없다"는 강한 주장까지 전개하고 있다(Zourabichvili, 2004: 6). 한편 들뢰즈에 대한 대표적 비판자인 바디우(Badiou, 1997)와 지젝(Žižek, 2004)은 특이하게도 『의미의 논리』(1969)까지의 존재론은 존중하는 태도를 취하면서도 『안티 오이디푸스』를 비롯해 과타리와 함께 쓴 저술은 무시하는 전략을 쓰면서 들뢰즈에게서 '존재론의 부재'를 주장한다. 이런 연구 정황을 고려할 때, 내가 이 책에서 존재론을 해석하는 것은 그 자체로 새로운 시도이다. 그렇다면 들뢰즈 자신이 『안티 오이디푸스』를 "정치철학 책"이라고 평가한 것은 독자들을 향한 거짓말일까? 결코 거짓말은 아니지만, 여기에는 보충 설명이 필요하다.

나는 『안티 오이디푸스』를 실천철학과 존재론의 종합을 도모한 가장 최근의 저술로 해석한다. 그렇지만 『안티 오이디푸스』는 스피노자의 『윤리학』이 그렇듯 독특한 의미의 "정치철학 책" 또는 "윤리 책"이다. 많은 차이에도 불구하고 『안티 오이디푸스』와 그 짜임이나 전개의 면에서 비견할 만한 유일한 책은 스피노자의 『윤리학』 말고는 없다. 두 책의 공통점은 정치학이나 윤리학 등 실천철학의 문제를 존재론에서 출발해서 인간학을 경유하여 다룸으로써 존재론의 구성을 통해 실천철학의 토대를 마련하려는 기획을 완결된 형태로 실천하고 있다는 점이다. 이는 실천철학의 문제에 대한 논의의 대부분이 '인간학'을 출발점으로 삼고 있다는 점과 극명하게 대비된다. 물론 정치학이나 윤리학은 모두 인간 실천의 소관사항이므로 '인간학'에서 그 출발점을 찾는 것은 당연한 일이다. 그러나 들뢰즈와 스피노자의 독특함은 그 인간학을 구성하는 존재론으로까지 소급해 갔다는 데 있다.

그런데 이런 접근이 필요한 까닭은 무엇일까? 왜 굳이 존재론에서 출발해야 할까? 스피노자와 관련해서 윤리학 작업을 하는 데 있어 신 또는 실체에서 출발하는 것에 대해 많은 의문이 제기되던 것이 사실이다. 가령 "스피노자의 철학은 '신의 관점'에서 사유하는 철학이며, 헤겔 철학은 비록 역시 절대적 이념에 관해 사고한다는 점에서 스피노자와 동일하지만 헤겔은 절대적 실체를 '인간의 관점'에서 사유하기 때문에 이러한 입장의 차이가 발생한다"(홍준기, 2006: 153-154)는 형태의 주장이 대표적이다. 이런 주장은 『안티 오이디푸스』와 관련해서도, "존재론 혹은 자연철학 혹은 형이상학적 담론을 '직접적으로' 정치사회철학에 적용하는 이론은 '특정한 세계관'을 직접적으로 정치적으로 해석하는 '성급한 정치화의 오류'를 범하고 있다"(홍준기, 2006: 151)는 평가로 이어지게 된다. 나는 스피노자와 들뢰즈에 대한 이런 평가를 별도로 자세하게 검토할 생각은 없다. 다만 이런 평가가 정신분석 쪽에서의 전형적인 이해를 대표하며, 정신분석은 바로 인간의 관점 또는 인간주의를 강조한다는 점, 나아가 인간을 구성하는 근본 요소로서의 언어를 강조한다는 점만을 지적하고 가기로 하자. 왜냐하면 스피노자와 들뢰즈는 바로 이런 접근과 싸우려 하고 있기 때문이다. 말하자면 이들의 작업은 인간을 존재의 부분집합으로 설정함으로써 인간에게 부여된 신학적 특권을 박탈하는 것을 과녁으로 삼고 있다.

들뢰즈는 자신의 정력적인 저술 활동을 시작하기 전 「루크레티우스와 자연주의」(Deleuze, 1961)라는 짧은 글을 발표했는데, 이는 나중에 상당한 수정 보완을 거쳐 「루크레티우스와 허상」이라는 제목으로 『의미의 논리』의 부록으로 수록된다. 나는 최초에 발표된 텍스트에 주목하는데, 그 까닭은 들뢰즈의 생생한 초기 문제의식이 날것 그대로 발견되기 때문이다. 반면 수정 보완된 텍스트에는 이 문제의식이 삭제되어 있다. 원 논문에서는 두 가지 상보적인 귀결이 도출된다. 1) 우선 자연에 부합하면서도 논리적으로 필연적인 존재론을 구성하는 작업은 실천의 필요 때문이다. 2) 하지만 실천은 자연주의 존재론이라는 수단이 없다면 자신의 목적을 발견하지도 실현하지도 못하리라. 나는 이러한 귀결이 『안티 오이디푸스』 안에서의 '비인간주의 존재론'과 '실천철학' 간의 관계에서도 그대로 유지되고 있다고 본다. 상호 보완적일 수밖에 없는 이 두 빗면은, 그동안 후자가 주목을 받았기에 그만큼 전자가 소홀히 취급되었다는 점에서 다시 조명되어야 하며, 이런 점에서 『안티 오이디푸스』의 존재론을 명료하게 드러내는 것은 반드시 필요한 작업이다.

그런데 『윤리학』과 달리 『안티 오이디푸스』의 존재론 서술은 결코 친절하지 않다. 『윤리학』은 그 낯선 서술상의 외양과는 달리 공리, 정의, 정리, 증명, 주석 등 "기하학적 질서를 통한 증명"을 제시함으로써 그 존재론을 차근차근 펼쳐 보인다. 이와는 달리 『안티 오이디푸스』는 첫 문단부터 여러 낯선 개념을 단박에 제시함으로써 독자의 이해를 가로막으려는 듯 보이기까지 한다. 물론 책 전체를 놓고 꼼꼼히 살피면 모든 주요 개념은 잘 정의된 방식으로 짜여 있다. 하지만 『안티 오이디푸스』의 서술은 불친절하고 난해하다. 일반 독자는 물론이고 전문 연구자들마저도 이 책의 이런 측면에 혀를 내두르곤 하는데, 그것이 아마도 출간 45년이 지난 지금까지도 『안티 오이디푸스』에 대한 충분한 이해가 마련되지 못한 까닭이리라. 가령 주석서를 쓴 뷰캐넌은 이렇게 술회하기까지 한다. "『안티 오이디푸스』의 수사학의 어려움은 저자들이 말하려고 하는 것을 이해하는 것 자체가 하나의 성취일 정도다."(Buchanan, 2008: 133) 물론 내가 보기에 뷰캐넌의 해석도 그리 성공적이지는 않은 것 같다. 또는 나아가, 심지어 『안티 오이디푸스』가 맞서 싸우려 하는 인간주의적 독해 방식으로 『안티 오이디푸스』를 읽고 사용하는 연구자도 많은데, 그 까닭도 불친절함과 난해함 때문이라고 볼 수 있다.

그렇다면 독자를 향한 모종의 악의가 숨어 있는 것은 아닐까 하는 의문이 생기기에 충분할 정도로 이 책이 불친절하고 난해하게 서술된 까닭은 무엇일까? 사고의 불충분함이나 서술 능력의 부족함을 이유로 삼기는 어려울 것 같다. 오히려 내가 보기에 이런 서술상의 특징은 얼마간은 고의적인 것 같다. 사실 들뢰즈가 『안티 오이디푸스』에서 구성한 존재론은 전례 없는 철저한 비인간주의를 특징으로 한다. 이 철저한 비인간주의 존재론을 철두철미 구성했기에 (그리고 이 점이 고의성의 측면인데) 인간주의(휴머니즘)의 입장에 서 있는 한 독자는 난해함을 느낄 수밖에 없게 되는 것이다. 이 경우 『안티 오이디푸스』는 입구를 보여주지 않는다고도 말할 수 있으리라.

비인간주의는 일정한 자연적·역사적 제약 속에서 살아가는 인간이 자신의 "부적합한 관념"을 진실이라 믿고 투사하여 세계를 해석한 후 다시 이를 자신에게 적용하는 '인간주의(휴머니즘)' 또는 '의인화(anthropomorphism)'에 대한 비판과 극복을 함축한다. 들뢰즈가 인간주의를 비판하고 있다면, 이는 인간주의가 세계의 본성을 적합하게 제시하지 않으며, 나아가 인간에 대한 잘못된 상을 전제하기에 실천 역시도 덫으로 내몰고 있다고 여기는 탓이다. 따라서 인간주의를 극복한 존재론 내지 우주론이 구성되어야 하는데, 그것이 바로 『안티 오이디푸스』에서 구성된 비인간주의 존재론이다. 그것은 초월성을 철저히 배격하고, 자연의 물질에 기초하며, 우주의 생성 내지 역사를 토대로 삼는다. 이런 비인간주의 존재론의 관점에서 새롭게 구성한 인간학의 견지에서만, 실천은 적합하게 이해되고 행해질 수 있으리라. 오해의 여지를 없애기 위해 지금 거론되는 인간주의와 비인간주의는 (니체가 언젠가 표현했던 용어를 쓰면) 철저히 도덕 외적(extra-moral) 의미이며, 인간에 대한 규정 및 그 규정의 역사성과만 관련된다는 점을 짚고 가겠다.

3. 자기 예속을 욕망하는 인간의 문제와 스피노자의 무능함

『안티 오이디푸스』는 68혁명의 와중(milieu)에 탄생해서 소비된 책이다. 그 유례없는 대중적 성공이 당시 환경을 증언한다. 그러나 사실은 68혁명의 분출과 좌절 와중이라고 표현하는 것이 더 적절할 것이다. 그 혁명의 열기는 어떻게 분출될 수 있었으며 또 어떻게 그토록 쉽게 사그라질 수 있었을까? 여기서 우리는 『안티 오이디푸스』의 문제를 발견하게 된다. 그 문제는 잘 알려져 있듯이, 바로 '인간들의 자기 예속의 욕망'[2]으로 규정될 수 있는, 스피노자와 라이히가 제기한, "파시즘"의 문제다(AO 37-38, 306, 412).

i) 어째서 사람들은, 세금을 더 많이! 빵을 더 조금! 하며 외치는 지경까지 가는 걸까? 라이히의 말처럼 놀라운 건 어떤 사람들이 도둑질을 하고 어떤 사람들이 파업을 한다는 점이 아니라, 굶주리는 자들이 늘 도둑질을 하는 건 아니며 착취당하는 자들이 늘 파업을 하는 건 아니라는 점이다. 왜 인간들은 수세기 전부터 착취와 모욕과 속박을 견디되, 남들을 위해서는 물론 자기 자신들을 위해서도 그런 일들을 바라는 지점까지 가는 걸까? … 아니, 대중들은 속지 않았다, 그 순간, 그 상황에서 저들은 파시즘을 욕망했고, 설명해야만 하는 건 군중 욕망의 이런 변태성이다(AO 37, 고딕체 중 "저들은 파시즘을 욕망"은

---

[2] "왜 인간들은 마치 자신들의 구원을 위해 싸우기라도 하는 양 자신들의 예속을 위해 싸울까?"(Spinoza, 1670: Praefatio, §7)

인용자).

ii) 욕망은 절대로 속는 법이 없다. 이해관계는 속거나 오인하거나 배반될 수 있지만, 욕망은 그렇지 않다. 그래서 라이히는 외친다. 아니다, 대중들은 속지 않았다. 대중들은 파시즘을 원했다. 설명해야 하는 것은 바로 이것이다…. 사람들은 자기 이해관계를 거슬러서 욕망하는 수가 있다. 자본주의는 이것을 이용하는데, 사회주의, 당, 당 지도부도 이것을 이용한다. 오인이 아닌 완전히 반동적인 무의식적 투자인 작업에 욕망이 몸을 맡긴다는 점을 어떻게 설명해야 할까(AO 306, 고딕체는 인용자)?

이를 들뢰즈 자신의 물음으로 표현하면 이렇다. "어떻게 사람들은 권력(puissance)을 욕망하면서도 동시에 자기 자신의 무력함을 욕망하기에 이를까? 어떻게 그런 사회장(場)이 욕망을 통해 투자될 수 있었을까?"(AO 284) 바로 이 문제가 "정치철학의 근본 문제"(AO 36)로 제시되고 있다. 그런데 『안티 오이디푸스』에서는 스피노자가 처음 제기했던 이 문제가 스피노자에 의해 해명되고 있지는 않다. 이 문제는 주로 라이히에 의해 잘 제기되었다고 평가되고 있으며, 들뢰즈 자신도 라이히의 탐구를 연장하면서 이 문제를 다루고 있다.

실제로 『안티 오이디푸스』에서 스피노자라는 이름은 겨우 여섯 번 등장할 뿐이다. 들뢰즈의 가장 중요한 선배 중 한 사람으로 꼽히는 스피노자의 부재를 어떻게 이해해야 할까? 나는 문제 앞에서의 스피노자의 무능함을 답으로 제시하고자 한다. 이 무능은 그렇지만 역사적 성격을 지닌 무능이다. 말하자면 스피노자가 경험하지 못했던 그 어떤 역사가 있었던 것이다. 바로 자본주의. 스피노자는 자본주의를 본격적으로 살지 않았다. 이 문제의 탐구는 맑스와 니체가 산 자본주의를 가로질러서만 가능하게 되었던 것이다. 왜냐하면 자기 예속을 욕망하는 인간은 자본주의가 무르익으면서 함께 숙성했기 때문이다.

들뢰즈가 표적으로 삼은 것은 바로 자본주의다. 알다시피 두 차례에 걸친 세계대전은 바로 자본주의 전쟁이다. 전쟁을 통해 자본주의의 본성이 완전히 드러났고, 그것을 탐구해야 했다. 그러기 위해 들뢰즈는 19세기까지의 자본주의를 가장 잘 분석한 맑스를 데리고 온다. 맑스를 철저히 활용하고, 나아가서 맑스 후에 개진된 자본주의 분석을 적극적으로 활용한다. 1966년에 발표한 『독점 자본』에서 배런과 스위지는 현대를 살아가는 모든 이는 자본주의의 죽음의 산업에 연루되어 있다고 고발한다.

반인간적인 기업에 관여하는 것은 군사 기계를 부리고 공급하는 사람들만이 아니다. 아무에게도 필요하지 않은 재화와 서비스를 생산하고 그것들에 대한 수요를 창조하는 다른 수백만 노동자에 대해서도 정도는 다르지만 같은 말을 할 수 있다. 경제의 다양한 부문과 분야는 서로 너무 의존하고 있어서, 거의 누구나 이런저런 방식으로 반인간적 활동에 연루되어 있다. 베트남에서 싸우는 군대에 식료품을 공급하는 농부, 자동차의 새 모델에 필요한 복잡한 기계장치를 만들어내는 도구와 죽음의 제작자들, 사람들의 정신을 통제하는 데 사용되는 종이와 잉크와 텔레비전을 생산하는 제조업자들 등이 그러하다(Baran & Sweezy, *Monopoly Capital: An Essay on the American Economic and Social Order*, AO 281에서 재인용).

자동차는 무기가 될 수 있고, 농사짓는 사람들도 군량미 공급원이 될 수 있다. 자본주의사회 자체가 그렇게 짜여 있기 때문에, 그렇게 홈이 파여 있고 그 홈들로만 다녀야 하기 때문에 원치 않아도 악의 협조자 또는 동업자가 되는 상황에 모두 연루되어 있다. 들뢰즈는 이 부분을 굉장히 주목한다. 원치 않았는데 연루되어 있다는 점, 그렇게 행할 수밖에 없다는 점, 사회가 그런 식으로 짜여 있기 때문이라는 점 말이다.

사회는 역사적 형성물이다. 자본주의 전에는 사회가 다른 식으로 짜여 있었다. 그때 사람들이 행동했던 방식, 즉 그 사회에서 가능했던 행동 방식은 지금 사회에서의 행동 방식과 아주 달랐다. 따라서 지금 사회가 어떤 특징을 가지느냐를 역사적으로 분석해야 한다. 『안티 오이디푸스』 3장은 지금과 달랐던 시대의 특징과 현 시대의 특징을 어떻게 구별할 수 있느냐를 탐구했고, 이 작업을 일컫는 명칭이 '분열분석'이다.

우리는 현재 세계인이 경험하는 유례없는 상황, 즉 '자유무역'이라는 이름으로 진행되는 통합된 세계 자본주의의 완성에 직면해 있다. 나는 들뢰즈의 제자이자 그 자신이 독자적 사상가인 우노 구니이치가 이 책을 일본어로 재번역하면서 쓴 진술에 전적으로 동의한다. 우노는 이 책이 출간된 지 30년 이상이 지난 시점에 "이 책을 다시 고쳐 읽는 일, 새롭게 번역하는 일"이 어떤 의미가 있는

지를 자문하면서 이렇게 적었다.

> 노동-임금에서의 화폐 흐름과 융자-자본에서의 화폐 흐름이라는 전혀 이종적인 흐름이 아무 고정된 기준도 없이 끊임없이 떠다니고 미세하게 조정되면서 관계를 맺는 자본주의 체계를, 들뢰즈와 과타리는 맑스와 경제학자들을 다시 읽으면서 새롭게 정의한다. 분열증과 편집증은 이 냉소적 체계에서 바로 두 극, 두 경향성으로 출현한다. 끊임없이 극한을 향하면서도 극한을 밀어내는 자본의 운동은 극한에 있어 욕망적 생산의 운동이기도 하다. 이런 의미에서 이 책은 욕망론으로, 맑스의 모티브를 충실하게 답습하며 새롭게 자본론을 전개한다. 이런 분석들은 오늘날 더욱더 유효하다(宇野邦一, 2006: 393, 396).

전에도 우노는 이 책이 "새로운 『자본』을 쓰려는 시도"(우노 구니이치, 2001: 979-80)라고 평가한 바 있다. 자본주의가 성립하던 시기에 맑스가 했던 일이 자본주의의 정체를 밝히고 그 운동 방향을 모색하는 것이라면, 달리 말해 19세기 자본주의의 지도 제작이 과제였다면, 들뢰즈는 이 과업을 발전시켜 자본주의의 최종 양상인 세계 자본주의의 완성이 가까워진 시점에서 현대 자본주의의 지도 제작을 행했다. 이것은 전적으로 기술적(記述的)이고 존재론적인 작업이다.

바로 이런 점이 『안티 오이디푸스』에서 맑스가 전면에 등장하게 되는 배경이기도 하다. 자본주의 체제 분석에 있어 맑스보다 깊이 파고든 철학자는 없기 때문이다. 사실『안티 오이디푸스』의 1장은 "하나의 논리적 질서 속에서"(AO 391) 존재론의 얼개를 제시하고 있다. 말하자면 1장의 존재론은 대단히 추상적인 수준에서 전개된 하나의 개요와도 같으며, 역사적·형이상학적 정당화를 아직 결여하고 있다. 바로 이 정당화를 위해 맑스의 등장은 필연적이었다. 들뢰즈의 존재론은 자본주의 체제 분석의 결과로서 구성된 것이다. 다시 말해 자본주의라는 현실을 바탕에 깔지 않고서 들뢰즈의 존재론을 운위하는 것은 부당하다.

여기에 짧게 한마디 덧붙이고 싶다.『안티 오이디푸스』는 맑스에만 닿아 있지 않다. 이 책은 또한 니체의 '영원회귀' 사상의 정치철학적 확장이다. 앞에서 분석된 세계 자본주의의 완성 시점에서 당연히 '어떻게 살아야 할까?'라는 문제에 대한 탐색이 자동으로 요청되며, 들뢰즈는 이 자원을 니체에게서 끌어왔다. 들뢰즈는 이미 1962년에 출간된『니체와 철학』을 통해 니체의 영원회귀 사상이 지닌 우주론적(존재론적), 윤리적, 문화 비판적 양상을 밝힌 바 있는데, 그후 10년이 지난 시점에 과타리와의 공동 작업을 통해 세계 자본주의라는 조건에서 영원회귀 사상의 윤리적·정치적 양상을 정교하게 재구성한 것이다. 존재론은 필연적으로 사회 이론으로 발전해야 하며(왜냐하면 우리의 존재 조건이 바로 사회이기에) 종국에는 '어떻게 살아야 할까?'라는 윤리적·정치적 물음에 답해야 한다. 말하자면 가치적이고 실천적인 작업이 뒤따라야 하는 것이다. 이에 대한 답이 바로 '과정으로서의 분열증'이며, 그 연원은 영원회귀 사상이다. 실제로 들뢰즈는 "경험으로서의 영원회귀"(AO 396)를 출구라고 명시한다.

이렇게 해서 이 책의 제목이 갖는 의미가 밝혀진다. 『안티 오이디푸스: 자본주의와 분열증』이라는 제목에서 자본주의의 본성에 대한 해명이 맑스를 승계한 것이라면 분열증의 방향에 대한 긍정은 니체를 이은 것이다. 이 관점에서 '자본주의와 분열증'을 주제로 한 두 권의 책(『안티 오이디푸스』와 『천 개의 고원』)은 니체를 거쳐야 적합하게 읽힐 수 있으며, 니체적 정치철학의 정립이야말로 이 작업의 핵심에 있다. 이는 지금까지 연구자들이 충분히 강조하지 않은 점이었다. 맑스가 말하는 소외된 인간, 니체가 말하는 양심의 가책으로 병든 짐승인 인간, 오이디푸스화된 인간인 "유럽의 인간"(AO 59) 또는 "유럽의 문명인"(AO 320) — 들뢰즈에 따르면 이 모든 인간 유형이 자기 예속을 욕망하는 인간으로 수렴된다. 들뢰즈가 인간 내지 "인간주의(휴머니즘)"(AO 267)를 비판하고 또 극복하려 한다면, 그 까닭은 현존하는 인간이 바로 이런 특성들로 구성되어 있기 때문이다. 따라서 들뢰즈의 작업은 맑스의 "사회주의자"나 니체의 "초인(넘는 인간)", "욕망의 인간들(어쩌면 이들은 아직 실존하지 않는다)"(AO 156), 또는 슈레버의 표현으로 "신인류"(AO 24), 요컨대 과정을 사는 '분열자'를 탄생케 하려는 경향성을 지닌다.

4. 번개 과타리와 피뢰침 들뢰즈

과타리는 '아이디어 뱅크'이다. 과타리가 뿜어내는 번뜩이지만 체계적이지는 않은 단편적 아이디어들을 들뢰즈는 십분 활용했다.

1984년에 들뢰즈는 이렇게 회고했다. "내가 보기에 펠릭스는 진정한 번개를 갖고 있었고, 나는 일종의 피뢰침이었다."(DRF 220) 더 나아가 나는 들뢰즈가 과타리를 채굴했다고 본다. 철학사 연구 과정에서 선배 철학자들의 정돈된 작품에서 자신의 독창적 사상을 채굴했듯이 말이다. 이후 그 둘은 화학반응이 일어난 후의 물질처럼 서로 섞여버렸다.

들뢰즈가 과타리에게 받은 가장 큰 영향은 정신분석과의 완전한 단절이다. 1976년에 『의미의 논리』가 이탈리아판으로 출간되는데, 들뢰즈는 '서문'을 붙여 책을 독자들에게 소개한다. 들뢰즈는 이 책의 의의 등을 이야기하다가, 마지막에 두 문단에 걸쳐 자기비판을 행한다. 특히 마지막 두 문장을 보면, 서문을 쓰면서 이 따위로 얘기하면 이 책을 읽으라는 것이냐 말라는 것이냐, 하는 의문을 독자들이 품게 될 정도이다. 물론 들뢰즈는 이마저도 진짜 겸손하고 소박하게 말한 것이라고 말한다.

이 『의미의 논리』에서 잘 진척되지 않았던 것은 무얼까? 명백히 이 책은 여전히 정신분석과 관련해서 순진하면서도 비난받아 마땅한 야합을 증언하고 있다. 내 유일한 해명은 다음과 같으리라. 그렇긴 해도 나는 아주 소심하게 정신분석을 사건을 표면적 존재물로 만드는 일에 매진하는 표면의 예술로 제시함으로써 무해하게(inoffensive) 만들려고 시도했다(오이디푸스는 나쁘지 않다, 오이디푸스는 좋은 의도들만 지니고 있다…). / 하지만 어쨌든 정신분석적 개념들은 손상되지 않고 존중받는 채로 있었다. 멜라니 클라인과 프로이트가 그러하다. 다행히도 그후로는 내 이름으로 말하는 것이 내겐 거의 불가능하다. 왜냐하면 『의미의 논리』 후에 내게 일어난 일은 펠릭스 과타리와의 만남, 그와의 작업, 둘이 함께한 일 등에 속해 있기 때문이다. 내 생각에는 우리는 다른 방향들을 찾았고, 우리는 그렇게 하려는 욕망이 있었다(DRF 60).

이 작업에서는 '미시정치'와 '분열분석'이 핵심이다. 이 작업은 정신분석을 완전히 버리는 것으로, 그것과 결별하고 그것을 완전히 탈바꿈시키는 것으로 이해돼야 한다. 『의미의 논리』는 계열을 따라갔다. 계열을 완전히 버리고 '리좀'을 따르는 게 과타리와 함께한 시기의 가장 중요한 성취이다. 계열, 즉 시리즈(series)는 끊어지지 않는 연속이다. 그에 반해 리좀은 아무 지점이나 다른 지점과 연결되고 짝지을 수 있는 번식 방식이다. 기본적으로 전통적 질서나 조직화 같은 것과 거리가 멀다.

『안티 오이디푸스』가 들뢰즈 철학 발전의 여정에서 중대한 전환점을 마련하고 있다면, 그것은 특히 '종합 이론'과 관련해서이다. 들뢰즈의 종합 이론은 중요한 '인식학적 절단(coupure épistémologique)'을 이루었다. 사실 『의미의 논리』까지만 해도 종합 이론은 미숙한 상태로 남아 있었다. 『의미의 논리』에서 개진되는 종합 이론은 다음과 같이 요약된다.

세 종류의 종합이 구별된다. 단 하나의 계열의 구성과 관련되는 연결(connective) 종합(만일 …라면 그렇다면si…, alors). 수렴하는 계열들의 구성 절차로서의 결합(conjonctive) 종합(그리고et).

발산하는 계열들을 할당하는 분리(disjonctive) 종합(또는ou bien) (LS 203-204, 고딕체는 인용자).

그런데 이런 구분은 과타리와의 만남 이후 결정적 전환점을 맞이한다. 둘이 처음 발표한 공동 논문이 「분리 종합」(1970)이라는 점도 시사하는 바가 큰데, 이는 나중에 수정되어 『안티 오이디푸스』 1장의 일부로 확장된다. 이 시점부터 비로소 들뢰즈의 종합 이론은 존재론과 실천철학을 포괄하는 완결된 형태로 자리 잡게 된다. 그 종합 이론은 다음과 같은 얼개를 지닌다.

욕망 기계는 은유가 아니다. 그것은 이 세 양태에 따라 절단하고 절단되는 자다. 첫째 양태는 연결 종합에 관련되며, 리비도를 채취 에너지로 동원한다[그리고 … 그다음에(et… et puis)]. 둘째 양태는 분리 종합에 관련되며, 누멘을 이탈 에너지로 동원한다[…이건 …이건(soit … soit)]. 셋째 양태는 결합 종합에 관련되며, 볼룹타스를 잔여 에너지로 동원한다[따라서 그것은 …이다(c'est donc…)]. 바로 이 세 양상 아래에서 욕망적 생산의 경과는 생산의 생산인 동시에 등록의 생산이고 소비의 생산이다(AO 49; []는 AO 11, 18, 23).

빌라니는 이 변화를, '의미(sens)'의 문제에서 '사용(usage)'의 문제로의 변화라고 해석하는데(Sasso & Villani, 2003: 320), 오히려 나는 이 문제를 '언어(내지 인간)'의 문제에서 '존재'의 문제로의 전환으로 보는 편이 더 적절하다고 본다. 말하자면 존재론은 물론 사회-

정치철학 차원에서도 인간주의와의 완전한 결별을 나타내는 것이다. 따라서 이후의 과제는 인간에서 존재로 나아가는 모든 기존 철학과 결별하고, 존재에서 인간으로 나아가는 내재성의 존재론 또는 새로운 인간학의 구성이 될 수밖에 없으리라.

우주는 늘 종합된다. 종합은 원래 논리학의 개념이다. syn-thesis, 즉 thesis(정립, 여기선 언어의 정립이므로 명제)가 합쳐진다(syn)는 뜻이다. 넓게 보자면 변증법은 정립(thesis)과 반정립(anti-thesis)이 종합되는 운동에 주목하는 논리학이다. 변증법은 원래 '대화'라는 뜻이다. 언어는 그 본래적 한계 때문에 '차이의 개념', 즉 본래의 차이, 존재론적 차이를 '개념적 차이', 즉 언어적 차이로 치환해버렸다. 아리스토텔레스, 헤겔 등에서 변증법은 존재의 생성 운동을 은폐하는 기능을 수행했다. 변증법에서는 종합이 언어적 차원에서 이해되었다.

통상 논리학에서 종합의 방식에는 세 가지가 있다. connexion, disjonction, conjonction. 일반적으로 이는 각각 연접(連接), 이접(離接), 통접(統接), 내지 연언(連言), 선언(選言), 합언(合言)으로 옮기곤 한다. 들뢰즈는 세 종합을 말하되, 언어의 종합을 떠나 존재의 종합으로 이해한다. 즉 시간의 관점에서 생산=생성의 종합이 관건인 것이다. 사실 종합은 우주의 차원, 존재의 차원에서 이해되고 설명되어야 한다. 들뢰즈의 작업은 종합을 우주론=존재론 차원에서 다루고 있다. 곧 생성과 생산의 논리인 셈이다.

종합 이론을 통해 들뢰즈가 해명하려는 것은 '생산의 경과(經過, procès)'이다. 다시 말해 들뢰즈는 존재 전체의 생산의 경과, 생성의 운행 자체를 설명하고자 한다. 경과는 시간 속에서 진행되는 그 모든 것, 우주의 운행 전체이다. 생산의 논리, 생성의 논리이다. 『안티 오이디푸스』에서 개진되는 논리가 존재의 논리라는 점을 놓치면 독해가 불가능해진다.

5. 욕망의 철학?

들뢰즈의 초기 소개자였던 뱅상 데콩브(1990: 215-224)는 들뢰즈에게 '욕망의 철학'이라는 명패를 붙였는데, 이 표현에는 일말의 진실과 다량의 오류가 포함되어 있다. 사실상 들뢰즈가 '욕망'을 주제어로 사용한 것은 맞지만, 그것이 상식적으로 이해되는 의미의 '욕망'과는 아주 거리가 멀기 때문이다. "세대 갈등에서 노인들은 젊은이들이 이해관계(일, 저축, 좋은 결혼)보다 욕망들(자동차, 신용, 대출, 자유로운 남녀관계)을 앞세운다고 가장 악의적인 방식으로 비난하는 것을 우리는 듣는다."(AO 419) 이 구절은 상식적으로 통용되는 욕망의 의미를 잘 보여주는데, 사실 이런 의미에서라면 이는 들뢰즈가 말하는 '욕망'과는 아무 상관이 없다. 물론 앞의 구절에 언급된 욕망이 욕망의 한 현상태(現象態)로 이해될 수는 있겠으나, 그 본질에서는 분명한 차이를 보인다는 점을 강조해야만 한다. 왜냐하면 이 구절에서 언급되는 욕망은 기본적으로 "표상/재현(representation, Vorstellung)" 차원의 것으로, 그런 의미에서 전의식 내지 의식의 차원에서 이해되는 '이해관계'와 본질적 차이가 없기 때문이다. "하지만 남들에게 날것인 욕망으로 보이는 것 속에도, 여전히 욕망과 이해관계의 복합체들이 있으며, 이 양자의 정확히

반동적인 형식과 막연히 혁명적인 형식의 혼합이 있다. 상황은 완전히 얽히고설켜 있다."(AO 419)

욕망의 철학과 들뢰즈는 필연적 관계가 아니다. 욕망과 무의식, 이 두 개념은 얽혀 있지만, 또 구분된다. 더 중요한 건 무의식이다. 들뢰즈는 무의식의 철학자이고, 무의식 개념을 새로 쓰려고 했다. 특히 프로이트와 라캉의 정신분석을 대신하려 했다고 평가해야 맞다. 『안티 오이디푸스』에는 프로이트와 라캉을 찬양하는 대목이 종종 있다. 하지만 그건 수사(rhetoric)일 뿐이다. 『천 개의 고원』에서 정신분석을 중점적으로 다루는 부분은 둘째 고원인 「1914년 ─ 늑대는 한 마리인가 여러 마리인가」밖에 없으며, 이 글이 처음 발표된 것은 『안티 오이디푸스』 출간 직후인 1973년이다. 『안티 오이디푸스』에서는 '욕망 기계', '욕망적 생산' 등 욕망 개념이 전면에 등장했다가 『천 개의 고원』에서는 욕망 개념이 거의 등장하지 않는다면서, 들뢰즈-과타리가 욕망 개념을 포기했다고 비평가들은 말하곤 한다. '욕망'을 키워드로 삼으면 일리가 있겠지만, '무의식' 탐구라는 관점에서 보면 작업은 연속된다. 『천 개의 고원』이라는 책은 무의식에 대한 탐구이다. 욕망 대신에 무의식이 확장되는 것이다. 들뢰즈가 수차례 반복해서 이야기했는데도 불구하고 이런 점이 간과되어왔다는 것이 이상할 정도이다.

i) 『안티 오이디푸스』, 그것은 홀로 이룩된 단절인데, 두 가지 주제에서 출발한다. [i] 무의식은 극장이 아니라 공장, 생산하는 기계다. [ii] 무의식은 아빠-엄마를 망상하지 않는다. 무의식은 인종들, 부족들, 대륙들, 역사, 지리를, 항상 사회장을 망

상한다. 우리는 무의식의 종합들에 대한 내재적 착상, 내재적 사용, 무의식의 생산주의(productivisme) 또는 구성주의(constructivisme)를 찾으려 했다. … 우리는 흐름들의 논리에 따라 사회적인 동시에 욕망적인 하나의 생산(une production qui fût à la fois sociale et désirante)을 동일 면(plan)에 놓으려 했다. 망상은 현실계(le réel)에서 작동한다. 우리는 현실계가 아닌 다른 요소를 알지 못한다. 상상계(l'imaginaire)나 상징계(le symbolique)는 우리에겐 가짜 범주들로 보인다. 『안티 오이디푸스』, 그것은 현실계의 일의성(univocité)이며, 무의식의 일종의 스피노자주의다. … 『안티 오이디푸스』가 정신분석을 비판한다고 주장한다면, 옳든 그르든 이 책에서 다듬어진 무의식에 대한 착상과 관련해서 그렇다(PP 197-198)(1988년의 인터뷰).

ii) 『안티 오이디푸스』는 아름다운 책이다. 내 생각에 거기에는 무의식에 대한 착상이, 무의식에 대한 이런 종류의 착상으로선 유일한 사례가 있기 때문이다. 난 두세 가지 요점을 염두에 두고 있다. [i] 무의식의 다양체들, [ii] 가족 망상이 아닌 세계 망상으로서의 망상, 즉 우주적 망상, 인종들에 대한 망상, 부족들에 대한 망상, 좋다, 그리고 [iii] 극장이 아닌 기계와 공장으로서의 무의식. 이 요점들 중 바꿀 건 하나도 없고, 내 생각에 정신분석 전체가 재구성된 이상 여전히 절대적으로 새로운 채로 남아 있다(ABC "D comme Désir")(1988년의 대담).

우리는 통상 욕망을 거의 '욕심'이라는 뜻에 가까운 불교식 의미로 이해한다. 서양에서도 전통적으로 욕망을 결핍의 관점에서 이해해왔다(AO 33). 들뢰즈의 욕망 개념은 무엇보다 비표상적 차원에서 이해해야 한다. 욕망에 대한 이런 착상은 직접적으로 니체에게서 연원한다. 니체는 자신의 의지 개념이 쇼펜하우어에서 유래했다고 공공연하게 언급하곤 했다. 쇼펜하우어의 의지는 맹목성을 가장 큰 특징으로 하며, 표상을 생산하지만 결코 표상되지 않는다. 니체의 권력의지는 "차이의 즉자"(DR 164)이므로 재현 내지 표상의 바깥에 있다. 그것은 비인간적 의지이다. 니체는 쇼펜하우어가 말한 의지의 생산적 성격을 계승하되, 의지의 자기부정의 바탕을 이루는 의지와 표상이라는 두 세계 이론을 극복하여 "증여하는 덕"으로서의 '권력의지(der Wille zur Macht)' 개념에 이르렀다. 들뢰즈의 욕망 개념은 이런 맥락에서 쇼펜하우어 및 니체와 계보를 같이한다.

들뢰즈의 욕망 개념은 인간주의적 의미와는 완전히 다르다. 우선 "욕망은 하부구조의 일부를 이루며"(AO 124), "욕망은 하부구조에 속한다"(AO 416). 욕망은 맑스적 의미에서 하부구조에 속한다. 하지만 하부구조에 속한다는 말은 무슨 뜻일까? 그것은 우선 상부구조, 즉 이른바 통상적 의미의 인간 '주체'에 속하는 그 무엇이 아니라는 뜻이다. 하지만 욕망은 하부구조 자체라기보다는 하부구조의 일부, 하부구조에 속하는 그 무엇이다.

들뢰즈에게 '욕망'은 '생산' 또는 '구성'과 같은 뜻이다. 엄밀히 말하면 욕망은 명사가 아니라 동사이다. "배치체(agencement)로 흘러 들어가지 않는 욕망이란 없다. 욕망은 항상 구성주의였으며, 하나의 배치체, 하나의 집합체를 구성한다."(ABC "D comme Désir") 가령 우리가 술을 마시고 싶다고 할 때, 그것은 단지 하나의 대상인 '술'을 바란다는 뜻이 아니라, 함께 술 마실 사람, 분위기 좋은 술집 등 전체 맥락을 함께 어울러 구성하고자 한다는 뜻이다. 이런 점에서 욕망의 모델은 공장이며, 욕망은 생산 활동, 끊임없는 실험, 실험적 조립, 유랑하는 수련(修練)이다. 욕망은 공장 기계의 작업인 조립, 구성, 배치, 가공 따위의 활동으로서의 생산이다(김재인, 2015: 232-233). 이런 점에서 욕망은 기계로 이해되어 마땅하다. "욕망은 기계이다."(AO 34) 우리는 욕망 개념을 동사로서, "생산"이라는 동사로서, 더 구체적으로는 이미 있는 세계를 재료로 삼아 다시 구성, 배치, 조립, 가공하는 활동으로 이해해야 한다. 들뢰즈가 맑스의 "하부구조"라는 말을 쓴 까닭은 하부구조 자신이 물질적 생산의 영역이기 때문이었다. 들뢰즈에게 하부구조는 우주로서의 무의식, 물질계 전체, 생산의 경과이기 때문에 욕망은 하부구조의 일부를 이루고 하부구조에 속하는 것으로 이해되었던 것이다. '욕망한다'고 해야지, '나의 욕망'이라고 하면 안 된다.

명사가 아니라 동사라고 보면, 들뢰즈의 욕망 이론은 거의 다 이해된다. '욕망한다'는 말 대신 '생산한다', '구성한다', '조립한다', '배치한다' 같은 말을 써도 좋기 때문에 나중에는 '욕망한다'는 말을 쓸 필요조차 없었다. 프로이트와 직접 맞서는 『안티 오이디푸스』에서는 그 말을 많이 썼지만, 점점 그 말을 쓸 필요가 없었다. 가령 '배치하다(agencer)'라는 동사는 '이미 마련된 가구 따위를 배치하고, 또 그런 행위를 통해서 배치된 것'이라는 뜻의 '배치체(agencement)'라는 명사와 함께 쓰인다. 들뢰즈는 '배치체', '집합체(ensemble)', '결집체(agrégat)' 등의 말을 호환해서 사용한다. 그런데 바로 그런 배치체 또는 집합체를 만드는 일이 곧 무의식을 생산하고 만드는 일이다. 사람들이 배치체를 욕망한다고 들뢰즈는 말한다. 사람은 바라는 배치체 속에 자신이 부분으로 들어간다. 하지만 노력하고 애쓴다고 자동으로 성사되는 게 아니니까, 심지어 어떤 배치체의 일부로 포함되느냐에 따라 자신이 완전히 달라지기 때문에 그런 집합체를 만드는 일은 사회 속에서 집단의 문제로 나타난다. 따라서 집단의 성격 자체를 반동적이지 않고 혁명적으로 만드는 것이 과제다. 이는 상명하달 방식으로 이루어질 수도 없고, 어느 한 사람의 노력으로 될 수도 없는 문제이다. 항상 지금 상태가 어떠한지를 체크하고 계속해서 미세 조정을 해나가는 수밖에 없다. 그렇게 해서 만들어낸 공간, 배치체, 그런 게 무의식이다. 무의식을 건설하고 동시에 혁명적인 성격을 부여해야만 한다.

6. 안티 오이디푸스, 또는 정신분석과의 대결

이처럼 욕망과 무의식의 문제가 중요하다면, 정신분석이 그 해명에 도움이 될 수는 없을까? 그러나 정신분석은 근본적인 한계를 갖고 있었으며, 이 한계는 단순히 극복될 수준의 것이 아니었다. 들뢰즈는 스피노자와 데카르트의 관계를 이렇게 말한 바 있다. "사실상 라이프니츠와 스피노자는 공통의 기획을 갖는다. 그들의 철학은 새로운 '자연주의'의 두 양상을 구성한다. 이 자연주의가 반(反)데카르트적 반발의 참 의미이다."(SPE 207) 바로 이 동일한 관계가 들뢰즈 자신과 정신분석의 관계에도 적용된다. 관념론대 자연주의 또는 유물론이 그것이다. 프랑수아 샤틀레는 『안티 오이디푸스』 출간 직후에 있었던 좌담에서 이런 말을 한다. "요컨대 유물론적 난입에 대해 내가 말하는 것은, 내가 루크레티우스를 생각하고 있기 때문이다."(ID 307) 이는 들뢰즈를 루크레티우스(에피쿠로스)와 등치시키는 표현인데, 이에 대해 들뢰즈는 "완벽한" 해석이라며 반색한다. 반면 정신분석은 인간주의 안에 머무르려는 집요한 자세를 견지한다. 나아가 정신분석은 자본주의가 작동하기 위해 꼭 필요로 하는 유순한 주체를 길러내는 작업을 한다. 바로 이 점이 들뢰즈가 보기에 정신분석이 욕망과 무의식에 대한 잘못되고 해로운 이론으로 머무는 근본 이유이다. 인간 욕망과 무의식은 우주와 자연의 운행 원리와 최소한 조리 있게 맞아떨어져야 할 것이기 때문이다. 그러나 정신분석은 그렇게 하기는커녕 욕망과 무의식을 가족주의의 틀로 주조하여 자본주의 체제에 순응하는 개인들을 길러내는 데 복무할 뿐이다. 정신분석은 이를 위해 '죄책감'이라는 수단을 십분 활용했다.

그냥 무시하고 갈 수는 없었을까? 들뢰즈가 정신분석을 심지어 적수로 삼고 있는 까닭은 무엇일까? 다시 말해 왜 '안티 오이디푸스', 즉 반(反)정신분석이라는 기획을 그토록 방대한 분량으로 착수했을까? 여기에는 전략적인 이유와 철학적인 이유가 있다. 나아가 이 두 이유는 서로 맞물려 있다. 전략적 이유로는 당시 욕망과 무의식에 관한 연구의 첨단에 자리 잡고 있던 것이 바로 정신분석이었기에 그에 대한 대응이 필요했다는 점을 들 수 있다. 하지만 더 중요한 이유는 정신분석이 욕망과 무의식에 관한 '참된' 이론임을 주장한다는 점이었다. 그러나 들뢰즈가 보기에 정신분석은 참된 이론이기는커녕 나쁜, 윤리적·정치적으로 해로운 이론이었다. 따라서 욕망과 무의식에 대한 적합한 이론을 구성하는 것이 요청되었던 것이고, 이것이 철학적인 이유라 하겠다.

1960년대 프랑스 사회에서 정신분석은 가장 혁명적인 사상적 실천임을 자임했다. 심지어 라캉, 알튀세르 같은 이들조차 한 손에 정신분석을 무기로 들었다. 따라서 정신분석을 격파하는 일은 당시 시대 상황에서 엄청난 정치적 노림수가 있는 작업이었다. 정신분석은 무의식을 부지런히 이야기하는데, 자세히 들여다보면 아주 단순하다. 정신분석의 논의는 모든 걸 엄마-아빠-나의 관계로 환원한다. 어린 시절의 체험이나 상처(트라우마) 같은 것들이 원인이 되어 오랫동안 잠복했다가 나중에 신경증 형태로 드러난다는 것이다. 신경증은 엄마-아빠-나의 체험 속에 이미 들어 있었다. 체험의 핵심은 아빠를 죽이고 엄마를 차지하고 싶다는 생각, 즉 오이디푸스콤플렉스이다. 피분석자에게 죄책감을 불어넣는 것이다.

프로이트가 고백했듯이(프로이트, 2003: 66) 정신분석가 앞에 있는 피분석자가 부인하면 할수록 그것이 진실임을 드러내는 건데, 이는 마치 범죄 사실을 숨기려고 범죄자가 범행을 더 강하게 부인하는 것과 같은 이치다. 하지만 사람은 진범이 아닐 때 더 강하게 부인한다. 프로이트는 이 사실을 완전히 무시한 채, 어떤 사람이 부인한다면 그것은 오히려 진실을 입증하는 행위라고 전제해버린다. 정신분석은 이런 구조일 수밖에 없고, 정신분석이 설명하지 못하는 현상은 존재할 수 없다. 분석가는 취조관 또는 심문관, 아니면 고문하는 자가 된다. 정신분석은 그런 식의 활동밖에는 못한다.

따라서 들뢰즈의 기획은 정신분석의 자원(資源) 말고도 활용할 수 있는 모든 자원을 동원해 욕망과 무의식에 대한 새로운 철학을 구성하는 데 있었다. "정신의학자들과 정신분석가들보다 로런스, 밀러, 케루악, 버로스, 아르토, 또는 베케트가 분열증에 대해 더 잘 안다 해도, 그게 우리 잘못일까?"(PP 37) 문학이나 예술, 그리고 과학에 대한 들뢰즈의 작업은 바로 이 맥락에서 이해해야 한다. 사실 『안티 오이디푸스』 1장 1절 본문에는 철학자 대신 작가와 예술가가 주로 언급된다. 슈레버, 뷔히너(렌츠), 베케트, 아르토, 로런스, 밀러, 뒤비페(아르브뤼), 미쇼, 린드너. 예외는 맑스, 레비스트로스 정도뿐. 이와 관련해 우노 구니이치는 이렇게 말한 바 있다. "동시대의 문제에 답하려 하면서, 동시대를 멀찍이 넘어선 전망 속에 문제를 위치시키고 답했다는 점이야말로 이 책의 특징이다. … 확실히 그것은 정신분석의 영역을 한참 넘어서는 문제 제기 속에서 정신분석을 문제로 삼을 뿐이다."(宇野邦一, 2006: 393)

7. 물질적 무의식

의식은 어디에서 유래할까? 무의식(無意識)이 의식을 형성한다. 이게 요점이다. 물론 '의식'이라는 말도 굉장히 여러 함의가 있기 때문에 한마디로 규정하기 어렵다. '의식'은 본래 '함께 안다'는 뜻의 라틴어 '콘스키엔티아(conscientia)'에서 유래한 말로 '양심'이라는 뜻도 포함한다. 심리학이나 인지과학에서는 보통 의식을 '자각(awareness)'이라고 본다. 의식을 형성하면서도 우리가 알지 못하는 모든 것, 이게 '무의식'이다. '무의식'은 한자 문화권에서는 명사로 인식되지만, 서양어로는 형용사형으로 표현된다. 그에 반해 '의식(意識)'은 명사이다.[3] '무의식'을 표현할 때는 '정관사 + 부정접두사 + 형용사'형으로 쓰는데, '의식적이지 않은 것'을 가리킨다. '의식적이지 않은 것'을 가르는 경계선은 프로이트에서는 정신이다. 정신 또는 마음(psyche, mind) 안에 있되 의식되지 않은 부분이 바로 무의식이다.

> 정신적 과정들(seelischen Vorgänge)은 그 자체가 무의식적이며, 의식적인 것은 정신 활동 전체 중에서 단지 일부분에 지나지 않는다. … 정신분석은 의식과 정신의 동일성을 인정할 수 없다. 정신분석은 정신을 감정, 사고, 의지와 같은 과정으로 정의하며 무의식적인 사고나 무의식적인 의지가 있다는 입장이다. … 무의식적인 정신 과정을 설정함으로써 이 세상과 학문의 세계에 결정적으로 새로운 방향이 확립되었다(프로이트, 2003: 26-27).

정신분석에서 전체집합은 정신인데, 정신 안에 의식이 있고, 의식의 바깥 부분, 즉 의식의 여집합이 무의식이다. 들뢰즈의 경우에는 바깥이 더 확장된다. 무의식은 의식의 여집합 전체를 가리킨다. 무의식은 정신 영역을 넘어 몸과 우주 전체로까지 확장된다. 의식은 우주 전체의 결과물, 우주 전체가 빚어내는 효과이다.

---

[3] '의식'과 '무의식'의 원어는 독일어 'das Bewußtsein'과 'das Unbewußte', 프랑스어 'la conscience'와 'l'inconscient', 영어 'consciousness'와 'the unconscious'이다.

프로이트는 무의식 탐구의 전형으로서 꿈의 작업을 드는데, 꿈이 갖는 두 가지 특성, 그러니까 꿈 자체는 주로 시각적인 형태로 꾸며진다는 특성과 꿈의 내용을 남에게 전달할 때는 언어를 통해 표현될 수밖에 없다는 특성은 무의식을 이미 제한된 틀에 가두는 효과를 낳는다. "왜 꿈으로 되돌아가는가? 왜 꿈을 욕망과 무의식의 왕도로 삼는가?"(AO 377) 여기서 '꿈'은 결국 주관적 재현의 세계를 대표한다고 말할 수 있다. 프로이트와는 달리 들뢰즈의 무의식은 자연으로서의 물질, 동물로서의 몸, 마음 안에서 의식을 벗어나는 영역 등을 모두 포함한다. "사실 무의식은 물리학[=자연학]에 속한다."(AO 336) 물론 정신이 없다는 건 아니다. 그러나 무의식은 정신적(psychic)인 것을 넘어 물질적(material)이다. '의식' 또는 '자각된 앎'을 만들어내되[4] 우리가 알지 못하는 무엇들, 자각되지도 않는 무엇들, 그 전체가 무의식이라면, 그중 대표적인 게 무엇일까? 가령 니체는 '몸'을 무의식으로 봤다. 들뢰즈는 더 확장한다. 확장된 무의식, 그것이 '물질적 무의식'이다.

들뢰즈는 사회의 짜임 자체를 무의식이라고 본다. 욕망과 무의식이 하부구조에 속하며 하부구조의 일부이고 물질에 속한다고 말할 때, 그것은 사회가 곧 무의식임을 뜻한다. 우리가 의식하지 않아도 특정하게 행동하는 것은 사회와 물질세계가 그런 식으로 짜여 있기 때문이다. 본래 무의식은 물질세계 전체지만, 그중 인간이 직접 맞닥뜨리는 물질세계는 사회이다. 인간은 붕 뜬 채로 허공에 존재한 적이 없다. 항상 사회를 매개로 자연 또는 우주와 맞

---

[4] '만든다'는 '생산한다', '형성한다', '구성한다', '조직한다' 등과 같은 뜻이다.

닿아 있다. 물질이라는 말을 추상적으로 생각하면 굉장히 어렵지만, 구체적으로 생각하면 사회의 극한이다. 『안티 오이디푸스』에 이런 문장이 있다. "이 경향성으로 늘 더 멀리 가면, 마침내 자본주의는 자신의 모든 흐름과 더불어 달나라에 이를 것이다."(AO 41-42) 모든 것이 인간화된 우주이다. 사회 밖에 날것으로 존재하는 자연도, 자연에 기반을 두지 않은 사회도 없으니 말이다. 그래서 무의식은 역사적 구성물이다. 무의식에 대한 이런 새로운 이해는 정신분석의 이해와 전혀 다르다. 정신분석은 아무리 멀리까지 가더라도 무의식을 정신 안에 가둔다. 물론 어떤 이들은 정신분석의 무의식이 투사나 승화 등을 통해 사회로 확장될 수 있다고 주장한다. 하지만 여전히 출발점은 사람의 머리통 안에 있다. 들뢰즈는 무의식을 사회와 관련시키라고 주장한다. 사회는 존재론의 대상이다. 무의식은 아빠-엄마-나의 소꿉놀이 같은 게 아니라 세계 정복과 우주 전쟁까지 포함한다.

우리는 『안티 오이디푸스』에서 무얼 하려 했던가? 정신분석과 직접 대립되는 세 가지 요점이 있다고 생각한다. 나도 그렇지만 펠릭스도 마찬가지라고 생각하는데, 우리는 이 세 가지 요점 중에서 하나도 바꾸려 하지 않는다. 세 가지 요점은 이렇다. [i] 무의식은 극장이 아니라 … 공장이다. 무의식은 생산이다. 거기서 무의식은 생산한다, 부단히 생산한다. 무의식은 공장처럼 기능한다. 이건 극장으로서의 무의식이라는 정신분석의 견해와 정반대된다. … [ii] 두 번째 주제는 망상이다. 이건 욕망과 아주 긴밀하게 연관되어 있는데, 욕망하기는 얼마간은 망상하기라는 점이다. 그 어떤 망상이든 잘 들여다보면 그건 뭔가에 대한 거다. 그 어떤 망상이든 그건 정신분석이 거기에 붙여놓았던 것의 정확히 반대이다. 말하자면 우리는 아버지나 어머니를 망상하는 데로 가지 않는다. 오히려 사람들은 완전히 다른 뭔가를 망상한다. 이것이 망상의 위대한 비밀이다. 우리는 전 세계를 망상한다. 말하자면 사람들은 역사, 지리, 부족들, 사막들, 민족들, 종족들, 기후들을 망상한다. 이게 우리가 망상하는 내용이다. … 망상은 지정학적인데, 정신분석은 항상 망상을 가족의 규정자들과 연관시킨다.『안티 오이디푸스』가 출간된 지 아주 많은 햇수가 흘렀지만, 정신분석은 망상 현상에 대해 아무것도 이해하지 못했다는 말이다. … [iii] 셋째 요점은 다시 욕망이다. 욕망은 항상 배치체들을 구성하며 하나의 배치체 안에 자신을 건설하고, 항상 여러 요인을 가동시키지만, 정신분석은 끊임없이 우리를 단일한 요인으로, 항상 같은 거로, 때론 아버지로, 때론 어머니로, 때론 남근으로 … 우리를 환원시킨다. 정신분석은 다양체가 뭔지 전혀 모르며, 구성주의를 전혀 모르며, 말하자면 배치체들을 전혀 모른다(ABC "D comme Désir").

우리가 어떤 행동과 생각과 결심을 하게 만든 원인을 실제로 찾아보면, 엄마 아빠 무슨 콤플렉스 이런 것과는 전혀 상관없다. 우리가 의식하든 않든, 자연과 사회 역시 무의식의 일부이다. 물론 우리는 이를 잊고 살아가지만, 가끔은 그에 대해 생각하고 그 힘을 발견할 수 있다. 들뢰즈는 이런 것들을 통칭해서 '물질적 무의식'

또는 '무의식의 물질성'이라 부르고, 그로부터 사회 변화나 실천을 이야기해보자고 제안한다. 그중에는 우리가 실천을 통해 바꿀 수 있는 것도 있고 없는 것도 있다. 사회와 제도 또한 우리 무의식의 일부이다.

8. 무의식을 생산하라

이제 실천적 대안을 고찰해보자. 들뢰즈는 의식 철학 또는 주체 철학의 한계를 누구보다 분명히 깨닫고 그걸 극복하려 했으며, 무의식에 대한 진짜 탐구를 해냈다. 이동할 때 우리는 이미 나 있는 길들을 통해서 움직이지만, 그렇다는 사실은 거의 의식하지 못한다. 이미 나 있는 도로망에 자기도 모르게 올라타 있는 것이다. 이것이 물질적 하부구조이다. 『천 개의 고원』의 14번째 고원 「1440년 — 매끈한 것과 홈 파인 것」은 '매끈한 공간'과 '홈 파인 공간'의 구별을 중요하게 논한다. 홈 파인 공간이 우리가 살아가는 현실적이고 구체적인 공간이며, 우리는 파인 홈을 따라가며 살아간다. 따라서 홈 파인 공간을 다시 매끈한 공간으로, 즉 어디든지 흘러갈 수 있고 빠져나갈 수 있는 공간으로 바꾸는 일은 중요한 실천적 과제이다. 홈 파인 공간과 매끈한 공간 사이의 관계, 이것이 바로 무의식의 문제와 직결된다. 들뢰즈의 난해한 개념 중 하나인 '전쟁기계'는 바로 매끈한 공간 만들기와 관련해 이해해야 한다. '전쟁기계'는 '전쟁하자'는 뜻이라기보다는, 물론 필요하면 전투를 무릅쓰지만, 홈 파인 공간을 가로질러서 매끈한 공간을 만들자, '살고 싶은 대로 살자'는 뜻이다. 이것이 전쟁기계의 원래 목표이다. 그런데 기존 권력이 자꾸 훼방을 놓고 제재를 가하니까 싸움이 커지는 것이다.

혁명이란 무엇이며, 혁명적 생성이란 무엇일까? 이 문제를 공간 문제로 바꿔보자. 홈 파인 공간이 있을 때, 그 홈을 따라 살아가는 것은 삶의 한 방식이다. 공간에 홈을 파 하부구조를 건설한 자들의 의지에 맞게, 이미 나 있는 길로만 다니는 것이다. 그런데 홈들을 가로지르면서 매끈한 공간으로 만들려는 사람이 반드시 있다. 모가 난, 튀는, 제멋대로인 사람이 꼭 있다. 이들은 기존에 홈을 판 사람들의 의지를 항상 훼방하고 거스른다. 일부러 그러려고 의도하는 건 아니더라도, 실천으로 이미 그렇게 행동한다고나 할까? 혁명이란, 아주 간단히 말하면, 기존에 파인 홈을 가로지르면서 매끈한 공간으로 만들려는 실천이다.

한 사회에 홈이 파여 있는 까닭은 그 사회가 잘 기능하게 하기 위해서이다. 특히 자본주의사회는 특정한 방식으로 홈이 파여 있다. 모든 인간이 자본주의의 원리, 즉 자본의 증식 또는 더 많은 이윤 추구를 위해 부품들로 기능하게 짜여 있는 것이다. 심지어 개인들이 이 홈에서 빠져나가지 못하도록, 즉 자발적으로 예속되게끔 하는 장치도 마련했다. 그것이 바로 빚이다. 오늘날 빚이 없는 사람은 거의 없다. 학자금 대출, 전세금 대출, 주택 담보대출, 신용카드 등으로 우리는 미리 빚을 진 채로 살아간다. 당겨썼으면 갚아야 한다. 직장을 성실하게 다녀야 하는 것은 자기 빚을 갚기 위해서이다. 아무도 마음대로 살지 못한다. 게다가 빚은 대물림된다. 아이들이 공부 열심히 해야 하는 솔직한 이유는 빚을 갚기 위해서이다. 들뢰즈의 자본주의 분석에서는 이 사실이 무척 중요하다. 우리는 왜 자발적으로 예속되며, 이미 나 있는 홈을 따라서만 살아갈 수밖에 없는가에 대한 답변 중 하나가 바로 빚이다.

자본주의와 빚의 관계에 대해 최초로 통찰한 사람은 니체이다. 들뢰즈는 이를 발전시켰다. 빚은 자본주의사회가 작동하는 핵심 홈이자 그 홈에 쳐 있는 기름이다. 그러면 유목민 또는 전쟁기계란 무엇이며 어떠한 특성이 있을까? 도망치고 빠져나가기. 도망치는 이유는 단순하다. 맘에 안 드니까 도망치는 것이다. 만약 그런 일이 일정 규모 이상으로 벌어지면 어떻게 될까? 자본주의가 잘 작동하지 못할 것이다.

들뢰즈의 실천철학에서는 제멋대로 사는 게 권장된다.[5] 우리가 어떤 목적을 품었다고 해서 그 목적대로 세계가 흘러가리라는 보장이 없는 이상, 나 좋을 대로 사는 게 차라리 낫다. 이런 삶의 방식은 무책임한 것이 아니라 자연의 이치, 사회가 돌아가고 역사가 진행되어온 이치에 부응하는 행동 방식이다. 자연은 목적을 결여하고 있기 때문이다. 이와 관련된 개념이 '도주'이다. 제멋대로 사는 것, 세상 규범을 따르지 않고 자기 규칙을 만들어서 따르는 것, 이런 것이 도망가는 것, 빠져나가는 것, 새어 나가는 것, 즉 '도주'이다. 도주는 능동적인 실천이 아니다. 애쓰지 않으면 곧 잡혀 죽거나 노예가 되니까, 어쩔 수 없어서 도망가는 것이다. 쫓기는 상황에서 목숨만이라도 부지하려고 어떤 식으로든 애쓰는 것이 도주이다. 도주라는 말에는 절박함, 어쩔 수 없음, 위험 같은 느낌이 강

---

[5] 이하의 내용과 관련해서 아사다 아키라(1999)를 참조할 수 있다.

하다.

　붙잡히지 않기 위해 애쓰자! 그 결과는 어떻게 될까? 그래 봐야 여전히 쫓기는 것이다. 다만 견딜 수 없어서, 위험해서 어쩔 수 없이 도망갈 뿐이다. 자본주의가 우리를 너무나 강하게 압박하니까 도저히 안 되겠다 싶어서 도망치는 것이다. 국가에, 회사에, 은행에 붙잡히지 않으려고 우리는 도망간다. 게다가 기존에 없는 길을 만들지 않으면 절대로 도망갈 수 없다. 그래서 도주라는 말을 단독으로 사용하는 것보다 주로 도주선, 도망가는 선, 탈영토화의 선 등으로 사용해야 한다. 도주선은 만들어야 할 또는 발명하고 창조해야 할 무엇이지, 이미 있는 게 아니다. 그래서 도주선을 뚫는다, 만든다는 식으로 표현하는 것이다. '중2병'도 사실은 병이 아니라 아이들이 이 체제를 견딜 수 없어서 도망가는 것이다.

　고흐는 햇빛도 제대로 들지 않는 좁은 아파트에서 발광했다. 어떻게든 도망가야 한다, 이 상황에서 잡히면 안 된다고 외쳤다. "어떻게 이 벽을 가로질러야 할까? 강하게 두드려도 아무 소용이 없으니. 이 벽을 파고 줄로 갈아 가로질러야 한다, 내 느낌에 천천히 참을성 있게."(AO 162에서 재인용) 어떤 사회든 새어 나갈 틈이 없는 경우는 없다. 도주가 일어날 수 있는 조건은 늘 마련되어 있다. 자본주의사회도 당연히 틈이 있고, 심지어 자본주의사회가 더 틈이 많다. 틈이 없는 사회는 없으니까, 해볼 만하다. 물론 도주선을 만들려면, 들뢰즈가 강조하듯, 잘해야 한다. 잘하지 못하면, 다시 포획되기 때문이다.

　'세계를 변혁하겠다'는 말은 우리를 살아가게 하는 하부구조를 하나하나 점검하면서 그것들을 어떻게 바꿀 수 있는지를 논하는 문제이다. 하나하나 정밀하게 파고 들어가 그것이 어떻게 되어 있는지를 살핀 후, 그것이 어떻게 바뀔 수 있는지 알아내고, 나아가 실제로 그것을 바꿀 수 있는 구체적인 실천 방안을 찾기란 정말로 어려운 일이다. 따라서 변화는 항상 지금보다 조금 더 나아가는 식으로 갈 수밖에 없다. 세상을 실제로 바꾸는 일은 대단히 갑갑해 보인다.

들뢰즈가 이른바 '좌파'한테 외면당하는 이유도 거기 있다. 별로 멋져 보이지도 않고, 해야 할 과업이나 임무도 쪼잔해 보이고, 실효성이 나타나는 걸 즉각 확인하기도 힘들다. 정치의 경우에 '미시정치'와 '거시정치' 둘이 구분되며, 미시 변화가 거시 변화로 이어지도록 하는 게 관건이지만, 거시 수준의 전략만으로는 변화가 일어날 수 없다. 그래서 철학자는 항상 미시 수준에서 분석과 작업을 행해야 한다. 무의식 탐구가 '분열분석', '미시정치' 등 여러 다른 이름으로도 불리는 이유가 그것이다. 전통적 시각에서 봤을 때는 별로 달콤하게 들리지 않는 말들이다.

'절대적 탈영토화'란, 자본에 이익이 되든 말든, 계속해서 도망가는 것, 계속해서 빠져나가는 것을 말한다. 절대적 탈영토화는 먼 곳으로 달아난다는 뜻이 아니다. 자본주의 바깥으로 도망간다는 뜻도 아니다. 자본주의사회에 살고 있다는 역사적 조건을 결코 잊어서는 안 된다. 절대적 탈영토화, 절대적 도주란 자본의 운동 그 바깥으로까지 간다는 뜻이다. 그 방법을 고안하는 것은 결코 쉽지 않다. 자본의 운동 그 바깥으로까지 가는 동시에 자기도 살아야 하기 때문이다. 따라서 자기 영토를 계속 만들면서도 자본주의의 부품이 되기를 최대한 거부하는 방식으로 자신을 지탱하는, '지속

가능한' 실천이 필요하다.

절대적 탈영토화가 실제로도 가능할까? 사실 이런 물음 자체도 소용없다. 살 만하면 그냥 살면 된다. 그런데 도저히 이대로는 안 되겠다 싶으면 어떻게든 발버둥치는 것이다. 남들이 보면 미쳤다고 할 것이다. 하지만 이 삶은 자신이 의지를 끌어모아 어떤 목표를 지향하며 사는 것과도 구별된다. 오히려 조건이 우리 자신을 좌우한다. 들뢰즈는 항상 집단을 중시했는데, 그 까닭은 집단이라는 조건에 자신을 소속시킴으로써 그 집단의 성격과 자기를 동화하는 방향으로 탈영토화의 전술을 취할 수밖에 없기 때문이다. 그런 전술은 우리 자신을 수동적으로 그 집단의 흐름에 맡기는 것이지만, 수동적이라는 것 자체를 나쁘게 볼 이유는 없다. 오히려 수동적이라는 것은 인간의 조건이다. 인간은 원래 상황에 휘둘리는 존재이다. 상황이 인간을 만든다. 그렇다면 인간은 특정한 성격의 집단을 만들고, 자기를 그 안에 집어넣는 식으로 살아가는 게 최선이다. 어떤 곳에서 누구와 함께 살 것이냐를 선택하는 문제인 것이다. 버스 터미널에 가서 버스를 타는 상황과 비슷하다. 자기가 타는 버스가 자기가 가려는 방향과 맞는지 살피고, 그 수단이 적절한지 탐구하되, 결국 자신은 거기에 얹혀서 함께 가는 것이다. 홀로, 자유롭게, 이런 건 환상에 불과하다.

끝으로 덧붙이자면, 무의식에 대한 탐구는 생각에 대한 새로운 상(une nouvelle image de la pensée)과 관련이 있다. 무의식은 우리의 생각을 유발한다. 무의식 탓에 자기도 모르게, 심지어 끝까지 자각하지 못한 채 어떤 생각과 행동을 한다. 다른 관점에서 보면 생각은 무의식을 포함한다. 따라서 이것은 '생각에 대한 새로운 상'의 제시이다. 들뢰즈는 『안티 오이디푸스』에서부터 이 이야기를 누누이 하는데, 아직도 오해되는 건, 무의식을 자꾸 머릿속에 가두려 하기 때문이다. 무의식은 사회 자체이다. 우리는 길이 나 있는 곳으로 주로 다닌다. 그 길이 어떻게 형성되었는지 모르는 채, 이미 나 있는 길로만 다닌다. 혁명은 그 길 자체를 바꾸는 일이어야 한다. 길이 바뀌지 않으면 결국 우리는 만날 그 길로 다니게 된다. 생각에 대한 새로운 상을 제시하는 것 자체가 이미 정치적 실천이고 정치의 본령이다. 다만 통상적이고 전통적인 의미의 정치와 거리가 있으니까 사람들이 그런 것이 어째서 정치냐, 어떻게 정치 행위일 수 있느냐 하고 질문하는 것일 뿐이다.

참고 문헌

고쿠분 고이치로, 2015, 『고쿠분 고이치로의 들뢰즈 제대로 읽기』, 박철은 옮김, 서울: 동아시아.

김재인, 2013, 「들뢰즈의 비인간주의 존재론」, 서울대학교 박사학위논문.

김재인, 2015, 「여성-생성, n개의 성 또는 생성의 정치학: 들뢰즈와 과타리의 경우」, 『철학사상』 56호.

김재인, 2016, 『혁명의 거리에서 들뢰즈를 읽자: 들뢰즈 철학 입문』, 홍성: 느티나무책방.

데꽁브, 벵쌍, 1990, 『동일자와 타자: 현대 프랑스 철학(1933-1978)』, 박성창 옮김, 서울: 인간사랑.

아사다 아키라, 1999, 『도주론』, 문아영 옮김, 서울: 민음사.

우노 구니이치, 2001, 「해설: 방법에 대한 주해」, 질 들뢰즈 & 펠릭스 가타리, 2001, 『천 개의 고원: 자본주의와 분열증 2』, 김재인 옮김, 서울: 새물결.

프로이트, 지그문트, 2003, 『정신분석 강의』, 임홍빈, 홍혜경 옮김, 서울: 열린 책들.

홍준기, 2006, 「들뢰즈의 욕망 이론: 라깡적 관점에서의 비판적 고찰」, 『안과 밖』 21호, 2006년 하반기, 서울: 창작과비평사.

宇野邦一, 2006, 「世紀を超えてこの本が生き延びる理由[세기를 넘어 이 책이 살아남을 이유]」, 『アンチ・オイディプス 資本主義と分裂症』 下, 河出文庫.

Badiou, Alain, 1997, *Deleuze, "La clameur de l'Etre"*, Paris: Hachette.

Buchanan, Ian, 2008, *Deleuze and Guattari's* Anti-Oedipus. *A Reader's Guide*, London & New York: Continuum.

Deleuze, Gilles, 1961, "Lucréce et le naturalisme", in *Etudes philosophiques* 16: 1.

Deleuze, Gilles, 1968a, *Différence et Répétition*, Paris: Les éditions de Minuit[DR].

Deleuze, Gilles, 1968b, *Spinoza et le problème de l'expression*, Paris: Les éditions de Minuit[SPE].

Deleuze, Gilles, 1969, *Logique du Sens*, Paris: Les éditions de Minuit[LS].

Deleuze, Gilles, 1972/3, *L'Anti-Oedipe. Capitalisme et schizophrénie*, avec Félix Guattari, Paris: Les éditions de Minuit[AO].

Deleuze, Gilles, 1996[1977], *Dialogues*, avec Claire Parnet, Paris: Flammarion[D].

Deleuze, Gilles, 1980, *Mille Plateaux. Capitalisme et schizophrénie t. 2*, avec Félix Guattari, Paris: Les éditions de Minuit[MP].

Deleuze, Gilles, 1990, *Pourparlers*, Paris: Les éditions de Minuit[PP].

Deleuze, Gilles, 1996, *L'Abécédaire de Gilles Deleuze*, avec Claire Parnet[ABC].

Deleuze, Gilles, 2002, *L'île Déserte et Autres Textes. textes et entretiens 1953-1974*, édition préparée par David Lapoujade, Paris: Les éditions de Minuit[ID].

Deleuze, Gilles, 2003, *Deux Régimes de Fou. textes et entretiens 1975-1995*, édition préparée par David Lapoujade, Paris: Les éditions de Minuit[DRF].

Dosse, François, 2009, "Les engagements politiques de Gilles Deleuze", in *Cités* no. 40, *Deleuze politique*, 2009, Paris.

Foucault, Michel, 1977, "Preface" in Robert Hurley, Mark Seem & Helen R. Lane (tr.), *Anti-Oedipus*, Minneapolis: University of Minnesota Press, 1983; originally published by Viking Penguin, 1977.

Holland, Eugene W., 1999, *Deleuze and Guattari's* Anti-Oedipus. *Introduction to schizophrenia*, London & New York: Routledge.

Sasso, Robert & Arnaud Villani (eds.), 2003, *Le Vocabulaire de Gilles Deleuze*, Les Cahiers de Noesis No. 3, Paris: Librairie Philosophique J. Vrin.

Silbertin-Blanc, Guillaume, 2010, *Deleuze et l'Anti-OEdipe. La production du désir*, Paris: P.U.F.

Spinoza, Benidictus de, 1670, *Tractatus Theologico-Politicus*.

Žižek, Slavoj, 2004, *Organs without Bodies. Deleuze and Consequences*, New York & London: Routledge.

Zourabichvili, François, 2004, "Introduction inédite (2004): l'ontologique et le transcendantal", in François Zourabichvilli & Sauvagnargues Anne & Marrati Paola, 2004, *La philosophie de Deleuze*, Paris: P.U.F., «Quadrige Manuels».

바디우와 '붉은 시대'

'비제도적 정치'와 '파괴' 개념을 중심으로

장태순

1. 들어가며

"나의 삶에서 68년, 더 정확히 말해 68년 이후의 몇 년은 아주 중요하다."(바디우, 2015: 160; Badiou, 2010: 171) 바디우 스스로가 이야기하듯이 68년 5월[1]과 "붉은 시대(les années rouges)"[2]라 불리는 이후의 10여 년은 철학자 알랭 바디우의 사유에 있어 결정적인 위치를 차지하고 있다. 68년 5월이 없었다면 우리가 알고 있는 바디우라는 독창적인 철학자는 없었을지도 모르고, 있었다 하더라도

---

1 바디우는 68년 5월의 사건이 혁명이라는 이름을 부여하기에는 부족하다는 입장을 밝힌 적이 있으므로 이 글에서는 문맥에 따라 "68혁명"과 "68년 5월"이라는 명칭을 병용할 것이다.

2 68년 5월의 사건을 전후한 10여 년을 프랑스인들은 "붉은 시대"라고 부르는데, 이 명칭이 지칭하는 시기는 경우에 따라 다르지만 이 글에서는 1968년에서 1978년까지로 보기로 한다.

우리가 알고 있는 것과는 매우 다른 모습이었을 것이다.

그리고 이 점은 또한 68년 5월이 철학자 바디우에게 미친 영향을 헤아리기 어렵게 만드는 요인이기도 하다. 이 시기의 영향이 너무나 크기 때문에 영향을 받지 않은 측면을 찾기가 오히려 힘든 것이다. 바디우의 나이 또한 이 일을 곤란하게 만드는 요인이다. 1937년생인 바디우는 68년 5월 사건이 일어났을 때 만 31세였다. 당시에 그는 젊은 세대의 철학자로서 상당한 주목을 받고 있기는 했으나,[3] 스승 세대인 사르트르나 알튀세르, 라캉, 또는 선배인 푸코나 들뢰즈, 데리다처럼 자신의 독자적인 철학적 사유를 저작을 통해 선보인 적은 없었다. 다시 말해 우리가 알고 있는 철학자 바디우의 사유는 거의 완전히 68년 5월 이후의 것이라고 보아도 과언이 아닐 것이다. 그러나 세심하게 살펴본다면 68년 5월 이전의 바디우와 '붉은 시대'의 바디우 사이에는 분명한 차이가 있음을 알 수 있으며, 이 차이는 정치와 관련된 영역에서 가장 극명하게 나타난다.

이 글에서는 68년 5월이 바디우의 사유에 끼친 영향을 두 가지 측면에서 고찰할 것이다. 하나는 '비제도적 정치'에 대한 바디우의 정치적 사유이며, 다른 하나는 파괴(destruction)라는 개념을 둘러싼 존재론적 사유이다.

---

[3] 바디우는 1960년에 철학 교수 자격시험을 수석(major)으로 합격했고, 1964년과 1967년에 소설 『알마제스트(Almagestes)』와 『포르튈랑(Portulans)』을 쇠이유 출판사에서 출판하였다. 1965년에는 〈철학자들의 시간(Le temps des philosophes)〉이라는 TV 인터뷰 시리즈에 인터뷰어로 참여하여 푸코, 리쾨르, 이폴리트, 캉길렘, 아롱 등을 인터뷰하기도 했다(Tho & Bianco, 2013: viii 참조).

2. 68년 5월과 바디우

본론에 들어가기에 앞서, 68년 5월부터 10여 년간의 바디우의 전기적 자료를 간단히 정리해둘 필요가 있다.[4] 1968년에 바디우는 랭스대학(Université de Reims)의 조교수(maître-assistant)로 재직 중이었으며, 따라서 5월에 파리에서 일어났던 사건들에 대한 참여는 제한적이었다. 중요한 집회나 시위가 있을 때는 상경하여 참여했으나 대부분은 랭스에 머물렀으며, 파리의 사건의 여파가 지방으로 퍼져나갈 때 랭스에서 학생들의 시위나 노동자들의 파업을 조직하는 데에 참여하는 정도였다. 바디우가 68년 5월 이후의 움직임에서 주도적인 역할을 한 것은 이듬해에 만들어진 뱅센실험대학(뱅센-생드니 파리8대학의 전신)에서 일하게 되면서부터였다.

68년 5월 이전에 그는 통일사회당(Parti socialiste unifié, PSU)의 창립 멤버였지만, 다양한 정파가 모여 있던 이 당의 특성상 특별히 눈에 띄는 정치적 활동을 하지는 않은 것으로 보인다. 그러나 파리에 올라온 1969년에 그는 실뱅 라자뤼스(Sylvain Lazarus), 나타샤 미셸(Nathcha Michel), 카트린 키미날(Catherine Quiminal) 등과 함께 마오주의 조직인 맑스-레닌주의 프랑스 공산주의자 연합(Union des communistes de France marxiste-léniniste, UCF-ML로 약칭)을 창립하기 위한 준비 모임(le Groupe pour la Fondation de l'UCF-ML)을 결성한다. 이 준비 모임과 UCF-ML은 1980년대 중반까지 바디우의 주요

---

4   여기서 서술하는 바디우의 행적은 따로 표기하지 않는 한 다음 자료에 근거한 것이다(바디우, 2001: 31-44; 2015: 160-194; Badiou, 1997: 7-15; 2010: 171-206; Bourseiller, 2007).

활동 무대였다. 그러므로 바디우는 '붉은 시대'를 마오주의자로서 UCF-ML과 함께 보냈다고 말해야 할 것이다. 당시를 회상하며 바디우는 스스로를 "레닌이 말한 의미에서 직업 혁명가는 아니더라도, 적어도 거의 상근 정치 활동가로 생각했다"(바디우, 2015: 162; Badiou, 2010: 182)고 말한다. 이 시기에 UCF-ML이 했던 활동 중에는 백화점에서 영업을 방해한 것도 있었으며, 현재까지 이어지는 미등록 외국인(sans-papier) 운동 역시 이 시기에 시작되었다.[5] 또한 바디우는 UCF-ML 내에 문화적 개입을 위한 그룹인 "벼락 그룹(groupe Foudre)"을 만들어, 기관지인 『벼락 신문』을 통해 문화적 현상에 대한 UCF-ML의 판단을 널리 알리려고 하였다.[6]

UCF-ML은 1985년 '정치조직(Organisation politique, OP)'의 탄생과 함께 공식적으로 해산되었으나, 바디우가 '붉은 시대'를 벗어난 것은 1980년경부터로 볼 수 있다. 사회주의권이 새로운 제국주의의 모습을 드러낸 것, 특히 소련의 아프가니스탄 침공을 계기로 바디우는 현실 사회주의의 실패를 선언하고, 1982년 '과도기적 저작'인 『주체의 이론』(Badiou, 1982)을 출판한다. 이 시기는 바디우가 68년 5월로부터 완전히 벗어났다고 말할 수 있는 『존재와 사건』 때만큼은 아니지만 새로운 방식으로 사유하기 시작했다고 볼 수 있는 시

---

[5] 이 시기에 바디우는 경찰에 16번 체포되었으며, 징역 16개월 형을 받았으나 집행유예로 풀려났다고 한다(바디우, 2015: 18; Badiou, 2010: 31).

[6] 그러나 당시 UCF-ML이라는 조직이 노동자계급으로부터는 유리되어 있었다는 증언도 있다. 베르나르 시셰르에 따르면 UCF-ML의 모임에 참여했던 노동자는 딱 한 명이었으며, 그것도 단 한 번이었다고 한다(Sichère, 2010). 또한 UCF-ML은 어느 해에 국제 공산주의자 컨퍼런스를 파리 6구의 최고급 호텔인 뤼테시아(Lutetia)에서 열었다고 한다.

기이며, 이후에 출판한 정치 평론집 『정치는 사유될 수 있는가』(바디우, 2017; Badiou, 1985)에서도 바디우는 자신의 정치적 입장이 이전과는 달라졌음을 선언했다.

우리가 현재 알고 있는 바디우의 사유를 기준으로 볼 때, 68년 5월 이전의 바디우에게서도 현재와의 공통점이 상당히 많이 발견되는 것은 틀림없다. 4가지 유형의 진리(또는 철학의 4가지 조건)를 이야기하는 현재와 마찬가지로, 그는 예술과 수학, 정치, 그리고 라캉의 정신분석에 관심을 가지고 있었다. 등단한 소설가로서 예술에 깊이 관여하고 있었고, 아마추어 플루티스트이기도 했다. 수학을 통해 정치적 사유를 형식화하려는 시도는 『모델의 개념』(Badiou, 1969)에서 이미 찾아볼 수 있다.[7] 고등사범학교의 라캉주의자 모임에서 발간한 학술지 『분석을 위한 노트』 9호와 10호에 두 편의 글을 게재하기도 했다(Badiou, 1968a; 1968b).

진리들, 또는 철학의 조건들이 서로 독립적이어야 한다는 생각은 당시에도 견지하고 있었던 것으로 보인다. 1966년에 『맑스-레닌주의자 노트』라는 잡지에 기고한 글의 제목은 「미학적 과정의 자율성」(Badiou, 1966)이었다. 사상적 스승들에 대해서도 바디우는 전적인 동의나 숭배를 한 적이 없다. 알튀세르가 만든 '스피노자 그룹'의 멤버이면서도, 바디우는 알튀세르의 "제자 그룹(le premier

---

[7] 바디우에 따르면 정치의 형식화라는 문제는 알베르 로트만(Albert Lautman)의 물음이었지만, 마오쩌둥에게도 존재했던 문제이다. 마오쩌둥은 정치와 당(黨)에 관한 사유를 전개했는데, 당은 다른 모든 것에 앞서 형식이며, 내용을 짓누르는 강력한 형식이기 때문이다(Badiou, 2009b: 287 참조).

cercle des disciples)"에는 들어간 적이 없었다고 한다(Badiou, 2012a: 111). 알튀세르에 대한 첫 글에서도 그에 대한 존경과 거리 두기를 동시에 하고 있으며(Badiou, 2012a: 111-142), 사르트르에 대해서도 존경과 비판의 태도를 모두 가지고 있었다(Badiou, 2012a: 99-110).

현재와의 가장 큰 차이점은 정치적 입장이다. 1960년대에 그는 통일사회당(PSU) 소속이었고, 68년 5월까지만 해도 이 당의 랭스 지역 간부로 있었으며 좌파 사회민주주의자(un social-démocrate de gauche)였다고 한다(Badiou, 2018: 43-44). 바디우가 마오주의자임을 공식적으로 드러낸 것은 1969년 뱅센실험대학에서 UFC-ML을 결성한 때부터였다.

3. 바디우적 사건으로서의 68년 5월

앞에서도 이야기했듯이 바디우는 68년 5월이 자신의 일생을 바꿔놓은 사건임을 여러 차례에 걸쳐 이야기한다.[8] 그러나 그 영향

---

8   바디우는 한 인터뷰에서 68혁명과 그 이후의 몇 년간이 자신의 지적 여정에 미친 영향을 세 가지로 정리한다. 그중 첫째는 지적인 요소와 정치적인 요소를 모두 포함한다. 68혁명이 일어나던 시기에 프랑스는 지적으로는 구조주의에 대한 열광으로 가득 차 있었으며, 정치적으로는 알제리 독립 전쟁 이후의 정치적 침체기 또는 공백기를 보내고 있었다. 이 시기에 돌발한 68혁명은 지적으로는 구조 위에 일어난 '사건'이었으며, 정치적으로는 바디우와 그의 좌파 동지들이 위협을 받고 있던 순간에 나타난 '행운' 또는 '은총'이었다. 두 번째는 정치적 이동이다. 68혁명 이전 프랑스에서는 좌파들도 자신의 위치에서 이미 정해진 틀(예를 들어 프랑스 공산당)을 통해 정치적인 문제를 다루었지만, 68년 5월 이후에는 다른 장소와 다른 지시 대상, 다른 교섭 대상들을 통

이 그의 사상 내에서 어떻게 나타나는지를 이해하는 것은 다른 문제이다.

68년 5월은 바디우의 철학에 어떤 영향을 미쳤는가? 이 질문에 답하는 한 가지 방법은 바디우 자신이 68년 5월을 어떻게 철학적으로 이해하고 있는지를 살펴보는 것이다. 잘 알려져 있듯이 『철학을 위한 선언』에서 바디우는 철학이 네 가지 조건하에서만 가능하다고 말하며, 그 네 가지 조건으로 과학, 예술, 정치, 사랑을 든다(바디우, 2010: 54; Badiou, 1989: 15). 그리고 이 네 가지 조건은 또한 진리 절차의 가능한 네 가지 유형이기도 하다. 바디우에게 진리란 주어진 상황을 변화시키는 유일한 길이며, 모든 진리는 어떤 사건을 통해서만 시작될 수 있지만, 모든 사건이 진리를 낳는 것은 아니다. 바디우가 말하는 진리는 명제나 언술이 아니라 한 상황의 부분집합이며, 진리가 생성되는 과정의 일부이자 그 자체로 진리의 일부를 바디우는 주체라고 부른다.

그렇다면 우리는 다음과 같은 질문을 던질 수 있다.

1. 68년 5월은 '사건'이라는 바디우의 철학적 개념의 한 예인가?
2. 68년 5월이라는 '사건'은 진리를 생성하였는가? 그렇다면 그 진리는 어떤 유형인가?
3. 68년 5월 사건이 생성한 진리는 어떻게 철학의 조건이 되었

한 정치 참여가 이루어졌다. 마지막인 세 번째 요소는 68혁명이 중국과 소련의 정치적, 이데올로기적 긴장으로 시작된 사회주의의 위기와 맞물려 있다는 점이다. 바디우에 따르면 68년 5월은 1980년대 사회주의국가들의 붕괴로까지 이어지는 긴 역사이다(바디우, 2015: 161; Badiou, 2010: 171-172).

는가?

이 세 가지 질문에 대한 바디우의 답은 명확하다. 68년 5월은 분명히 사건이다.⁹ 그리고 그 사건은 정치적 진리를 생성하였으므로 정치적 사건이라 부를 수 있다.¹⁰ 바디우는 68년 5월 사건이 생성한 정치적 진리를 종종 '비제도적 정치(politique non institutionnelle)'라고 부른다. 그리고 68년 5월 사건과 그로부터 생성된 진리는 바디우 본인의 철학의 네 가지 조건 중 하나이다.¹¹ 따라서 바디우에게 68혁명이 미친 영향을 그의 철학 내적으로 이야기한다는 것은 68년 5월이라는 정치적 사건이 바디우의 철학을 구성하는 정치적 조건으로서 어떻게 기능했는지를 따져보는 일이 될 것이다.

---

9 보다 정확히 말하자면 바디우는 68년 5월이 1966년의 중국 문화대혁명에서 1979년의 이란 이슬람 혁명까지 이어지는 장기적인 사건들의 연쇄의 일부라고 본다.
10 바디우는 진리의 유형을 네 가지로 나누지만 사건의 유형을 이야기하지는 않는다. 그러므로 이론적으로는 하나의 사건이 두 가지 이상의 진리의 계기가 될 수 있을 것처럼 보이지만, 실제로 그런 경우를 이야기하지는 않는다. 또한 사건이 벌어지는 장(바디우의 용어로는 '상황') 자체가 이미 네 가지 중 하나의 유형을 가지고 있다고 볼 수 있는 여지도 있다. 이 점에 대해서는 바디우 본인이 명시적으로 이야기하고 있지는 않다.
11 바디우 철학의 다른 세 가지 조건은 다음과 같다. 과학적 조건은 칸토어에서 시작하여 코언에서 마무리된 현대 집합론이며, 예술적 조건은 바디우가 '시인들의 시대'라 부르는 예술적 시기에 속한 7명의 시인들(횔덜린, 말라르메, 랭보, 트라클, 페소아, 만델슈탐, 첼란)의 작품이다. 사랑의 조건은 사랑에 대한 라캉의 사유이다(바디우, 2010: 115-128; Badiou, 1989: 59-69 참조).

4. 비제도적 정치

바디우는 68년 5월과 '붉은 시대'에 대해 여러 번 직접 글을 썼다. 이중 68혁명 40주년이었던 2008년에 쓴 글(Badiou, 2009a: 39-57)과 50주년인 올해 쓴 글(Badiou, 2018)은 거의 같은 내용을 담고 있다.

이 두 글에서 바디우는 68년 5월은 단일한 성격의 사건이 아니라는 점을 강조한다. 68년 5월 안에는 네 가지 이질적인 움직임이 있었으며, 심지어는 4개의 68년 5월이 있었다고까지 말할 수 있다고 한다. 68년 5월의 힘은 이런 이질적인 움직임들이 한 지점에서 뒤얽히고 교차하는 데 있는 것이다. 네 가지 움직임은 다음과 같다. 첫째는 청년 학생(고등학생과 대학생)들의 봉기이며, 둘째는 노동자들의 총파업, 셋째는 여성, 동성애자들의 해방운동, 그리고 마지막은 정치의 새로운 개념에 대한 탐색이다. 이중 넷째는 다른 셋 중 어느 것과도 같지 않으며 눈에 잘 띄지도 않았지만, 본질적이고 미래를 준비하는 움직임이었다는 것이 바디우의 설명이다. 이 넷째 움직임의 주체는 바디우를 포함하는 마오주의자들이었으며, 바디우에게 68년 5월과 '붉은 시대'가 가지는 의의 역시 여기에서 나온다.

넷째 움직임은 앞의 세 가지 움직임이 여기에서 서로 만나고 교차한다는 특징을 갖는다. 이중 특히 첫째와 둘째 움직임의 만남이 중요하다. 바디우에 따르면 68년 5월 이전에는 프랑스에서 학생-지식인 운동과 노동자 운동은 서로 다른 길을 걸었으며, 두 세력이 마주치는 일도 드물었다. 바디우는 랭스에서 자신이 조직했던 학생 시위대가 파업 중인 공장을 찾아갔던 경험을 예로 들며, 이런 만남이 당시에는 예외적인 일이었음을 설명한다(Badiou, 2018: 43-48).

바디우는 자신이 속한 이 넷째 움직임은 한 가지 질문을 던졌으며, 이 질문은 아직도 해결되지 않았다고 말한다. 그런 의미에서 우리는 68년 5월과 동시대적이라고까지 말한다. 넷째 움직임이 던지는 질문은 다음과 같은 것이다. 고전적인 맑스주의에서 정치는 노동조합과 당(黨)이라는 두 축을 통해 이루어져왔다. 그런데 고전적인 의미의 당은 이제 우리가 원하는 정치를 담보하지 못한다. 그렇다면 정당을 대체하는 새로운 정치조직의 형태는 무엇인가? 바디우와 그의 동지들이 만든 '정치조직' 역시 이 질문에 대한 답을 제시하려는 한 가지 시도였다고 볼 수 있다. 이러한 바디우의 입장은 마오주의라기보다는 포스트-마오주의라 부를 수 있는 것이다(홀워드, 2016: 90; Hallward, 2003: 30; Bosteels, 2012: 309).

여기서 한 가지 반론이 제기될 수 있다. 바디우는 68혁명과 '붉은 시대' 당시에도 같은 입장을 취하고 있었는가? 마오주의자가 당을 부정한다는 것은 납득하기 어려운 일이 아닌가? 비제도적 정치 또는 당 없는 정치라는 생각은 1980년대 이후의 것이며, 현 시점에서 과거를 왜곡하거나 정당화하고 있는 것은 아닌가? 그러나 당시의 텍스트를 살펴보면 바디우가 마오주의와 당의 관계를 어떻게 생각했는지 알 수 있다. 1969년에 바디우는 통일사회당(PSU)의 제6차 전당대회에서 엠마뉘엘 테레(Emmanuel Terray) 등과 함께 당의 개혁을 제안하는 글을 발표하였다(Badiou et al., 1969). 이 제안이 받아들여지지 않자 탈당하여 UCF-ML 창립 준비 모임을 결성하였고, 이 모임은 자신들의 목적이 "새로운 유형의 당을 창립하는 것"임을 천명하였다. 그들이 세우고자 했던 새로운 유형의 당이 레닌주의적 전위 정당이 아님은 분명하며, 훗날 그들은 UCF-ML을 당이 아니라 당이라는 문제를 대중 속에서 고민하는 조직이라고 규정하기도 하였다(Bosteels, 2012: 312-320). 1980년대 이후에도 바디우는 정치에서 조직은 필수적이라고 단언한다. 비제도적 정치는 당 없는 정치이기는 하지만 구체적 실천은 조직을 통해서만 행해진다. 다만 이 경우에도 정치의 출발점은 당과 같은 조직이 아니라 구체적인 상황이어야 한다. 같은 맥락에서 바디우는 맑스주의의 계급 분석의 유효성을 인정하면서도 정치를 계급으로부터 분리시키며, 노동계급이 아니라 노동자에서 출발하는 정치를 이야기한다(Badiou & Hallward, 1998: 116).

5. 파괴 개념의 변화

파괴 개념은 1970년대에서 현재에 이르는 바디우의 사유를 보여주는 흥미로운 개념이다. 이 개념은 시간에 따른 사유의 변화 속에서 연속성과 단절을 모두 드러내며, 개념의 지위 변화에도 불구하고 바디우의 사유 체계는 68혁명에 대한 충실성을 유지하고 있음을 보여준다. 파괴 개념의 변화를 이해하기 위해서는 부정(négation) 개념을 함께 검토해야 하므로 두 개념의 시대적 변화를 함께 살펴볼 것이다.

1) '붉은 시대'의 파괴와 부정 개념

1970대의 글12에서 바디우는 맑스-레닌주의자 또는 마오주의자로서 파괴에 대해 이야기한다. 모든 진정한 변화는 정치적이며 변증법적이다. 변화는 대립물의 통일, 즉 계급투쟁을 통해 이루어지며, 이 과정에서 지배 질서의 파괴는 필연적이다. 『모순의 이론』의 다음 구절은 파괴에 대한 입장을 잘 보여준다.

> 모든 진리는 무의미의 파괴 속에서 확인된다. 모든 진리는 본질적으로 파괴이다. 오로지 보존하기만 하는 것은 오로지 거짓이다. 맑시즘의 인식의 장은 언제나 폐허의 장이다(Badiou, 2012b: 21).

> 엄밀히 말해 프롤레타리아는 부르주아의 자리를 차지할 수 없고, 그 자리 자체를 파괴해야 한다(Badiou, 2012b: 87).

이 시기에 바디우는 부정 개념에 대해 비판적인 태도를 보였다. 『모순의 이론』에서 그는 엥겔스가 말한 변증법의 3대 법칙 중 '부정의 부정'을 비판한다(Badiou, 2012b: 22-29). 엄밀히 말해 '부정의

---

12 1970년대에 바디우는 세 권의 정치적 소책자를 출판하였다. 1975년에 출판된 『모순의 이론』(Badiou, 1975), 1976년에 출판된 『이데올로기에 대하여』(Badiou & Balmès, 1976), 그리고 1978년에 출판된 『헤겔 변증법의 이성적 핵심』(Zhang, 1978)이 그것으로, 이 세 권은 2012년에 『붉은 시대』(Badiou, 2012b)라는 제목으로 재출간되었다.

부정'은 존재하지 않으며, 이는 대립물의 통일이라는 변증법적 과정이 두 번 일어난 것을 일컫는 말일 뿐이다. 부르주아가 봉건제를 '부정'했고 프롤레타리아가 부르주아를 '부정'했기 때문에 프롤레타리아는 봉건제의 '부정의 부정'이라고 말한다면 이 말은 이해할 수 없거나 아무 의미가 없는 말이 아닌가? 이런 비판은 헤겔을 통해 고전논리학의 부정 개념을 검토할 때 명확해진다. 『헤겔 변증법의 이성적 핵심』에서 바디우는 부정 개념에 대한 긴 각주를 통해 고전논리학의 부정 개념을 비판한다(Badiou, 2012b: 325-326). (고전적) 형식논리학의 부정은 인위적인 장치일 뿐이고, 아무 힘도 없으며 전혀 "일하지" 않는 부정이다. 어떤 명제와 그것의 부정은 변증법의 정-반과는 아무 관계도 없다. '부정'은 언어에 관계된 것이지 실제 세계에 적용할 수 있는 것은 아니다. 실재하는 사물은 파괴될 수는 있지만 부정될 수는 없다.

2) 『존재와 사건』의 파괴 개념

그러나 6년 뒤 『존재와 사건』에서 파괴에 대한 바디우의 입장은 달라진다. 그 변화를 이해하기 위해서는 이 책에서 일어나는 '존재론적 전회'에 대한 이해가 필요하다. 『존재와 사건』에서 바디우는 한편으로는 '붉은 시대'의 생각을 계승하고, 한편으로는 포기한다. 그가 포기한 것은 정치적 사유에 다른 모든 사유를 종속시키는 일이다.[13] 그가 이어간 것은 변화에 대한 사유이다. 존재론의 구도

---

13 1977년과 1978년에 『벼락 신문』에 기고한 글에서 바디우는 수정주의 영화의

안에서 변화를 사유하기 위해 바디우는 예전과는 다른 방식으로 변화의 가능성을 이야기한다. 그가 말하는 변화는 앞에서도 이야기했던 것처럼 사건으로부터 시작하는 변화이다. 그리고 그 변화의 핵심은 상황의 원소들의 모임, 즉 상황의 부분집합인 진리이다. 그런데 진리가 만들어지는 과정은 어떤 종류의 파괴도 요청하지 않는다. 진리는 단지 상황의 부분집합이기 때문이다.

왜 파괴가 요청되지 않는가? 여기에 대해서는 두 가지로 답할 수 있다. 첫째로, 이 책에서 바디우가 변화를 논하고 있는 영역은 존재론이며, 잘 알려져 있듯이 바디우의 존재론은 수학적 존재론이다. 전통적으로 존재란 현상의 모든 변화 속에서도 변하지 않는 것이며, 하물며 수학의 대상들을 존재로 보는 수학적 존재론에서 존재의 생성이나 소멸을 이야기할 수는 없다. 따라서 바디우가 존재론의 영역에서 변화 또는 새로움을 이야기하는 것은 기존 질서의 존재들이 소멸하고 새로운 존재들이 생성되는 방식으로 이루어지는 것은 절대로 아닐 것이다.

그렇다면 현실에서 새로운 것이 나타났을 때 일어나는 파괴 현상은 어떻게 설명할 것인가? 예를 들어 정치적 진리에 대해서 생각해보자. 혁명이 일어나면 구체제의 많은 요소는 파괴되고, 때로는 사람을 죽이는 일도 필요하다. 이런 현상을 존재론으로는 어떻게 설명해야 하는가? 이에 대해 바디우는 두 가지 답을 제시한다. 첫째로, 새로움이 나타나면서 소멸되거나 파괴되는 것이 있다

부르주아적 성격을 비판하고, 진보주의 예술 작품은 "마오주의의 이해와 실제를 준비하는 것"이라고 선언한다(바디우, 2015: 51-70; Badiou, 2010: 63-84).

면, 그것은 존재 자체가 아니라 존재들의 분류 체계(바디우의 용어로는 백과사전encyclopédie)이다. "원 상황의 모든 다자는 새로운 상황에서도 현시된다. 새로운 상황에서 사라지는 것은 [새로운 상황에 대해서가 아니라] 원래 상황에 대해서 사라지는 것이다"(Badiou 1988: 445-446)라고 말한다. 그리고 이렇게 사라지는 현상에 대해서는 파괴라는 이름이 아니라 자격상실(déqualification)이라는 이름을 붙인다. 다른 하나의 답에는 "비실존자의 원리(principe de l'inexistant)"라는 이름이 붙어 있다. 어떤 존재자가 새로운 상황에서 파괴되었다면, 그것은 원 상황에서도 실존하지 않았던 것이라는 원리이다. 원 상황에서 이 존재자는 실존하는 것 같은 착각에 싸여 있었을 뿐이다. 이처럼 『존재와 사건』에서 파괴는 변화에 있어 본질적이지 않은 것이 된다. 바디우는 파괴라는 개념에 관해서 자신이 한때 "길을 잘못 들었다(égaré)"(Badiou, 1988: 446)는 고백을 하며 『주체의 이론』에서 주장한 내용을 사실상 철회한다.

3) 『세계의 논리』의 파괴와 부정 개념

그러나 이 주장은 『세계의 논리』에서 다시 나타난다. 이 책에서 바디우는 창조의 장을 열기 위해서는 기존의 대상의 파괴가 필연적임을 다시 주장하는데(Badiou, 2006: 417-418), 이런 변화는 부정에 대한 새로운 사유를 통해 가능해진 것이다.

잘 알려져 있듯이 현대 논리학은 아리스토텔레스의 고전적 논리 이외의 논리 체계가 가능함을 보여주었다. 바디우는 비고전적 논리 중 직관주의 논리(logique intuitionniste)와 초일관 논리(또는 모순 허용 논리logique paraconsistante)를 소개한다(Badiou, 2006: 195-200, 557-558).

세 가지 논리의 차이점은 아리스토텔레스가 제시한 논리학의 세 가지 원리 중 모순율과 배중률을 통해 잘 나타난다. 고전적 논리는 모순율, 배중률을 모두 받아들이는 논리 체계이고, 직관주의 논리는 이중 배중률을 받아들이지 않는 논리 체계이며, 초일관 논리는 모순율을 받아들이지 않는 논리 체계이다. 바디우에 따르면 고전적 논리의 표준적인 모델은 체르멜로-프랭켈 집합론(ZFC 공리계)이고, 직관주의 논리의 경우는 토포스 이론이며, 초일관 논리의 표준적인 모델은 범주론(category theory)이다.

바디우의 이론 체계에는 이 세 가지 논리가 모두 등장한다. 있음 또는 존재의 영역을 다룰 때는 고전적 논리를 사용하고, 나타남 또는 현상의 영역에서는 직관주의 논리가 적용되며, 변화를 설명할 때는 초일관 논리를 사용한다. 하지만 세 논리가 적용되는 영역이 서로 다르므로 충돌이나 모순이 일어날 가능성은 없다.

바디우의 사유 체계에서 세 가지 논리 체계가 적용되는 영역을 각각 존재론, 현상론, 주체론이라고 불러도 큰 무리는 없을 것이다. 이중 존재론은 『존재와 사건』에서, 현상론은 『세계의 논리』에서 주로 전개되었고, 주체론은 곧 출간될 『진리의 내재성』에서 다뤄지게 될 것이다. '붉은 시대'가 바디우의 사유에 가장 크게 영향을 미친 부분이 주체론이라면, 우리는 그 영향의 전모를 아직 목격하지 못한 것이다.

바디우가 어떤 과정을 거쳐 세 가지 논리의 공존에 이르게 되었는지를 살펴볼 필요가 있다. 『존재와 사건』 서론의 두 번째 부분에서, 바디우는 자신이 어떤 계기를 통해 "수학은 존재론이다"라는 명제에 도달하게 되었는지를 설명한다(Badiou, 1988: 10-12). 출발점은 『주체의 이론』에서 제시한 테제인 "주체화 과정이 존재한다"라는 명제였고, 이 명제와 호환 가능한 존재론을 찾는 것이 바디우의 과제였다. 주체화 과정의 존재는 구조의 내적 변화를 함축하므로 바디우의 과제는 변화에 대한 사유와 양립 가능한 존재론을 만드는 것이었다. 그는 이 과정에서 논리주의자의 함정에 빠지기도 했지만, 결국 자신이 찾던 존재론이 공리적 집합론임을 발견하였고, 그 결과를 기록한 것이 『존재와 사건』이다.

여기서 주목해야 할 점은 공리적 집합론은 변화 자체에 대한 이론이 아니라 변화에 대한 이론과 양립 가능한 이론이라는 점이다. 공리적 집합론에서 존재에 해당하는 것은 집합인데, 어떤 경우에도 집합은 스스로 변할 수 없다. 한 집합이 다른 집합으로 변화하는 것은 불가능하다. 하지만 공리적 집합론은 한 집합과 매우 닮은 또 다른 집합을 사유할 수 있는 가능성을 열어준다. 이 또 다른 집합은 원 집합이 '변화'를 겪은 후의 모습이라고 부를 만한 몇 가지 증거를 가지고 있으므로 공리적 집합론을 변화에 대한 사유를 허용하는 존재론이라고 부를 수 있다.[14] 하지만 공리적 집합론이 변화를 직접 이론화하고 있는 것은 아니다.

이제 『세계의 논리』에서 파괴 개념이 어떻게 달라졌는지를 살펴보자. 앞에서도 말했듯이 이 책은 존재론이 아닌 현상론을 다룬다.

---

[14] 『존재와 사건』의 수학적 문제점을 지적한 말리키의 경우가 이 점을 착각한 대표적인 예이다(Malicki, 2015).

『존재와 사건』이 사건과 진리의 문제를 존재(l'être)의 영역에서 살펴보았다면, 『세계의 논리』는 같은 문제를 나타남(l'apparaître)의 영역에서 검토한다. 바디우에게 나타남이란 존재(또는 다자 존재l'être-multiple)를 하나의 세계(monde) 안에서 사유하는 것이다. 그러므로 나타남은 어떤 세계 안에 나타남(l'apparaître-en-un-monde)이며, 때로는 거기 있음(l'être-là)이라고 부르기도 한다.

존재와 나타남은 같은 것이 아니며, 동일한 존재가 서로 다른 세계 속에서는 서로 다른 모습으로 나타난다. 이를 위해 각 세계는 존재를 나타나게 하는(또는 "국지화하는localiser") 연산자를 가지고 있는데, 이 연산자를 바디우는 초월론적(transcendantal)[15]이라고 부른다. 초월론적 연산을 거친 나타남은 존재와 여러 가지 다른 모습을 보이는데, 그중 중요한 한 가지는 동일성(identité)과 실존(existence)의 정도(degré)이다. 『존재와 사건』이 보여주는 존재의 영역에서 존재들 사이의 동일성은 '같다(동일하다)'와 '다르다(동일하지 않다)'라는 두 가지 경우로만 나타난다. 두 존재는 동일하거나 동일하지 않을 수는 있지만, '거의 비슷하지만 같지는 않다'라거나 '다르지만 완전히 다르지는 않다'라고 말할 수는 없다. 하지만 『세계의 논리』가 보여주는 나타남의 영역에서는 나타남들 사이의 동일성은 최댓값과 최솟값 사이의 여러 값으로 나타나므로 '비슷하지만 같지는 않다'라고 말하는 것이 가능하다. 이와 마찬가지로 존재론에서는 '존재한다'와 '존재하지 않는다' 이외의 다른 가능성

---

15 이 단어는 때로 정관사와 함께 명사적으로("le transcendantal") 쓰이기도 하는데, 이 경우에도 우리말로는 '초월론적 연산자'로 번역하였다.

을 생각할 수 없지만, 나타남의 영역에서는 '최대로 실존한다(가장 잘 나타난다)'와 '최소로 실존한다(전혀 나타나지 않는다)' 사이의 여러 값이 어떤 나타남의 실존 값(valeur d'existence) 또는 실존도(degré d'exsitence)가 될 수 있다. 모든 세계 안에는 실존 값이 최소인 단 하나의 존재가 있으며, 바디우는 이를 '비실존자(inexistant)'라고 부른다.

바디우는 이런 나타남의 체계를 통해 변화에 있어 파괴가 필연적임을 설명한다. 나타남의 영역에서도 새로움의 창조는 사건을 통해 시작된다. 세계 안에서 사건은 어떻게 나타나는가? 그 세계의 비실존자가 최대의 실존 값을 가지는(가장 잘 나타나는) 것이 될 때 우리는 그것을 사건이라고 부른다고 바디우는 말한다. 현상적으로 볼 때 사건은 전혀 나타나지 않았던 것이 가장 잘 나타나는 일이며, 따라서 나타남의 질서를 교란하는 일이다. 실제로 사건의 전후에 초월론적 연산자는 큰 변화를 겪으며, 이로 인해 비실존자뿐 아니라 다른 존재들의 실존 값도 크게 달라진다. 그중 가장 중요한 것은 새로운 비실존자의 출현이다. 위에서 설명했듯이 모든 세계에는 단 하나의 비실존자가 있는데, 사건이 일어난 세계에서 사건 이전에 비실존자였던 것은 최대의 실존 값을 가지게 되었으므로 다른 존재 하나가 비실존자가 되어야 한다. 이 존재는 그 세계에서 파괴 또는 죽음을 겪었다고 간주할 수 있을 것이다.

『세계의 논리』에서 파괴에 대한 바디우의 생각은 『존재와 사건』의 경우보다는 '붉은 시대'에 가까워졌다고 할 수 있다. 파괴를 존재 자체의 무화가 아닌 현상적 변화로 보았다는 점에서는 1970년대만큼 강경한 입장은 아니지만, 새로움의 장이 열리기 위해서는 파괴 또는 죽음이 필연적이라는 주장은 이 문제에 대해 마오주의자로서 보여주었던 입장을 되찾은 것이라고 말할 수 있을 것이다. 이런 입장이 가능하게 된 것은 직관주의 논리를 통해 부정 개념에 대한 새로운 사유가 가능해졌기 때문이다. 『세계의 논리』의 이론 체계를 뒷받침하는 수학 이론은 직관주의 논리에 기반한 토포스 이론이며, 배중률을 거부하는 직관주의 논리에서는 어떤 명제의 이중부정이 반드시 원래의 명제가 되지는 않는다. 이를 통해 변증법적 변화를 수학적으로 형식화하는 것이 부분적으로나마 가능해진 것이다.

6. 마치며

68혁명 이후 10여 년의 '붉은 시대'를 마오주의자로 보내며 철학적 저작은 전혀 발표하지 않았던 바디우는 1980년대 중반 이후 『존재와 사건』, 『세계의 논리』 등을 통해 달라진 모습을 보여주었다. 그러나 이 차이가 그의 신념의 변화를 의미하는 것은 아니다. 위에서 살펴보았듯이 바디우의 이론적 작업은 오히려 처음 가졌던 믿음에 끝까지 충실하기 위한 수단이다. 바디우는 변화된 세계에 맞추어 68혁명의 정신을 개조하는 작업에 성공한 철학자이며, 변절하지 않은 몇 안 되는 늙은 투사이다. 자신의 활동을 '젊은이들을 타락시킨다'는 소크라테스의 죄목에 빗대어 말하는 그가 '마지막 마오주의자'라는 호칭을 자랑스럽게 받아들이는 것은 바로 이런 이유 때문일 것이다.

참고 문헌

바디우, 알랭, 2001, 『들뢰즈 — 존재의 함성』, 박정태 옮김, 서울: 이학사.

바디우, 알랭, 2010, 『철학을 위한 선언』, 서용순 옮김, 서울: 길.

바디우, 알랭, 2015, 『(알랭 바디우의) 영화』, 김길훈 외 옮김, 서울: 한국문화사.

바디우, 알랭, 2017, 『정치는 사유될 수 있는가』, 박성훈 옮김, 서울: 길.

홀워드, 피터, 2016, 『알랭 바디우: 진리를 향한 주체』, 박성훈 옮김, 서울: 길.

Badiou, Alain, 1966, "L'autonomie du processus esthétique", *Cahiers Marxistes-Léninistes* 12-13: 77-89.

Badiou, Alain, 1968a, "La Subversion infinitésimale", *Cahiers pour l'analyse* 9: 118-137.

Badiou, Alain, 1968b, "Marque et manque: à propos du zéro", *Cahiers pour l'analyse* 10: 150-173.

Badiou, Alain, 1969, *Concept de modèle*, Paris: Maspero.

Badiou, Alain, 1975, *Théorie de la contradiction*, Paris: Maspero.

Badiou, Alain, 1982, *Théorie du sujet*, Paris: Seuil.

Badiou, Alain, 1985, *Peut-on penser la politique?*, Paris: Seuil.

Badiou, Alain, 1988, *L'Être et l'événement*, Paris: Seuil.

Badiou, Alain, 1989, *Manifeste pour la philosophie*, Paris: Seuil.

Badiou, Alain, 1997, *Deleuze: La clameur de l'être*, Paris: Hachette.

Badiou, Alain, 2006, *Logiques des mondes: L'Être et l'événement, tome 2*, Paris: Seuil.

Badiou, Alain, 2009a, *L'hypothèse communiste: Circonstance, 5*, Paris: Lignes.

Badiou, Alain, 2009b[1982], *Theory of the Subject*, translated by Bruno Bosteels, London; New York: Continuum.

Badiou, Alain, 2010, *Cinéma*, Paris: Nova.

Badiou, Alain, 2012a, *L'aventure de la philosophie française*, Paris: La fabrique.

Badiou, Alain, 2012b, *Les années rouges*, Paris: Les prairies ordinaires.

Badiou, Alain, 2018, *On a raison de se révolter*, Paris: Fayard.

Badiou, Alain et al., 1969, *Contribution au problème de la construction d'un parti marxiste-léniniste de type nouveau*, Paris: Maspero.

Badiou, Alain & François Balmès, 1976, *De l'idéologie*, Paris: Maspero.

Badiou, Alain & Peter Hallward, 1998, "Philosophy and Politics: An Interview with Alain Badiou". *Angelaki: Journal of Theoretical Humanities* 3(3): 113-133.

Bosteels, Bruno, 2005, "Post-Maoism: Badiou and Politics", *Positions: East Asia Cultures Critique* 13: 575-634.

Bosteels, Bruno, 2012, "Pour le maoïste que je suis (postface)", pp. 301-349 in Alain Badiou, *Les années rouges*, Paris: Les prairies ordinaires.

Bourseiller, Christophe, 2007, *Les maoïstes: la folle histoire des gardes rouges français*, Paris: Plon.

Hallward, Peter, 2003, *Badiou: A Subject to Truth*, Minneapolis: University of Minnesota Press.

Malicki, Maciej, 2015, "Matheme and Mathematics: On the Main Concepts of the Philosophy of Alain Badiou", *Logique et Analyse* 231: 417-432.

Sichère, Bernard, 2010, "Mai 68, Mao, Badiou et moi", *La règle du jeu,* 2010년 4월 11일자. https://laregledujeu.org/2010/04/11/1217/mai-68-mao-badiou-et-moi/(2018년 5월 18일 조회)

Tho, Tzuchien & Giuseppe Bianco eds., 2013, *Badiou and the Philosophers: Interrogating 1960s French Philosophy*, London; New York: Bloomsbury Academic.

Zhang, Shiying, 1978, *Le Noyau rationnel de la dialectique hégélienne*, traductions, introductions et commentaires par Alain Badiou, Joël Bellassen, Louis Mossot, Paris: Maspero.

지은이 소개

황수영

프랑스 파리4대학교에서 철학 박사 학위를 받았으며, 현재 홍익대학교 세종캠퍼스 교양과 조교수로 재직 중이다. 맨 드 비랑, 라베송, 베르그손 등 프랑스 생명철학 전통을 연구하였고, 최근 주요 관심 분야는 시몽동의 자연철학과 인간학이다. 저서로 『물질과 기억, 시간의 지층을 탐험하는 이미지와 기억의 미학』(2006), 『베르그손, 생성으로 생명을 사유하기: 깡길렘, 시몽동, 들뢰즈와의 대화』(2014), 『시몽동, 개체화 이론의 이해』(2017), 『질베르 시몽동』(2018) 등이, 역서로 『창조적 진화』(베르그손, 2005), 『형태와 정보 개념에 비추어 본 개체화』(시몽동, 2017)가 있다. 이메일 suyoung-hwang@hanmail.net

정대성

독일 빌레펠트대학교 역사·철학·신학부에서 68혁명을 주제로 박사 학위를 받고, 현재 부산대학교에서 서양 근현대사와 고전 읽기 등을 강의하고 있다. 관심 분야는 68혁명을 비롯한 서양사를 관통하는 쟁점, 역사와 콘텍스트 속 고전 읽기, 대중음악의 창을 통한 시대정신과 문화 탐구 같은 주제들이다. 저서로 *Der Kampf gegen das Presse-Imperium: Die Anti-Springer-Kampagne der 68er-Bewegung*(Transcript, 2016)이, 역서로 『68운동: 독일, 서유럽, 미국』(2006)과 『68혁명, 세계를 뒤흔든 상상력』(2009)이, 논문으로 「'68'-문화혁명-국가권력」(2015), 「독일 뉴라이트, 어디서 와서 어디로 가는가」(2016), 「민주주의 위기와 독일 68운동」(2017), 「독일 68운동의 비판과 반(反)비판 ― 폭력문제를 중심으로」(2018) 등이 있다.
이메일 68bewegung@daum.net

변광배

프랑스 몽펠리에3대학교에서 문학박사 학위를 받았으며, 현재 한국외국어대학교 미네르바 교양대학 교수로 재직 중이다. 주로 서구 프랑스 현대문학, 문학, 문화 이론을 강의하고 있으며, 주요 관심 분야는 서양 문화를 관통하는 폭력, 성스러움, 선물 개념, 현대 프랑스 철학 및 문학, 문화 이론에 관련된 주제들이다. 저서로 『존재와 무 ― 자유를 향한 실존적 탐색』(2005), 『제2의 성 ― 여성학 백과사전』(2007), 『사르트르의 『문학이란 무엇인가』 읽기』(2017) 등이, 역서로 『변증법적 이성비판』(사르트르, 2009, 공역), 『사르트르 평전』(베르나르 앙리 레비, 2009), 『마르셀 모스 평전』(마르셀 푸르니에, 2016) 등이, 논문으로 「사르트르와 매체」(2015), 「'앙가주망'에서 '소수문학'으로 ― 사르트르, 들뢰즈 · 가타리의 문학사용법」(2016), 「사르트르의 폭력 문제 해결을 위한 제안 — '의사소통적 윤리 모델' 정립을 위하여」(2017) 등이 있다. 이메일 byunhakto@hanmail.net

최원

미국 시카고 로욜라대학교에서 철학 박사 학위를 받았으며 단국대학교 등에서 강의를 하고 있다. 주로 정치철학, 언어철학, 정신분석학, 맑스주의 이론, 현대 유럽 철학을 강의하고 연구하고 있다. 저서로 『라캉 또는 알튀세르』(2016)가, 역서로 『대중들의 공포』(발리바르, 2007)가, 논문으로 "Inception or Interpellation?: The Slovenian School, Butler, and Althusser"(*Rethinking Marxism*, 2012)가 있다. 이메일 wonchoi68@gmail.com

강초롱

20세기 프랑스 실존주의를 대표하는 사상가이자 작가인 시몬 드 보부아르의 자서전을 대상으로 한 논문으로 프랑스 파리7대학교에서 불문학 박사 학위를 받았으며, 현재 서울대학교 등에서 강사로 재직하고 있다. 저서로는 공동 저자로 참여한 『검은, 그러나 어둡지 않은 아프리카: 프랑스어권 흑아프리카의 이해』(2014)와 『카페 사르트르: 사르트르 연구의 새로운 지평』(2015)이 있으며, 논문으로는 「프랑스 여성 힙합 예술가들이 표출하고 있는 이중의 비판정신: 디암스의 랩 가사를 중심으로」(2011), 「시몬 드 보부아르의 『피뤼스와 시네아스』: 윤리적 실존주의의 밑그림」(2013), 「어머니를 위한 애도의 두 가지 전략: 보부아르의 『매우 편안한 죽음』

과 에르노의 『한 여자』 비교」(2017) 등이 있다. 이메일 rong001@snu.ac.kr

진태원

서울대학교에서 스피노자 철학으로 박사 학위를 받았으며, 현재 고려대학교 민족문화연구원 선임연구원으로 있다. 주요 관심 분야는 스피노자 철학을 비롯한 서양 근대 철학과 현대 프랑스 철학, 그리고 사회·정치철학 등이다. 저서로 『을의 민주주의』(2017)가 있고, 엮은 책으로 『알튀세르 효과』(2011), 『스피노자의 귀환』(2017), 『포퓰리즘과 민주주의』(2017) 등이 있다. 아울러 데리다의 『법의 힘』(2004), 『마르크스의 유령들』(2014), 발리바르의 『스피노자와 정치』(2014), 『우리, 유럽의 시민들?』(2010), 『정치체에 대한 권리』(2011), 자크 랑시에르의 『불화: 정치와 철학』(2015), 장 프랑수아 리오타르의 『쟁론』(2015) 등을 우리말로 옮겼다. 이메일 jspinoza@empas.com

주재형

연세대학교에서 국문학과 심리학을 전공했으며, 서울대학교에서 철학 석사 학위를 취득했다. 이후 프랑스 파리고등사범학교(Ecole Normale Supérieure)에서 베르그손의 생명철학에 관한 연구로 박사 학위를 받았다. 현재 단국대, 서울대, 연세대 등에서 현대 프랑스 철학을 가르치고 있으며, 현대 생명 형이상학에 관심을 갖고 연구하고 있다. 역서로 『가치는 어디로 가는가』(2008, 공역), 『현대 프랑스 철학』(2014)이 있으며, 「베르그손의 순수 기억의 존재

양태에 대하여」(2016), 「들뢰즈와 형이상학의 정초」(2017), 「푸코와 캉길렘: 과학, 생명, 주체」(2018) 등의 논문을 썼다. 이메일 veines@daum.net

도승연

뉴욕주립대학교(빙햄턴 소재)에서 철학 박사 학위를 받았으며, 현재 광운대학교 인제니움 학부대학 교수로 재직 중이다. 현대사상과 철학, 과학기술에 대한 윤리적 성찰, 도시계획의 철학 등의 주제를 강의하고 있으며, 주요 관심 분야는 미셸 푸코의 후기 실존의 미학과 통치성 개념이며 이를 토대로 인간의 구체적 삶의 양식들을 '푸코'적인 방식으로 분석하고 있다. 최근에는 인간과 비인간의 상호 연결적 세계를 주장하는 신유물론과 스마트 시티, 디지털 시민성 등의 주제를 연구하고 있다. 공저로 『현대 철학과 사회이론의 공간적 선회』(2012), 『현대 사상과 도시』(2013), 『죽은 철학자의 살아있는 위로』(2017)가, 역서로 『패션 철학』(스벤젠, 2014), 『비욘드 로맨스』(딜런, 2016), 『스마트 시티』(타운센드, 2018, 공역) 등이, 논문으로 「푸코의 통치성 관점에서 본 신빈곤의 여성: 21세기 한국농업여성이주 노동자를 중심으로」(2013), 「현대 과학기술에 내재된 다중 인격의 강화가능성과 정보윤리학의 역할」(2016), 「푸코의 문제화 방식으로 스마트 시티를 사유하기」(2017) 등이 있다. 이메일 coradho@naver.com

김재인

서울대학교 미학과를 졸업하고 동 대학원 철학과에서 박사 학위(「들뢰즈의 비인간주의 존재론」)를 받았다. 서울대학교 철학사상연구소 및 고등과학원 초학제프로그램 연구원을 역임했고, 서울대, 홍익대, 한국외국어대, 경희대, 서울여대, 가천대, 한국예술종합학교 등에서 강의했으며, 현재 경희대학교 비교문화연구소 연구교수로 재직 중이다. 지은 책으로 『인공지능의 시대, 인간을 다시 묻다』(2017), 『혁명의 거리에서 들뢰즈를 읽자』(2016), 『삼성이 아니라 국가가 뚫렸다』(2015) 등이, 옮긴 책으로 『안티 오이디푸스』(들뢰즈, 과타리, 2014), 『천 개의 고원』(들뢰즈, 과타리, 2001), 『베르그송주의』(들뢰즈, 1996), 『들뢰즈 커넥션』(존 라이크만, 2005), 『현대 사상가들과의 대화』(리처드 커니, 1998, 공역) 등이, 논문으로 「들뢰즈의 '아펙트' 개념의 쟁점들: 스피노자를 넘어」(2017), 「바움가르텐으로 돌아가자 — 감(感)적 앎의 복권을 위한 한 시도」(2017), 「여성-생성, n개의 성 또는 생성의 정치학: 들뢰즈와 과타리의 경우」(2015) 등이 있다. 이메일 armdown.net@gmail.com

장태순

프랑스 파리8대학교에서 철학 박사 학위를 받았으며, 현재 덕성여자대학교 철학과 교육중점교수로 재직 중이다. 주요 관심 분야는 구조주의 이후 프랑스철학과 예술철학, 과학철학이다. 저서로 『현대 정치철학의 모험』(2010, 공저)이, 역서로 『비미학』(2010)이, 논문으로 「영, 하나, 여럿: 알랭 바디우의 다자 개념」(2017) 등이 있다. 이메일 tschang50@gmail.com